普通高等教育“十一五”国家级规划教材

教育部经济管理类核心课程教材

经济法

（第七版）

Economic Law

赵 威／主 编

曹丽萍 刘 雯 赵 冰／副主编

中国人民大学出版社

·北京·

出版说明

改革开放以来，中国的经济走上了高速发展的通道，获得了前所未有的发展。顺应这一形势，我国大部分高校也开始重视经济管理类人才的培养，开设了经济管理类专业。但是，与西方发达国家相比，我们的现代经济管理理论与实践落后几十年甚至上百年，最初很多理论和实践都是从西方直接“拿来”的。但是，西方的经济管理著作毕竟是站在西方的国情和经济基础上进行研究的，对于中国的很多现实问题很不适用。因此，要真正培养中国自己的经济管理类人才，必须有一套适合中国学生阅读和学习的教材。

基于以上认识，中国人民大学出版社按照教育部规定的经济管理类核心课程，组织编写了这套教材，供经济管理类学生作为专业基础课程进行学习。本套教材在组织编写上遵循了以下原则：

第一，教材实行本土化。我国与发达国家相比，国情不同，文化背景不同，思维方式不同，语言的表述方式也不同，因此，要真正培养中国的经济管理人才，教材还是本土化为宜。因此，本套教材在吸收西方经济管理理论精髓的基础上，充分结合中国的国情和实践，把中国的背景知识与国际合理接轨。

第二，精选作者，保证教材质量。本套教材的作者均为各自领域的权威或佼佼者，并且都在教学一线工作多年，有丰富的教学经验。而且，作者能够不断结合当前教学的需要和现实环境的变化，及时进行修订，推陈出新，始终保持教材的“精”与“新”。

第三，配套丰富，方便读者学习。本套教材大部分都配备了内容丰富的学习指导书，并且免费为一线教学提供网络教学资源，力求为使用本套教材的教师和学生提供周到的服务。

我们秉承中国人民大学出版社“出教材学术精品，育人文社科英才”的宗旨，紧跟时代脉搏，不断推出精品，提升教材的质量，为中国经济管理教育和实践水平的提升作出贡献。我们希望广大读者的建议和鞭策，能够促使我们不断对本套丛书进行改进和完善，以更好地服务读者。

中国人民大学出版社

第七版前言

赵威，中国政法大学法学博士，教授，博士生导师，全国青联社科联委员，北京市青联常委，北京市优秀中青年法学家，北京市高等院校学科带头人，日本中央大学访问学者。注重理论联系实际，先后在法院和国有企业兼任重要职务。

本书自2003年第一版出版以来，获得了广大读者的一致好评。本书紧跟我国经济法治发展和法学教育的步伐，及时更新经济法理论、完善教材结构、丰富案例内容，先后于2007年、2009年、2012年、2014年、2017年、2019年组织了六次修订工作。本次修订，我们结合最新的经济法律法规、最高人民法院司法解释以及国际上最新的经济动向等再次对本书进行修订。从第四版起将练习题作为指导用书单独成书，第七版将延续这种体例。

本书由赵威任主编，曹丽萍、刘雯、赵冰任副主编。本书参加编写人员分工如下：

赵威：第一章第一、二、三、四节，第二章第三、四节，第三章第四、五节，第四章第一、二、三节，第七章第一、二、三、四节；赵心、刘浩、赵冠州：第一章第五、六节；张华平、赵强：第二章第一、二节；徐华：第三章第一、二、三节；胡旭亮、汤香平：第四章第四、六节；龙纯忠：第四章第五节，第八章第四、五节；段一昕、赵布：第五章；马海明、董原：第六章；方少翔、赵田子：第七章第五、六、七节；刘雯：第八章第一、二、三节；苏璠、翟羽佳：第九章第一、二节，第十章第五节；熊萍、蔡敏弘：第九章第三节，第十章第四节；郭圆媛：第十章第一、二、三节；王欢星、王思佳：第十一章第一节；赵冰、张琳：第十一章第二节；赵桂莲、李俊红：第十一章第三节；赵心、刘伟：第十二章；刘久：第十三章；刘久、聂生奎：第十四章；马海明、余俊生、胡雯：第十五章；唐红洁、万嘉欣：第十六章；赵心、孙志凡：第十七章第一节；潘长河、宋叶娉婷：第十七章第二、三节。

本次修订由主编赵威全面主持，副主编曹丽萍、刘雯、赵冰具体负责。分工如下：

赵威：第一、三、六、十四、十五、十七章。

刘雯：第二、四、五、七、八、九、十章。

赵冰：第十一、十二、十三、十六章。

赵 威

2019 年 3 月

第一版前言

本书由中国政法大学教授、副教授、专家学者多年来在学习、研究经济法和总结经济法教学经验的基础上集体编写而成。本书是全国高等院校经济类、管理类 14 门核心课程教材之一，也是面向 21 世纪的课程教材。

本书注意基本知识、基本观点、基本技能的传授和训练，并使用了全部最新有效的经济法律法规。本书还注意理论与实践的结合。在阐述理论和法律制度的同时，对我国经济生活和司法实践中取得的新经验作了较为充实的介绍，可以使读者加深对理论和法律制度的理解。

本书由赵威任主编，原小爽、赵布、马海明任副主编。本书参加编写人员分工如下：

赵威：第一章第一、二、三、四节，第二章第三、四节，第三章第四、五、六、七节，第四章第一、二、三节，第七章第一、二、三、四节，第十五章；刘浩：第一章第五、六节；张华平：第二章第一、二节；徐华：第三章第一、二、三节；胡旭亮：第四章第四、六节；龙纯忠：第四章第五节，第八章第五、六、七节；段一昕：第五章；赵布：第六章；方少翔：第七章第五、六、七节；原小爽：第八章第一、二、三、四节；苏璠：第九章第一、二节，第十章第五节；熊萍：第九章第三节、第十章第四节；郭圆媛：第十章第一、二、三节；王欢星：第十一章第一节；张琳：第十一章第二节；赵桂莲、李俊红：第十一章第三节；赵心：第十二、十三、十四章；唐红洁：第十六、十七章；马海明：第十八章第一节；潘长河：第十八章第二、三节。

赵 威

2003 年 10 月

目　录

第一章 企业法

本章要点

1. 企业的特征及分类
2. 中外合资经营企业、中外合作经营企业、外资企业的设立（批准制转备案制）
3. 普通合伙企业与有限合伙企业的区别
4. 合伙企业的经营管理、财产与债务、入伙与退伙

导入案例

2016年2月，甲、乙、丙、丁四人分别出资4万元、3万元、1万元、2万元成立一合伙企业A，从事贸易业务。合伙协议约定甲、乙对合伙企业债务承担无限连带责任，丙、丁对合伙企业债务承担有限责任。合伙协议未约定合伙期限。后甲、丙又与另外一人戊于2017年1月成立一普通合伙企业B，同样从事贸易业务。

问题：在本案例中，合伙企业A的法律性质如何？甲、丙的行为是否符合法律规定？

第一节　企业法概述

一、企业概述

（一）企业的概念

企业是按照一定的生产和经营方式结合起来的经营者、劳动者和生产资料的集合，从事商品生产、销售、运输或提供劳务、服务，具有一定法律主体资格的经济组织，企业一般具有营利性。

企业一词，源于英语中的“enterprise”，并由日本人将其翻译成汉字词语传入中国。enterprise 的原意是企图冒险从事某项事业，且具有持续经营的意思，后来引申为经营组织或经营体。

（二）企业的特点

（1）企业是按照一定方式有机结合起来的生产要素的集合。生产要素主要指人和物。其中人包括经营者和劳动者，而物则包含了各种生产资料，例如机器、厂房、原材料等。单纯的人或者物都不可能构成企业，必须紧密结合并作为一个整体存在，才构成一个企业：人被吸收成为企业的成员，代表企业为企业的利益进行相应的活动并由企业承担相应的后果；而物则被作为整体的企业所吸收而脱离消费领域，并在企业支配之下用于实现组建企业的宗旨。

（2）企业以生产经营和服务性活动为活动内容。企业区别于行使立法、司法和行政权力的国家机关，也有别于从事社会公益活动的事业单位和社会团体。从社会功能来说，企业的功能在于生产社会所需的商品，经营销售商品，并为生产生活提供相应的劳务或者服务。在法律上，企业必须具有明确的生产经营范围，并在企业的登记文件中明确载明。企业的生产经营必须合法，不从事法律法规禁止的或者危害国家、社会利益的行为。

（3）企业是营利性组织。企业作为市场竞争的主体，其建立的目的就在于利用群体优势集合投资者投资所形成的资本，通过生产经营实现资本增值，因此企业必然要努力提高经济效益，追逐利润。当然，企业在追求利益最大化的同时必须承担一定的社会责任，如正当竞争、尊重社会公益、保护环境等。

（4）企业是具有一定主体资格的经济组织。企业一旦成立就在一定程度上独立于其设立人，从而成为一个独立的市场竞争主体。企业在生产经营活动中以企业的名义而不是以设立人的名义与外界发生各种联系，形成各种法律关系，由此而产生的法律责任也由企业来承担。当然，由于企业的组织方式不同，企业的独立程度不同，企业承担责任的方式也不相同。法人型企业独立性强，在责任的承担上仅以法人财产为限；而合伙企业和个人独资企业的独立性弱，相应地，设立人对企业承担的责任就比较大，如设立人要为企业的债务承担连带责任。

二、企业的分类

企业的分类标准决定了企业的类别，依据不同的标准可以对企业进行不同的分类，但是在一次分类当中必须依据一个统一的标准，切不可混合使用各种标准进行分类。

依据生产资料所有制的标准对企业进行分类，是传统上社会主义国家的一般做法。《中华人民共和国民法通则》（以下简称《民法通则》）依据的就是这种标准，将企业分为全民所有制企业、集体所有制企业、外资企业、私营企业和个体工商户。

在市场经济中，企业是平等的竞争主体，不应因所有制结构的不同而存在地位的差别，而且对于市场交易而言，交易者最为关注、也最应当关注的乃是企业的出资方式、责任承担方式以及企业在法律上的主体资格；况且，按所有制结构确定类型是政治经济学的分类标准，这对于法学研究和处理交易对象之间的权利义务关系并无实质性意义，并且随着改革开放水平的不断提高，以所有制为标准划分企业类型已越来越不适应市场经济发展的需求，故本书主要依据国际上通行的做法，采用按企业的组织方式进行分类的标准进行分类。我国已经颁布实施的《中华人民共和国公司法》（以下简称《公司法》）、《中华人民共和国个人独资企业法》（以下简称《个人独资企业法》）和《中华人民共和国合伙企业法》（以下简称《合伙企业法》）沿用的就是这种标准。

企业的组织方式是企业出资方式和承担责任方式的总称，以企业出资方式和投资者对企业风险承担责任的形式为标准，企业可划分为个人独资企业、合伙企业和公司企业。

以企业是否具有涉外因素为标准，企业可划分为涉外企业和非涉外企业。其中涉外企业即外商投资企业，包括中外合资经营企业、中外合作经营企业和外资企业。

以企业的法律地位为标准，企业可划分为法人企业和非法人企业。

我们将在以后的章节中对各种企业的特征、设立的条件及程序、经营管理的结构以及企业的终止进行详细的阐述。

三、企业法的概念和法律渊源

法律渊源是法律规范存在的具体形式。在我国，企业法的渊源主要包括：宪法、法律、行政法规、部门规章、地方性法规和规章以及国际条约和惯例。

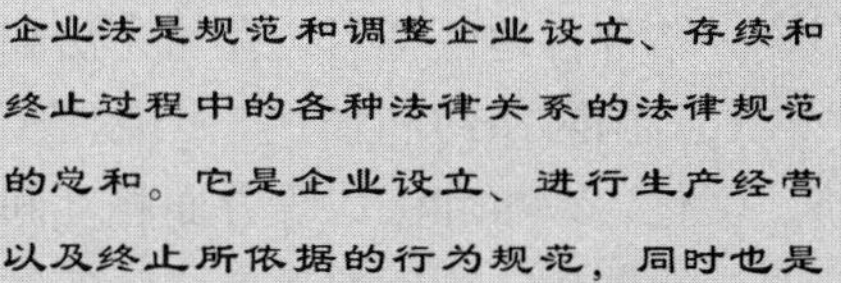
企业法是规范和调整企业设立、存续和终止过程中的各种法律关系的法律规范的总和。它是企业设立、进行生产经营以及终止所依据的行为规范，同时也是国家对企业进行管理调控的法律依据。

（1）宪法。宪法是我国的根本大法，由全国人民代表大会制定，具有最高的法律效力，任何法律法规都不得与之相抵触。《中华人民共和国宪法》（以下简称《宪法》）中有关企业基本类型和管理制度的规定，是进行企业立法的基本原则和指导思想，也是我国企业法的重要渊源。

（2）法律。法律是由全国人民代表大会或者全国人民代表大会常务委员会制定的，

前者制定的法律被称为基本法律，后者制定的法律则被称为一般法律，但二者在实施中的效力没有明显差别。其中针对企业的法律可分为两类：一类为调整经济关系的基本法律中有关企业的规定。例如，2017 年 3 月 15 日颁布的《中华人民共和国民法总则》（以下简称《民法总则》）第三章“法人”将法人分为“营利法人”“非营利法人”“特别法人”，并分别作出规定；第四章规定“非法人组织”是指不具有法人资格，但是能够依法以自己的名义从事民事活动的组织，包括个人独资企业、合伙企业、不具有法人资格的专业服务机构等。另一类为专门的企业法，例如《公司法》、《合伙企业法》、《个人独资企业法》、《中华人民共和国中外合资经营企业法》（以下简称《中外合资经营企业法》）、《中华人民共和国中外合作经营企业法》（以下简称《中外合作经营企业法》）等。

（3）行政法规。行政法规是以宪法和法律为依据，由国务院制定的具有法律效力的规范性文件。行政法规在我国的企业法体系当中占有相当大的数量，其制定或者批准颁布的原因有三：第一，在经济建设和经济改革中，迫切需要对某类经济关系进行调整，但制定法律的时机尚不成熟，故先出台行政法规予以调整，例如 1990 年制定的《中华人民共和国乡村集体所有制企业条例》；第二，为保证现有法律的有效贯彻实施而制定有关的实施条例和实施细则，例如 2019 年修订的《中华人民共和国中外合资经营企业法实施条例》（以下简称《中外合资经营企业法实施条施》）；第三，在立法技术上，某些法律关系的规范调整没有必要由法律进行规定，而由行政立法加以规制即可，例如 2016 年修订的《中华人民共和国公司登记管理条例》。

（4）部门规章。部门规章是指由国务院各部委根据法律和《中华人民共和国国务院组织法》在本部门的权限内发布的命令、指示和规章。部门规章包括各部门单独制定发布的规章和若干部门联合发布的规章两种形式。部门规章在其权限范围内对企业具有拘束力。2018 年 6 月 29 日，商务部修改并颁布了《外商投资企业设立及变更备案管理暂行办法》，对不涉及国家规定实施准入管理措施①的外商投资企业的设立及变更，由审批改为备案管理，并在备案制的基础上推进外资企业设立商务备案与工商登记“一套表格、一口办理”的方式，优化设立备案程序，进一步提升外商投资便利化水平。

（5）地方性法规和规章。地方性法规是指省、自治区、直辖市人民代表大会及其常务委员会和经全国人大常委会授权享有地方立法权的经济特区的人大及其常务委员会制定的在该辖区内具有法律效力的法规。地方性规章是指省会城市、自治区首府、直辖市的政府和经国务院批准的较大的市的人民政府制定的规范性文件。这些都是指地方的权力机关和人民政府，为保证有关法律法规在本地区的有效实施或者发展地方经济、招商引资，结合各地区特点，在与宪法和法律不相抵触的条件下制定的地方性规范文件。

（6）国际条约和惯例。国际条约是指由两个或两个以上国家缔结的规定政治、经济、文化、军事和法律等方面相互间的权利与义务关系的协议。国际条约现在通常被认为是法律渊源。国际惯例是国际实践中反复使用而形成的具有固定内容的规则，也构成了我国的一种法律渊源。

---

① 《2016 行政审批和准入特别管理措施目录》是指国务院决定在内地对香港、澳门服务提供者暂时调整有关行政法规、国务院文件及经国务院批准的部门规章规定的行政审批和准入特别管理措施目录。

第二节　中外合资经营企业法

一、中外合资经营企业的概念

中外合资经营企业（以下简称合营企业）是指外国公司、企业和其他经济组织或个人（以下简称外国合营者），按照平等互利的原则，经中国政府批准，在中国境内与中国的公司、企业或其他经济组织（以下简称中国合营者）共同举办的，具有中国法人资格的企业。中外合资经营企业属于股权式企业，中外投资者双方共同投资、共同经营，并按照出资比例来确定投资者的风险、责任和利润分配。

合营企业采取有限责任公司的组织形式，为中国法人，受中国管辖。

二、合营企业的法律特征

合营企业是我国吸收外资的一种重要形式，根据《中外合资经营企业法》及其实施条例，其特征可以概括如下：

（1）由中外合营者共同举办。合营企业与国内一般的合营企业的重要区别在于合营的各方当中至少有一个来自中国以外的国家或者地区。

（2）由合营各方共同投资。合营企业由合营各方共同投资举办，并且合营企业中外方合营者的投资比例不得低于合营企业注册资本的25%，这与外商独资企业有着明显的区别，因为后者的出资全部由外方负担。

（3）合营企业由合营各方共同经营管理。作为国际直接投资的一种方式，合营各方均直接参与企业的经营管理，这与外方通过证券市场投资，控股某一国内企业的国际间接投资不同，在后一种情况下外方投资者不直接参与企业的经营管理。

（4）由合营各方共担风险、共负盈亏。《中外合资经营企业法》明确规定合营企业采取有限责任公司的组织形式，合营各方按注册资本比例分享利润和分担风险及亏损。合营各方对合资企业的债务以其出资额为限承担责任。

三、合营企业的设立

合营企业是我国有效合理利用外资的一种形式，其成立应当符合我国扩大对外经济合作和技术交流的宗旨。根据《中外合资经营企业法》及其实施条例，合营企业设立的主要内容有：

1. 审批制向备案制的转变

为了进一步扩大对外开放，推进外商投资管理体制改革，完善法制化、国际化、便利化的营商环境，2018 年 6 月 29 日，商务部对《外商投资企业设立及变更备案管理暂行办法》（以下简称《办法》）进行了修订。根据《办法》第 2 条的规定，外商投资企业的设立及变更，不涉及国家规定实施准入特别管理措施的，适用《办法》，即外商投资企业的设立及变更由原来的审批制变更为备案制。

国务院商务主管部门负责统筹和指导全国范围内外商投资企业设立及变更的备案管理工作。设立外商投资企业，属于《办法》规定的备案范围的，全体投资者（或外商投资股份有限公司董事会）指定的代表或共同委托的代理人在向工商和市场监督管理部门办理设立登记时，应一并在线报送外商投资企业设立备案信息。由于并购、吸收合并等方式，非外商投资企业转变为外商投资企业，属于《办法》规定的备案范围的，在向工商和市场监督管理部门办理变更登记时，应一并在线报送外商投资企业设立备案信息。备案管理的外商投资企业发生的变更事项涉及国家规定实施准入特别管理措施的，应按照外商投资相关法律法规办理审批手续。

关于新旧衔接问题，《办法》指出：第一，经审批设立的外商投资企业发生变更，且变更后的外商投资企业不涉及国家规定实施准入特别管理措施的，应办理备案手续；完成备案的，其《外商投资企业批准证书》同时失效。备案管理的外商投资企业发生的变更事项涉及国家规定实施准入特别管理措施的，应按照外商投资相关法律法规办理审批手续。第二，《办法》实施前商务主管部门已受理的外商投资企业设立及变更事项，未完成审批且属于备案范围的，审批程序终止，外商投资企业或其投资者应按照《办法》办理备案手续。

2. 合营企业协议、合同和章程

合营企业协议是指合营各方对设立合营企业的某些要点和原则达成一致意见而订立的文件；合营企业合同是指合营各方为设立合营企业就相互权利、义务关系达成一致意见而订立的文件；合营企业章程是指按照合营企业合同规定的原则，经合营各方一致同意，规定合营企业的宗旨、组织原则和经营管理方法等事项的文件。可见，合营企业协议只是合营方就某些要点和合营意向达成的协议，合营企业合同是设立合营企业的全面、正式的合同性文件，两者约束的都是合营者，但合营企业章程则是对合营企业的组织、经营活动作出的规定，主要约束合营企业及其经营者。

当合营企业协议与合营企业合同有抵触时，以合营企业合同为准。经合营各方同意，也可以不订立合营企业协议而只订立合营企业合同、章程。

四、合营企业的出资方式

案例：我国某汽车制造企业欲引进外国先进技术生产汽车，与英国一个汽车制造企业谈判同意设立合资经营企业。中方提供的方案包括：（1）合营企业注册资本 4 700万元人民币。其中中方出资 3 200 万元，出资方式为场地使用费 400 万元，机器设备 1 600 万元，厂房 700 万元，知识产权 500 万元；英方出资 1 500 万元，出资方式为机器设备 800 万元，知识产权 700 万元。（2）合营企业不设股东会，由董事会作为最高权力机构。（3）董事会成员由合营双方推举产生，其中中方 4 人，英方 1 人。

问题：若英方对机器设备和知识产权的作价以及董事名额有不同意见，应如何解决？

合营者可以用货币出资，也可以用建筑物、厂房、机器设备或者其他物料、工业产权、专有技术、场地使用权等作价出资。货币以外的出资，其作价由合营各方按照公平合理的原则协商确定，或者聘请合营各方同意的第三者评定。

在上述案例中，中方与英方之间就机器设备和知识产权的作价问题首先应协商解决，协商不成再聘请第三方评定。

《中外合资经营企业法实施条例》规定合营企业所需的机器设备、原材料、燃料、配套件、运输工具和办公用品等，有权自行决定在中国购买或向国外购买。作为外国合营者出资的机器设备或者其他物料，应当是合营企业生产所必需的，并且机器设备或者其他物料的作价，不得高于同类机器设备或者其他物料当时的国际市场价格。作为外国合营者出资的工业产权或者专有技术，必须能显著改进现有产品的性能和质量，提高生产效率或者能显著节约原材料、燃料和动力。

作为外国合营者出资的机器设备或者其他物料、工业产权或者专有技术，还应当报审批机构批准。

五、合营企业的董事会和经营管理机构

合营企业的组织形式是有限责任公司，不设立股东会。董事会是合营企业的最高权力机构，决定合营企业的一切重大问题。董事会成员不得少于 3 人，其人数组成由各方协商，在合同、章程中确定。董事名额的分配由合营各方参照出资比例协商确定。

在上述案例中，双方可在确定机器设备与知识产权的作价之后，就董事名额问题进一步协商，协商过程中可以考虑双方的出资比例。

董事长是合营企业的法定代表人，董事长不能履行职责时，应授权副董事长或者其他董事代表合营企业。

合营企业设经营管理机构，负责企业的日常经营管理工作。经营管理机构设总经理 1 人，副总经理若干人，以协助总经理的工作。总经理的职权包括三个方面：（1）对上——执行董事会会议的各项决议；（2）对下——组织领导合营企业的日常经营管理工作，任免下属人员；（3）对外——在董事会授权范围内，对外代表合营企业，包括行使董事会授予的其他职权。

第三节　中外合作经营企业法

一、中外合作经营企业的概念

中外合作经营企业（以下简称合作企业）是中外合作经营各方的当事人依照《中华人民共和国中外合作经营企业法》（以下简称《中外合作经营企业法》）的规定，通过在

合营合同中约定投资或者合作条件、收益或者产品的分配、风险和亏损的分担、经营管理的方式以及合作企业终止时财产的归属而设立的一种企业形式。中外合作经营企业属于契约式企业，双方通过合作经营企业合同约定各自的权利和义务，合作的方式较为灵活。

合作企业符合中国法律关于法人条件的，可以取得法人资格。

二、合作企业的法律特征

合作企业与合营企业有诸多相似之处，例如二者都是由中外合作者共同投资、共同经营、共担风险、共负盈亏，但是二者也存在着明显的区别，根本区别在于合营企业为股权式合作经营企业，而合作企业则是一种契约式合作经营企业。具体来说，中外合作经营企业的特点如下：

（1）依法在合同中约定投资或者合作条件。《中外合作经营企业法》第 8 条规定：合作各方向合作企业的投资或者提供的合作条件既可以是现金，也可以是实物或者土地使用权、工业产权、非专利技术和其他财产权利。

（2）企业根据组织形式的不同设置不同的组织机构。在法人式合作经营企业中，企业设立董事会作为企业的最高权力机关，按照合作企业章程的规定，决定企业重大问题。而在非法人式合作经营企业当中设立联合管理委员会作为企业的权力机构，按照合作企业章程的规定，决定合作企业的重大问题。董事会或者联合管理委员会成员不得少于 3 人，其名额的分配由中外合作者参照其投资或者提供的合作条件协商确定。董事长或者主任是合作企业的法定代表人。合作企业设总经理 1 人，负责合作企业的日常经营管理工作，对董事会或者联合管理委员会负责。合作企业的总经理由董事会或者联合管理委员会聘任、解聘。

（3）依合同约定分配收益和回收投资，承担风险及亏损。中外合作者可以采用分配利润、分配产品或者合作各方共同商定的其他方式分配收益。其份额既可以与投资的份额相对应，也可完全没有关系，这与合资经营企业依投资份额确定利润分配和风险负担的份额具有明显的区别。

《中华人民共和国中外合作经营企业法实施细则》（以下简称《中外合作经营企业法实施细则》）第 44 条规定：中外合作者在合作企业合同中约定合作期限届满时，合作企业的全部固定资产无偿归中国合作者所有的，外国合作者在合作期限内，可以在按照投资或者提供合作条件进行分配的基础上，在合作企业合同中约定扩大外国合作者的收益分配比例，先行回收其投资。该细则第 45 条规定：合作企业的亏损未弥补前，外国合作者不得先行回收投资。

对于允许外方投资者先行回收投资的规定，实际上有利于吸引外国投资者在境内的投资。

三、中外合作经营企业的设立

和中外合资经营企业相似，中外合作经营企业的设立也适用《外商投资企业设立及变更备案管理暂行办法》的规定，具体内容参见本章第二节中有关中外合资经营企业的设立由审批制向备案制转变的阐述。

四、不具备法人资格的合作经营企业

为了进一步细化非法人合作经营各方的权利与义务，《中外合作经营企业法实施细则》专门设立第九章对不具备法人资格的合作经营企业的责任承担、登记机关和内容、财产所有问题及管理机构组成等方面作出了详细规定。

对于合作经营企业的责任承担问题，《中外合作经营企业法实施细则》第 50 条规定：不具有法人资格的合作企业及其合作各方，依照中国民事法律的有关规定，承担民事责任。如果合作经营各方是以合伙的方式组成，那么按照《合伙企业法》的规定，合作经营各方对合作经营企业的债务承担无限连带责任。

对于合作经营企业的登记机关和内容，《中外合作经营企业法实施细则》第 51 条规定：不具有法人资格的合作企业应当向工商行政管理机关登记合作各方的投资或者提供的合作条件。

对于合作经营企业的财产所有问题，《中外合作经营企业法实施细则》第 52 条规定：不具有法人资格的合作企业的合作各方的投资或者提供的合作条件，为合作各方分别所有。经合作各方约定，也可以共有，或者部分分别所有、部分共有。合作企业经营积累的财产，归合作各方共有。不具有法人资格的合作企业合作各方的投资或者提供的合作条件由合作企业统一管理和使用。未经合作他方同意，任何一方不得擅自处理。

对于合作经营企业的管理机构组成，《中外合作经营企业法实施细则》第 53 条规定：不具有法人资格的合作企业设立联合管理机构。联合管理机构由合作各方委派的代表组成，代表合作各方共同管理合作企业，决定合作企业的一切重大问题。

第四节　外资企业法

一、外资企业的法律特征

外资企业的特征可以概括为三个方面：

（1）外资企业是依据中国法律设立的中国企业。这一特点将其与外国企业区别开来。

外资企业是依照中国法律在中国境内设立的全部资本由外国投资者投资的企业，不包括外国企业和其他经济组织在中国境内的分支机构。

外国企业是指依据外国法律设立，经我国法律许可在我国从事经营活动的企业。外国企业的成立国对外国企业具有属人管辖权，而中国作为外国企业进行经营活动的东道国仅享有属地管辖权。对于外资企业，因其具有中国国籍，我国对其享有属人和属地双重管辖权。

（2）外资企业的全部投资由外国投资者承担。这是外资企业与中外合资企业和中外合作企业的显著区别。根据《中华人民共和国外资企业法》（以下简称《外资企业法》）的规定，不论外国投资者是单独投资还是联合投资，外资企业的投资方必须全部为外国的公司、企业、其他经济组织或者个人。

（3）外资企业是独立的经济实体。外资企业符合中国法律规定的法人条件的，依法取得法人资格。外资企业必须独立核算、自负盈亏、独立承担法律责任。这将外资企业与外国企业或者其他经济组织在中国的分支机构区别开来，因为分支机构在经济和法律上都没有独立的地位，完全从属于总公司。在经济上分支机构不独立核算，盈亏归总公司；在法律上分支机构以总公司的名义对外进行经营活动，其法律责任完全由总公司承担。

二、外资企业的设立

设立外资企业，必须有利于中国国民经济的发展，必须遵守中国的法律、法规，不得损害中国的社会公共利益。国家鼓励外资企业采用先进技术和设备，鼓励举办产品出口的外资企业。禁止或者限制设立外资企业的行业，按照国家指导外商投资方向的规定及外商投资产业指导目录执行。申请设立外资企业有下列情况之一的，不予批准：（1）有损中国主权或者社会公共利益的；（2）危及中国国家安全的；（3）违反中国法律、法规的；（4）不符合中国国民经济发展要求的；（5）可能造成环境污染的。

外资企业也属于外商投资企业的一种，因此 2016 年生效的《外商投资企业设立及变更备案管理暂行办法》同样适用于外资企业。外资企业的设立不涉及国家规定实施准入特别管理措施的，将由设立备案制代替审批制。该办法的具体内容参见本章第二节中有关中外合资经营企业的设立的阐述。

三、外资企业的组织形式

《外资企业法》及其实施细则规定外资企业的组织形式为有限责任公司，经批准也可以为其他责任形式。

外资企业为有限责任公司的，外国投资者对企业的责任以其认缴的出资额为限。外资企业为其他责任形式的，外国投资者对企业的责任适用中国法律、法规的规定。

第五节 个人独资企业法

个人独资企业是指依照《个人独资企业法》在中国境内设立，由一个自然人投资，财产为投资人个人所有，投资人以其个人财产或者家庭财产对企业债务承担无限责任的经营实体。

一、个人独资企业的法律特征

个人独资企业的法律特征概括起来包括以下三个方面：

(1) 个人独资企业的出资人为一个自然人。与合伙企业不同，个人独资企业中出资的自然人只有一个，尽管该自然人的出资可能来自其他自然人、法人、经济组织或者机构。

(2) 个人独资企业的全部财产为投资人所有。在个人独资企业中，企业的财产与投资人的个人财产没有严格的区分，即使有区分，也仅仅在于经营性财产和消费性财产的区分。这与合伙企业和公司企业当中的财产制度存在明显的区别，因为在合伙企业中，合伙企业的财产与合伙人的个人财产存在一定界限，在公司企业中，投资人一旦出资完成，其投资的财产就同投资人的个人财产完全分离。

(3) 个人独资企业以投资人的全部个人财产对企业的债务承担无限责任。个人独资企业不仅不严格区分投资人的个人财产和企业财产，而且企业完全由投资人个人控制，企业的一切生产经营活动与投资人个人的关系非常密切，所以投资人应对企业的债务承担比较大的责任，这有利于保证个人独资企业的债权人的利益。

二、个人独资企业的设立

申请设立个人独资企业应当具备五项条件，即：作为投资人的自然人，合法的企业名称，投资人申报的出资，固定的生产经营场所，以及必要的生产经营条件、必要的从业人员。其中作为投资人的自然人不能是法律、行政法规禁止从事营利性活动的人，例如在职国家公务员、现役军人、国有集体企事业单位的在职管理人员。对于投资人个人申报的出资，投资人无须提交验资报告或者出资权属证明文件，登记机关对投资人申报的出资权属、出资数额和是否实际缴付等情况不予审查，由投资人对其申报的出资情况承担法律责任。从事临时经营、季节性经营、流动经营和没有固定门面的摆摊经营，不得申请登记为个人独资企业。

个人独资企业应当在设立申请书中载明企业的名称和住所、投资人的姓名和居所、投资人的出资额和出资方式、经营范围。个人独资企业的名称应当符合名称登记管理的有关规定，并与其责任形式及从事的营业相符合，企业名称中不得使用“有限”、“有限责任”或者“公司”字样。

登记机关在收到设立申请文件之日起15日内，对符合《个人独资企业法》规定条件的，予以登记，发给营业执照；对不符合《个人独资企业法》规定条件的，不予登记，并给予书面答复，说明理由。个人独资企业以其营业执照的签发日期为企业成立日期。

三、个人独资企业的经营管理

个人独资企业的投资人既可以自行管理企业事务，也可以委托或者聘用其他具有民事行为能力的人负责企业事务的管理。投资人委托或者聘用他人管理个人独资企业事务，应当与受托人或者被聘用的人签订书面合同，明确委托的具体内容和授予的权利范围。投资人对受托人或者被聘用的人员职权的限制，不得对抗善意第三人。个人独资企业经过批准登记可以设立分支机构，分支机构在经营活动中产生的民事责任由设立分支机构的个人独资企业承担。

个人独资企业的投资人对本企业的财产依法享有所有权，其有关权利可以依法进行转让或继承。个人独资企业的投资人在申请企业设立登记时明确以其家庭共有财产作为个人出资的，应当依法以家庭共有财产对企业债务承担无限责任。

第六节　合伙企业法

合伙企业是指自然人、法人和其他组织依照《合伙企业法》在中国境内设立的普通合伙企业和有限合伙企业。

一、合伙企业的类型

（一）普通合伙企业

普通合伙企业，是指由普通合伙人组成，合伙人对合伙企业债务依照《合伙企业法》的规定承担无限连带责任的一种合伙企业。但是在某些特殊情况下，普通合伙企业的合伙人也

普通合伙企业由普通合伙人组成，合伙人对合伙企业债务承担无限连带责任。

可能承担有限责任。以专业知识和专门技能为客户提供有偿服务的专业服务机构，可以设立为特殊的普通合伙企业，也称有限责任合伙企业。目前，国际四大会计师事务所均采用了有限责任合伙企业形式。

特殊的普通合伙企业因合伙人执业活动发生合伙企业债务的主观因素不同，合伙人承担责任的方式也不同。具体而言，一个合伙人或者数个合伙人在执业活动中因故意或者重大过失造成合伙企业债务的，应当承担无限责任或者无限连带责任，其他合伙人以其在合伙企业中的财产份额为限承担责任。合伙人非因故意或者重大过失造成的合伙企业债务以及合伙企业的其他债务，由全体合伙人承担无限连带责任。

（二）有限合伙企业

有限合伙企业这一形式主要是为了适应发展风险投资的需要。从人员组成来看，除法律另有规定外，有限合伙企业由 2 个以上 50 个以下合伙人设立，其中至少有一个普通合伙人。有限合伙人可以转变为普通合伙人，普通合伙人也可以转变为有限合伙人。

有限合伙企业由普通合伙人和有限合伙人组成，普通合伙人对合伙企业债务承担无限连带责任，有限合伙人以其认缴的出资额为限对合伙企业债务承担责任。

法律对有限合伙人做了特殊的规定：不得以劳务出资；不执行合伙事务，不得对外代表有限合伙企业；除合伙协议另有约定外，有限合伙人可以同本有限合伙企业进行交易，可以自营或者同他人合作经营与本有限合伙企业相竞争的业务，可以将其在有限合伙企业中的财产份额出质；在提前 30 日通知其他合伙人的情况下，有限合伙人可以按照合伙协议的约定向合伙人以外的人转让其在有限合伙企业中的财产份额。

本章导入案例中的企业 A 即为合伙企业中的有限合伙企业。

二、合伙企业的法律特征

根据《合伙企业法》的规定，合伙企业的特征包括四个方面：

（1）由两个以上投资人共同投资兴办。合伙企业的投资人既可以为具有完全行为能力的自然人，也可以为法人，但是必须为两人或者两人以上，这使得合伙企业区别于个人独资企业。投资人的出资形式多样化，除了一般的货币、实物、土地使用权、知识产权和其他财产权利外，普通合伙人还可以以个人劳务出资，评估办法由全体合伙人协商确定，并在合伙协议中载明。

（2）合伙人以书面合伙协议确定各方出资、利润分享和亏损分担等。在合伙人合意的基础上形成的契约是合伙企业成立的基石，在罗马法中合伙就是指两个或两个以上的人出于共同的目的，将财产聚合在一起，或一方以财产、另一方以劳务为出资的契约关系。因此，合伙协议是合伙人之间确定权利与义务关系的最重要的依据，合伙人应以书面形式在合伙协议中明确约定出资方式、数额、利润分配方式、亏损分担方式、合伙事务的执行、入伙、退伙、合伙终止等事项。

（3）普通合伙人对合伙企业债务承担无限连带责任，有限合伙人对合伙企业债务承担有限责任。在合伙企业与第三人的关系中，合伙企业以其所有财产清偿第三人的债务，不足清偿时，普通合伙人负有以其在合伙企业中出资以外的个人财产清偿合伙企业债务的责任。《合伙企业法》规定有限合伙企业中的有限合伙人以其认缴的出资额为限对合伙企业债务承担责任。

（4）合伙企业属人合型企业。合伙企业的设立在一定程度上是基于合伙人之间的相互信赖，合伙企业当中合伙人共同参与企业的经营管理，合伙人对执行合伙事务享有同等的权利，不过，有限合伙人不执行合伙事务，不对外代表有限合伙企业。合伙企业吸收新的合伙人必须经全体合伙人一致同意。

三、合伙企业的成立

根据《合伙企业法》设立合伙企业，必须具备五项条件：（1）有两个以上合伙人，合伙人为自然人的，应当具备完全民事行为能力，但除法律另有规定外，有限合伙企业应由 2 个以上 50 个以下合伙人设立；（2）有书面合伙协议；（3）有合伙人认缴或者实际缴付的出资；（4）有合伙企业的名称和生产经营场所；（5）法律、法规规定的其他条件。

申请设立合伙企业的自然人不得为限制民事行为能力人，但是合伙人死亡或被宣告死亡的，合法继承人根据合伙协议或全体合伙人一致同意继承合伙人在合伙企业中份额的情况下，继承人取得合伙资格时可以为无民事行为能力人或限制民事行为能力人，经全体合伙人一致同意，可以成为有限合伙人，普通合伙企业转为有限合伙企业；全体合伙人未能一致同意的，合伙企业应当将被继承合伙人的财产份额退还该继承人。国有独资公司、国有企业、上市公司以及公益性的事业单位、社会团体不得成为普通合伙人。

具备上述五项条件的合伙企业设立人应当向企业登记机关提交登记申请书、合伙协议书、合伙人身份证明等文件申请合伙企业设立登记。合伙企业的经营范围中有属于法律、行政法规规定在登记前须经批准的项目的，应经批准，并在登记时提交批准文件。

普通合伙企业名称中应当标明“普通合伙”字样，特殊的普通合伙企业名称中应标明“特殊普通合伙”字样，有限合伙企业名称中则应标明“有限合伙”字样。

四、合伙企业的经营管理

合伙人对执行合伙企业事务享有同等的权利，合伙企业既可以由全体合伙人共同执行合伙企业事务，也可以由合伙协议约定或者全体合伙人决定，委托一个或者数个合伙人对外代表合伙企业，执行合伙企业事务，不执行合伙企业事务的合伙人对合伙企业事务的执行有监督权。受委托执行合伙企业事务的合伙人不按照合伙协议或者全体合伙人的决定执行事务的，其他合伙人可以撤销该委托。合伙企业对合伙人执行合伙企业事务以及对外代表合伙企业权利的限制，不得对抗善意第三人。执行合伙企业事务的一个或者数个合伙人，应当定期向其他合伙人报告事务执行情况以及合伙企业的经营和财务状况，其执行合伙企业事务所产生的收益归合伙企业，所产生的费用和亏损由合伙企业承担。

普通合伙人不得自营或者同他人合作经营与本合伙企业相竞争的业务；除合伙协议另有约定或者经全体合伙人同意外，不得同本合伙企业进行交易。有限合伙人可以同本有限合伙企业进行交易，但合伙协议另有约定的除外；有限合伙人可以自营或同他人合作经营与本有限合伙企业相竞争的业务，但合伙协议另有约定的除外。

因此，在本章导入案例中，甲的行为违反了竞业禁止义务，丙的行为符合法律的规定。

合伙企业的利润和亏损，按照合伙协议的约定办理；合伙协议未约定或约定不明的，由合伙人协商决定；协商不成的，按照实缴出资比例分配、分担；无法确定出资比例的，由合伙人平均分配、分担。为维护合伙企业经营的平等、公平原则，同时也为避免出现“假合伙”的现象。《合伙企业法》规定：合伙协议不得约定将全部利润分配给部分合伙人或者由部分合伙人承担全部亏损。此外，《合伙企业法》规定：合伙企业的生产经营所得和其他所得，按照国家有关税收规定，由合伙人分别缴纳所得税。这就避免了对合伙企业的双重征税问题，有利于合伙企业更好地发展。

除合伙协议另有约定外，改变合伙企业名称、处分合伙企业的不动产、转让或者处分合伙企业的知识产权和其他财产权利、以合伙企业的名义为他人提供担保、聘任合伙人以外的人担任合伙企业的经营管理人员均必须经全体合伙人一致同意。

五、合伙企业的财产、债务和“双重优先原则”

合伙企业的财产包括合伙人的出资、以合伙企业名义取得的收益和依法取得的其他财产。除法律另有规定外，合伙企业进行清算前，合伙人不得请求分割合伙企业的财产。除合伙协议另有约定外，合伙人向合伙人以外的人转让其在合伙企业中的全部或者部分财产份额时，须经其他合伙人一致同意，且在同等条件下，其他合伙人有优先购买权。合伙人之间转让在合伙企业中的全部或者部分财产份额，虽然不用经全体合伙人一致同意，但应当通知其他合伙人。

有限合伙人可以按照合伙协议的约定向合伙人以外的人转让其在有限合伙企业中的财产份额，但应当提前30日通知其他合伙人。

合伙企业的财产是合伙企业对外承担债务的基础。所谓“双重优先原则”是指，合伙企业首先以合伙财产偿还企业债务，在合伙企业的财产不足以偿还合伙企业债务的情况下，因合伙人对合伙企业债务负有无限连带责任，合伙人应当以其在合伙企业财产份额以外的个人财产清偿合伙企业的债务。合伙企业的债权人有权向合伙人全体或者任意一名合伙人提出偿还全部债务的请求，合伙人不得以合伙协议约定的合伙人之间的债务承担份额抗辩，但是合伙人有权向其他合伙人追偿由于其承担连带责任所清偿的数额超过其应当承担的数额的部分。有限合伙人转变为普通合伙人的，对其作为有限合伙人期间有限合伙企业发生的债务承担无限连带责任。

在特殊的普通合伙企业中合伙人承担责任的方式前文已阐述，此处不再赘述。

案例：张某、李某、王某三人分别出资5万元、3万元、2万元，于2017年1月共同成立一食品加工厂，三人约定按出资比例分享盈利、分担亏损。2017年11月，李某个人经营的商铺亏损，向吴某借款3万元。2018年1月，李某未与张某、王某商量，私自退伙，并取走了自己的 3 万元出资。2018 年 3 月，食品加工厂因长期亏损解散，张某、王某分别分得价值 2.5 万元、1 万元的货物。2018 年 6 月，与食品加工厂有业务往来的甲公司向人民法院起诉，要求该食品加工厂偿还其 2017 年的货款 7 万元。同时，吴某也向法院起诉，要求李某偿还债务。

分析：该案涉及合伙企业债务与合伙人个人的债务发生冲突时，如何确定两种债务的清偿顺序问题。

在上述案例中，李某从合伙企业中私自拿回的 3 万元出资属于合伙企业的财产，根据“双重优先原则”，应用于偿还合伙企业欠甲公司的债务。

张某、王某分别分得的价值 2.5 万元、1 万元的货物应用于偿还合伙企业的债务。

六、入伙与退伙

新合伙人入伙时，除合伙协议另有约定外，应当经全体合伙人一致同意，并依法订立书面入伙协议，原合伙人应当向新合伙人如实告知原合伙企业的经营状况和财务状况。入伙的新合伙人与原合伙人享有同等权利，承担同等责任，但是入伙协议另有约定的，从其约定。新入伙人一旦入伙就应当对入伙前合伙企业的债务承担连带责任。

合伙企业的财产应优先用于清偿合伙企业的债务，若有剩余则可用于清偿合伙人的个人债务；合伙人的个人财产应优先用于清偿合伙人的个人债务，若有剩余则可用于清偿合伙企业的债务。入伙是指合伙关系存续期间，现有合伙人以外的人加入而成为新的合伙人。

有限合伙企业仅剩有限合伙人的，应当解散；有限合伙企业仅剩普通合伙人的，转为普通合伙企业。退伙分为三种情况，即法定退伙、约定退伙和除名退伙。

法定退伙是指法律规定发生退伙的情形，合伙人当然退伙。如普通合伙中自然人死亡或被依法宣告死亡，个人丧失偿债能力，法人被吊销营业执照、责令关闭，有限合伙中仅剩有限合伙人等。另外，作为有限合伙人的自然人在有限合伙企业存续期间丧失民事行为能力的，其他合伙人不得因此要求其退伙。

退伙是指合伙关系存续期间，部分合伙人退出合伙企业，解除其合伙人的身份；如果全体合伙人宣布退出合伙企业，应当构成合伙企业的解散，而不应当视作退伙。

在合伙协议约定合伙期限的情况下，约定退伙是指合伙人因合伙协议约定的退伙事由出现、经全体合伙人同意、发生合伙人难以继续参加合伙企业的事由或其他合伙人严重违反合伙协议约定的义务而提出退伙；在合伙协议未规定合伙期限的情况下，约定退伙是指合伙人在不给合伙企业事务的执行造成不利影响的前提下，经提前 30 日通知其他合伙人而宣布退伙。合伙人不得无正当理由擅自退伙，否则应赔偿因其擅自退伙给其他合伙人造成的损失。

除名退伙是指经其他合伙人一致同意，某一或某几个合伙人因未履行出资义务、故

意或者重大过失给合伙企业造成损失、执行合伙企业事务时有不正当行为或者有合伙协议约定的事由而被除名。对合伙人的除名决议应当书面通知被除名人，被除名人自接到除名通知之日起，除名生效，被除名人退伙。被除名人对除名决议有异议的，可以在接到除名通知之日起 30 日内向人民法院起诉。

但是不管何种退伙，合伙人退伙的，其他合伙人应当与该退伙人按照退伙时合伙企业的财产状况进行结算，退还退伙人的财产份额。退伙时尚有未了结的合伙企业事务的，待了结后进行结算。

复习与思考

1. 按照不同的标准，企业可划分为哪些类型？
2. 中外合资经营企业与中外合作经营企业的区别。
3. 个人独资企业的设立条件。
4. 普通合伙企业的设立条件。
5. 普通合伙企业和有限合伙企业的区别。
6. 退伙的法律效力。

第二章 公司法

本章要点

1. 公司的特征与种类
2. 公司的权利能力与行为能力
3. 有限责任公司的设立与组织机构
4. 股份有限公司的设立与组织机构

导入案例

甲、乙、丙、丁四人欲共同成立一个公司。在开办何种公司的问题上，甲提出应当同心协力合伙经营，合伙企业的形式最为合适；乙提出应当设立有限责任公司，风险小，灵活；丙则认为应当设立股份有限公司，可以募集更多的资本。

问题：对于甲、乙、丙三人的观点，你有何看法？在选择公司类型时，应考虑哪些问题？这三种不同的企业组织形式各有什么利弊？不同类型的公司在设立、资本制度、责任承担和经营管理等方面有何异同？

第一节　公司与公司法概述

一、公司的概念与特征

> 一般认为我国规范的公司是指按照法律，以营利为目的，由股东投资而设立的企业法人。

大陆法系国家通常把公司定义为“依公司法设立，以营利为目的的社团法人”，其特征之一是“以营利为目的”。英美法系国家通常认为公司是依法从事某项活动的人们所自愿组织的法人机构，不仅包括以营利为目的的商业公司，还包括非营利性质的公司。英美法只调整有限责任形式的公司，大陆法中无限责任类型的公司在英美法中并不作为公司对待。

《中华人民共和国公司法》（以下简称《公司法》）调整的只是有限责任公司和股份有限公司。其特征是：

（1）依法设立。第一，公司成立的直接依据是法律，而不是合同；第二，公司的成立必须符合法律规定的条件；第三，公司的成立要按法律规定的程序进行。

（2）以营利为目的。法人可分为公益法人和营利法人。公益法人是指以从事非营利性的社会公益事业为目的的法人，如从事科学、教育、卫生、慈善等事业的机构。营利法人是指以营利即获取利润为目的的法人。公司要连续不断地从事经营活动，而不是进行一次性的、偶然的营业行为；公司的营业活动必须是特定经营范围内的，可以是一项或多项经营，但不能是没有确切经营项目的活动。

（3）股东投资。公司以股东的出资为其设立的基础。《公司法》规定了有限责任公司和股份有限公司股东的出资义务。如《公司法》第 26 条规定：有限责任公司的注册资本为在公司登记机关登记的全体股东认缴的出资额。

（4）公司是企业法人。《民法总则》规定了法人需要具备的要素：依法成立；有必要的财产或者经费；有自己的名称、组织机构、住所；能够独立承担民事责任。公司作为法人，也要具备这四个要素。

二、公司的种类

> 无限责任公司，指全体股东对公司债务承担无限连带责任的公司。

公司种类繁多，根据不同的标准有不同的分类：

（1）根据股东所承担的责任形式，公司可分为无限责任公司、两合公司、股份有限公司、股份两合公司和有限责任公司。

大陆法系国家承认无限责任公司形式；而英美法系国家不承认其为公司，认为其是合伙企业；《公司法》未规定此种类型的公司。《公司法》主要规定了有限责任公司和股份有限公司。

> 两合公司，指由一部分股东对公司债务承担无限责任，一部分股东对债务承担有限责任的公司。
>
> 股份有限公司，指将全部资本划分为等额股份，股东以其认购的股份为限对公司承担责任，公司以其全部资产对公司债务承担责任的公司。
>
> 股份两合公司，指两合公司中负有限责任的股东依照股份形式认购股份的公司。
>
> 有限责任公司，指由法定数量的股东组成，股东以其出资额为限对公司承担责任，公司以其全部资产对公司债务承担责任的公司。

（2）根据公司的信用标准，公司可分为人合公司、资合公司和人合兼资合公司。

人合公司，指以股东个人信用为基础的公司。无限责任公司是最典型的人合公司。

资合公司，指以股东的出资额为基础的公司，如股份有限公司。

人合兼资合公司，指同时具有个人信用和资本信用两种因素的公司。两合公司即属于这种公司。

（3）根据公司的控制和依附关系，公司可分为母公司和子公司。

> 母公司，指通过持有其他公司的股份而能实际控制其他公司的经营活动的公司。
>
> 子公司，指其一定比例的股份被其他公司持有，经营活动受其他公司控制的公司。

（4）根据公司的组织系统，公司可分为总公司和分公司。

（5）根据公司的国籍，公司可分为本国公司、外国公司和跨国公司。

本国公司，指具有本国国籍，依本国法享受权利、履行义务的公司。

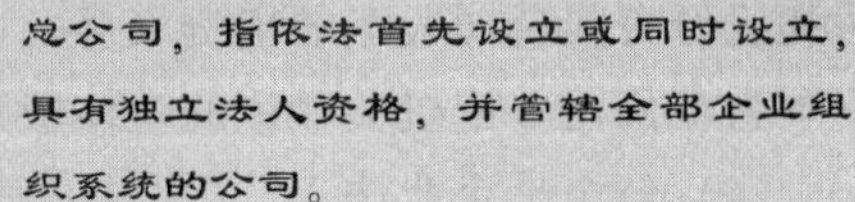

> 总公司，指依法首先设立或同时设立，具有独立法人资格，并管辖全部企业组织系统的公司。
>
> 分公司，指由总公司管辖的分支机构。分公司不是独立的公司，不具有企业法人资格，不是独立的法律主体。

外国公司，指依外国法设立，不具有本国国籍的公司。

跨国公司，指具有两个以上国籍，由分布在不同国家的实体组成的公司。

（6）根据公司股票能否公开转让，公司可分为封闭式公司和开放式公司。

封闭式公司，指公司股票不能在证券交易所挂牌，不能在证券市场上自由转让的公司。开放式公司，指公司股票可以在证券交易所挂牌公开交易的公司。

根据其他标准，公司还可分为其他类型，如根据投资主体的数量，公司可分为独资公司和合资公司。

三、公司的演变

(一) 公司的萌芽时期

中世纪时出现的商业组织是现代公司的萌芽，表现形式有家族经营团体、康孟达组织、法人实体和同业行会。

家族经营团体是合伙企业的一种形式。由单个人出资的独资企业经家族中多人继承而成为合伙企业，构成家族经营团体。它是后来无限责任公司及其他家族经营式公司的原始形态。

康孟达组织是中世纪晚期在意大利及地中海沿岸城市出现的一种以商事契约为基础的商业组织。按康孟达契约，由资本家出资，由船东于海上贩售货物，盈利按出资额分配。亏损时，船东负无限责任；资本家则以其出资额为限承担有限责任。

法人实体是经皇家颁发的特许状和政府特别准许设立的组织，它因特许成立而成为独立的法人。16 世纪时，这种组织已具有了合伙人的共同责任和共同免责的特征，它的稳定性和持久性比康孟达组织强，对后来公司基本制度的发展具有重要影响。

中世纪时的同业行会是一种商人组织，具有社团法人的性质。它的主要任务是保护同业商人的利益，有时也兼具共同经营的职能。13—15 世纪，意大利设立了世界上首个银行——热那亚银行。银行家成立银行家行会，盈利按各银行家贷款的数额比例分配，亏损也以贷款数额为责任限额。这种有限责任为以后有限责任公司的形成奠定了基础。

(二) 公司的产生与发展阶段

最早出现的公司是无限公司。无限公司与合伙企业没有本质的区别，不同之处在于前者的出资人是股东，后者的出资人是合伙人，股东的权利义务和无限公司的组织形式要比合伙人的权利义务和合伙企业的组织形式更明确、更稳定、更受强制性规范的约束。

无限公司之后是两合公司。两合公司中的资本家拥有资本，且只想投资获利而不想参加经营管理；经营人则相反，他们想从事经营，但缺乏资金。于是，直接参加经营的一方就以自己的无限责任来换取另一方只出资但不参加经营的有限责任。两合公司与康孟达组织没有本质区别，两者的不同类似于合伙企业与无限公司的不同。

两合公司出现后产生了股份有限公司，这在公司制度发展史上具有划时代的意义。1600 年成立的英国东印度公司和 1602 年成立的荷兰东印度公司是最早的股份有限公司。股份有限公司的设立需要国王的特许或政府的核准，股东实行有限责任制度。

继股份有限公司之后，在 18 世纪末出现了股份两合公司。后来在资本主义进入垄断阶段后，股份有限公司成为主要的公司形式；同时有限责任公司应运而生，克服了股份有限公司的一些缺点。

(三) 公司制度在我国的发展

我国最早出现的公司是清朝末年洋务运动时成立的诸如招商局一类的企业，其组织形式为现代公司。新中国成立后，私营企业被改造为公私合营企业，公私合营企业的本质仍属有限公司范畴。20 世纪 80 年代以后，随着改革开放的深入，有限责任公司和股份有限公司不断发展。在《公司法》及配套法规出台后，公司的发展日益规范化。

四、公司法概述

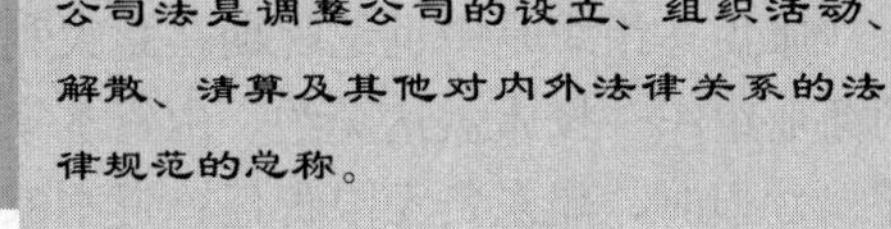

公司法的特征有：

（1）公司法是一种组织法。它规定了公司的分类、设立、变更和终止、公司章程、组织机构、权利能力和行为能力以及公司的其他对内外法律关系。

（2）公司法是一种行为法。它规定与公司的组织特点有关的经营活动，如股票的发行、转让等。与公司的组织特点无关的经营活动如公司对外签订合同等不属于公司法的调整对象。

（3）公司法是一种制定法。因为关于公司的法律地位、组织机构及其内外关系的规定必须有系统的、严格的、准确的法律规范形式。

（4）公司法的内容多为强制性规范。因为公司对社会的影响重大，所以必须对公司的设立、活动等作出强行规定。

我国现行《公司法》是 1993 年制定的，历经五次修改，最新的修改于 2018 年 10 月 26 日通过，自发布之日起施行。此外，最高人民法院于 2014 年 2 月 20 日重新修订了《最高人民法院关于适用〈中华人民共和国公司法〉若干问题的规定（一）》《最高人民法院关于适用〈中华人民共和国公司法〉若干问题的规定（二）》《最高人民法院关于适用〈中华人民共和国公司法〉若干问题的规定（三）》，于 2017 年 8 月 25 日修订并通过了《最高人民法院关于适用〈中华人民共和国公司法〉若干问题的规定（四）》，并于 2019 年 4 月 28 日修订并通过了《最高人民法院关于适用〈中华人民共和国公司法〉若干问题的规定（五）》。上述司法解释的出台对公司法的司法实践有着重要的指导意义。

第二节　公司法的基本制度

一、公司的名称与住所

（一）公司的名称

公司的名称是公司的标志，是一个公司区别于其他公司的标记。公司的名称具有排他性，在一定范围内，只有一个公司能使用经过注册的特定名称。

根据《企业名称登记管理规定》及其实施办法，在我国的同一登记机关辖区内，同

一行业的企业不能有相同和近似的名称。

我国公司的名称应由如下部分组成：

（1）公司的类别：公司的名称中应标明“有限责任公司”或“股份有限公司”字样。

（2）公司注册机关所在地的行政区划：如在省工商行政管理机构注册的公司，其名称中要含有“××省”。外商投资企业的名称中可不标明行政区划的名称。

（3）公司所属行业或经营特点，即公司的主要营业性质或范围。

（4）商号（或者字号），即公司相互区别的文字符号。

例如，“江苏省云天纺织有限责任公司”是一个完整的公司名称。在该名称中，公司的类别是有限责任公司，行政区划是江苏省，公司所属行业是纺织业，商号是云天。

（二）公司的住所

住所是公司注册登记的事项之一。

确定公司住所的法律意义如下：

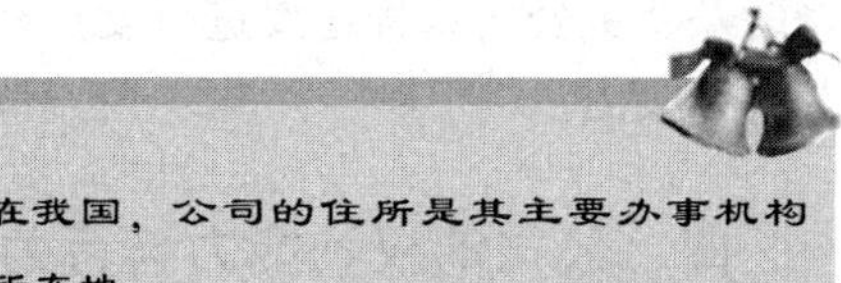

（1）在民事诉讼中，可根据住所地来确认地域管辖。

（2）住所可以确定送达诉讼文书的处所。

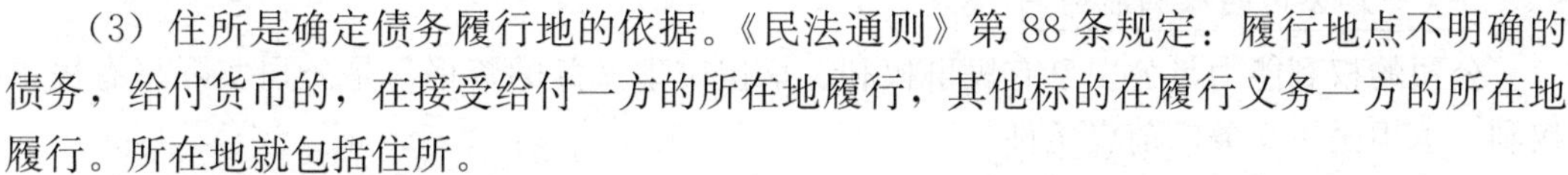

（3）住所是确定债务履行地的依据。《民法通则》第88条规定：履行地点不明确的债务，给付货币的，在接受给付一方的所在地履行，其他标的在履行义务一方的所在地履行。所在地就包括住所。

（4）住所是确定公司行政管辖机关的依据。

（5）在涉外民事关系中，住所是决定该关系适用何国法律的依据之一。

二、公司的设立与成立

（一）公司的设立

公司的设立是指公司依法取得法人资格的全部活动的总称。

公司成立前的活动都属于设立行为。设立行为包括订立发起人协议，订立公司章程，选举董事、监事，申请设立登记，募集股份，认股，召开公司创立大会，申请设立登记。

公司设立的程序包括：确定公司的股东或发起人，订立公司章程，股东或发起人认缴出资，建立公司机关，办理设立登记。

《最高人民法院关于适用〈中华人民共和国公司法〉若干问题的规定（三）》首次明确了发起人的概念：为设立公司而签署公司章程、向公司认购出资或者股份并履行公司设立职责的人，应当认定为公司的发起人，包括有限责任公司设立时的股东。

（二）公司的成立

公司的成立是指公司依法设立后所产生的法律效果。公司成立日期是营业执照的签发日期。

公司的成立与设立是不同的。公司的设立行为是成立的前提条件，成立是设立行为的法律结果；设立行为的当事人主要是股东、发起人，成立的当事人是申请人和有权批准申请的主管机关。

三、公司的章程

公司的章程是指公司股东或发起人依法制定的，记载有关公司组织与活动基本原则的书面法律文件。它是公司活动的基本依据。公司章程记载的事项可分为必须记载的事项和任意记载的事项。《公司法》第25条和第81条分别规定了有限责任公司和股份有限公司的公司章程应记载的内容。

公司的章程应公开。公司的章程生效后，其内容具有相对稳定性，不得随意变更，修改及变更公司章程还要进行变更登记；公司章程对公司内部的一切机构和个人均具有普遍约束力。

四、公司的权利能力与行为能力

（一）公司的权利能力

公司的权利能力是公司享有民事权利、承担民事义务的资格，是公司实际享有民事权利、承担民事义务的前提条件。

公司的权利能力的特点有：第一，公司的权利能力因公司经营范围的不同而不同，不像所有自然人的权利能力是相同的；第二，公司的权利能力与行为能力是一致的，而自然人的权利能力与行为能力却可以不一致。

公司的权利能力会受到一些限制：

(1) 经营范围的限制。公司不能超越其经营范围而从事一些经营活动。对经营范围作出限制是为了保护债权人的利益，维护社会经济秩序，保证社会交易安全。《公司法》第12条规定：公司的经营范围由公司章程规定，并依法登记。

司法实践中有这样的案例：公司超越其经营范围订立了合同，合同另一方当事人起诉到法院请求认定合同无效。法院依据《中华人民共和国合同法》（以下简称《合同法》）的规定，认定合同有效，判决驳回了原告的诉讼请求。对于公司超越其经营范围订立的合同的效力问题，学术界曾有不同观点。一种观点认为：公司超越经营范围没有权利能力，其缔约行为违反了法律的强制性规定，因此无效。而另一种观点认为：公司章程所界定的经营范围属于公司内部的经营规范，不能作为判断合同无效的依据。为解决这一问题，《最高人民法院关于适用〈中华人民共和国合同法〉若干问题的解释(一)》第10条规定：当事人超越经营范围订立合同，人民法院不因此认定合同无效。但违反国家限制经营、特许经营以及法律、行政法规禁止经营规定的除外。

(2) 法律规定的限制。例如《公司法》第15条规定：公司可以向其他企业投资；但是，除法律另有规定外，不得成为对所投资企业的债务承担连带责任的出资人。该条取消了原先对公司转投资的限制，但对公司转投资中的责任承担施以限制，在维护公司投资经营权的同时，也保护了公司及其债权人的利益。

(3) 固有性质的限制。公司是法人，是不同于自然人的，不享有自然人专属的生命权、身体权、健康权等。

(4) 公司在清算期间的权利能力也受到限制，不能享有原有的权利能力，只能在清算范围内享受权利、承担义务。《公司法》第186条第三款规定：清算期间，公司存续，但不得开展与清算无关的经营活动。

(二) 公司的行为能力

公司的行为能力是指公司通过自己的行为实际享受权利、承担义务的能力。它与公司的权利能力范围是一致的，始于公司产生之时，止于公司终止之日。

公司的行为能力是通过公司机关来行使的。公司机关就是公司的组织机构，通常包括股东会、董事会、监事会等。股东会是公司的权力决策机构；董事会是公司的执行机构，对内执行公司业务，对外代表公司；监事会对执行机构的业务活动进行专门监督。公司机关在其职权范围内以公司的名义所为的行为而产生的后果由公司承担。

五、公司的合并与分立

案例：甲公司欠乙公司货款100万元，尚未偿还。2018年10月，甲公司与丙公司达成意向，拟由丙公司兼并甲公司。

(一) 公司的合并

1. 公司合并的形式

公司的合并形式有两种：新设合并和吸收合并。

新设合并是指两个以上的公司合并成一个新公司，参加合并的公司均不复存在。如A、B、C三个公司合并成新的D公司，原有的A、B、C公司均解散。

吸收合并是指两个以上的公司合并，其中一个公司继续存在，其他公司均解散而并入继续存在的公司中。如A、B、C三个公司合并，A公司继续存在，B、C公司并入A公司中。

上述案例中丙公司兼并甲公司属于吸收合并，合并后甲公司解散而并入丙公司中。

2. 公司合并的程序

第一，合并各方协商，订立合并协议，并编制资产负债表及财产清单。

第二，股东会决议。合并各方订立合并协议后，要将合并协议交付股东会表决。根据《公司法》第43条和第103条，有限责任公司的合并应由代表2/3以上表决权的股东通过，股份有限公司的合并应由出席会议的股东所持表决权的2/3以上通过。

第三，通知。根据《公司法》第173条，公司应当自作出合并决议之日起10日内通知债权人，并于30日内在报纸上公告。即在上述案例中，甲公司在作出决议后应当通知其债权人乙公司，并于30日内在报纸上公告。乙公司自接到通知书之日起30日内，未接到通知书的自公告之日起45日内，有权要求甲公司清偿债务或者提供相应的担保。

第四，注册登记。对于吸收合并，被吸收的公司办理注销登记，存续公司办理变更登记；对于新设合并，合并各方均应办理注销登记，合并后的新公司办理设立登记。

3. 公司合并的法律效果

公司合并后，原公司的股东可以继续成为合并后的公司的股东；原公司的债权与债务全部由合并后的公司概括承受。《公司法》第 174 条规定：公司合并时，合并各方的债权、债务，应当由合并后存续的公司或者新设的公司承继。

在上述案例中，甲公司对乙公司的债务由合并后的丙公司承担。

（二）公司的分立

公司的分立是指一个公司依法分为两个或两个以上的公司。

（1）公司分立的形式。公司分立的形式主要有派生分立和新设分立两种。

派生分立是指公司将一部分财产分离出去，设立一个或多个新公司。

新设分立是指公司将其财产全部分割，分别成立两个或两个以上新公司。

（2）公司分立的程序。根据《公司法》的规定，公司分立，其财产应作相应分割。分立时应编制资产负债表及财产清单。公司应当自作出分立决议之日起 10 日内通知债权人，并于 30 日内在报纸上公告。公司分立前的债务由分立后的公司承担连带责任，但是，公司在分立前与债权人就债务清偿达成的书面协议另有约定的除外。

六、公司的资本、资产

公司的资本可以指实缴资本、注册资本、授权资本或发行资本。实缴资本是指公司股东向公司实际缴纳的资本，包括现金以及以货币计算的其他财产。注册资本是指在公司登记成立时填报的财产总额，即通常所称的公司资本。授权资本是公司根据章程授权可以筹集的全部资本，它不需在公司成立时募足，可以在公司成立后分期缴付。发行资本是指公司发行的股份总额，是每股发行价与股份总数的乘积。

大陆法系国家的公司法一般实行法定资本制，对公司资本的认缴、募集等提出了严格的要求。英美法系国家的公司法大多实行授权资本制。我国对中外合资企业适用授权资本制。《公司法》在 2005 年修订之前，实行严格的法定资本制，但之后修订的《公司法》在一定程度上体现了授权资本制，第 26 条和第 80 条分别规定了有限责任公司和股份有限公司的资本要求。

公司资产是公司所拥有的全部财产，包括公司拥有的物权、无形财产权和债权。它大于注册资本。

七、公司债券

（一）公司债券与股份的区别

公司债券是指公司通过发行证券，与他人形成的债权与债务关系。

（1）从持有人与公司的关系看，公司债券持有人与公司的利益相对；而股份持有人与公

司的利害关系是一致的。

（2）从表彰的权利看，公司债券持有人在债券清偿期有偿还本金请求权、利息给付请求权；而股东无权请求公司返还出资，只是在公司解散、清算时有剩余财产分配权。

（3）从发行时间看，在公司成立后才能发行公司债券，而在公司成立之前和之后都可以发行股份。

（二）公司债券的种类

（1）以债券上是否记载持有人的姓名为标准，债券可分为记名债券与无记名债券。

记名债券是指其上记载持有人姓名的债券；无记名债券是指其上不记载持有人姓名的债券。前者通过背书发生转让的效力，转让后办理过户手续的可产生对抗公司的效力；后者只要交付即可产生转让的效力。

（2）以有无担保为标准，债券可分为有担保公司债券与无担保公司债券。

有担保公司债券是指公司以自有或第三人拥有的全部或部分财产作为清偿债务的保证的公司债券；无担保公司债券是指公司仅以其信用作为公司清偿债务的保证的公司债券。

（3）以债权能否转换为股权为标准，公司债券可分为可转换公司债券与非转换公司债券。

可转换公司债券是指债权可以转换为股权的债券，即公司债券的债权人有权在公司发行新股和其他特定情况下选择将债券转换为公司的股份；非转换公司债券是指债权不能转换为股权的债券。

八、公司的解散与清算

（一）公司的解散

（1）解散的概念。公司的解散是指已成立的公司因法律原因而丧失营业能力，停止业务活动，开始处理未了结的业务。公司发生解散的事由，并不意味着其法人资格的立即消灭。除公司因合并或分立而解散以外，公司解散都要进行清算。在清算期间，公司仍具有法人资格，只是其权利能力和行为能力受到限制。

（2）解散的原因。根据公司解散的原因，公司解散可分为自愿解散和强制解散。

《公司法》第180条规定，公司解散的原因有：第一，公司章程规定的营业期限届满或者公司章程规定的其他解散事由出现；第二，股东会或者股东大会决议解散；第三，因公司合并或者分立需要解散；第四，依法被吊销营业执照、责令关闭或者被撤销；第五，人民法院依法予以解散。

（二）公司的清算

1. 清算的种类

公司的清算可分为自行清算和法定清算。

自行清算指可按章程规定或全体股东的意见而不按法律规定进行的清算。

公司清算是指公司解散后，处理公司未了结的事务，使公司的法人资格消灭的程序。

法定清算指必须按法律规定的程序进行的清算。法定清算又可分为破产清算和非破产清算。破产清算适用破产法和民事诉讼法的规定，非破产清算适用企业组织法如《公司法》的规定。非破产清算可分为普通清算与特别清算，二者的主要区别是：前者从公司内部产生清算组人员，后者是由主管机关或由法院指定清算组人员。下文提到的是普通清算。

2. 清算组的法律地位

在清算期间和范围内，清算组对外代表公司，对内执行清算事务，相当于公司解散前董事会的地位。

3. 清算组的组成

《公司法》第183条规定：有限责任公司的清算组由股东组成，股份有限公司的清算组由董事或者股东大会确定的人员组成；逾期不成立清算组进行清算的，债权人可以申请人民法院指定有关人员组成清算组进行清算。

4. 清算组的职权

《公司法》第184条规定：清算组在清算期间行使下列职权：（1）清理公司财产，分别编制资产负债表和财产清单；（2）通知、公告债权人；（3）处理与清算有关的公司未了结的业务；（4）清缴所欠税款以及清算过程中产生的税款；（5）清理债权、债务；（6）处理公司清偿债务后的剩余财产；（7）代表公司参与民事诉讼活动。

5. 清算的程序

第一，依法选任清算组成员。

第二，通知债权人申报债权。根据《公司法》第185条，清算组应当自成立之日起10日内通知债权人，并于60日内在报纸上公告。债权人应当自接到通知书之日起30日内，未接到通知书的自公告之日起45日内，向清算组申报其债权。

第三，清算组在清理公司财产、编制资产负债表和财产清单后，应当制订清算方案，并报股东会、股东大会或者人民法院确认。之后就要支付清算费用、职工工资、社会保险费用和法定补偿金，缴纳所欠税款，清偿债务，分配剩余财产。清算组发现公司财产不足以清偿债务的，应当依法向人民法院申请宣告破产。

第四，清算终结。清算组将剩余财产分配给股东后，清算事务即告结束，清算组应制作清算报告，报股东会、股东大会或者人民法院确认，并报送公司登记机关。同时申请注销公司登记，公告公司终止。经注销公告后，公司即告终止。

案例：甲公司系某集团公司的全资子公司。因业务需要，集团公司决定将甲公司分立为两个公司。鉴于甲公司已有的债权债务全部发生在集团公司内部，因此其分立未通知债权人。且甲公司的分立仅进行了财产分割，而没有进行清算。

分析：本案例涉及公司的分立与解散。甲公司属于一人有限责任公司，其分立的决议应由其股东即集团公司作出。通知债权人是公司分立的必经程序，而不论债权人是否与其有关联关系。公司解散并非都要进行清算，因公司合并或分立而发生的解散不用进行清算。

第三节 有限责任公司

一、有限责任公司概述

有限责任公司，指由一定人数的股东组成，股东以其认缴的出资额为限对公司承担责任，公司以其全部资产对公司债务承担责任的公司。

有限责任公司的特征有：

（1）股东人数有法律限制。《公司法》第24条规定有限责任公司由50个以下股东出资设立，对有限责任公司的股东人数作出了法律限制。

（2）股东对公司债务只负有限责任。股东仅以其出资额为限对公司承担责任。在英国有一种有限保证责任，即股东除以其出资额为限承担有限责任外，还另外对公司的债务承担一定数额的担保责任，以增加公司的对外信用。

（3）公司不得公开向社会发行股票等筹集资本。对股东所认缴的出资额，由公司发给出资证明、股权证或股单。股单与股票不同，股票是一种有价证券，可以在证券市场上买卖；而股单是一种权利证书，不能在证券市场上买卖。

（4）股东的出资额不得随意转让。股东的出资不能像股份那样自由转让。《公司法》第71条规定：股东向股东以外的人转让股权，应当经其他股东过半数同意。股东应就其股权转让事项书面通知其他股东征求同意，其他股东自接到书面通知之日起满30日未答复的，视为同意转让。其他股东半数以上不同意转让的，不同意的股东应当购买该转让的股权；不购买的，视为同意转让。第73条规定：转让股权后，公司应当注销原股东的出资证明书，向新股东签发出资证明书，并相应修改公司章程和股东名册中有关股东及其出资额的记载。这样规定的目的在于最大限度地保护股东的稳定和股东之间的相互信任。

（5）公司的财务状况一般不向社会公开。有限责任公司的股东比较稳定，人数有一定的限制，所以只向股东公开财务状况即可，无须向社会公开。

（6）组织机构设置灵活。股东会、董事会、监事会都不是必设机构。有些股东人数较少或规模较小的有限责任公司，股东会是决策机构，任命或聘请1～2名执行董事或经理来执行有关事务即可，无须设立董事会。监事会也是任意机构，有限责任公司可以只聘请1～2名监事来履行监督职责。

二、有限责任公司的设立

（一）设立的条件

案例：刘某、韩某、张某三人拟设立一有限责任公司，名为利民有限责任公司。公司的注册资本为30万元。其中，刘某以货币出资30%，韩某以实物出资30%，张某以其设定了质押权的发明专利权出资40%。刘某、韩某二人协商制定了公司章程，并通知了张某。由于韩某和张某未办理完相关手续，股东首次出资仅由刘某缴纳了6万元。

分析：该案涉及有限责任公司的设立。根据我国《公司法》的规定，设立有限责任公司，应当具备下列条件：

(1) 股东符合法定人数。《公司法》规定：有限责任公司由50个以下股东出资设立。在本案例中，公司的股东人数为3人，符合法律规定。

(2) 有符合公司章程规定的全体股东认缴的出资额。

第一，出资数额。新《公司法》取消了最低资本限额要求，仅要求股东通过公司章程决定注册资本额。这被认为是新《公司法》的一大进步。

第二，出资方式。股东可以用货币出资，也可以用实物、知识产权、土地使用权等可以用货币估价并可以依法转让的非货币财产作价出资。新《公司法》还取消了原先货币出资最低30%的限制性要求。这对于一些资金紧张的技术型创业企业来说不失为一个利好消息。在本案例中，刘某和韩某的出资方式符合法律规定，张某出资的专利权被设定了质押权，不得转让，其出资不合法。

第三，出资缴纳期限。新《公司法》没有强行规定出资缴纳期限，而将该事项交由公司章程决定。缴纳出资属于股东向公司及其他股东履行义务，应当按公司章程规定的期限足额缴纳。若韩某、张某无法按公司章程足额出资，除了应尽快足额缴纳出资外，还要向刘某承担违约责任。

(3) 股东共同制定公司章程。公司章程是有限责任公司必备的法律文件，其订立须经全体股东同意。而在本案例中，刘某、韩某未经张某同意即制定了公司章程，是不符合法律规定的。

（二）设立的程序

设立有限责任公司要依照一定的程序，除了订立章程、股东认缴出资外，还需申请设立登记。股东认足公司章程规定的出资后，由全体股东指定的代表或共同委托的代理人向公司登记机关报送公司登记申请书、公司章程等文件，申请设立登记。由于新《公司法》取消了最低资本限额及货币出资限制要求，原先规定的验资程序也就没有必要了。

依照法定程序、符合法定条件，公司即可成立。有限责任公司成立后，应当向股东签发由公司签章的出资证明书。

三、有限责任公司的资本与股东

(一) 有限责任公司的资本

股东应足额缴纳其承诺的出资数额。根据《公司法》第28条，股东应当按期足额缴纳公司章程中规定的各自所认缴的出资额。有限责任公司成立后，发现作为出资的非货币财产的实际价额显著低于公司章程所定价额的，应当由交付该出资的股东补足其差额；公司设立时的其他股东承担连带责任。

有限责任公司的股东可以以货币、实物、知识产权、土地使用权等可以用货币估价并可以依法转让的非货币财产出资。

有限责任公司要遵守资本不变原则，不经法定程序不得随意增减资本。

(二) 有限责任公司的股东

有的人并不向公司出资，通过继承等原因取得股权也可成为股东。因此，股东可以由在公司章程上签名盖章并实际履行出资义务的发起人、在公司存续期间依法继受取得股权的人、公司增资时的新股东这三类主体构成。并不是所有人都可成为股东，股东资格是有一定限制的，法律、章程禁止成为股东的人是不能作为公司的股东的。

股东一般是指公司的出资者，可以是自然人、法人、国家。

1. 股东的权利

股东的权利主要表现为自益权和共益权。自益权是股东基于自身出资专为自身利益而行使的享受经济利益的权利，包括获得股息和红利的权利、剩余财产的分配权、股东转让出资时的优先受让权。共益权是股东基于自己的出资为公司利益，同时为自己的利益而行使的参与公司事务的经营管理权利，包括表决权、监督权、请求股东会召开的权利、查阅公司账簿权、请求诉讼权等。

《公司法》规定的股东的法定权利有：出席股东会；参与公司重大决策和选择管理者；被选举为董事会成员和监事会成员；查阅股东会会议记录和公司财务会计报告，按比例获取红利；公司新增资本时，股东可以优先认缴出资；经股东同意转让的出资，其他股东对该出资有优先购买权；为公司及股东利益起诉董事、高级管理人员的权利等。《公司法》中规定的股东会的权利也属于股东权利。

2. 股东的义务

股东在享受权利的同时要履行相应的义务。根据《公司法》的规定，股东应履行以下义务：缴纳所认缴的出资；遵守公司章程；以其缴纳的出资为限对公司承担责任；在公司核准登记后，不得抽回出资；出资填补；对公司及其他股东诚实信任；依法定程序行使权利；其他依法应履行的义务。

四、有限责任公司的组织机构

有限责任公司的组织机构是依法律和公司章程规定行使决策、执行和监督职能的机构的总称，包括股东会、董事会和监事会。

（一）股东会

1. 股东会的性质与职权

股东会是由全体股东组成的权力机构，对外不代表公司，对内也不执行业务。它不是公司的常设机构，但有权对公司的重要事项作出决定。

《公司法》第 37 条规定，股东会行使下列职权：

（1）决定公司的经营方针和投资计划；

（2）选举和更换非由职工代表担任的董事、监事，决定有关董事、监事的报酬事项；

（3）审议批准董事会的报告；

（4）审议批准监事会或者监事的报告；

（5）审议批准公司的年度财务预算方案、决算方案；

（6）审议批准公司的利润分配方案和弥补亏损方案；

（7）对公司增加或者减少注册资本作出决议；

（8）对发行公司债券作出决议；

（9）对公司合并、分立、解散、清算或者变更公司形式作出决议；

（10）修改公司章程；

（11）公司章程规定的其他职权。

2. 股东会会议的召集

股东会职权的行使主要是通过召开股东会会议来实现的。股东会会议分为定期会议和临时会议。定期会议是按照公司章程的规定按时召开的、由全体股东出席的会议，通常每年举行一次或两次。临时会议是根据需要为解决临时性重要事项而召开的会议。《公司法》第 39 条规定：代表 1/10 以上表决权的股东，1/3 以上的董事，监事会或者不设监事会的公司的监事提议召开临时会议的，应当召开临时会议。

股东会的首次会议由出资最多的股东召集和主持。有限责任公司设立董事会的，股东会会议由董事会召集，董事长主持，董事长不能履行职务或者不履行职务的，由副董事长主持；副董事长不能履行职务或者不履行职务的，由半数以上董事共同推举一名董事主持。

召开股东会会议，应于会议召开一定时期前通知全体股东。《公司法》规定召开股东会会议，除公司章程另有规定或全体股东另有约定外，应当于会议召开 15 日以前通知全体股东。

3. 股东会的议事规则

股东会会议由股东按出资比例行使表决权，但是，公司章程另有规定的除外。

股东行使其表决权，并达到法定多数形成股东会的决议。股东会的决议可分为普通决议和特别决议。普通决议是对公司的一般事项所作的决议，一般采取资本多数决议，即拥有公司资本额一半以上的股东（通常也代表一半以上表决权的股东）通过就形成了决议。特别决议是公司对相对重要的事项作出的决议，因此对其的规定也比较严格。法国、德国规定形成特别决议须经代表3/4以上表决权的股东同意。《公司法》第43条规定特别决议须经代表2/3以上表决权的股东通过。特别决议的事项包括修改公司章程、增加或减少注册资本、分立、合并、解散或者变更公司形式。

有限责任公司可以以书面形式作出决议。前述股东会职权内容，股东以书面形式一致表示同意的，可以不召开股东会会议，直接作出决定，并由全体股东在决定文件上签名、盖章。

股东会应当对所议事项的决定作成会议记录，出席会议的股东应当在会议记录上签名。

（二）董事会

1. 董事会的性质

董事会对外代表公司，对内执行业务。小规模的有限责任公司可以不设董事会，只设一名执行董事。

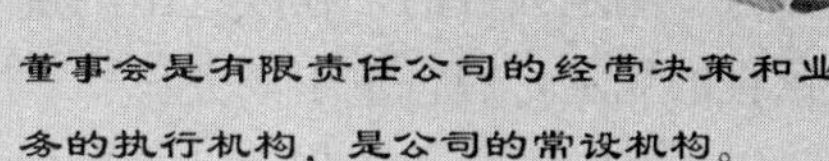

2. 董事和董事长

董事的产生方式有以下三种：一是由股东会选任，二是由章程确定，三是由法律直接规定。根据我国法律，有限责任公司非由职工代表担任的董事由股东会选任。根据《公司法》，董事会由3～13名董事组成。国有企业或其他国有投资主体设立的有限责任公司的董事由设立的主体来选派，并且必须有董事是由公司职工通过职工代表大会、职工大会或者其他形式的民主选举产生的。

各国一般对董事的资格作出限制。《公司法》第146条规定了不得担任公司董事的情形：

（1）无民事行为能力或者限制民事行为能力；

（2）因贪污、贿赂、侵占财产、挪用财产或者破坏社会主义市场经济秩序，被判处刑罚，执行期满未逾5年，或者因犯罪被剥夺政治权利，执行期满未逾5年；

（3）担任破产清算的公司、企业的董事或者厂长、经理，对该公司、企业的破产负有个人责任的，自该公司、企业破产清算完结之日起未逾3年；

（4）担任因违法被吊销营业执照、责令关闭的公司、企业的法定代表人，并负有个人责任的，自该公司、企业被吊销营业执照之日起未逾3年；

（5）个人所负数额较大的债务到期未清偿。

案例：甲公司于2018年7月依法成立，现有数名推荐的董事人选。根据上述《公司法》的规定，判断下列人员是否具备董事资格：

（1）甲某，2013年向他人借款120万元，两年后到期，但因做生意失败，至今未能清偿。

(2) 乙某，曾任某机械制造公司董事长，该公司于2013年被工商部门吊销营业执照，乙某负有个人责任。

(3) 丙某，因担任企业负责人犯重大责任事故罪于2011年6月被判处三年有期徒刑，2014年刑满释放。

分析：(1) 甲某符合前述第 (5) 条规定的“个人所负数额较大的债务到期未清偿”，因而不具备董事资格。

(2) 乙某符合前述第 (4) 条规定的“担任因违法被吊销营业执照、责令关闭的公司、企业的法定代表人，并负有个人责任的”，但营业执照被吊销已满3年，因而乙某具备董事资格。

(3) 丙某所犯重大责任事故罪不在前述第 (2) 条所规定的罪名之列，故丙某也具备董事资格。

有的国家的法律对董事任期作出了限制性规定，有的国家的法律未规定董事任期。《公司法》第45条规定：董事任期由公司章程规定，但每届任期不得超过3年。董事任期届满，连选可以连任。董事任期届满未及时改选，或者董事在任期内辞职导致董事会成员低于法定人数的，在改选出的董事就任前，原董事仍应当依照法律、行政法规和公司章程的规定，履行董事职务。

《公司法》第44条规定：董事会设董事长一人，可以设副董事长。董事长、副董事长的产生办法由公司章程规定。董事承担的义务主要是尽善良管理人的义务、注意义务和竞业禁止义务。

3. 董事会的职权

《公司法》第46条规定：董事会对股东会负责，行使下列职权：

(1) 召集股东会会议，并向股东会报告工作；

(2) 执行股东会的决议；

(3) 决定公司的经营计划和投资方案；

(4) 制订公司的年度财务预算方案、决算方案；

(5) 制订公司的利润分配方案和弥补亏损方案；

(6) 制订公司增加或者减少注册资本以及发行公司债券的方案；

(7) 制订公司合并、分立、解散或者变更公司形式的方案；

(8) 决定公司内部管理机构的设置；

(9) 决定聘任或者解聘公司经理及其报酬事项，并根据经理的提名决定聘任或者解聘公司副经理、财务负责人及其报酬事项；

(10) 制定公司的基本管理制度；

(11) 公司章程规定的其他职权。

4. 董事会会议的召集

《公司法》第47条规定：董事会会议由董事长召集和主持；董事长不能履行职务或者不履行职务的，由副董事长召集和主持；副董事长不能履行职务或者不履行职务的，由半数以上董事共同推举一名董事召集和主持。

5. 董事会的议事规则

《公司法》第 48 条规定：董事会的议事方式和表决程序，除本法有规定的外，由公司章程规定。董事会应当对所议事项的决定作成会议记录，出席会议的董事应当在会议记录上签名。董事会决议的表决，实行一人一票。

6. 经理

有限责任公司的经理，是负责公司日常经营管理事务的高级管理人员。经理是由董事会聘任或解聘的，对董事会负责。依据《公司法》第 146 条的规定，有些人是不能担任经理等高级管理人员的，限制情形与对董事的限制情形相同。

《公司法》第 49 条规定了经理的职权：

（1）主持公司的生产经营管理工作，组织实施董事会决议；

（2）组织实施公司年度经营计划和投资方案；

（3）拟订公司内部管理机构设置方案；

（4）拟订公司的基本管理制度；

（5）制定公司的具体规章；

（6）提请聘任或者解聘公司副经理、财务负责人；

（7）决定聘任或者解聘除应由董事会决定聘任或者解聘以外的负责管理人员；

（8）董事会授予的其他职权。

公司章程对经理职权另有规定的，从其规定。经理列席董事会会议。

（三）监事会

1. 监事会的性质

监事会是公司的监督机构，它不是必设机构，小规模的有限责任公司可不设监事会而设 1～2 名监事。

2. 监事

根据《公司法》，有限责任公司设立监事会，其成员不得少于 3 人。监事会应当包括股东代表和适当比例的公司职工代表，其中职工代表的比例不得低于 1/3，具体比例由公司章程规定。监事会中的职工代表由公司职工通过职工代表大会、职工大会或者其他形式民主选举产生。监事的任期每届为 3 年。监事任期届满，连选可以连任。监事任期届满未及时改选，或者监事在任期内辞职导致监事会成员低于法定人数的，在改选出的监事就任前，原监事仍应当依照法律、行政法规和公司章程的规定，履行监事职务。

各国一般规定董事、经理及高级管理人员不得兼任监事。《公司法》规定董事、高级管理人员不得兼任监事。同样，《公司法》第 146 条对监事的任职资格也作出了与对董事、高级管理人员的限制相同的规定。

3. 监事会的职权

《公司法》第 53 条规定了监事会、不设监事会的公司的监事的职权：

（1）检查公司财务；

（2）对董事、高级管理人员执行公司职务的行为进行监督，对违反法律、行政法规、公司章程或者股东会决议的董事、高级管理人员提出罢免的建议；

（3）当董事、高级管理人员的行为损害公司的利益时，要求董事、高级管理人员予以纠正；

（4）提议召开临时股东会会议，在董事会不履行《公司法》规定的召集和主持股东会会议职责时召集和主持股东会会议；

（5）向股东会会议提出提案；

（6）依法对董事、高级管理人员提起诉讼；

（7）公司章程规定的其他职权。

监事可以列席董事会会议，并对董事会决议事项提出质询或者建议。监事会、不设监事会的公司的监事发现公司经营情况异常，可以进行调查；在有必要时，可以聘请会计师事务所等协助其工作，费用由公司承担。

五、一人有限责任公司

1. 概念

一人有限责任公司，是指只有一个自然人股东或者一个法人股东的有限责任公司。曾有这样的案件：2000 年 8 月，甲公司与乙公司签订了一批货物的买卖合同，货款到期后，甲公司未进行支付。乙公司追讨货款未遂，随后向法院提起诉讼。法院查明，甲公司是由李某和王某夫妻二人共同开办的，且二人实行共同财产制。在本案例中，甲公司的两个股东的财产构成不可分割的整体，虽然在名义上，该公司有两个股东，实质上该公司只有一个股东，因此该公司是实质意义上的一人有限责任公司。《公司法》曾不承认一人有限责任公司，因此法院判决李某和王某对乙公司的债务承担无限责任。2005 年修订的《公司法》引入了一人有限责任公司概念，更好地调整了我国经济领域的客观现象，促进公司制度适应经济发展的需要。

2. 特征

一人有限责任公司是有限责任公司的特殊形式，其特征体现在：

（1）设立公司的限制。一个自然人只能投资设立一个一人有限责任公司，该一人有限责任公司不能投资设立新的一人有限责任公司。法人可以设立多个一人公司，并且法人设立的一人公司可以再对外投资设立一人公司。因此，《公司法》规定在公司登记中必须注明是自然人独资还是法人独资，并在公司营业执照中载明。

（2）股东连带责任。一人有限责任公司的股东不能证明公司财产独立于股东自己的财产的，应当对公司债务承担连带责任。《公司法》对举证责任的规定既坚持了一人公司作为有限责任公司股东享受的有限责任待遇，也在特定情况下对有限责任给予否定，平衡了股东与债权人的利益。

一人有限责任公司不设股东会，但股东作出相关决定时，应当采用书面形式，并由股东签字后置备于公司。一人有限责任公司应当在每一会计年度终了时编制财务会计报告，并经会计师事务所审计。

第四节　股份有限公司

一、股份有限公司概述

（一）股份有限公司的特征

股份有限公司的特征如下：

（1）股份有限公司的资本被划分为等额股份。股份是公司资本的最小单位。公司资本被划分为股份，且每股金额相等。

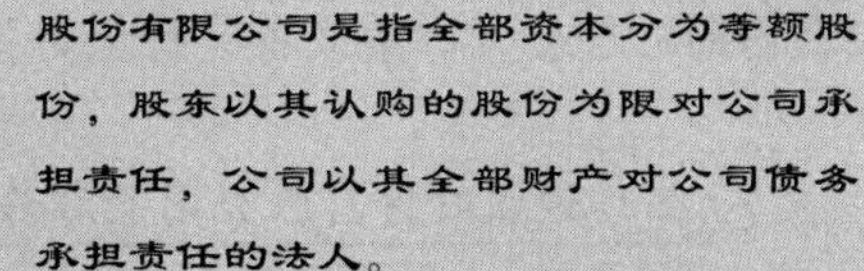

股份有限公司是指全部资本分为等额股份，股东以其认购的股份为限对公司承担责任，公司以其全部财产对公司债务承担责任的法人。

（2）股东对公司债务只负有限责任。股东仅以其所持股份对公司债务承担责任。

（3）股东人数须达到法定最低人数。各国公司法对股份有限公司的股东都作了最低人数规定。《公司法》要求股份有限公司的发起人应当在2人以上200人以下。由于股份有限公司的资本是向社会公众募集的，所以有些国家的法律对股东的最多人数不作要求。

（4）股份有限公司可以向社会公开募集资本。

（5）股份有限公司是资合公司。这类公司的信用基础是资本而非个人。股东之间无须有信任关系。

（6）经营的公开性。为了便于公众了解公司经营情况，作出决策，进行监督，股份有限公司应公开其章程、利润表和资产负债表等财务会计报表。

（7）设立程序较复杂。股份有限公司涉及股东多，所以为保护公众利益，法律对这类公司设立的条件和程序作出了较严格的规定。

（二）股份有限公司的优缺点

（1）股份有限公司可以向社会公开筹集资本，这有利于公司扩大规模，但成本也很高。

（2）股份有限公司的股东人数没有上限，这样有利于分散投资风险；但股东人数多，召集股东会会占用很多精力，不便于作出决策。

（3）股份可以自由转让，有利于社会资源的优化配置，但容易助长投机行为。

（4）对股份有限责任公司的设立条件和程序作出严格规定，有利于稳定社会经济秩序，但会牵涉大量时间、费用。

股份有限公司和有限责任公司各有利弊，没有绝对的优劣之分，在选择公司形式时，应当充分考虑两者的特征。

二、股份有限公司的设立

（一）设立股份有限公司的条件

根据《公司法》第76条，设立股份有限公司，应当具备下列条件：（1）发起人符合法定人数；（2）有符合公司章程规定的全体发起人认购的股本总额或者募集的实收股本总额；（3）股份发行、筹办事项符合法律规定；（4）发起人制订公司章程，采用募集方式设立的经创立大会通过；（5）有公司名称，建立符合股份有限公司要求的组织机构；（6）有公司住所。

（二）设立股份有限公司的方式

公司的设立方式有两种：发起设立和募集设立。发起设立是指由发起人认购公司应发行的全部股份而设立公司；募集设立是指由发起人认购公司应发行股份的一部分，其余股份向社会公开募集或者向特定对象募集而设立公司。

（三）设立股份有限公司的程序

1. 订立发起人协议

发起人是指依法认购其应认购的股份，承担公司筹办事务的人。发起人协议是指发起人之间订立的关于其职责的书面协议。

根据《公司法》第78条，设立股份有限公司的发起人为2人以上200人以下，其中须有过半数的发起人在中国境内有住所。《公司法》对发起人应承担的责任作出了规定：第一，公司不能成立时，对设立行为所产生的债务和费用负连带责任；第二，公司不能成立时，对认股人已缴纳的股款，负返还股款并加算银行同期存款利息的连带责任；第三，在公司设立过程中，由于发起人的过失致使公司利益受到损害的，应当对公司承担赔偿责任。

2. 订立章程

《公司法》第81条规定：股份有限公司章程应当载明下列事项：公司名称和住所；公司经营范围；公司设立方式；公司股份总数、每股金额和注册资本；发起人的姓名或者名称、认购的股份数、出资方式和出资时间；董事会的组成、职权和议事规则；公司法定代表人；监事会的组成、职权和议事规则；公司利润分配办法；公司的解散事由与清算办法；公司的通知和公告办法；股东大会会议认为需要规定的其他事项。

股份有限公司章程的订立者是发起人而不是全体股东，章程在制定后还须经创立大会修改和通过，连同设立登记申请等文件报主管机关审核批准后，才能作为公司的正式章程。章程须采取书面形式，有的国家公司法规定公司章程还必须经过公证或认证。

章程在生效后，非因法定事由和非经法定程序，不得随意修改。根据《公司法》，修改公司章程必须经出席股东大会的股东所持表决权的2/3以上通过。

3. 认缴与募集股份

对于发起设立，发起人应当书面认足公司章程规定其认购的股份，并按照公司章程规定缴纳出资。

对于募集设立，股份有限公司的股本分别由发起人认缴和向社会公开募集。发起人认购股份数不少于公司股份总数的35%。发起人认购法定数额的股份后，其余股份可以向社会公开募集。向社会募集资本的步骤是：

第一，制作并公告招股说明书。招股说明书是发起人制定的向社会公众募集股份的文件。招股说明书应当载明下列事项：发起人认购的股份数；每股的票面金额和发行价格；无记名股票的发行总数；募集资金的用途；认股人的权利、义务；本次募股的起止期限及逾期未募足时认股人可以撤回所认股份的说明。招股说明书应当附有发起人制订的公司章程。

第二，制作认股书。认股书应当载明招股说明书所列事项，由认股人填写所认股数、金额、住所，并签名、盖章。

第三，发起人与依法设立的证券公司签订承销协议；与银行签订代收股款协议。

第四，认股人缴纳股款。

第五，发行股份的股款缴足后，必须经依法设立的验资机构验资并出具证明。

4. 召开创立大会

创立大会是发起人召集认股人，决定有关设立公司的各种事项的会议。根据《公司法》的规定，股款募足后，发起人应在30日内主持召开公司创立大会，并在创立大会召开15日前将会议日期通知各认股人或者予以公告。创立大会应有代表股份总数过半数的发起人、认股人出席。

《公司法》第90条规定，创立大会行使下列职权：

（1）审议发起人关于公司筹办情况的报告；

（2）通过公司章程；

（3）选举董事会成员；

（4）选举监事会成员；

（5）对公司的设立费用进行审核；

（6）对发起人用于抵作股款的财产的作价进行审核；

（7）发生不可抗力或者经营条件发生重大变化直接影响公司设立的，可以作出不设立公司的决议。

创立大会对前款所列事项作出决议，必须经出席会议的认股人所持表决权过半数通过。

5. 设立登记

公司股东会或股东大会选举出的董事会应于创立大会结束后30日内，向公司登记机关报送下列文件，申请设立登记：公司登记申请书；创立大会的会议记录；公司章程；验资证明；法定代表人、董事、监事的任职文件及其身份证明；发起人的法人资格证明或者自然人身份证明；公司住所证明。

经核准登记注册，取得营业执照或注册证书，公司便正式成立，取得法人资格。

三、股份有限公司的资本与股东

股份有限公司采取发起设立方式设立的，注册资本为在公司登记机关登记的全体发

起人认购的股本总额。在发起人认购的股份缴足前，不得向他人募集股份。

股份有限公司采取募集方式设立的，注册资本为在公司登记机关登记的实收股本总额。法律、行政法规对股份有限公司注册资本实缴、注册资本最低限额另有规定的，从其规定。

股份有限公司资本的增减都要依法进行。

与有限责任公司股东相同，股份有限公司股东及其权利和义务由法律及公司章程规定。

四、股份

股份是公司资本的最小计算单位，是股东权存在的基础，其表现形式是股票。股份的特征是：第一，股份的平等性，即每一股份的基本金额相等，所体现的权利与义务也完全相等。第二，股份的可转让性，即股份是可以自由转让的。第三，股份的权利性，即股份体现了股东的权利。第四，股份的证券性，该特征主要表现为股票是股份的表现形式，股票是公司签发的证明股东所持股份的凭证。

（一）股份的种类

（1）根据股东享有股权内容的不同，股份可分为普通股与优先股。普通股是指股份有限公司发行的没有特别权利的股份。该类股份的持有人平等地享有权利。优先股是指具有不同于普通股的权利的股份。优先股具有优先分配盈利和剩余资产等特权，但其股东的表决权受到限制。

（2）根据是否在股票上记载股东姓名，股份可分为记名股与无记名股。记名股是指将股东的姓名记载于股票上的股份。记名股只有在背书交付后才发生转让效力。无记名股是指股票上不记载股东姓名的股份。无记名股只要交付就可发生转让效力。

（3）根据股票是否标明金额，股份可分为额面股与无额面股。额面股是指在股票上标明一定金额的股份，无额面股是指在股票上并不标明金额的股份。

（二）股份的发行

股份的发行分为设立发行和新股发行。

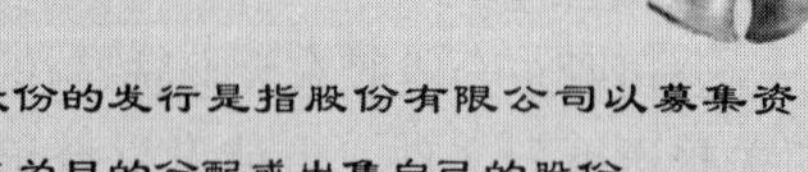

设立发行是指公司在设立过程中为筹集资本而发行股份的行为。在发起设立的情况下，第一次发行的股份完全由发起人认足，不再向社会募集；在募集设立的情况下，第一次发行的股份由发起人认购一部分，其余股份向社会募集。

新股发行是指公司在成立后再次发行股份的行为。

股份发行既可以按股份金额发行，也可以超过股份金额发行，但不得低于股份金额发行。

股份的发行实行公平、公正的原则，同种类的每一股份应当具有同等权利。同次发

行的同种类股票，每股的发行条件和价格应当相同；任何单位或者个人所认购的股份，每股应当支付相同价额。

（三）股份的转让

股份的转让是指股东依法将其股份转让给他人的行为。股东转让其股份，应当在依法设立的证券交易场所进行或者按照国务院规定的其他方式进行。

股份转让的方式依股份是记名股还是无记名股而有所不同。记名股由股东以背书方式或以法律、行政法规规定的其他方式转让，然后要将受让人的姓名或名称及住所记载于股东名册。无记名股的转让由股东将该股票交付给受让人后即发生转让的效力。

股份转让原则上是自由的，但法律为防止自由转让可能产生的弊端，对股份转让作了一些限制性规定。《公司法》第 141 条规定：发起人持有的本公司股份，自公司成立之日起 1 年内不得转让。公司董事、监事、高级管理人员应当向公司申报所持有的本公司的股份及其变动情况，在任职期间每年转让的股份不得超过其所持有本公司股份总数的 25%；所持本公司股份自公司股票上市交易之日起 1 年内不得转让。上述人员离职后半年内，不得转让其所持有的本公司股份。

同时，《公司法》还对公司收购本公司股份的情况进行了规定，并采取了“原则禁止，例外允许”的态度。2018 年新修改的《公司法》第 142 条规定：公司不得收购本公司股份。但是，有下列情形之一的除外：

（1）减少公司注册资本；

（2）与持有本公司股份的其他公司合并；

（3）将股份用于员工持股计划或者股权激励；

（4）股东因对股东大会作出的公司合并、分立决议持异议，要求公司收购其股份；

（5）将股份用于转换上市公司发行的可转换为股票的公司债券；

（6）上市公司为维护公司价值及股东权益所必需。

公司因前款第（1）项、第（2）项规定的情形收购本公司股份的，应当经股东大会决议；公司因前款第（3）项、第（5）项、第（6）项规定的情形收购本公司股份的，可以依照公司章程的规定或者股东大会的授权，经 2/3 以上董事出席的董事会会议决议。

公司依照该条第一款规定收购本公司股份后，属于第（1）项情形的，应当自收购之日起 10 日内注销；属于第（2）项、第（4）项情形的，应当在 6 个月内转让或者注销；属于第（3）项、第（5）项、第（6）项情形的，公司合计持有的本公司股份数不得超过本公司已发行股份总额的 10%，并应当在 3 年内转让或者注销。上市公司收购本公司股份的，应当依照《中华人民共和国证券法》的规定履行信息披露义务。上市公司因该条第一款第（3）项、第（5）项、第（6）项规定的情形收购本公司股份的，应当通过公开的集中交易方式进行。

公司不得接受本公司的股票作为质押权的标的。

五、股份有限公司的组织机构

（一）股东大会

1. 股东大会的性质和职权

股东大会是由全体股东组成的权力机构，它不是公司的常设机构，但公司的重要决策由其作出。

根据《公司法》第99条的规定，有限责任公司股东会的11项职权也同样适用于股份有限公司的股东大会。

2. 股东大会会议的召集

股东大会会议分为股东常会与临时股东大会。股东常会是每年必须召开的由全体股东出席的会议。《公司法》要求每年召开一次股东大会会议。临时股东大会是根据实际情况需要临时召开的股东会议。《公司法》第100条规定临时股东大会在出现下列情形之后的2个月内召开：第一，董事人数不足《公司法》规定的人数或公司章程所定人数的2/3时；第二，公司未弥补的亏损达实收股本总额1/3时；第三，单独或合计持有公司10%以上股份的股东请求时；第四，董事会认为必要时；第五，监事会提议召开时；第六，公司章程规定的其他情形。

根据《公司法》的规定，股东大会会议由董事会负责召集，由董事长主持。董事长不能履行职务或者不履行职务的，由副董事长主持；副董事长不能履行职务或者不履行职务的，由半数以上董事共同推举一名董事主持。董事会不能履行或者不履行召集股东大会会议职责的，监事会应当及时召集和主持；监事会不召集和主持的，连续90日以上单独或者合计持有公司10%以上股份的股东可以自行召集和主持。

召开股东大会会议，应当将会议审议的事项于会议召开20日以前通知各股东；临时股东大会应当于会议召开15日前通知各股东。发行无记名股票的，应当于会议召开30日前公告会议召开的时间、地点和审议事项。

3. 股东大会会议的议事规则

根据我国《公司法》，股东大会会议的议事规则如下：

股东出席股东大会会议，所持每一股份有一表决权，但是公司持有的本公司股份没有表决权。

股东大会作出决议，必须经出席会议的股东所持表决权的半数以上通过。股东大会作出修改公司章程、增加或者减少注册资本的决议，以及公司合并、分立、解散或者变更公司形式的决议，必须经出席会议的股东所持表决权的2/3以上通过。公司法和公司章程规定公司转让、受让重大资产或者对外提供担保等事项必须经股东大会作出决议的，董事会应当及时召集股东大会会议，由股东大会就上述事项进行表决。

股东大会选举董事、监事，可以根据公司章程的规定或者股东大会的决议，实行累积投票制。该制度是为了满足小股东推举董事、监事的需要而设立的。举例说明，某公司有10名股东，10 000股股份，大股东A持有55%

累积投票制，即每一股份拥有与应选董事或者监事人数相同的表决权，股东拥有的表决权可以集中使用。

的股份，即 5 500 股，其余 9 名股东持有 4 500 股。要推选 5 名董事。如果按每一股有一个表决权，则 A 能够使自己推选的 5 名董事全部当选。若采用累积投票制，表决权总数为 10 000×5=50 000 票，A 有 27 500 票，其余 9 人合计拥有 22 500 票，则这 9 个人至少可以推举 2 名董事，A 最多只能推举 3 名董事。

股东可以委托代理人出席股东大会会议，代理人应当向公司提交股东授权委托书，并在授权范围内行使表决权。

股东大会应当对所议事项的决定作成会议记录，主持人、出席会议的董事应当在会议记录上签名。会议记录应当与出席股东的签名册及代理出席的委托书一并保存。

（二）董事会

1. 董事会的性质

董事会是公司的经营决策和业务执行机构，依法对公司进行经营管理。它是股份有限公司的必设机构。

2. 董事和董事长

根据《公司法》，董事会由股东大会或创立大会选举产生，董事会的成员为 5～19 人。

《公司法》就股份有限公司与有限责任公司董事的资格和任期作出了相同的规定。《公司法》第 146 条对不得担任公司董事的情形作出了规定。

股份有限公司的董事会设董事长一人，可以设副董事长。董事长和副董事长由董事会以全体董事的过半数选举产生。

3. 董事会的职权

《公司法》还规定：关于有限责任公司董事会职权的规定，适用于股份有限公司董事会。

4. 董事会会议的召集

《公司法》规定：董事长召集和主持董事会会议。董事会每年度至少召开 2 次会议，每次会议应当于会议召开 10 日前通知全体董事和监事；董事会召开临时会议，可以另定召集董事会的通知方式和通知时限。

5. 董事会的议事规则

《公司法》规定：董事会会议应有过半数的董事出席方可举行。董事会作出决议，必须经全体董事的过半数通过。董事会决议的表决，实行一人一票。董事会会议应由董事本人出席。董事因故不能出席，可以书面委托其他董事代为出席，委托书中应载明授权范围。董事会应当对会议所议事项的决定作成会议记录，出席会议的董事应当在会议记录上签名。

《公司法》还规定了董事对董事会决议的法律责任，以此来约束董事慎重行事而非盲目决议。董事会的决议违反法律、行政法规或者公司章程、股东大会决议，致使公司遭受严重损失的，参与决议的董事对公司负赔偿责任。但经证明在表决时曾表明异议并记载于会议记录的，该董事可以免除责任。

6. 经理

公司经理是主持日常经营工作的公司负责人。我国有限责任公司经理的职权与股份有限公司经理的职权相同。

（三）监事会

（1）监事会的性质。监事会是股份有限公司的监督机构，成员不得少于3人。

（2）监事。根据《公司法》，监事会应当包括股东代表和适当比例的公司职工代表，具体比例由公司章程规定。监事任期每届为3年，监事任期届满，连选可以连任。董事、高级管理人员不得兼任监事。

（3）监事会的职权。《公司法》规定有限责任公司监事会的职权同样适用于股份有限公司的监事会。由此可见，《公司法》对两类公司组织机构的职权采用了一致的规定。

案例：某股份有限公司的董事会由甲、乙、丙、丁四人组成。其中，甲持有公司10%的股份，并由股东大会任命为董事长。乙曾担任某破产公司的经理，对该公司的破产负有个人责任，该公司破产清算完结至今已4年。丙由职工代表大会选举产生。丁同时担任公司监事。某日，董事会举行会议，甲、丙、丁出席，会上通过决议，向某厂投资50万元，其中，甲、丙同意该决议，丁表示反对。另一次，由于董事会未依法召集股东大会会议，甲便自行召集了股东大会会议。

分析：该案涉及股份有限公司组织机构的组成、职权、会议的召集程序及议事规则。股份有限公司的董事长应由全体董事的过半数选举产生，而不应由股东大会任命产生。乙虽然曾经担任某破产公司的经理，但该公司破产清算完结至今已逾4年，所以乙可以担任股份有限公司董事。股份有限公司的部分董事可由职工代表大会选举产生的职工代表担任，所以丙的任职是合法的。丁身为公司董事，不得兼任公司监事。

向某厂投资50万元的决议应属公司的投资计划，决定公司的投资计划是股东大会的职权，董事会无权决定。并且，该项决议仅有2名董事赞成，未超过全体董事的半数，应不得通过。在董事会不履行召集股东大会会议职责时，应先由监事会召集和主持，监事会不召集的，才可由符合条件的股东自行召集和主持，所以甲自行召集股东大会会议的行为不符合规定。

六、上市公司的特别规定

根据《公司法》第120条的规定，我国的上市公司是指其股票在证券交易所上市交易的股份有限公司。

1. 上市公司行为的限制

根据《公司法》第121条的规定，上市公司在一年内购买、出售重大资产或者担保金额超过公司资产总额30%的，应当由股东大会作出决议，并经出席会议的股东所持表决权的2/3以上通过。

根据《公司法》第124条的规定，上市公司董事与董事会会议决议事项所涉及的企业有关联关系的，不得对该项决议行使表决权，也不得代理其他董事行使表决权。该董事会会议由过半数的无关联关系董事出席即可举行，董事会会议所作决议须经无关联关系董事过半数通过。出席董事会的无关联关系董事人数不足 3 人的，应将该事项提交上市公司股东大会审议。

2. 独立董事

《公司法》第 122 条规定：上市公司设独立董事，具体办法由国务院规定。独立董事制度首创于美国。美国由于受信托法律制度的深远影响，董事对公司负有诚信及善良管理的双重义务，形成了严格的董事责任，加上发达的证券市场外部监督，客观上不需要在股东大会下设立与董事会平行的监事会，因此公司权力属于一元模式，即股东大会选举董事会，董事会任命主要经营者，公司内部没有一个常设的监督机构。而 20 世纪初在美国，由于公司高层管理人员和大股东长期占据公司要职，控制权越来越集中，公司被少数内部人员操纵，董事会的职能减弱。针对这一情况，美国提出“公司治理的法人结构”问题，引入外部董事的概念，力图通过独立于公司的外部人员的参与制衡内部人员的职权，从而改变董事会失灵的局面。在这一背景下产生了独立董事。

美国法学研究所编制的《公司治理原则》将独立董事界定为与公司没有“重要关系”的董事。国际成熟资本市场称其为不在上市公司内部任职且与公司没有股权关系的外部人士。独立董事与公司不存在可能影响其独立判断的利害关系，也不参与公司的经营管理活动，既不代表投资者，也独立于公司管理层，因此可以对公司的投资决策、内部运作、资源分配等重大问题作出独立的判断。

《公司法》将有关独立董事的规定正式写入其中，在严格意义上做到了有法可依，但由于目前机制的不完善，独立董事在实际操作时缺乏真正发挥作用的平台。

复习与思考

1. 子公司和分公司的区别。
2. 有限责任公司的特征及其设立条件。
3. 股份有限公司的特征及其设立条件。
4. 有限责任公司与股份有限公司的区别。
5. 股份有限责任公司的组织机构。

第三章 破产法

本章要点

1. 破产界限的概念及我国规定
2. 债务人财产、破产费用与共益债务
3. 破产财产分配顺序
4. 取回权、别除权、抵销权、追回权

导入案例

伊士曼柯达公司（Eastman Kodak Company），简称柯达公司，是世界上最大的影像产品及相关服务的生产和供应商，总部位于美国纽约州罗切斯特市，是一个在纽约证券交易所挂牌的上市公司。在拍照从“胶卷时代”进入“数字时代”之后，柯达公司的经营状况出现了严重的危机。自2008年以来，柯达靠出售专利权获得了近20亿美元收入，但经营仍陷入困境。自2010年10月起，就不断有传言称柯达将提交破产保护申请，其股票价格也因此一路下跌。2012年1月19日，柯达及其美国子公司提交破产保护申请，以力争渡过由多年销售下滑所造成的流动性危机。

问题：何为破产？这种制度设计的目的何在？我国法律对破产界限或破产原因是如何规定的？

第一节　破产法概述

一、破产

法律意义上的破产，是指债务人不能清偿到期债务时，由法院通过法定程序，将债务人的全部财产强制向全体债权人公平清偿并使债务人丧失其主体资格的事件。

破产（bankrupt），简单地说就是债务人不能清偿到期债务。从词源上讲，“bankrupt”一词源于意大利语“bancarotta”，“banca”意为“板凳”，“rotta”意为“砸烂”。它来源于中世纪后期意大利商业城市的习惯。当时，商人们在市中心交易市场中各有自己的板凳，当某个商人不能偿付债务时，他的债权人就按照惯例砸烂他的板凳，以示其经营失败。现代破产法意义上的破产，包含事实上的破产和法律上的破产。

事实上的破产有多种表现形式，既可以指债务人丧失了继续经营事业的财产承受能力，也可以指债务人发生了债务清偿不能的财务危机。债务人清偿债务后其主体资格赖以存在的财产已完全丧失，故称破产。

破产具有以下法律特征：

（1）破产是一种债务清理的法定手段。当出现债务人不能清偿到期债务的事实状态时，如何对债务人的财产进行公正的分配，满足债权人的清偿要求，一般的民事诉讼程序或者执行程序无法解决这些问题，必须由法律进行特别规定。

（2）破产必须以债务人不能清偿到期债务为前提。“不能清偿到期债务”是指债务的履行期限已届满，且债务人明显缺乏清偿债务的能力。当债务人停止清偿到期债务并呈连续状态，如无相反证据时，也可推定为“不能清偿到期债务”。

（3）破产以公平清偿债权为宗旨。在破产的情况下，通常有多个债权人，并且债务人的全部财产往往不能满足全部债权要求，这样，各债权人之间就存在债权受偿上的利益冲突。所以需要向全体债权人公平地清偿债务，以协调各债权人之间的利益冲突，使各债权人合理地共担损失和共享利益。

（4）破产是一种强制执行程序。债务人一旦进入破产程序，就必须受法院的破产执行程序的支配。非经破产程序和法律的特别规定，任何人或者机构都不能处分或者执行债务人的财产。

二、破产法

破产法主要包括破产程序规范、破产实体规范和罚则。

（一）我国破产法的构成

破产法是指调整破产债权人和债务人、法院、管理人以及其他破产参加人相互之间在破产过程中所发生的社会关系的法律规范的总称。

我国破产法主要由普通规范和特殊规范构成：

1. 普通规范

普通规范主要指破产案件中一般破产主体所适用的程序性及实体性的法律规范。包括全国人大常委会第二十三次会议于 2006 年 8 月 27 日通过、自 2007 年 6 月 1 日起施行的《中华人民共和国企业破产法》（以下简称《企业破产法》）和最高人民法院关于适用《企业破产法》的司法解释，目前主要适用 2011 年 9 月 9 日公布的《最高人民法院关于适用〈中华人民共和国企业破产法〉若干问题的规定（一）》、2013 年 9 月 5 日公布的《最高人民法院关于适用〈中华人民共和国企业破产法〉若干问题的规定（二）》以及 2019 年 3 月 27 日公布的《最高人民法院关于适用〈中华人民共和国企业破产法〉若干问题的规定（三）》。

2. 特殊规范

特殊规范主要指由于破产主体的特殊性和经济发展的特殊需要而制定的法规，主要有：(1)《中华人民共和国商业银行法》（以下简称《商业银行法》）第 71 条对商业银行破产所做的特殊规定；(2) 国务院关于试点城市国有企业破产的文件；(3) 地方破产条例，如自 1993 年 8 月 1 日起施行的《广东省公司破产条例》和自 1994 年 3 月 1 日起施行的《深圳经济特区企业破产条例》。

（二）破产法的适用范围

关于破产法的适用范围，各国依照本国的实际情况作出了不同规定，有些仅适用于法人或自然人，也有些同时适用于法人和自然人。我国现行破产法的适用范围较窄，仅包括企业法人，不包括没有法人资格的企业、个体工商户、合伙组织、农村承包经营户和自然人。我国的破产主体为所有的企业法人。

《企业破产法》附则还规定了商业银行、证券公司、保险公司等金融机构适用该法的条件。

（三）破产程序的域外效力

破产法规定了依照该法进行的破产程序所发生的域外效力，首次明确了在本国启动的破产程序对债务人的域外财产具有的法律效力。具体内容为，依照《企业破产法》开始的破产程序，对债务人在我国领域外的财产发生效力。对外国法院作出的发生法律效力的破产案件的判决、裁定，涉及债务人在中华人民共和国领域内的财产，申请或者请求人民法院承认和执行的，人民法院依照我国缔结或者参加的国际条约，或者按照互惠原则进行审查，认为不违反我国法律的基本原则，不损害国家主权、安全和社会公共利益，不损害我国领域内债权人的合法权益的，裁定承认和执行。

第二节　破产申请的提出与破产案件的受理

一、破产界限

破产界限，在国外破产法中一般被称为“破产原因”，是指适用破产程序所依据的特定法律条件或法律事实，也就是受理破产案件的实质条件。各国破产法对破产界限的规定大致可以归纳为两种：

（1）列举主义。主要为英美法系国家所采用，以英国破产法和1978年前的美国破产法为代表。其破产法对破产界限进行逐一的列举，主要是一些有损于或可能有损于债权人利益的行为，这些行为与债务人是否已丧失偿债能力往往没有必然联系，只要债务人具备了其中之一，即可认为其具有破产原因。

（2）概括主义。主要为大陆法系国家所采用。其特点是，对破产界限作高度抽象的概括规定。总体来说，是以债务人无清偿能力为核心。在判断“无清偿能力”的时候有两个标准：一是现金流量标准，当债务人不能支付到期债务时，即认为其无清偿能力；二是资产负债表标准，是指债务人的资产不能够清偿它的负债，即“资不抵债”。

我国对于破产界限的规定采取的也是概括方式，对于不同性质的主体，规定了不同的破产界限。

《企业破产法》第2条规定：企业法人可以进入破产的界限是：“企业法人不能清偿到期债务，并且资产不足以清偿全部债务或者明显缺乏清偿能力的，依照本法规定清理债务。”同时，该法第2条还对破产重整的条件作出了规定：“企业法人有前款规定情形，或者有明显丧失清偿能力可能的，可以依照本法规定进行重整。”关于重整程序的具体规定，将于之后的章节详述。

《最高人民法院关于适用〈中华人民共和国企业破产法〉若干问题的规定（一）》对上述破产界限进行了具体的界定。债务人不能清偿到期债务包括三种情形：（1）债权债务关系依法成立；（2）债务履行期限已经届满；（3）债务人未完全清偿债务。债务人的资产负债表、审计报告或者资产评估报告等显示其全部资产不足以偿付全部负债的，人民法院应当认定债务人资产不足以清偿全部债务，但有相反证据足以证明债务人资产能够偿付全部负债的除外。债务人账面资产虽大于负债，但存在下列情形之一的，人民法院应当认定其明显缺乏清偿能力：（1）因资金严重不足或者财产不能变现等原因，无法清偿债务；（2）法定代表人下落不明且无其他人员负责管理财产，无法清偿债务；（3）经人民法院强制执行，无法清偿债务；（4）长期亏损且经营扭亏困难，无法清偿债务；（5）导致债务人丧失清偿能力的其他情形。

商业银行的破产界限在《商业银行法》第71条中予以规定，其破产界限仅由“不能支付到期债务”一项事实构成。

二、破产申请

破产申请是指破产申请人向法院请求受理破产案件，适用破产程序，宣告破产的意思表示。

关于破产开始程序的立法有两种体例，即申请主义和职权主义。申请主义，即法院根据破产申请人的申请而开始破产程序，这体现了民法上“不告不理”的原则；职权主义，即法院在无破产申请的情况下根据其职权开始破产程序，这体现了公力救济主义特点。早期破产制度一般采用职权主义；近、现代破产法大多以申请主义为原则，而以职权主义为例外。我国现行破产法采用了申请主义。

破产申请人是与破产案件有利害关系、依法具有破产申请资格的民事主体。申请人应当提交破产申请书和有关证据。破产申请书应列明：（1）申请人、被申请人的基本情况；（2）申请目的；（3）申请的事实和理由；（4）法院认为应当载明的其他事项。在法院受理破产申请前，申请人可以请求撤回申请。

根据我国法律的规定，破产申请人既可以是债权人，也可以是债务人本身。

1. 债权人申请

申请破产的债权人，可以是法人、公民和具有诉讼主体资格的非法人组织。为解决债权人不了解债务人资产负债情况这一问题，法律对债权人启动破产程序仅规定了债务人不能清偿到期债务的要求。

案例：飞翔快递公司因严重亏损，已经无法清偿到期债务。2018 年 6 月，各债权人追讨债务未果，欲申请该公司破产。这些债权人包括：（1）甲公司，飞翔快递公司租用其仓库期间，因疏于管理于 2017 年 12 月失火烧毁仓库；（2）乙公司，飞翔公司拖欠其取暖费 20 万元，于 2015 年 1 月到期，尚未偿还，但乙公司一直未追索；（3）丙公司，飞翔公司就拖欠该公司货款 30 万元达成协议，约定于 2018 年 10 月付款。在上述债权人当中，谁有权申请飞翔公司破产？

分析：债权人作为破产申请人的，其债权须为具有财产给付内容的请求权，同时还须为合法有效的债权。诉讼时效已经届满的债权的债权人不得申请破产。

甲公司所享有的债权是基于侵权所产生的对飞翔公司的损害赔偿请求权，因而甲作为债权人有权申请飞翔公司破产。

乙公司对飞翔公司的债权于 2015 年 1 月到期，至 2018 年 6 月期间并未追索，已经超过了《民法总则》规定的 3 年诉讼时效，因此乙公司的债权已经丧失抗辩权，不能作为破产申请人。

丙公司对飞翔公司的债权尚未到期，不存在到期不能清偿的事实，因而丙公司也不能成为破产申请人。

2. 债务人申请

债务人申请破产，究竟是一种权利还是义务，取决于破产制度能否为债务人带来利益。现代破产制度摒弃了早期破产制度以债权人为中心的原则，兼顾债权人、债务人和

社会三者的利益，进入破产程序有利于维护债务人的利益，因而，申请破产对于债务人来说已是一种权利，并且这种权利具有处分实体权利的性质。

为便于法院审查和操作，《企业破产法》规定对债务人提出破产申请的，除了向人民法院提交破产申请书和有关证据外，还应当提交：(1) 财产状况说明书；(2) 债务清册；(3) 债权清册；(4) 有关财务会计报告；(5) 职工安置预案；(6) 职工工资的支付和社会保险费用的缴纳情况。

三、破产案件的管辖与受理

(一) 破产案件的管辖

是否具有破产案件管辖权是法院受理一个破产案件首先要解决的问题。我国现行破产法规对管辖权作了以下规定：

(1) 地域管辖。《企业破产法》第 3 条规定：破产案件由债务人住所地人民法院管辖。债务人的住所地是指债务人的主要办事机构所在地。债务人无办事机构的，由其注册地人民法院管辖。

(2) 级别管辖。《最高人民法院〈关于审理企业破产案件若干问题的规定〉》规定：基层人民法院一般管辖县、县级市或者区的工商行政管理机关核准登记企业的破产案件；中级人民法院一般管辖地区、地级市（含本级）以上的工商行政管理机关核准登记企业的破产案件；纳入国家计划调整的企业破产案件，由中级人民法院管辖。

此外，《最高人民法院〈关于审理企业破产案件若干问题的规定〉》还规定：上级人民法院可以审理下级人民法院管辖的企业破产案件，或者将本院管辖的企业破产案件移交下级人民法院审理，以及下级人民法院需要将自己管辖的企业破产案件经报请，交由上级人民法院审理；省、自治区、直辖市范围内因特殊情况需对个别企业破产案件的地域管辖作调整的，须经共同上级人民法院批准。

(二) 破产案件的受理

破产案件的受理，又称为破产案件的立案，指法院在收到破产申请后，经审查认为符合法定的立案条件而裁定予以接受，并因此开始破产程序的司法行为。由于破产程序的开始具有一系列的法律效果，破产案件受理规则在破产法上意义重大。

(1) 债务人异议权。《企业破产法》第 10 条规定：债权人提出破产申请的，人民法院应当自收到申请之日起 5 日内通知债务人，债务人对申请有异议的，应当自收到人民法院的通知之日起 7 日内向人民法院提出。

(2) 裁定受理期限。债权人提出破产申请而债务人有异议的，人民法院应当自异议期满之日起 10 日内裁定是否受理；除上述情形以外的情形，人民法院应当自收到破产申请之日起 15 日内裁定是否受理。有特殊情况需要延长前述两种期限的，经上一级人民法院批准，可以延长 15 日。

(3) 申请人对不受理破产申请裁定的上诉权。法院裁定不受理破产申请的，应当自裁定作出之日起 5 日内送达申请人并说明理由；申请人对裁定不服的，可以自裁定送达之日起 10 日内向上一级人民法院提起上诉。

（三）受理的法律效果

人民法院受理破产案件后，应通知已知债权人，并予以公告，从而开始形成债务人财产和破产费用。由此产生的法律效果有：

（1）对债务人的约束。自破产案件受理之日起，债务人的有关人员，包括法定代表人或经人民法院决定的财务管理人员和其他经营管理人员，应当正当履行破产法规定的义务，包括：财产保管的义务，妥善保管其占有和管理的财产、印章和账簿、文书等资料；根据人民法院、管理人的要求进行工作，并如实回答询问；列席债权人会议并如实回答债权人的询问；未经人民法院许可，不得离开住所地；不得新任其他企业的董事、监事、高级管理人员；不得对个人债权人清偿债务；担任保证人的债务人应当及时转告有关当事人等。

（2）对债权人的约束。法院受理破产申请后，债权人应向管理人申报债权，债权人在申报债权的同时亦应自动停止其个别追索行为，这是债权人参加破产程序行使权利的基础。这也意味着，债权人只能通过破产程序行使权利。关于债权申报，下文将具体阐述。在破产申请受理时，未到期的债权视为到期；附利息的债权自破产申请受理时起停止计息。

（3）对债务人的债务人或者财产持有人的约束。债务人的债务人或者财产持有人应当向管理人清偿债务或者交付财产。前述两类人员故意违反规定向债务人清偿债务或者交付财产，使债权人受到损失的，不免除其清偿债务或者交付财产的义务。

（4）管理人的权利。人民法院裁定受理破产申请的，应当同时指定管理人。管理人对破产申请受理前成立而债务人和对方当事人均未履行完毕的合同有权决定解除或者继续履行，并通知对方当事人。管理人自破产申请受理之日起 2 个月内未通知对方当事人，或者自收到对方当事人催告之日起 30 日内未答复的，视为解除合同。管理人决定继续履行合同的，对方当事人应当履行；但是，对方当事人有权要求管理人提供担保。管理人不提供担保的，视为解除合同。

（5）对其他民事程序的影响。法院受理破产案件后，有关债务人财产的保全措施应当解除，执行程序应当中止。已经开始而尚未终结的有关债务人的民事诉讼或者仲裁应当中止；在管理人接管债务人的财产后，该诉讼或者仲裁继续进行。有关债务人的民事诉讼，只能向受理破产申请的人民法院提起。

（四）管理人

个人担任管理人的，应当参加职业责任保险。管理人由法院指定，可以由有关部门、机构的人员组成的清算组或者依法设立的律师事务所、会计师事务所、破产清算事务所等社会中介机构担任。有因故意犯罪受过刑事处罚、曾被吊销相关专业职业证书或与本案有利害关系等情形的，不得担任管理人。

管理人是法院受理破产申请后，接管债务人并处理债务人的经营管理和破产事务的个人或组织。

1. 管理人所受的监督

（1）债权人会议。债权人认为管理人不能依法、公正执行职务或者有其他不能胜任职务的情形的，可以申请人民法院予以更换。管理人应当列席债权人会议，向债权人会议报告职务执行情况，并回答询问。（2）人民法院。管理人依照企业破产法的规定执行职务，向人民法院报告工作。管理人没有正当理由不得辞去职务，辞职应当经人民法院许可。（3）管理人还应接受债权人委员会的监督。

2. 管理人的职责

管理人应当勤勉尽责，忠实执行职务，其主要职责有：（1）接管债务人的财产、印章和账簿、文书等资料；（2）调查债务人的财产状况，制作财产状况报告；（3）决定债务人的内部管理事务；（4）决定债务人的日常开支和其他必要开支；（5）在第一次债权人会议召开之前，决定继续或者停止债务人的营业；（6）管理和处分债务人的财产；（7）代表债务人参加诉讼、仲裁或者其他法律程序；（8）提议召开债权人会议；（9）人民法院认为管理人应当履行的其他职责。

管理人未依照企业破产法的规定勤勉尽责、忠实执行职务的，人民法院可以依法处以罚款；给债权人、债务人或者第三人造成损失的，依法承担赔偿责任，构成犯罪的，依法追究刑事责任。

（五）债务人财产

案例： 人民法院依法受理了长城公司的破产申请，破产管理人在清理公司的财产时将下列财产归入了债务人财产：第一，该公司依合同将于两个月后取得的一笔货款；第二，该公司租借的其他公司的一套设备；第三，该公司对某公路未来20年的收费权；第四，该公司一栋在建的办公楼。

分析： 本案例涉及债务人财产的范围。债务人财产即为法院受理破产申请时属于债务人的全部财产，以及此后至破产程序终结前债务人取得的财产。

根据我国破产法，债务人财产由以下几个部分构成：

（1）破产申请受理时属于债务人的全部财产。包括固定资产、流动资金、专项基金等，无论是通过国家财政拨款、企业积累、银行贷款、追缴的债务人的出资人未完全缴纳的出资，还是通过法律允许的其他方式形成的，均构成债务人财产。

（2）债务人在破产申请受理后至破产程序终结前所取得的财产。主要是指在债务人的财务报表上作为债权或预期收益加以反映，但在破产申请受理时，债务人并未实际取得，而在破产程序终结前取得的财产。包括因债务人的债务人清偿债务而取得的财产；因管理人决定继续履行债务人未履行的合同所取得的财产；由于债务人的无效行为或可撤销行为而由管理人追回的财产；等等。

（3）担保物的价款超过担保债务数额部分的担保财产。债务人的财产中已作为担保物的财产不属于债务人财产，担保物的价款超过其所担保的债务数额的，超过部分仍属于债务人财产。

（4）应当由债务人行使权利的其他财产权。包括应当由债务人行使的物权、债权、知识产权、证券权利、股东出资缴纳请求权、投资收益权，以及由债务人享有的、可以用财产价值衡量并可以变现为金钱利益的其他任何财产权利。破产法专门规定了债务人的董事、监事等利用职权从企业获取的非正常收入和侵占的企业财产，应由管理人追回作为债务人财产。

在上述案例中，第一项财产属于“债务人在破产申请受理后至破产程序终结前所取得的财产”；第三项财产属于“应当由债务人行使权利的其他财产权”；第四项属于“破产申请受理时属于债务人的财产”。因此，这三项财产都属于债务人财产。而第二项财产由于所有权并不属于长城公司，故不属于债务人财产。此时，该货物的所有人可以行使取回权。

（六）破产费用与共益债务

破产费用是指人民法院受理破产申请后发生的费用，包括：(1) 破产案件的诉讼费用；(2) 管理、变价和分配债务人财产的费用；(3) 管理人执行职务的费用、报酬和聘用工作人员的费用。

共益债务是指人民法院受理破产申请后发生的下列债务，包括：(1) 因管理人或者债务人请求对方当事人履行双方均未履行完毕的合同所产生的债务；(2) 债务人财产受无因管理所产生的债务；(3) 因债务人不当得利所产生的债务；(4) 为债务人继续营业而应支付的劳动报酬和社会保险费用以及由此产生的其他债务；(5) 管理人或者相关人员执行职务致人损害所产生的债务；(6) 债务人财产致人损害所产生的债务。

破产费用和共益债务由债务人财产随时清偿。不足以共同清偿二者的，先行清偿破产费用；不足以清偿所有破产费用或共益债务的，按比例清偿；不足以清偿破产费用的，管理人应提请人民法院终止破产程序，并予以公告。

（七）债权申报

人民法院受理破产申请后，应当确定债权人申报债权的期限，申报期限自法院发布受理破产申请公告之日起计算，最短不少于30日，最长不超过3个月。在债权申报期限内，债权人应向管理人申报债权，未申报债权的，可以在破产财产最后分配前补充申报；但已经进行的分配，不再对其补充分配。连带债权人既可以由其中一人代表全体连带债权人申报债权，也可以共同申报债权。

不必申报的债权有：债务人所欠职工的工资和医疗、伤残补助、抚恤费用，所欠的应当划入职工个人账户的基本养老保险、基本医疗保险费用，以及法律、行政法规规定应当支付给职工的补偿金。

破产法在债权申报环节设置了两个债权确认之诉：一为普通债权的确认之诉，即债务人、债权人对管理人根据债权申报材料编制的债权表记载的债权有异议的，可以向受理破产申请的人民法院提起诉讼。二为劳动债权的确认之诉。对不必申报的债权，应由管理人调查后列出清单并予以公示。职工对清单的记载有异议的，可以要求管理人更正；管理人不予更正的，职工可以向人民法院提起诉讼。劳动债权的确认之诉是新破产法所创设的程序，体现了破产法对债务人职工权益保护的“人性关怀”。

第三节 债权人会议与债权人委员会

一、债权人会议

（一）债权人会议概述

当债务人的财产无法满足所有债权人的清偿请求时，各个债权人之间不可避免地存在利益冲突，债权人会议制度就是为了化解债权人之间的矛盾和增进彼此之间的合作，以保证破产程序的公平、公正和高效。

债权人会议是依法申报债权的债权人参加破产程序并集体行使权利的决议机构。它是在破产财产处理过程中，集中体现全体债权人意志的一种临时性的组织形式，也是在人民法院的监督下讨论决定破产事宜的最高决策机构。

（二）债权人会议的组成

债权人会议由依法申报债权的债权人组成。债权人不论享有的债权属于何种性质及数额多寡，均为债权人会议成员。债权人会议的成员分为两类：

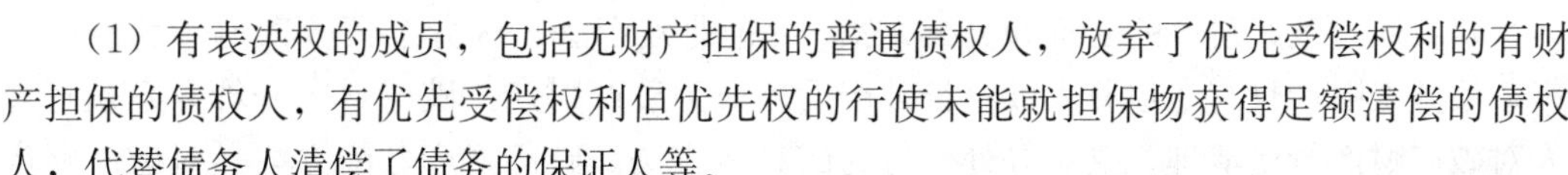

（1）有表决权的成员，包括无财产担保的普通债权人，放弃了优先受偿权利的有财产担保的债权人，有优先受偿权利但优先权的行使未能就担保物获得足额清偿的债权人，代替债务人清偿了债务的保证人等。

（2）无表决权的成员，即未放弃优先受偿权利的有财产担保的债权人；债权附有停止条件，但其条件尚有待成就的债权人；尚未代替债务人向他人清偿债务的保证人或者其他连带债务人。《企业破产法》具体化了无表决权成员的情形，包括债权尚未确定的债权人，除人民法院能够为其行使表决权而临时确定债权额的外，不得行使表决权；对债务人的特定财产享有担保权的债权人，未放弃优先受偿权利的，不享有表决通过和解协议与通过破产财产的分配方案的权利。

债权人会议设主席一人，由人民法院从有表决权的债权人中指定。债权人会议主席主持债权人会议。

（三）债权人会议的召开与职权

1. 债权人会议的召开

破产程序开始后，根据破产法的规定应当召开债权人会议。召开债权人会议，分为两种情况：其一是法律规定必须召开的债权人会议，如第一次债权人会议；其二是在必要时召开的债权人会议，如管理人提议时召开的债权人会议。

第一次债权人会议由人民法院召集，自债权申报期限届满之日起15日内召开。除第一次债权人会议外，其他的债权人会议只在破产程序进行中必要时召开。根据我国现行法律的规定，应当召开债权人会议的情形有：一为法院认为必要时；二为三类人向债权人会议主席提议时，这三类人为管理人、债权人委员会、占债权总额 1/4 以上的债权人。值得注意的是，这里不是指债权人人数总和的 1/4 以上，而是指代表债权总额 1/4 以上数额的债权人。

召开债权人会议，管理人应当提前 15 日通知已知的债权人。

2. 债权人会议的职权

依照我国现行法律，债权人会议在法定议事范围内讨论决定事务的权限主要为：

（1）核查债权。确认债权有无财产担保及其数额，这是债权人会议的首要职权。债权人会议对债权存有疑问或异议时，可以向申报人提出询问，由债权人会议最终加以定夺。

（2）监督权。《企业破产法》授予了债权人会议对管理人和债权人委员会成员的监督权，主要包括申请人民法院更换管理人，审查管理人的费用和报酬并监督管理人，选任和更换债权人委员会成员。

（3）通过和解协议。和解协议通常是因债权人作出让步而达成的，因此应当通过债权人的集体行为来实现，所以对于和解协议草案，不得以债权人的私下意思表示或法院的决定来代替债权人会议的决定。

（4）决定债务人营业并通过债务人财产的管理方案。《企业破产法》规定了债权人会议有权决定债务人是继续营业还是停止营业，并授予了债权人会议通过债务人财产的管理方案的权利。

（5）通过破产财产的变价和分配方案。《企业破产法》区分了债务人财产和破产财产，债务人财产只有在债务人被宣告破产后才成为破产财产。破产财产变价方案是管理人对破产财产行使清理、变卖等处分行为的具体方法。破产财产分配方案是对破产财产依照法定清偿顺序进行分配的具体办法。管理人应当及时拟订破产财产变价和分配方案，提交债权人会议讨论通过，债权人会议通过破产财产分配方案后，由管理人将该方案提请人民法院裁定认可后由管理人执行。

（6）通过重整计划。根据《企业破产法》的规定，债务人或者管理人应当自人民法院裁定债务人重整之日起 6 个月内，同时向人民法院和债权人会议提交重整计划草案。债权人会议中不同债权的各表决组均通过重整计划草案时，重整计划即通过。表决组按照下列债权分类：1）对债务人的特定财产享有担保权的债权；2）债务人所欠职工的工资和医疗、伤残补助、抚恤费用，所欠的应当划入职工个人账户的基本养老保险、基本医疗保险费用，以及法律、行政法规规定应当支付给职工的补偿金；3）债务人所欠税款；4）普通债权。

（四）债权人会议的决议

（1）债权人会议决议规则。合法有效的债权人会议决议，应具备两个要件：第一，决议的内容以债权人会议的职权范围为限；第二，决议必须达到一定数量的票额才能获得通过。一般性的决议，应当由过半数的出席会议的有表决权的债权人通过，并且其所代表的债权额，必须占无财产担保债权总额的 1/2 以上，即同时满足“人数”和“债权”过半数。这样，既可以照顾有表决权的多数债权人的利益，又可以保护那些债权数额较大的债权人的利益。而涉及全体债权人重大利益的事项，如通过和解协议草案的决议，不仅要求“人数”过半数，还要求他们所代表的债权总额需占无财产担保债权数额的 2/3 以上。

（2）可由人民法院裁定的决议事项。在两种情形下人民法院可对决议事项作出裁定：一是债务人财产的管理方案或破产财产的变价方案，债权人会议若未表决通过，可由人民法院裁定；二是债权人会议二次表决仍未通过破产财产的分配方案的，也由人民法院裁定。债权人对第一种情形的裁定不服的，或债权额占无财产担保债权总额 1/2 以上的债权人对第二种情形的裁定不服的，可以自裁定宣布之日或者收到通知之日起 15 日内向该法院申请复议。复议期间不停止裁定的执行。

（3）债权人会议决议的约束力。债权人会议一旦形成决议，全体债权人都必须遵守，不管债权人是否出席债权人会议，或是否同意债权人会议的决议。

如果债权人认为债权人会议决议违反法律规定并损害其利益，可以自债权人会议作出决议之日起 15 日内，请求人民法院裁定撤销该决议，责令债权人会议依法重新作出决议。

二、债权人委员会

《企业破产法》专门规定了债权人委员会，债权人会议可以决定设立债权人委员会，由债权人会议选任的债权人代表和一名债务人的职工代表或者工会代表组成，总成员不超过 9 人。债权人委员会应当经人民法院书面决定认可。

债权人委员会的职权有：（1）监督债务人财产的管理和处分；（2）监督破产财产分配；（3）提议召开债权人会议；（4）债权人会议委托的其他职权。可见，债权人委员会所发挥的主要是监督职能。

第四节 重整与和解

重整是《企业破产法》的一个重要程序，目的是使面临困境但仍存在挽救希望的企业特别是大中型企业恢复生机，避免破产清算。《企业破产法》以两章内容对重整与和解作出了完整全面的规范，使该法不仅是一部规范企业死亡的法律，也是一部体现企业复兴的法律。

一、重整

（一）重整的申请与重整期间

重整的申请有三种情形：一是债务人直接向人民法院提出申请；二是债权人直接向

人民法院提出申请；三是债权人申请对债务人进行破产清算，在人民法院受理破产申请后、宣告破产前，债务人或者出资额占债务人注册资本1/10以上的出资人，可以向人民法院申请重整。

重整是指债务人符合破产或可能破产的情形，但仍有挽救希望，债权人或债务人可以向人民法院申请对债务人进行整顿，以期在一定期限内恢复清偿能力的法律程序。

自人民法院裁定债务人重整之日起至重整程序终止，为重整期间。

（二）重整计划

1. 重整计划草案的制订

谁管理、经营债务，便由谁提交重整计划草案。债务人或者管理人应当自人民法院裁定债务人重整之日起6个月内，同时向人民法院和债权人会议提交重整计划草案。

2. 重整计划草案的通过

人民法院应当自收到重整计划草案之日起30日内召开债权人会议，对重整计划草案进行表决。债权人按不同的债权进行分组，各组分别对草案进行表决，出席会议的同一表决组的债权人过半数同意重整计划草案，并且其所代表的债权额占该组债权总额的2/3以上的，即为该组通过重整计划草案。

各表决组均通过重整计划草案时，重整计划即通过。部分表决组未通过重整计划草案的，债务人或者管理人可以同未通过重整计划草案的表决组协商。该表决组可以在协商后再表决一次。双方协商的结果不得损害其他表决组的利益。未通过重整计划草案的表决组拒绝再次表决或者再次表决仍未通过重整计划草案的，在符合法律规定的条件下，债务人或者管理人可以申请人民法院批准重整计划草案。

3. 批准重整计划

自重整计划通过之日起10日内，债务人或者管理人应当向人民法院提出批准重整计划的申请。人民法院经审查认为符合《企业破产法》规定的，应当自收到申请之日起30日内裁定批准，终止重整程序，并予以公告。

重整计划草案未获得通过，且未获得人民法院批准，或者已通过的重整计划未获得批准的，人民法院应当裁定终止重整程序，并宣告债务人破产。

4. 重整计划的效力

经人民法院裁定批准的重整计划，对债务人和全体债权人均有约束力。重整计划排除了未按法律规定申报债权的债权人在该计划执行期间主张权利的效力，在重整计划执行完毕后，此类债权人可以按照重整计划规定的同类债权的清偿条件行使权利。

5. 重整计划的执行

重整计划由债务人负责执行。在重整计划规定的监督期内，管理人监督重整计划的执行。债务人不能执行或者不执行重整计划的，人民法院经管理人或者利害关系人请求，应当裁定终止重整计划的执行，并宣告债务人破产。

二、和解

(一)和解的过程

(1)申请和解。债务人既可以依照破产法的规定,直接向人民法院申请和解;也可以在人民法院受理破产申请后、宣告债务人破产前,向人民法院申请和解。债务人申请和解,应当提出和解协议草案。

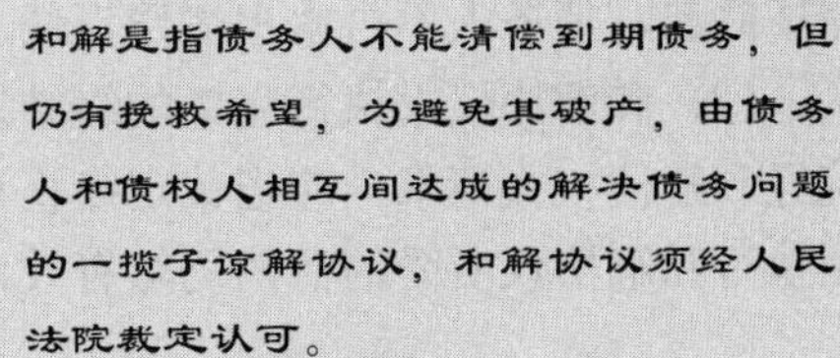

> 和解是指债务人不能清偿到期债务,但仍有挽救希望,为避免其破产,由债务人和债权人相互间达成的解决债务问题的一揽子谅解协议,和解协议须经人民法院裁定认可。

(2)法院裁定和解。人民法院审查后认为和解申请符合法律规定的,应当裁定和解,予以公告,并召集债权人会议讨论和解协议草案。

(3)通过和解协议。债权人会议通过和解协议的决议,由出席会议的有表决权的债权人过半数同意,并且其所代表的债权额占无财产担保债权总额的 2/3 以上。债权人会议通过和解协议的,由人民法院裁定认可,终止和解程序,并予以公告。

和解协议草案经债权人会议表决未获得通过,或者已经债权人会议通过的和解协议未获得人民法院认可的,人民法院应当裁定终止和解程序,并宣告债务人破产。《企业破产法》还规定了破产程序中的和解:人民法院受理破产后,债务人与全体债权人就债权债务的处理自行达成协议的,可以请求人民法院裁定认可,并终结破产程序。

(二)和解协议

> 和解协议是债务人与债权人双方就债务的延期、分期偿付或免除而成立的合同。

和解协议作为一种特殊合同,其特征主要有:(1)和解协议的当事人是债务人和全体和解债权人。和解债权人是指人民法院受理破产申请时对债务人享有无财产担保债权的人。(2)和解协议的内容主要有:清偿债务的财产来源;清偿债务的办法;清偿债务的期限等。(3)和解协议的生效以法院裁定认可为要件。因债务人的欺诈或者其他违法行为而成立的和解协议,人民法院应当裁定无效,并宣告债务人破产。法院对和解协议只能在认可与不认可之间择一裁定,而无权裁定修改其内容。

(三)和解的效力

和解的效力,是和解协议生效所带来的法律后果。主要有以下几个方面:(1)中止破产程序。中止的起始时间与和解协议的生效时间一致,即法院公告之日。(2)解除对债务人的破产保全。破产保全解除后,作为原保全标的的财产可继续为债务人占用和正常处分。(3)变更债权债务关系。和解生效后,原有债权债务关系变更为和解债权债务关系,即原有债权债务按和解协议重新确定,当事人双方均只能按和解协议的规定索偿和清偿。(4)对未申报债权的和解债权人的效力。在和解协议执行期间,未申报债权的和解债权人不得行使权利;在和解协议执行完毕后,可以按照和解协议规定的清偿条件行使权利。

（四）和解的终结

（1）和解协议执行完毕后的终结。债务人严格按照和解协议规定的条件清偿债务，则协议执行完毕也意味着和解的当然终结。按照和解协议减免的债务，自和解协议执行完毕时起，债务人不再承担清偿责任。

（2）和解协议未执行完毕的终结。债务人不能执行或者不执行和解协议的，人民法院经和解债权人请求，应当裁定终止和解协议的执行，并宣告债务人破产。和解债权人因执行和解协议所受的清偿仍然有效，和解债权未受清偿的部分作为破产债权。

第五节 破产清算

一、破产清算的阶段

破产清算主要包括破产宣告、破产财产的变价与分配、破产程序的终结三个阶段。

（一）破产宣告

1. 破产宣告概述

破产宣告，是法院对债务人不能清偿到期债务的事实作出的法律上的认定。

依照我国法律，有下列情形之一的，由人民法院裁定宣告企业破产：（1）债务人在重整期间因法定事由被人民法院裁定终止重整程序；（2）债务人或管理人未按期提出重整计划草案，被人民法院裁定终止重整程序；（3）重整计划草案未获通过且未被批准，或者重整计划已通过但未被批准，被人民法院裁定终止重整程序；（4）债务人不能执行或不执行重整计划的，经管理人或利害管理人请求，人民法院裁定终止重整计划的执行；（5）债务人不能清偿债务且与债权人不能达成和解协议的；（6）和解协议草案经债权人会议表决未获通过，或者已获通过但未获得人民法院认可的，被人民法院裁定终止和解程序；（7）因债务人的欺诈或其他违法行为而成立的和解协议，被人民法院裁定无效；（8）债务人不执行或者不能执行和解协议的。

破产宣告是一项司法行为，它产生一系列法律效果，构成了破产法的一个重要事件，标志着企业破产程序进入实质性阶段，是整个破产程序中最重要的阶段和环节。破产宣告的裁定一旦作出，破产企业应当立即停止生产经营活动，进入破产清算程序。

破产宣告具有以下基本特征：

（1）破产宣告的适用对象是不能清偿到期债务的债务人。对于一般的债务人，能够清偿债务而拒不清偿的，可通过民事诉讼和执行程序，强制其清偿债务，不能宣告债务人破产。

（2）破产宣告的权力机关是人民法院。破产宣告对债权人和债务人的利益有着重大影响，且具有不可逆转的性质。破产宣告是法院行使破产案件专属管辖权的具体形态，法院以外的国家行政机关或者其他任何机构，都没有权力对债务人不能清偿债务作出具有法律意义的判定。

（3）破产宣告是破产清算开始的标志。人民法院宣告债务人破产之后，即可对债务人进行破产清算，并对债务人所有的财产进行处分。

2. 破产宣告的法律效力

破产宣告的法律效力，是指破产宣告对被宣告破产的债务人、债权人等所产生的法律后果。主要有以下几个方面：对债务人而言，债务人被宣告破产后，债务人称为破产人。在破产清算期间，破产人只能从事清算范围内的活动，即结清未了事务的活动以及清算所必需的一些经营活动；并且，这些经营活动不是由破产人的原机关而是由管理人实施。债务人财产成为破产财产，破产财产在归属、用途和处置方法上都服从于实现财产清算的目的。

对债权人而言，人民法院受理破产申请时对债务人享有的债权称为破产债权。对破产人的特定财产享有担保权的债权人，对该特定财产享有优先受偿的权利，该债权人行使优先受偿权利未能完全受偿的，其未受偿的债权作为普通债权；放弃优先受偿权利的，其债权作为普通债权。

（二）破产财产的概念、变价与分配

1. 破产财产的概念

被宣告破产后，债务人财产转为破产财产。

破产财产，是指破产宣告时至破产程序终结期间，归管理人占有、支配并用于破产分配的破产人的全部财产的总和。它作为破产宣告后继续进行破产程序的财产基础而存在，决定着破产债权的受偿程度和破产关系中有关主体的利益分配。

2. 破产财产的变价

（1）拟订变价方案。管理人应当及时拟订破产财产变价方案，提交债权人会议讨论通过；债权人会议表决未通过的，由人民法院裁定。

（2）变价出售破产财产。管理人应当根据债权人会议通过或人民法院裁定的破产财产变价方案，适时变价出售破产财产。除非债权人会议另有决议，变价出售破产财产应当通过拍卖进行。

（3）变价出售方法。破产企业可以全部或者部分变价出售。企业变价出售时，可以将其中的无形资产和其他财产单独变价出售。按照国家规定不能拍卖或者限制转让的财产，应当按照国家规定的方式处理。

3. 破产财产的分配

除非债权人会议另有决议，破产财产的分配应当以货币分配方式进行。

（1）破产财产分配顺序。

破产财产在优先清偿破产费用和共益债务后，依照下列顺序清偿：①破产人所欠职

工的工资和医疗、伤残补助及抚恤费用，所欠的应当划入职工个人账户的基本养老保险、基本医疗保险费用，以及法律、行政法规规定应当支付给职工的补偿金；②破产人欠缴的除前项规定以外的社会保险费用和破产人所欠税款；③普通破产债权。破产财产不足以清偿同一顺序的清偿要求的，按照比例分配。破产企业的董事、监事和高级管理人员的工资按照该企业职工的平均工资计算。

《企业破产法》施行后，破产人在该法公布之日前所欠职工的工资和医疗、伤残补助及抚恤费用，所欠的应当划入职工个人账户的基本养老保险、基本医疗保险费用，以及法律、行政法规规定应当支付给职工的补偿金，依照前述分配顺序的规定清偿后不足以清偿的部分，优先于对特定财产享有担保权的权利人受偿。这是《企业破产法》作出的突破性规定，目的是保障破产人职工的基本利益，这也是在市场经济条件下，企业更应承担相应的社会责任的表现。

（2）破产财产分配过程。

①管理人拟订破产财产分配方案，提交债权人会议讨论；②债权人会议通过该方案后，由管理人将该方案提请人民法院裁定认可；③人民法院认可后，由管理人执行。

（3）破产财产分配过程中的公告。

管理人按照破产财产分配方案实施多次分配的，应当公告本次分配的财产额和债权额。管理人实施最后分配的，应当在公告中指明。

（4）破产财产分配过程中的提存。

在三种情况下应提存：①对于附生效条件或者解除条件的债权，管理人应当将其分配额提存；②债权人未受领的破产财产分配额，管理人应当提存；③在分配破产财产时，对于诉讼或者仲裁未决的债权，管理人应当将其分配额提存。

（5）破产财产追加分配。

因债务人财产不足以支付破产费用，或破产人无财产可供分配，或破产财产分配完毕后有下列情形之一的，债权人可以请求人民法院按照破产财产分配方案进行追加分配：①发现依照法律有涉及债务人财产可撤销或无效的规定应当追回的财产的；②发现破产人有应当供分配的其他财产的。当然，如果追回的财产数量不足以支付分配费用，则不再进行追加分配，由人民法院将其上交国库。

（三）破产程序的终结

破产程序的终结发生于以下三种情形：

一是破产人脱离破产困境。主要有：（1）第三人为债务人提供足额担保或者为债务人清偿全部到期债务的；（2）债务人已清偿全部到期债务的。

二是财产不够分配。在债务人财产不足以支付破产费用或者破产人无财产可分配的情况下，管理人应当请求人民法院裁定终结破产程序。

三是管理人在最后分配完结后，应当及时向人民法院提交破产财产分配报告，并提请人民法院裁定终结破产程序。

破产程序的终结应当由人民法院作出裁定，并予以公告。

管理人应当自破产程序终结之日起 10 日内，持人民法院终结破产程序的裁定，向

破产人的原登记机关办理注销登记。管理人于办理注销登记完毕的次日终止执行职务。但是，存在诉讼或者仲裁未决情况的除外。

二、与破产程序相关的几项特殊权利

案例：人民法院依法受理了金诚公司的破产申请后，甲向破产管理人请求返还其交由金诚公司保管的货物。乙银行请求行使对金诚公司的一辆轿车享有的质权。公司的债权人丙同时对公司负有债务，请求将该债务与其对公司享有的债权互相抵销。丁在法院受理金诚公司的破产申请前 9 个月无偿受让了金诚公司价值 10 万元的财产。

分析：本案例涉及破产程序中几项特殊的权利——取回权、别除权、抵销权、追回权。

（一）取回权

取回权是对于债务人占有管理的不属于债务人的财产，其所有权人从破产管理人处依法取回的请求权。取回权分为一般取回权和特殊取回权。《企业破产法》第 38 条规定：人民法院受理破产申请后，债务人占有的不属于债务人的财产，该财产的权利人可以通过管理人取回。这是对一般取回权的规定。《企业破产法》第 39 条是对特殊取回权的规定：人民法院受理破产申请时，出卖人已将买卖标的物向作为买受人的债务人发运，债务人尚未收到且未付清全部价款的，出卖人可以取回在运途中的标的物。但是，管理人可以支付全部价款，请求出卖人交付标的物。在上述案例中甲行使的是取回权。

（二）别除权

别除权是指不依破产程序而能从破产企业的特定财产得到单独优先受偿的权利。《企业破产法》第 109 条规定：对破产人的特定财产享有担保权的权利人，对该特定财产享有优先受偿的权利。在上述案例中乙银行有权根据其享有的别除权，对金诚公司的轿车行使质权，而不受破产程序的限制。

（三）抵销权

抵销权是指债权人在破产申请受理前对债务人负有债务的，可以不论债的种类和到期时间，在清算分配前以破产债权抵销其所负债务的权利。但是，有三种情形不得主张抵销：（1）债务人的债务人在破产申请受理后取得他人对债务人的债权的。（2）债权人已知债务人有不能清偿到期债务或者破产申请的事实，对债务人负担债务的；但是，债权人因为法律规定或者破产申请一年前所发生的原因而负担债务的除外。（3）债务人的债务人已知债务人有不能清偿到期债务或者破产申请的事实，对债务人取得债权的；但是，债务人的债务人因为法律规定或者破产申请一年前所发生的原因而取得债权的除外。在上述案例中丙如果是在破产申请受理前对金诚公司负有债务，且不属于上述三种情形，则可主张抵销。

（四）追回权

追回权是指对于债务人或破产人在破产申请受理前一定期间内所为的有害债权人的行为进行否认，使其归于无效，并将无效或被撤销的行为处分的财产追回，并入破产财产的权利。《企业破产法》规定：人民法院受理破产申请前一年内，涉及债务人财产的下列行为，管理人有权请求人民法院予以撤销：(1) 无偿转让财产的；(2) 以明显不合理的价格进行交易的；(3) 对没有财产担保的债务提供财产担保的；(4) 对未到期的债务提前清偿的；(5) 放弃债权的。人民法院受理破产申请前六个月内，债务人有不能清偿到期债务并且资产不足以清偿全部债务或者明显缺乏清偿能力的情形，仍对个别债权人进行清偿的，管理人有权请求人民法院予以撤销。但是，个别清偿使债务人财产受益的除外。《企业破产法》规定的涉及债务人财产的无效行为有：(1) 为逃避债务而隐匿、转移财产的；(2) 虚构债务或者承认不真实的债务的。在上述案例中，破产管理人应依法行使追回权，追回丁无偿受让的 10 万元财产。

复习与思考

1. 破产法律制度的意义。
2. 《企业破产法》规定的破产界限。
3. 债务人财产的范围。
4. 申请重整的条件。
5. 破产财产清偿顺序。
6. 取回权和别除权的概念。

第四章 合同法

本章要点

1. 合同的分类及合同法的基本原则
2. 合同的订立程序——要约与承诺
3. 合同成立与生效的区别
4. 合同的可撤销、效力待定与无效
5. 同时履行抗辩权、不安抗辩权、先履行抗辩权
6. 债权人的代位权与撤销权
7. 违约责任的构成要件、违约行为的表现形式与违约责任的承担形式

导入案例

甲、乙是邻居。某日，乙突发疾病住院医治，急需钱，甲拿出1万元送上门并说："先用着，以后再说。"后乙病愈，甲追要1万元钱，乙称受赠之钱可以不还，但甲称当初是借钱给乙，现要追还。

问题：通过本章的学习，本案例中的问题应如何解决？

第一节　合同法概述

一、合同的概念与特征

（一）合同的概念

合同的本质即合意的协议。广义的合同，可以包括行政、劳动、身份、财产等不同的法律关系。《合同法》中的合同不包括婚姻、收养、监护等有关身份关系的协议。

合同是指作为平等主体的自然人、法人、其他组织之间设立、变更、终止民事权利义务关系的协议。

（二）合同的特征

合同具有以下特征：

（1）合同是双方或多方当事人之间的协议。合同的订立主体须为两人或两人以上。合同的成立乃各当事方意思表示一致的结果。

（2）合同是当事人自愿签订的协议。首先，各当事方在合同活动中的法律地位完全平等，此乃订立合同的基础条件；其次，各当事方签订合同须出于自愿，一方不得将其意志强加于他方。

（3）合同是以设立、变更、终止民事权利义务关系为目的的协议。合同当事人通过合同来设立、变更、终止他们之间的民事权利义务关系，以实现一定的经济目的。

在本章导入案例中，甲给乙1万元，乙接受了这1万元，甲乙双方之间自愿达成了协议，属于合同行为，受《合同法》调整。

二、合同的分类

根据不同的标准，合同可分为不同的种类。常见的分类有以下几种。

（一）单务合同与双务合同

这是根据合同当事人双方权利义务的分担方式来划分的。单务合同指一方当事人只享有权利不负担义务而另一方当事人只负担义务不享有权利的合同，如赠与合同、无偿保管合同。双务合同指双方当事人都享有权利负担义务的合同，如买卖合同、承揽合同。

在本章导入案例中，甲和乙对1万元的性质发生了争议：甲认为该1万元是借款，那么甲与乙之间形成的就是借贷合同，为双务合同；乙认为该1万元是受赠之钱，那么甲与乙之间形成赠与合同，为单务合同。

这一分类有助于确定风险负担、因一方过错所致合同不履行的后果及是否适用同时履行抗辩权。

（二）有偿合同与无偿合同

这是根据当事人是否为取得权利支付了对价来划分的。有偿合同指当事人为了取得权利必须支付相应对价的合同，如买卖合同。无偿合同指当事人取得权利无须支付相应对价的合同，如赠与合同。

这一分类有助于确定合同当事人的权利义务及违约责任的大小。

（三）诺成合同与践成合同

这是根据合同的成立是否以交付标的物为要件来划分的。诺成合同指以当事人意思表示一致为成立要件的合同，如借贷合同。践成合同指除当事人意思表示一致外尚需交付标的物才能成立的合同，如借用合同。

这一分类有助于确定合同的成立时间，标的物的所有权、使用权转移时间以及风险转移时间。

（四）要式合同与不要式合同

这是根据法律是否要求合同成立必须符合一定的形式来划分的。要式合同指要求采用特定形式才能成立的合同。不要式合同指不需采用特定形式即可成立的合同。一般而言，除法律有特别规定外均为不要式合同。

这一分类有助于确定合同是否生效以及何时生效。

（五）主合同与从合同

这是根据合同是否具有从属性来划分的。主合同指不依赖其他合同而独立存在的合同。从合同指必须依赖其他合同的存在而存在、自身不能独立存在的合同。如借款合同是主合同，为借款设立的抵押合同是从合同。

这一分类有助于明确合同相互之间的制约关系。

（六）有名合同与无名合同

这是根据法律是否有规范并赋予某类合同特定名称来划分的。《合同法》中有 15 种有名合同。

这一分类有助于明确合同的法律适用。有名合同可直接适用《合同法》的相关规定；无名合同则适用《合同法》总则的规定，并参照分则或其他法律的规定。

（七）利己合同与利他合同

这是根据当事人订立合同是为谁人利益来划分的。利己合同指订约人为使自己直接获得和享有合同利益而订立的合同。利他合同指订约当事人一方非为自己而是为第三人直接获得和享有合同利益而订立的合同。

为第三人利益而订立的合同，第三人在接受权利后便具有了合同当事人地位，独立享有合同规定的权利。

（八）格式合同与非格式合同

这是根据合同条款的设定方式以及合同的订立方式来划分的。格式合同指合同内容由一方当事人预先拟定而不容对方协商的合同。非格式合同指合同内容由双方当事人协商的合同。

这一分类的意义在于明了格式合同必须严守法律的强制性规定，否则无效。

三、合同法的概念及特征

（一）合同法概述

合同法是调整平等主体之间的财产流转关系的法律规范的总称，主要规范合同的订立、效力、履行、变更、解除、终止、违约责任等关系。

合同的概念在中国古已有之，但一直没有统一、系统的合同法。直至清末法律改革，在几个民律草案中才出现有关合同的规范，直到1929年《中华民国民法债编》的颁布，中国才有了合同法制度。中华人民共和国成立后，废除了旧法，陆续制定了一些合同相关法规，诸如《中华人民共和国经济合同法》（1982年7月1日起施行）、《中华人民共和国涉外经济合同法》（1985年7月1日起施行）、《中华人民共和国技术合同法》（1987年11月1日起施行）以及《中华人民共和国民法通则》（1987年1月1日起施行）。到1999年《合同法》颁布，才有了统一、系统的合同法，至此，《中华人民共和国经济合同法》《中华人民共和国涉外经济合同法》《中华人民共和国技术合同法》同时废止。为了正确、统一适用《合同法》，最高人民法院分别于1999年12月1日和2009年2月9日通过了《最高人民法院关于适用〈中华人民共和国合同法〉若干问题的解释（一）》和《最高人民法院关于适用〈中华人民共和国合同法〉若干问题的解释（二）》。

（二）合同法的特征

（1）财产性。合同法的调整对象是财产流转关系，不涉及人身关系。

（2）任意性。从合同法的概念中可见，合同法尊重当事人意志，只要不违反法律的禁止性规定、不损害社会公共利益，就可由当事人协商决定合同的内容和形式。

（3）灵活性。财产流转关系是一种动态变化的过程，这就要求合同法具有包容性和灵活性来适应现实的需要。

（4）国际性。由于跨国界的财产流转频繁，各国合同法逐渐趋同，加之《联合国国际货物销售合同公约》的制定、地区性合同法统一活动，这种趋势更加明显。

四、合同法的基本原则

合同法的基本原则是合同立法的指导思想，是贯穿合同司法和进行合同活动的基本方针与准则。

（一）意思自治原则

意思自治原则在合同法中的体现包括不允许欺诈、胁迫行为，当事人有选择相对人、合同内容、履行方式的自由等。当然，意思自治也并非绝对，国家在行使社会经济生活的调控和管理职责时，可能会对合同进行干预以体现合同自由与社会正义的统一。

意思自治是指当事人取得权利义务或从事民事活动时应基于意志的自由，不受国家权力和其他人的非法干预。

（二）平等、公平原则

平等指当事人在订立和履行合同时、在承担合同责任时法律地位平等，一方不得将自己的意志强加给另一方。公平指任何当事人均不得滥用权利，不得在合同中规定显失公平的内容；要根据公平的原则确定双方的权利、义务，确定合同风险和违约责任的承担。

依照这一原则，在本章导入案例中甲拿出1万元给乙，对甲的意思表示应当解释为借贷而非赠与。

（三）诚实信用原则

当事人应诚实守信、善意地履行义务，不得有欺诈等恶意行为，在法律、合同未作规定或规定不明确时，根据诚信原则对法律与合同作出解释，以平衡当事人之间的利益关系。

（四）公序良俗原则

当事人在进行合同行为时，应当遵守社会善良风俗和公共秩序，不得损害社会公共利益。

第二节　合同的订立

一、合同订立概述

合同订立是指缔约方为达成协议而进行的接触、谈判磋商、达成合意的全过程，是动态行为与静态协议的统一。它与合同的成立不同。后者属于前者的组成部分，标志着合同的产生和存在，是静态协议。

二、合同的内容与形式

（一）合同的内容

合同的内容是指当事人订立合同的各项具体意思表示，表现为合同的条款。在不违背法律强制性规定的情况下，合同的内容由当事人约定，一般包括：

（1）当事人的名称或姓名和住所；

（2）标的，即合同当事人权利义务一致指向的对象；

（3）数量；

（4）质量；

（5）价款或者报酬；

（6）履行期限、地点和方式；

（7）违约责任；

（8）解决争议的方法。

一般而言，第（2）、（3）、（5）项是不可或缺的。

在当事人对合同是否成立存在争议时，人民法院能够确定当事人的名称或者姓名、标的和数量的，一般应当认定合同成立，但法律另有规定或者当事人另有约定的除外。对合同欠缺的前款规定以外的其他内容，当事人未约定或约定不明的，可以另行达成补充协议；不能达成协议的，按照合同有关条款或者交易习惯确定；仍不能确定的，按照《合同法》第61、62、125条的规定予以确定。

（二）格式条款

格式条款既可能出现在合同文本中，也可能以店堂告示的形式表现出来。

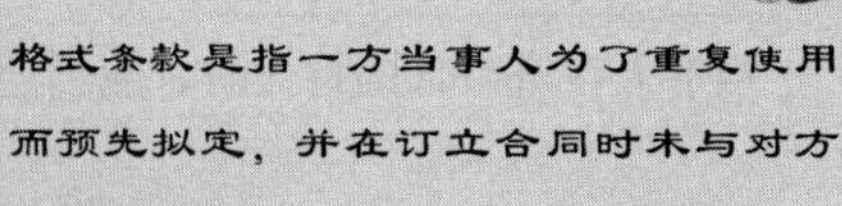

格式条款是指一方当事人为了重复使用而预先拟定，并在订立合同时未与对方协商的条款。

它的适用可以简化缔约程序、降低缔约成本，但是由于它由一方事先拟定且不容对方协商修改，双方的地位实质上不平等。拟定格式条款一方总会倾向于免除自己的责任、增加对方的义务。故《合同法》对其适用做了特别规定，以保障另一方的合法权益。对格式条款的理解发生争议的，应当按照通常理解予以解释。对格式条款有两种以上解释的，应当作出不利于提供格式条款一方的解释。

合同法规定采用格式条款订立合同的，提供格式条款一方应遵循公平原则确定双方的权利义务，并采取合理的方式提请对方注意免除或限制己方责任的条款，按照对方的要求，对该条款作出说明。

> **案例：** 甲在斯富保险公司为其爱车投保了汽车保险。某日，在甲驾车行驶的过程中，其爱车无故自燃，最终导致整车报废。之后甲找到了斯富保险公司要求赔付，但斯富保险公司声称他们双方所签署的保险合同中明文规定："汽车自燃引起的损害，保险公司不负责赔偿。"对此，甲向法院提起诉讼。在审理过程中，斯富保险公司未能证明在缔约过程中其曾就争议条款提醒甲注意，因而法院最终支持了甲的请求。
>
> **分析：** 保险合同中的这一条款属于格式条款，保险公司应提请对方注意该条款并应对方的要求对该条款予以说明，否则甲有权要求法院撤销该格式条款。
>
> 另外，依据《中华人民共和国保险法》第17条的规定，保险合同中若有免责条款，保险公司及其代理人应对投保人尽说明义务。

格式条款具有法律规定的合同无效或免除条款无效的情形，或提供格式条款的一方免除其责任、加重对方责任、排除对方主要权利的，该条款无效。需要注意的是，在上述案例中保险合同中的格式条款并不属于无效条款，而是可撤销条款。此外，对格式条款的理解发生争议的，应当按照通常理解予以解释；对它有两种以上解释的，应做不利于拟订方的解释；格式条款与非格式条款不一致时，应采取非格式条款。

示范文本与格式条款不一样，前者是由无利害关系的第三人制定的，由各当事方决定是否采用。

（三）合同的形式

合同的形式是指合同当事人设立、变更、终止民事权利义务关系的一致协议的表现形式。通常使用的合同形式主要有书面形式、口头形式、行为默示形式等。

（1）书面形式。指合同书、信件和数据电文（包括电报、电话、传真、电子数据交换和电子邮件）等一切可以保留所载内容并能够被有形复制的形式。法律、行政法规规定、当事人约定采取书面形式的，应采用书面形式。此外，若还需履行公证、见证、登记或审批的，为特殊书面形式。《合同法》明确规定非自然人之间的借款合同、租赁期限为六个月以上的租赁合同、融资租赁合同、建设工程合同、委托监理合同、技术开发合同以及技术转让合同七种合同应当采用书面形式。

（2）口头形式。指当事人以直接对话的方式相互表示意思而订立合同的形式。电话属口头形式，录音则为口头形式的证据。只要没有法定形式的要求、当事方也未约定排除，就可以采用口头形式。它的缺点在于发生争议时难以举证。

（3）行为默示形式。又称推定形式、意思实现形式，指当事人以某种表明法律意图的行为间接地表示合同内容的合同形式。以合同的开始履行推定合同已经订立。如顾客投币进自动售货机，买卖合同即告成立，即由投币行为可推定合同成立。

（4）当事人未以书面形式或者口头形式订立合同，但从双方从事的民事行为能够推定双方有订立合同意愿的，人民法院可以认定是以《合同法》第10条中的"其他形式"订立的合同，但法律另有规定的除外。

三、合同的订立程序

指当事人互相作出意思表示并就合同条款达成一致协议的过程，包括要约、承诺两个阶段。

> **案例：** 甲于4月12日向乙发出一商业要约的信函，要求以200元/件的单价购买乙生产的大衣2 000件。该信函于4月15日到达乙处，乙于4月17日才看到该信函。
>
> 情形一：甲于发出信函的次日反悔，于是又发出一封信函要求撤回原要约，这封撤回信函于4月14日到达乙处。
>
> 情形二：因为市场行情突然发生变化，甲于4月18日发出一封信函要求撤销原要约，此时，乙尚未发出承诺。
>
> 情形三：乙于4月19日发出承诺后随即反悔，又发出一封撤回承诺的信函，承诺于4月22日到达甲处，撤回承诺的信函于4月23日到达甲处。

（一）要约

1. 要约概述

发出要约的人为要约人，受领要约的人为相对人或受要约人。

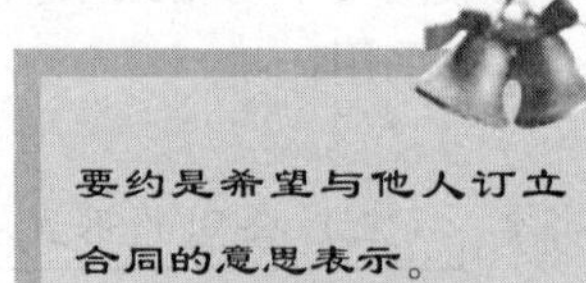

2. 要约的构成条件

（1）要约须由要约人向相对人作意思表示。一般而言，要约应向特定的人发出；但向不特定的人发出又不影响所希望的效果发生的，也可以成立要约。

（2）要约的内容必须具体和确定。“具体”指要约包括足以成立合同的各项基本条款；“确定”指要约条款是明确的，不是含糊的。

（3）要约须表明经受要约人承诺，要约人即受该意思表示约束，合同即告成立。

3. 要约的效力

（1）要约的生效时间。要约到达受要约人时生效。采用数据电文形式的，要约进入收件人指定的系统的时间或未指定时进入收件人的任何系统的首次时间，为到达时间。在上述案例中，要约4月15日到达乙处，即为生效，而不论乙何时看到该要约。

（2）对要约人的效力。要约生效后，要约人有接受承诺的义务，不得随意撤销、变更要约。

（3）对受要约人的效力。要约生效后，受要约人获得承诺的权利，合同经受要约人承诺即告成立，除法律规定或约定外，受要约人不负承诺义务。

4. 要约的消灭

指要约失去约束力。要约一旦失去约束力，受要约人就不能取得或者丧失了承诺的资格。

导致要约消灭的情形有：

(1) 要约的撤回。要约可撤回，但撤回通知必须在要约到达之前或与要约同时到达受要约人。在上述案例情形一中，撤回通知先于要约到达乙处，因而导致要约被撤回。

(2) 要约的撤销。要约一般可以撤销，但撤销通知必须在受要约人发出承诺之前到达受要约人。在要约人确定了承诺期限或以其他形式明示要约不可撤销，受要约人有理由认为要约不可撤销并已为履行合同做了准备工作的情况下，要约不可撤销。在上述案例情形二中，因撤销的通知到达乙处时，乙尚未发出承诺，因而导致要约被撤销。

(3) 拒绝要约的通知到达要约人。如果受要约人拒绝要约，则在拒绝要约的通知到达要约人时，要约失败。因拒绝而失败，往往只发生在受要约人为特定人的情况下，对不特定人发出的要约并不因为特定人的拒绝而失效。

(4) 要约承诺期限届满，受要约人未作出承诺。

(5) 受要约人对要约的内容做了实质性变更。对于合同标的、数量、质量、价款或报酬、履行期限、地点及方式、违约责任和争议解决方式等内容的变更为实质性变更。这是对要约的拒绝，但这个拒绝同时又构成了一个新要约，此时前一要约的受要约人为新要约人。

(二) 承诺

1. 承诺概述

构成承诺的一般条件如下：

(1) 承诺须由受要约人向要约人作出。要约使受要约人具有承诺资格，只有受要约人有权作出承诺，无论其特定与否。

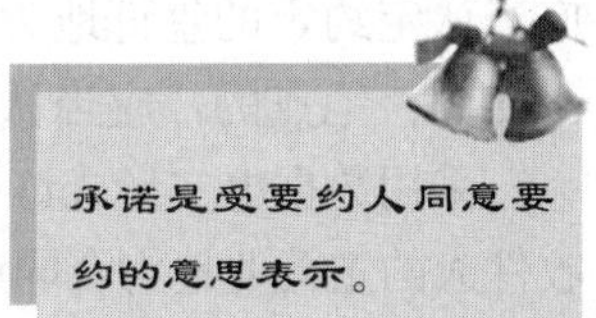

(2) 承诺的内容应与要约的内容一致。承诺原则上必须是无条件的。对要约的实质性变更、扩张或限制，应视为拒绝，并构成新要约。

(3) 承诺必须在承诺期限内作出。承诺必须在要约的有效期限内作出。如果要约规定了承诺期限，承诺应在规定的期限内作出；如果要约没有规定承诺期限，承诺应在合理的期限内作出。

2. 承诺的效力

承诺到达要约人时生效，承诺生效时合同成立。承诺不需要通知的，根据交易习惯或者要约的要求作出承诺的行为时生效。

3. 承诺的迟延和迟到

(1) 承诺的迟延，即迟发而迟到的承诺，被视为新要约。原要约人及时通知该承诺有效的，合同成立。

(2) 承诺的迟到，即未迟发而迟到的承诺。因承诺人不知其迟到，按诚信原则，要约人负有及时通知义务。要约人怠于履行此义务时，承诺视为未迟到；及时通知受要约人的，承诺无效。

4. 承诺的撤回

承诺可撤回，但撤回的通知必须先于承诺或与承诺同时到达。如果撤回承诺的通知在承诺之后到达，但依通常情形应先于或同时到达的，要约人应将此情况通知受要约人，不发生撤回承诺的效力，否则，承诺撤回有效，合同不成立。在上述案例情形三中，因撤回承诺的通知晚于承诺到达甲处，因而不产生撤回要约的效果，要约生效，合同成立。

四、合同成立的时间与地点

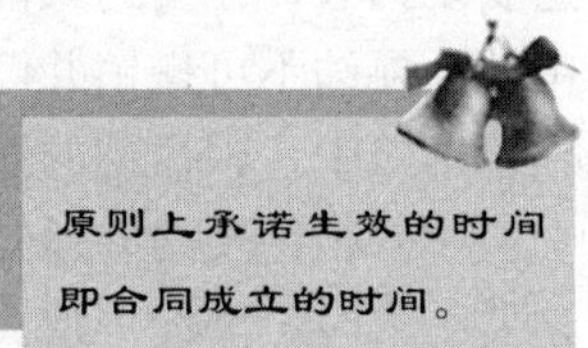

原则上承诺生效的时间即合同成立的时间。

合同成立的时间关系到合同当事人的权利义务和责任的发生，而合同成立的地点则关系到案件的诉讼管辖。

（一）合同成立的时间

要式合同除当事人之间的意思表示一致外，还须完成特定手续，故要式合同的成立时间为完成特定手续的时间。

（二）合同成立的地点

原则上承诺生效的地点即合同成立的地点。而法律规定或者当事人约定采用特定形式成立合同的，特定形式完成地点为合同成立的地点。如果当事人采用书面形式订立合同，需签字盖章后，合同才成立，各当事人签字或盖章的地点为合同成立的地点。

当事人也可约定合同签订地，合同约定的签订地与实际签字或者盖章地点不符的，应当认定约定的签订地为合同签订地；合同没有约定签订地，双方当事人签字或者盖章不在同一地点的，应当认定最后签字或者盖章的地点为合同签订地。

采用数据电文形式订立合同的，首先由当事人约定合同成立的地点；没有约定的，以收件人的主营业地为合同成立的地点；没有主营业地的，其经常居住地为合同成立的地点。

案例：甲公司通过电视发布广告，称其优惠促销 50 辆某型号汽车，每辆价格 20 万元，广告有效期为 15 天。乙公司于该广告发布后第 7 天自带汇票去甲公司买车，但甲公司称车已全部售完，无货可供。

分析：本案例涉及要约的构成要件和承诺的方式。商业广告一般被视为要约邀请，要约邀请是希望他人向自己发出要约的意思表示，其内容比较简单、概括。但在本案例中，甲公司发布的广告标明了其出售的汽车型号、数量、价格等，内容具体和确定，符合要约的条件，应视为要约。

承诺的方式有两种：一般情况下是以通知的方式作出，但根据交易习惯或者在要约中表明的，可以以行为作出承诺。乙公司在承诺有效期内自带汇票去甲公司买车的行为属于以行为的方式作出对甲公司出售汽车的要约的承诺，因此，甲、乙两公司之间的汽车买卖合同成立。甲公司不能提供货物的行为构成违约。

五、合同成立的特殊情况

法律、行政法规规定或当事人约定采用书面形式订立合同，当事人未采用书面形

式，但在签字或盖章前，当事人一方已履行主要义务，对方接受的，合同成立。虽然欠缺形式要件，但是为了维护交易安全并保障当事人的合法权益，《合同法》承认这些情况下合同关系已成立。

第三节　合同的效力

合同的效力指已经成立的合同对合同当事人乃至第三方产生的法律后果，或称法律约束力。此种法律后果是立法者意志对当事人合意的评价结果。

一、合同的生效

（一）合同生效概述

合同生效不同于合同的成立，成立是一种事实判断，而生效是一种价值判断。成立是生效的基础，生效是成立的可能后果。

合同生效指已成立的合同在当事人之间开始发生法律效力。

（二）合同生效的要件

已成立的合同，具备法定条件后才能发生法律约束力。合同的一般生效要件有：

（1）缔约主体有相应的民事行为能力。无行为能力人所订立的纯获利益的合同具有法律效力；限制行为能力人订立与其年龄、智力等相适应的合同有效。法律对法人经营范围的限制，既非对权利能力的限制，亦非对行为能力的限制，仅是对法人的法定代表人的代表权的限制。法人或者其他组织的法定代表人、负责人超越权限订立的合同，除相对人知道或应当知道其超越权限的以外，该代表行为有效。

（2）意思表示真实。指订约人的外在意思表示与内心意思是一致的，而不存在一方以欺诈、胁迫手段或者乘人之危，使对方违背真实意愿订立合同的情形。

（3）不违反强制性法律规范和公序良俗。又称合同的目的及内容适法性原则。

（4）标的须确定与可能。“确定”指合同的标的在合同成立时已经确定或在将来可以得到确定。“可能”指合同标的在客观上是有实现的可能的。

二、合同的无效

导致合同无效的情形有：

（1）合同违反法律、行政法规的强制性规定。这里的强制性规定，仅指效力上的强制性规定，包括强行性规范和禁止性规范，任何人都必须遵守、不得排除。故此情形下的合同当然无效。

（2）合同违反公序良俗。公序良俗指社会公众的利益，包括社会公德、社会经济秩序和生活秩序、优良风俗。为了维护基本的道德和秩序，此类合同无效。

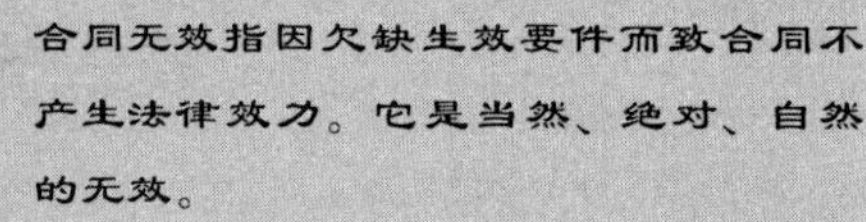

合同无效指因欠缺生效要件而致合同不产生法律效力。它是当然、绝对、自然的无效。

（3）当事人恶意串通，损害国家、集体或第三人的利益。恶意串通指订立合同的行为人故意非法勾结，损害他人的合法利益。可见此类合同并不是当事人之间的正常交易行为。

（4）一方以欺诈、胁迫手段订立合同，损害国家利益。若损害的是另一方的利益，则应由受损害方来主张合同不发生法律效力，他人没有主动干预的必要。但若该合同损害了国家的利益，则不论受损害方是否承认该合同的效力，该合同都应无效。

（5）以合法形式掩盖非法目的。若行为在形式上合法，而其根本目的却是非法的，为了不让非法目的得逞，法律规定所有此类合同都是无效的。

合同无效，有的是全部无效，有的只是部分无效。部分无效不影响其他部分的效力。合同中关于争议解决方法的条款不因合同无效而当然无效。

三、合同的可撤销

撤销权通常由因意思表示不真实而受损的一方当事人享有，如欺诈、胁迫中的受害人。撤销权本质上是一种请求权而非形成权，故权利人不能通过己方的单方行为来实现，而只能向法院或仲裁机关主张撤销合同。可撤销的合同都是已成立的合同。合同一旦被撤销就自始无效。

可撤销合同指因欠缺一定生效要件，其有效与否取决于有撤销权的一方当事人是否行使撤销权的合同。

一般而言，导致合同撤销的情形有：

（1）欺诈、胁迫或乘人之危。欺诈指一方当事人故意陈述虚假事实或隐瞒真实情况而使他人作出错误意思表示订立合同。胁迫是指以给公民及其亲友的生命健康、荣誉、名誉、财产等造成损害或者以给法人的荣誉、名誉、财产等造成损害相要挟，迫使对方作出违背真实的意思表示的行为。乘人之危是指一方当事人趁对方处于危难之际，为谋取不正当利益，迫使对方作出不真实的意思表示，严重损害对方利益的行为。

（2）重大误解。指一方当事人因自己的过失导致对涉及合同法律效果的重大事项发生认识上的显著错误并使自己遭受重大损失的法律事实。对重大误解的具体确定要考虑当事人的状况、活动性质、交易习惯等各种因素。

（3）显失公平。指双方当事人的权利义务极不平等，明显违反公平原则，使一方遭受重大不利。这里的显失公平是在无其他可撤销事由适用的情况下结果上的显失公平。

撤销权还有一定的限制，撤销权人自知道或应该知道撤销事由之日起一年内没有行使撤销权的，或当事人知道撤销事由后明确表示或以自己的行为放弃撤销权的，撤销权消灭。当事人请求变更的，人民法院或者仲裁机构不得撤销。

四、合同的效力待定

效力待定合同不等于无效合同。后者自始、当然、确定地无效，不会因其他事实使之有效；前者则可因补正行为使之生效。效力待定合同也不同于可撤销合同。后者在成立时可能是有效的，仅因撤销权的行使而自始无效；前者在合同成立时并不会发生法律效力。

合同的效力待定指已成立的合同因欠缺一定的生效要件，其生效与否尚未确定，须经补正方可生效。

合同效力待定概括而言是因合同主体资格欠缺所致，主要的情形有：

（1）无行为能力人、限制行为能力人订立的合同。这两类人订立的合同，须经其法定代理人追认方为有效。但纯获益或与其年龄、智力、精神健康状况相适应的合同，不必经法定代理人追认也有效。

（2）无权代理人订立的合同。行为人没有代理权、超越代理权或代理权终止后以被代理人的名义订立合同，非经本人追认对其不产生效力。若构成表见代理，则无须追认当然有效。

（3）无处分权人订立的合同。非经权利人追认或事后仍不能取得处分权的，合同无效，但无效不适用于善意取得的情形。

（4）法定代表人越权订立的合同。法人或其他组织的法定代表人、负责人越权订立的合同，非经法人或其他组织追认则无效。但相对人若为善意，则代表行为有效。

相对人可以催告法定代理人、被代理人、权利人在一个月内追认。未作表示的，视为拒绝。法定代理人、被代理人、权利人追认的意思自到达相对人时生效，合同自订立时生效。合同被追认之前，善意相对人有撤销的权利，撤销以通知方式作出。

案例：老李有一儿子小李，今年15岁。今年3月1日，小李在某电器卖场购买单反相机一部，价格2.3万元。小李将相机带回家后，老李开始时并不知晓。3月5日，老李知晓此事后，通知卖场，称承认其子购买相机的行为。

分析：在本案例中，3月1日，买卖合同成立，但不立即生效，属于效力待定合同。3月5日，经小李的法定代理人老李追认之后，合同生效。在此期间，卖场可以催告老李追认，也可以撤销该合同。

五、附条件合同与附期限合同的法律效力

由于现实生活的复杂性，当事人有时希望对合同的效力加以限制，如附加一定的条件或期限，而合同自由原则又赋予当事人这种权利。于是附条件合同与附期限合同应运

而生，它们的生效除须符合生效的一般要件外，还须符合由其各自特点所决定的特别要件。

（一）附条件合同

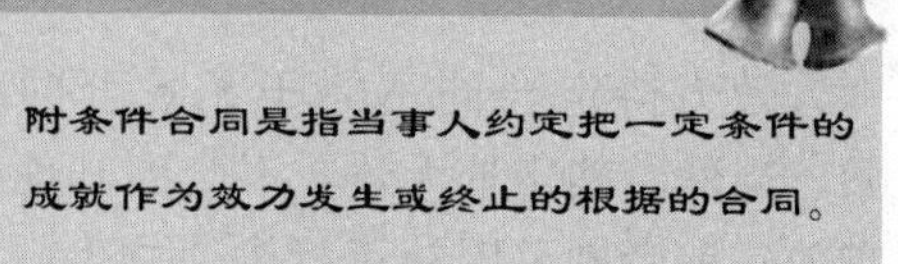

所附条件可以是自然现象、事件、行为等等，但都必须符合以下条件：

（1）尚未发生的事实；

（2）不能确定将来是否发生的事实；

（3）合法的事实；

（4）当事人约定的事实。

当事人为自己的利益不当阻止条件成就的，视为条件已成就；不当促成条件成就的，视为条件未成就。

（二）附期限合同

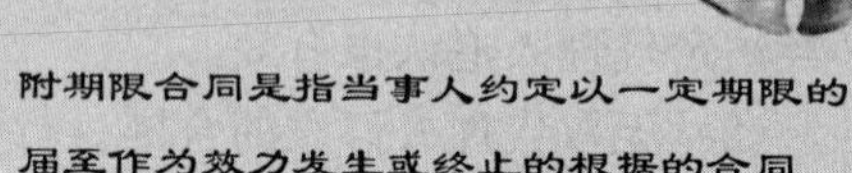

期限必须是：

（1）将来的事实；

（2）将来确定会到来的事实；

（3）合法的事实。

其中，第（2）点是区分条件与期限的关键。

第四节　合同的履行

一、合同履行概述

合同履行指当事人按照约定完成义务的行为过程，是债务人全面、适当地完成其所担负的义务与合同债权人的合同债权得到完全实现的统一。

合同履行应遵循诚信原则，即：应当按照合同的约定全面履行自己的义务；相互协作给予方便；因故不能履行或不能完全履行时，应当积极采取措施避免和减少损失的发生；等等。

二、合同履行的规则

（1）履行主体。指履行合同义务与接受履行的人。通常的履行主体就是合同的权利人和义务人，有时也可由第三人代替履行，只要符合合同的性质或不违反法律的规定或当事人的约定即可。

（2）履行标的。指当事人执行合同义务的行为所针对的事物，包括实物、劳务等。原则上义务人应全部履行。对标的质量、价款没有约定或约定不明确的，可以补充协议；不能达成补充协议的，按照通常标准或合同目的的特定标准履行。

（3）履行期限。指义务人履行义务和权利人接受履行的时间。应按照法律的规定或合同的约定加以确定。没有约定或约定不明确的，可以补充协议；不能达成补充协议的，按照通常标准或符合合同目的的标准履行；仍不能确定的，义务人可以随时履行，权利人也可以随时要求履行，但应当给对方必要的准备时间。

（4）履行地点。指债务人履行债务和债权人接受履行的地方。履行地点有明确规定的，按规定；没有约定或约定不明的，可以补充协议；无法达成补充协议的，按照通常标准或符合合同目的的特定标准。仍不能确定时，给付货币的，在接受货币一方所在地履行；交付不动产的，在不动产所在地履行；其他标的，在履行义务一方所在地履行。

（5）履行方式。指义务人履行义务的方法。一般由当事人约定。没有约定或约定不明的，可以补充协议；不能达成补充协议的，按照通常标准或符合合同目的的特定标准；仍不能确定的，按照有利于实现合同目的的方式。

（6）履行费用。指债务人履行合同所支付的费用。一般由合同当事人约定。没有约定或约定不明的，可以订立补充协议；不能达成补充协议的，按照通常标准或符合合同目的的特定标准；仍不能确定的，由履行义务一方承担。

三、合同履行中的抗辩权

（一）同时履行抗辩权

案例：2019 年 3 月 10 日，甲公司与乙公司签订 2 000 件衬衣买卖合同。合同约定：甲公司向乙公司提供某款衬衣 2 000 件，每件 100 元，甲公司于 2019 年 4 月 10 日之前送货至乙公司，乙公司付款 20 万元。2019 年 4 月 8 日，甲公司按约定将货物送到乙公司，乙公司此时只筹到 10 万元，要求甲公司将全部货物卸车交付，甲公司拒绝卸货，并将货拉回。

分析：本案例涉及双务合同中的同时履行抗辩权。

1. 概述

同时履行抗辩权的目的是维护双务合同当事人之间在利益关系上的公平，以维护交易安全。

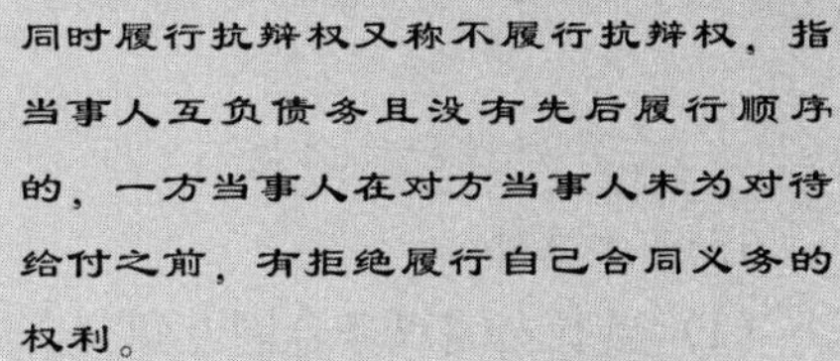

2. 成立要件

（1）同一双务合同互负债务，一方履行的义务和对方履行的义务之间互为条件，互相牵连；

（2）双方互负债务均已届履行期，且无先后履行顺序；

（3）对方当事人未履行；

（4）对方的对待履行是可能的。

3. 效力

它属于延期的抗辩权，但没有消灭对方请求权和请求对方先行给付的效力。

在上述案例中，双方的履行期均已届至，且无先后履行顺序。乙公司不履行交付货款的义务，甲公司有权行使同时履行抗辩权。但是，行使同时履行抗辩权应符合比例原则，应根据对方对待履行的程度而决定其行使的范围。在上述案例中，甲公司仅能够就乙公司不能交付的10万元部分行使抗辩权，即甲公司仅能拒绝交付1 000件衬衣

（二）不安抗辩权

1. 概述

不安抗辩权的目的是使先履行一方未雨绸缪、防患未然。

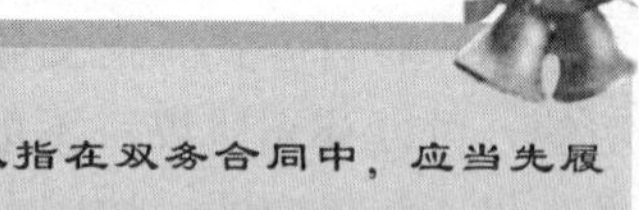

不安抗辩权指在双务合同中，应当先履行义务的当事人有确切证据证明对方有丧失或可能丧失履行能力的情形时，在其未对待给付或提供适当担保前有权拒绝自己给付。

2. 成立要件

（1）双方因双务合同互负义务。

（2）当事人一方有先履行义务且已至履行期。适用于有先后履行顺序的双务合同，若无先后顺序则适用同时履行抗辩权。

（3）后履行一方有丧失或可能丧失履行能力的情况。如经营状况严重恶化；有转移财产、抽逃资金以逃避债务行为；丧失商业信誉；有丧失或可能丧失履行能力的其他情形；等等。

（4）后履行义务的一方没有对待给付或提供担保。

3. 效力

不安抗辩权的主要效力在于中止合同，抗辩权人不享有同时履行抗辩权和提供担保的请求权。先履行的一方有权中止合同，但应负及时通知对方的义务。对方提供适当担保后，应当恢复履行。中止后，对方未在合理期限内恢复履行能力并提供适当担保的，中止履行的一方可以解除合同。

先履行抗辩权指在双务合同中应当先履行的一方当事人没有履行合同义务或者履行不符合约定的，后履行一方有拒绝履行自己义务的权利。

（三）先履行抗辩权

1. 成立要件

（1）当事人因双务合同互负义务。

（2）履行义务有先后顺序。

（3）先履行的一方到期未履行或未适当履行合同义务。

2. 效力

能够在对方未履行或未适当履行义务前，拒绝自己履行，但不具有消灭对方请求权

的效力。若先履行一方完全履行了自己的义务，则后履行一方的先履行抗辩权消灭，应恢复履行。但因行使先履行抗辩权而使合同迟延履行的当事人不承担迟延责任。

四、合同履行的保全

（一）合同履行保全的概念

指债权人为了防止债务人的财产不当减少而危害其债权，对第三人所采取的保护债权的措施。属于合同的对外效力，是在利益衡量下对合同相对性原则的突破。

（二）债权人的代位权

债权人的代位权是指债务人怠于行使其对第三人的到期债权而危及债权人债权的实现时，债权人可以以自己的名义代替债务人直接向第三人行使权利的权利。

案例：甲向乙借款5万元，双方约定2018年12月6日还款。丙因购买甲的房屋欠甲7万元，应于2018年12月1日还款。甲的借款到期后无钱向乙还款，甲也不向丙索要欠款。乙得知丙欠甲房款后，向法院提起诉讼，请求法院判处丙向乙交付欠款5万元。

分析：本案例涉及债权人的代位权。

1. 债权人代位权的成立要件

（1）债务人享有对第三人的债权。（2）债务人怠于行使其对第三人的债权。债务人对第三人的债权已经到期、能行使而不行使，不行使会使之消灭或丧失。（3）债务人的债务履行已构成迟延。（4）债务人的怠于行使危害了债权人的债权。

2. 行使与效力

债权人应以自己的名义行使，且必须通过法院行使。行使的范围以代位权人的债权为限，由第三人直接向债权人清偿。专属于债务人本身的债权不得代位行使，如人身伤害产生的损害赔偿请求权、亲属间的抚养继承等给付请求权。行使权利的费用由债务人承担。债权人行使代位权必须尽到善良管理人的注意义务，否则因此给债务人带来损失的，应承担损害赔偿责任。

在上述案例中，乙对甲有合法债权并已届清偿期，甲对丙有非专属于债务人的权利，甲对丙的债权已到期但甲怠于行使其对丙的权利。由于甲不行使其对丙的到期债权而自己又无钱还款，显然有害于乙的债权，因此，乙享有代位权，可以以自己的名义向法院起诉请求丙向其偿还5万元债务。

（三）债权人的撤销权

1. 成立要件

（1）客观要件。债务人实施了一定的处分其财产或者权利的行为并危害债权人债权实现的行为，包括无偿转让财产、以不合理的低价转让财产或增加财产上的负担。

债权人的撤销权指对债务人实施的以财产为标的且危及债权人债权实现的行为，债权人有请求法院撤销的权利。

（2）主观要件。对无偿行为不论债务人主观上的善意或恶意，只要具备客观要件，债权人就能行使撤销权。无偿行为包括无偿转让以及放弃到期债权。对于有偿行为，则以恶意为主观要件：当债务人有恶意时，撤销权成立；若第三人同时也有恶意，债权人就可以行使撤销权。

（3）时间要件。债务人实施的处分行为须发生于债成立之时或之后。

2. 行使与效力

各债权人通过法院来行使。债权人自知道或应当知道撤销事由之日起 1 年内行使，自债务人的行为发生之日起 5 年内没有行使撤销权的，该撤销权消灭，撤销权的范围以债权人的债权为限。

撤销权行使后，被撤销的债务人的行为自始无效。第三人因此取得的财产返还债务人，该财产仍是对全体债务人的共同担保，行使撤销权的债权人没有优先受偿权，债权人行使撤销权的必要费用由债务人负担。

第五节　合同的变更、转让与终止

一、合同的变更

（一）合同的变更方式

（1）协议变更。实质上是以新成立的合同取代旧合同，适用合同成立的要约和承诺的规则。当事人对合同变更的内容约定不明确的，推定为未变更。若法律、行政法规规定变更合同应当办理批准、登记手续，必须依据规定办理相关手续后才能发生合同变更的效力。

广义的合同变更包括合同主体的变更和合同内容的变更。狭义的合同变更指合同内容的变更。合同法中的概念是后者。

（2）法定变更。在法律规定的情形出现时，合同的内容发生变更。如合同履行期间发生不可抗力时，合同中的违约责任条款发生变更，债务人的债务数额缩小或可延期履行。

（3）裁决变更。对于可撤销合同，当事人可请求法院和仲裁机构裁决变更。

（二）合同变更的效力

变更生效后，合同变更部分原有的债权债务关系消灭，当事人应按照变更后的合同

内容履行合同，未变更部分仍然有效。合同变更对已履行部分不具溯及力。

二、合同的转让

（一）合同转让的概念

合同的转让指在不变更合同内容的情况下，合同主体的变更。

合同转让既可以是转让合同权利，也可以是转让合同义务，还可以是将两者一并转让。

（二）合同权利的转让

1. 概念

合同权利的转让指合同债权人将合同权利全部或部分转让给第三人。以合同债权人与第三人订立转让合同的形式进行。

2. 限制

无须经合同债务人同意，但应通知债务人，否则，债务人可拒绝履行对受让人的义务。

根据合同法，主要有以下几种不允许转让的合同权利：

（1）根据合同性质不得转让。这主要是指与特定人身份有关的合同，如委托合同、赠与合同。

（2）当事人约定不能转让。但要求此约定不违反法律的禁止性规定或社会公共道德。

（3）依照法律规定不得转让。如我国担保法规定，最高额抵押的主合同债权不得转让。

3. 效力

（1）从权利转移。从权利指以主权利的存在为前提的权利。常见的有担保权、利息债权、违约金债权等。但是从权利专属于债权人自身的除外。

（2）抗辩权的转移。抗辩权指阻止请求权效力的权利。债务人得以对抗原债权人的抗辩权亦得以对抗新债权人。

（3）抵销权的转移。抵销指合同当事人双方互负同种类的给付义务，将两项义务互相充抵。债务人在享有到期债权的情形下，依照法律规定，可以对债权人主张抵销权。债权人转让债权的，债务人接到债权转让通知后，可以依法向受让人主张抵销。

（三）合同义务的转让

1. 概念

合同义务的转让可以分为全部转让和部分转让。前者指第三人受让债务人的全部债务从而取代其地位而成为合同的债务人。后者指第三人受让债务人的部分债务。合同义务的转让可以通过第三人与债务人或债权人订立合同进行。

2. 限制

（1）根据合同性质不得转让；

（2）当事人约定不能转让；

（3）依照法律规定不得转让。

债务人将合同义务的全部或部分转让给第三人的，应经债权人同意。法律、行政法规规定转移义务应当办理批准、登记等手续的，应当办理这些手续。

3. 合同义务转让的效力

（1）从债务转移。从债务指以其他债务的存在为前提的合同义务，例如支付贷款利息的义务。专属于债务人自身的从债务不随主债务转移。如以原债务人的劳务充抵主债务利息，此种从债务是不能随主债务的转移而转移的。

（2）抗辩权的转移。新债务人可以主张原债务人对债权人的抗辩。界线为债权人同意转让债务的时间。

（四）合同权利义务的概括转移

1. 概念

合同权利义务的概括转移，指合同当事人一方的权利义务一并转移给第三人。合同权利义务的概括转移只发生在双务合同中。

2. 方式

（1）协议概括转移。此种协议需要经过合同对方的同意，仅有转让方与第三人的协议还不能完成。

（2）法定概括转移。当事人订立合同后合并的，由合并后的法人或其他组织行使合同权利、履行合同义务。当事人订立合同后分立的，除债权人和债务人另有约定外，由分立的法人或其他组织对合同权利义务享有连带债权、承担连带责任。被继承人订立合同后死亡的，继承人即可依继承法的规定享有被继承人在该合同中的权利并承担相应的义务。

3. 效力

受让人取代原合同一方当事人的法律地位。

案例：王某将名贵玉石误认为是普通山石，于2018年7月23日以300元的价格出售给刘某，约定价金于2018年8月10日交付给王某。2018年7月28日，王某通知刘某其将该价金债权赠与何某，嘱咐刘某向何某支付300元即可。2018年8月1日，王某获知玉石价值连城，找刘某协商撤销买卖合同，刘某未答应，王某一气之下暴病身亡。王某的继承人王小向法院起诉，要求撤销与刘某之间的买卖合同，何某也向法院起诉要求撤销该合同。

分析：本案例涉及合同的撤销及合同的转让。在本案例中，王某将名贵玉石误认为普通山石的事实构成重大误解，因此其享有对合同的撤销权。王某将合同债权转让给何某，但是，何某并不因此成为合同的当事人，依合同而由王某享有的专属性权利，如撤销权，并不一并转让给何某享有。因王某死亡，其生前的权利义务概括转移给其继承人王小，王小继受王某在合同中的当事人地位。因此，王小享有对该合同的撤销权。

三、合同的终止

（一）概述

1. 概念

合同终止指合同当事人双方在合同关系建立以后，因一定的法律事实的出现，合同确立的权利义务关系消灭。与合同的终止履行不同，合同的中止指债务人依法行使抗辩权，拒绝债权人的履行请求，使合同的权利义务处于停止状态。在中止期间，权利义务依然存在，抗辩权消灭后，合同权利义务恢复原来的效力。

2. 原因

债务已按约履行；合同解除；债务相互抵销；债务人依法将标的物提存；债权人免除债务；债权债务同归于一人；法律规定或当事人约定终止的其他情形。

（二）合同的解除

1. 协议解除

当事人协商解除合同。通过签订一个新合同来解除原来的合同。

2. 约定解除

当事人基于双方约定的事由行使解除权而解除合同。在合同中约定解除的条件，当条件出现时，即可行使解除权。

> 合同的解除指合同订立后，在尚未履行或未全部履行的情况下，终止合同的权利义务。

3. 法定解除

当事人基于法律规定的事由行使解除权而解除合同。解除的条件由法律直接规定。包括因不可抗力不能实现合同目的；在履行期限届满之前，一方当事人明确表示或以自己的行为表明不履行主要债务；当事人一方迟延履行主要债务，经催告在合理期限内仍未履行；当事人一方迟延履行债务或有其他行为致使不能实现合同目的；法律规定的其他情形。

（三）抵销

1. 法定抵销

具备法律规定的条件时，依一方当事人的意思表示所为的抵销。合同的法定抵销条件如下：

> 抵销指合同当事人互负债务，在到期后，各以其债权抵偿所负债务的行为。

（1）双方互负债务，互享债权。即债权人和债务人之间互相存在对待之债，可供抵销，并且主动债权与被动债权均合法有效。

（2）双方债务的给付为同一种类。即债务人用以履行债务的标的物种类、品种相同。

（3）主动债权已届清偿期。即提出抵销一方所享有的债权已经到期，而放弃其作为债务人对于未到期债务的期限利益。如果允许债权人在到期前以其债权与对方的债权抵销，就等于请求债务人提前偿还，势必会损害债务人的期限利益。但债务人自己可以主动放弃期限利益。

（4）双方的债务均为可抵销的债务。当事人约定或性质上不能抵销的债务不可抵销。

案例：甲欠乙10万元，已到期，乙也欠甲10万元，尚未到期。此时，甲不得提出抵销，因为乙的债权尚未到期，但乙可以主动放弃这一期限利益，提出抵销。

2. 约定抵销

合同法规定当事人互负债务，标的物种类、品质不相同的，经当事人双方协商一致，也可以抵销。

（四）提存

提存指由于债权人的原因，致使债务人难以履行债务时，债务人将该标的物提交给提存机关，终止合同的权利义务关系。

1. 原因

（1）债权人无正当理由拒绝受领。

（2）债权人下落不明。既包括地址不清、失踪等，也包括债权人的代理人下落不明。

（3）债权人死亡或丧失行为能力而未确定继承人或监护人。

（4）法律规定的其他情形。

2. 效力

标的物提存后，不论债权人是否提取，都发生债务消灭的法律后果。标的物所有权自交付时转移，提存可视为交付，风险、孳息随之转移。提存费用由债权人支付。

（五）免除

免除指债权人向债务人表示放弃其债权，从而消灭合同关系。

免除是一种单方法律行为，仅需债权人的意思表示即可生效。免除的表示应向债务人作出，既可以是部分免除，也可以是全部免除。主债务因免除消灭，从债务也消灭。

（六）混同

混同指债权与债务同归于一人而使合同关系消灭。

不需要当事人的意思表示，仅需这一事实就可以产生合同权利义务终止的效果。

1. 原因

（1）概括承受。合同关系的一方当事人概括承受他人的权利义务。

（2）特定承受。因合同权利或义务的转让而承受的权利义务。

2. 效力

混同使得合同关系绝对消灭。但当涉及第三人利益时，虽然债权人与债务人发生混同，但合同权利义务关系不消灭。如票据的债权人与债务人混同时，债不当然消灭。

第六节 合同责任

一、缔约过失责任

(一) 缔约过失责任的概念

缔约过失责任指在缔约过程中，缔约人因违反法律规定、违背诚信原则，致使合同未能成立，并给对方造成损失而承担的损害赔偿责任。

缔约过失责任不同于违约责任。后者以合同的有效成立为基础，前者以合同未能有效成立为基础。后者救济的是履行利益，而前者救济的是信赖利益。

(二) 构成要件

(1) 缔约一方违反先合同义务。先合同义务指缔约人的协力义务、保护义务、告知义务、保密义务等。一般而言，先合同义务自要约生效时开始产生，要约生效之前因一方的过错所造成的损失，产生的是侵权责任。

(2) 相对方受到损失。民事责任一般以损害事实的存在为成立条件，缔约过失责任亦如此。

(3) 违反先合同义务与损失之间存在因果关系。

(4) 违反先合同义务的一方有过错。包括故意和过失。

(三) 缔约过失责任的具体形式

(1) 假借订立合同，恶意磋商。

(2) 故意隐瞒与订立合同有关的重要事实或提供虚假情况。

(3) 违反保密义务。在磋商阶段，由于缔约需要和相互信赖，一方极有可能获悉对方的商业秘密，当事人对此有保密义务。

(4) 其他违背诚信原则的行为。

二、违约责任

案例：甲与乙厂签订了服装加工合同，合同约定甲于9月1日交货，如甲未能如期交货，则应支付违约金5 000元。为完成该合同任务，甲向丙公司租用缝纫机一台，丙公司保证缝纫机一切运作正常，但如果出现故障，甲不能随意拆修。缝纫机在使用过程中出现故障，致使甲未能按期向乙厂交货，为此支付了 5 000 元违约金。甲私自拆卸缝纫机进行修理，致使缝纫机内部零件损坏而报废，该缝纫机价值 1 000 元。甲诉至法院要求丙公司赔偿其经济损失 5 000 元，而丙公司要求甲赔偿缝纫机价款 1 000 元。

分析：此案涉及违约责任。其中，甲对乙厂、甲对丙公司、丙公司对甲都应承担违约责任。

（一）违约责任的概念

违约责任指合同当事人不履行合同义务或履行合同义务但不符合约定所承担的法律后果。

违约责任的设立对于合同的正确履行、弥补因违约给对方造成的损失、稳定社会经济秩序有着极为重要的意义。

（二）违约责任的构成要件

我国合同法对违约责任采取的是严格责任原则，只要当事人不履行或履行不符合约定，不管其有无对错，都应承担违约责任。至于一方因第三方原因造成违约的，在其承担违约责任后，其与第三方之间的纠纷是另一项法律关系。在上述案例中，甲因丙公司提供的缝纫机出现故障导致其未能如期向乙厂交货，虽然甲不存在过错，但要对乙厂负违约责任。

对一些特殊类型的合同，法律如另有规定，则适用特殊规定，如承运人承担违约责任须有过错。

（三）违约行为的表现形式

（1）预期违约。包括明示违约和默示违约。前者指在合同履行期限到来前，当事人一方明确表示不履行合同。后者指在合同履行期限到来前，一方以自己的行为表示不履行合同。对于前者，对方当事人可以立即解除合同，请求赔偿；对于后者，对方当事人可以中止履行，若有违约危险的一方在法定期限内未提供充分担保，可以立即解除合同。

（2）完全不履行。指合同债务人因可归责于自己的事由而致履行不能，或者在履行期限到来之后、届满之前，债务人无正当理由拒绝履行，前者称履行不能，后者称拒绝履行。对于前者，债权人可以解除合同，并请求赔偿、支付违约金，但不能要求继续履行合同。对于后者，当事人既可以要求继续履行合同，也可以解除合同。

（3）迟延履行。包括给付迟延和受领迟延。前者指债务人在履行期限到来时能够履行而没有按期履行。后者指债权人对于债务人在履行期限到来时的履行没有正当理由而未及时接受。对于给付迟延，对方当事人可以要求迟延方继续履行，经催告在合理期限内仍不履行的，对方当事人可以解除合同并追究其不履行的责任。在上述案例中，甲对乙厂的违约行为即属于迟延履行中的给付迟延。

（4）瑕疵履行。包括违约瑕疵和损害瑕疵。前者指债务人履行的标的物仅在品种、规格、技术要求等方面与合同不符，尚未因此造成他人人身或财产的损失。后者又称加害履行或瑕疵结果损害，指债务人因交付的标的物的缺陷而造成他人人身、财产损害的行为。在上述案例中，丙公司向甲提供的缝纫机不符合合同要求，属于违约瑕疵。而甲擅自拆卸修理缝纫机致使缝纫机损坏的行为属于损害瑕疵。

（5）不适当履行。指除瑕疵履行外，债务人未按合同约定的标的、数量、质量、履行方式和地点履行债务。

（四）违约责任的免除

指在合同履行过程中，由于出现了一定的事由而导致不能履行的，债务人将不承担违约责任。

1. 法定免责条件

指法律明文规定的对当事人的不履行合同免除其违约责任的条件。

（1）不可抗力，即当事人不能预见、不能避免并且不能克服的情况。一般包括自然灾害、政府行为、社会异常事件三类。

（2）债权人过错。

（3）货物本身的自然性质或合理损耗。

2. 约定的免责条款

合同双方当事人在合同中约定的旨在排除或限制其未履行责任的条款。根据合同自由原则，当事人可以在合同中作出此种约定，但是这一约定并非一定有效，且必须不违背法律、不损害公序良俗。

（五）违约责任的承担形式

1. 继续履行

指在违约方不履行合同义务时，对方请求法院以国家强制力强制违约方履行合同。目的不在于弥补损害，而在于实现当事人的订约目的。

适用条件为：

（1）须有当事人的违约行为。

（2）债权人在合理期限内请求继续履行。若债权人不要求，法院不能主动强制违约方继续履行。

（3）继续履行合同是可能的。

（4）继续履行是必要的。是否必要主要从经济合理性角度考虑。

（5）债务标的是适于强制履行的。有些债务标的是不适于强制履行的，如具有人身性质的演出合同、雇佣合同。

2. 赔偿损失

指当事人对因自己的违约而给对方造成的财产损失予以赔偿的一种责任形式。

适用条件为：

（1）有违约行为存在。

（2）合同一方当事人造成损失。一般指财产损失，不包括精神损害。若存在违约责任与侵权责任竞合，可以通过要求侵权人承担侵权责任的方式要求精神损害赔偿。

损失分直接损失和间接损失。前者指违反合同实际上已经给对方造成的财务的减少、损毁、灭失或支出的增加。后者指违反合同而使对方可得利益的减少。两者均属于赔偿范围。

（3）违约行为与损失之间具有因果关系。

在上述案例中，丙公司应赔偿甲 5 000 元违约金损失，同时，甲应赔偿丙公司1 000 元缝纫机价款损失。

3. 违约金

指当事人在订立合同时，预先约定的或法律规定的，在一方违约时，应向对方支付的一定数量的金钱。

适用条件为：

（1）必须有违约行为存在。

（2）必须有有效的违约金协议或法律的具体规定。法律规定了违约金幅度的，双方协商的违约金不能超过该幅度，否则，超过部分无效。

在上述案例中，甲与乙厂在合同中约定了违约金条款，因此甲应按照约定支付乙厂 5 000 元违约金。

4. 定金

当事人为了担保合同的履行，依约定或法律规定由一方在合同履行前预先给付对方的金钱，既是一种合同担保的方式，又是一种承担违约责任的形式。根据定金罚则，给付定金的一方不履行债务的，无权要求返还定金；收受定金的一方不履行债务的，应双倍返还。当事人既约定了定金又约定了违约金的，一方违约时，可以择一，不得并用。

5. 其他补救措施

如《合同法》第 111 条规定：质量不符合约定的，应当按照当事人的约定承担违约责任。对违约责任没有约定或者约定不明确，依照《合同法》第 61 条的规定仍不能确定的，受损害方根据标的的性质以及损失的大小，可以合理选择要求对方承担修理、更换、重作、退货、减少价款或者报酬等违约责任。

复习与思考

1. 合同法的基本原则。
2. 合同有效的要件。
3. 合同无效的情形。
4. 效力待定合同的情形。
5. 可变更、可撤销合同的情形。
6. 债权人的代位权和撤销权的区别。
7. 定金与预付款的区别。
8. 违约责任的承担形式。

第五章 担保法

本章要点

1. 担保的概念及分类
2. 人的担保与物的担保的区别
3. 担保物权的概念及产生、消灭
4. 保证方式的种类：一般保证与连带责任保证
5. 抵押的概念；最高额抵押权；重复抵押
6. 质押的概念；质权标的的种类
7. 留置的概念、性质
8. 定金的概念、种类及效力

导入案例

甲计划筹措50万元资金开办一个婚庆公司，目前存款仅有10万元，欲向银行申请贷款。在向银行进行咨询后，得知有个人质押贷款、个人房屋抵押贷款、个人经营贷款、个人信用贷款、个人小额贷款等品种可以选择，但除个人信用贷款外，都要求能够提供银行认可的合法、有效、可靠的贷款担保。

问题：何为担保？我国法律规定了哪几种担保形式？银行贷款通常接受哪几种担保形式？

第一节　担保法概述

一、担保的概念与特征

（一）担保的概念

担保是通过建立在第三人的信用或特定财产基础上的权利义务安排，加强和补充债的效力，以确保特定债务得到清偿。

（二）担保的特征

（1）担保地位的从属性。指担保的成立、消灭和处分必须以一定债的关系为前提。具体而言，担保只有在主债成立之后才可设立，与其所担保的债形成主从关系。

（2）担保履行的条件性。只有在债务人不履行或不完全履行债务而导致债权不能实现或不能完全实现时，担保义务才须予以履行，否则担保人有权拒绝履行担保义务。

（3）担保设立上的自愿性。

（4）担保债权的特定性。进行担保时必须使被担保债权的范围特定化，不仅要明确所担保的主债权的种类、数额，还要明确担保责任是否及于因主债权而产生的利息、违约金、损害赔偿等。

担保是指法律为保证特定债权人利益的实现而特别规定的以第三人的信用或者以特定财产保障债务人履行义务，保证债权人实现债权的制度。

（5）担保的财产权性质。担保是以特定财产向债权人作出的履约保证，因此从其权利属性来看，担保是一种财产权，反映的是财产关系。

二、担保的分类

我们可从不同的角度对担保进行分类。

（一）法定担保与约定担保

这是根据设定担保的方式不同进行的分类。法定担保指基于法律规定在特定财产上当然发生的担保，如《中华人民共和国担保法》（以下简称《担保法》）中的留置权。约定担保则是根据当事人的意思自治，以契约方式设立的担保。

（二）本担保与反担保

根据担保的目的不同，担保可分为本担保与反担保。本担保指以保障主债权的实现为目的而设立的担保；反担保指在本担保设定后，为保障担保人在承担担保责任后其对被担保人的追偿权得以实现而设定的担保。尽管两者设立的目的不同，但在成立条件、形式及效力上并无区别。

（三）人的担保与物的担保

根据担保标的的不同，担保可分为人的担保与物的担保。人的担保指以债务人以外的第三人的信用为他人履行债务提供的担保，如保证；物的担保指以某一特定财产为自己或他人的债务提供的担保。

《担保法》中的定金担保虽然从标的来看也属于金钱这一特殊的标的物，但是它不同于一般的物的担保。如定金的设立以定金合同的订立并实际交付定金为准，无须公示。此外，在定金担保中，定金交付后所交付的定金的所有权发生转移；而在物的担保中，即使交付标的物，也未必发生所有权的转移。

（四）债务人担保与第三人担保

根据提供担保的主体不同，担保可分为债务人担保与第三人担保。在实践中，抵押、质押、留置、定金可以是债务人提供的担保；保证、抵押、质押可以是第三人提供的担保。

一般来说，银行贷款接受的担保有保证、抵押、质押三种。

三、担保物权

（一）担保物权的概念

债务人或第三人提供物的担保的，债权人取得担保物权。该权利使担保物权人在债务人不履行到期债务或者发生当事人约定的实现担保物权的情形时，依法享有就担保财产优先受偿的权利。常见的如购房人以所购房屋作为抵押，向银行申请购房款，银行即为担保物权人。若购房人无力偿还房贷，银行依法享有就房屋变现后优先受偿的权利。

（二）担保物权的产生与消灭

（1）产生。担保物权产生于担保合同。担保合同是指为促使债务人履行债务，保障债权人的债权，在债权人（同时也是担保权人）和债务人之间，或在债权人和第三人（即担保人）之间订立的，约定当债务人不履行或无法履行债务时，以一定方式保证债权人的债权得以实现的协议。

（2）消灭。《中华人民共和国物权法》（以下简称《物权法》）规定了四种担保物权消灭情形：一是主债权消灭。由于担保合同为主债权合同的从合同，主合同消灭，从合同也不存在。二是担保物权实现。这属于实现担保合同目的，因该合同产生的权利消灭。三是债权人放弃担保物权。四是法律规定担保物权消灭的其他情形。

第二节　保　证

案例：甲对乙享有60万元债权，自然人丙与某公司的分支机构丁分别与甲签订了保证合同。其中，丙与甲约定，在乙不能履行债务时，由丙承担保证责任。丁未与甲约定保证责任的范围和方式。同时，乙还以其价值30万元的房屋向甲设定了抵押。后来，甲同意将乙的债务延长3个月，此事并未告知丙、丁。债权到期后，甲放弃了对乙的房屋的担保物权，而直接要求丙、丁承担担保责任，偿还其60万元债务及相关费用。

分析：本案例涉及保证中的一系列概念和制度。

一、保证合同

（一）保证合同的概念

保证合同是指为了担保债务的履行和实现，由保证人和债权人订立的明确相互之间权利义务关系，当债务人不履行债务时，由保证人代为清偿或承担责任的协议。

保证指债务人以外第三人以其信用向债权人保证债务人履行债务，当债务人不履行债务时，由保证人按照约定履行债务或者承担责任的行为。

（二）保证合同的特征

（1）从合同。保证合同以其所保证的主债的存在为前提，是主债权合同的从合同。

（2）单务合同。保证合同中只有保证人一方承担在债务不履行时代为清偿债务的义务。

（3）诺成合同。由保证人和债权人就保证合同的内容、条款达成书面协议即告成立，无须交付任何财产。

（4）有名合同。由法律直接规定其名称及内容。

（三）形式与内容

（1）形式。采取书面形式订立。包括签订书面合同，保证人单独出具保函，也可以采用保证人在债权人与债务人之间的主合同上签字盖章的形式。

（2）内容。应具备的内容有被保证的主债权种类、数额；债务人履行债务的期限；保证的方式，即明确约定保证人是以一般保证的方式，还是以连带责任保证的方式承担保证责任；保证担保的范围；保证的期间；双方约定的其他事项。保证合同如不具备以上条款，当事人应协商补正，否则就依《担保法》的有关规定进行确定。

二、保证人的主体资格

保证合同的当事人双方为债权人与保证人。

（一）债权人

保证合同的债权人即为主债的债权人。

（二）保证人

指与债权人在保证合同中约定，当债务人不履行债务时，由其按照约定履行债务或承担保证责任的一方当事人。保证人是保证合同的债务人，是担保主债务人履行债务的担保人。

1. 资格

对于《担保法》第7条的理解，有以下问题需要注意：

（1）关于保证人具有担任保证人的民事行为能力。不同的保证人，法律对其行为能力的规定不同。

（2）关于保证人的代为清偿能力。不具备完全代偿能力的法人、其他组织或自然人，以保证人身份订立保证合同后，不能以自己没有代偿能力为由要求免除保证责任。

（3）保证人须为债务人之外的第三人。因为性质使然，保证是建立在第三人信用之上的担保方式。

2. 范围

（1）自然人。首先要具备完全行为能力，限制行为能力人必须经过其法定代理人的同意。

（2）法人。

①企业法人。以营利为目的的企业法人作为在法律上有独立人格的组织，可以以其所有或经营管理的财产承担保证责任。企业法人的职能机构不能作为保证人。法人的分支机构在有法人书面授权时，可以在授权范围内担任保证人。

②事业单位、社会团体法人。从事经营活动的事业单位、社会团体原则上可以为保证人，但学校、幼儿园、医院等以公益为目的的事业单位、社会团体不得为保证人。

③机关法人。国家机关一般不得为保证人，但经国务院批准为使用外国政府或国际经济组织贷款进行转贷的可以。

（3）其他组织。根据最高人民法院的司法解释，其他组织主要包括：

①依法登记领取营业执照的个人独资企业、合伙企业；

②依法登记领取营业执照的联营企业；

③依法登记领取营业执照的中外合作经营企业；

④经民政部门核准登记的社会团体；

⑤经核准登记领取营业执照的乡镇、街道、村办企业。

不得作保证人的人如果与主债权人签订了保证合同，保证合同无效。保证人虽不承担保证责任，但要根据其过错承担相应的民事责任。

在上述案例中，丙作为自然人具有保证资格。丁作为某公司的分支机构，如未经该公司书面授权，则其与甲签订的保证合同无效。

三、保证方式

（一）保证方式的概念

指保证人承担保证责任的方式。不同的方式，保证人所承担的保证责任不相同。当事人应在合同中明确约定保证方式。

一般保证指保证人仅对债务人不履行债务负补充责任的保证。

（二）保证方式的种类

保证可分为一般保证和连带责任保证。

当事人在保证合同中约定，债务人不能履行债务时，由保证人承担保证责任的，为一般保证。

连带责任保证的债务人在主合同规定的债务履行期届满时没有履行债务的，债权人可以要求债务人履行债务，也可以要求保证人在其保证的范围内承担保证责任。

连带责任保证指保证人在债务人不履行债务时，与债务人负连带责任的保证。

（三）一般保证与连带责任保证的区别

1. 成立或发生条件不同

一般保证是当事人约定的；连带责任保证是由法律规定或当事人约定的，无约定或约定不明的，按照连带责任保证确定。

2. 权利内容不同

其中最大的区别就是保证人有无先诉抗辩权，即一般保证的保证人在主合同纠纷未经审判或仲裁，并就债务人财产依法强制执行仍不能履行债务前，拥有可以对债权人拒绝承担保证责任的抗辩权，连带责任保证的保证人则无此权利。

但是这种先诉抗辩权也是有限制的。在以下情况下，一般保证的保证人不得行使先诉抗辩权：债务人住所变更，致使债权人要求其履行债务发生重大困难；法院受理债务人破产案件，中止执行程序；保证人以书面形式放弃前述权利；等等。

连带责任保证的保证人尽管不享有先诉抗辩权，但与一般保证的保证人一样，可以行使债务人的抗辩权。债务人放弃对债务的抗辩权的，保证人仍有权根据法定事由对债权人的请求进行抗辩。

3. 担保力度不同

连带责任保证的担保力度较强，保证人的负担较重；一般保证则相反。

在上述案例中，丙与甲作出了约定，其承担的是一般保证责任。丁未与甲约定保证

方式，因此其承担连带保证责任。在主债权到期后，丙享有先诉抗辩权，甲可以直接要求丁承担保证责任。

四、保证责任

指保证人依据有效的保证合同所承担的义务。当事人可以在合同中约定保证责任的范围、形式、期间等，没有约定的，依法律规定。

（一）保证责任的范围

指保证人依据保证合同或法律规定所承担责任的范围。根据《担保法》第 21 条，它包括：（1）主债权；（2）利息；（3）违约金；（4）损害赔偿金；（5）实现债权的费用。

注意，只有在当事人对保证担保的范围没有约定或约定不明时，保证人才按照法律规定对全部债务承担责任。保证合同有约定的，依约定。

在上述案例中，保证合同中并未约定保证责任的范围，所以，丙、丁应就上述全部内容承担保证责任。

（二）保证责任期间

又称保证期间，指根据法律规定或当事人的约定，保证人承担保证责任的时间界限。在此期间，债权人没有行使权利的，保证责任即被免除。保证期间是除斥期间，不因任何事由中断、中止、延长。当事人应在合同中订明。若合同中未加约定，《担保法》第 25 条和第 26 条对此进行了补充：

（1）一般保证的保证人与债权人未约定保证期间的，保证期间为主债务履行期届满之日起 6 个月。

（2）连带责任保证的保证人与债权人未约定保证期间的，债权人有权自主债务履行期届满之日起 6 个月内要求保证人承担保证责任。

在上述案例中，保证合同未约定保证期间，所以，丙的保证责任期间为主债务履行期届满之日起 6 个月。在这 6 个月内，若甲未对债务人乙提起诉讼或者申请仲裁，丙免除保证责任。丁的保证期间也为主债务履行期届满之日起 6 个月，若甲未在该 6 个月内要求丁承担保证责任，丁免除保证责任。

（三）保证责任承担中的一些特殊问题

1. 主合同变更转让对保证责任承担的影响

债权人与债务人协议变更主合同应取得保证人的书面同意。

在未取得保证人书面同意的情况下：（1）若债务人与债权人对主合同的数量、价格、币种、利率等内容作了变动，如果变动减轻了债务人的债务，保证人仍应对变更后的合同承担保证责任；若变动加重了债务人的债务，保证人对加重部分不负责。（2）若对履行期限作了变动，则保证期间为原合同约定或法律规定的期间。（3）协议变动主合同内容，但并未实际履行的，保证人仍应承担保证责任。

总的原则是，主合同变动未经保证人同意的，保证人仍应在原有的范围内继续承担保证责任，而非保证责任消灭。

在上述案例中，甲与乙未经丙、丁书面同意，延长了债务期限，丙、丁的保证责任期间仍然应从原债务期限届满之日起算。

2. 主债权同时享有担保物权的担保对保证责任承担的影响

当同一债权上有保证和第三人的物的担保存在时，当事人约定担保物权实现方式的，从约定；没有约定的，保证与第三人的物的担保是同等的；若是由债务人提供的物的担保，则物的担保优先于人的担保。

物的担保无效、被撤销或因故无法实现的，保证人仍须依约承担责任。

债权人怠于行使担保物权，致使担保物权减损的，视为放弃，保证人在相应的范围内免责。

同一债权上数个担保物权并存，债权人放弃债务人提供的担保物权的，其他担保人在其放弃权利的范围内减轻或免除担保责任。

在上述案例中，甲放弃了乙提供的房屋担保，则丙、丁只应承担剩余30万元债务的担保及相关费用的担保责任。

第三节 抵 押

案例：甲公司欠银行300万元债务，甲公司以其价值280万元的厂房和50万元的汽车作抵押。其中，厂房抵押办理了抵押登记，汽车抵押未办理。后来，甲公司将厂房租给了乙公司，并将此事告知了银行。甲公司因欠丙公司30万元债务，便将上述汽车又向丙公司设定了抵押，并办理了登记。之后，甲公司将汽车转卖给了丁公司，但并未告知丁公司该汽车已被抵押的事实。银行债务到期后，甲公司未能还款，银行便扣押了厂房和汽车，并向乙公司收取厂房租金。此时，丙公司的债权也已到期，主张其对车辆的担保物权。

分析：本案例涉及抵押制度中的一系列问题。

一、抵押的概念

抵押权是债权人就债务人或第三人的某项或某种特定财产所享有的支配性权利，其行使时无须经由抵押人的同意或借助抵押人的积极行为，而且具有优先于其他债权受偿的效力，它是一种物权性质的担保形式。

抵押是指在债务人或第三人不转移财产占有的情况下，以特定财产作为履行合同的担保，当债务履行期届满债务人不履行债务时，债权人有权根据法律的规定以该财产折价或以拍卖、变卖该财产的价款优先受偿。

二、抵押权的标的

（一）范围

根据《担保法》的规定，依法设定抵押的财产可以分为以下几种：

（1）不动产。一般而言，抵押权的标的均为不动产。根据《担保法》的规定，抵押人所有的房屋及其他地上定着物和抵押人依法有权处分的国有房屋和其他地上定着物等可设定抵押。《物权法》进一步明确，建筑物与其占用范围内的建设用地使用权一并抵押。

以依法获准尚未建造的或正在建造中的房屋或其他建筑物抵押的，若当事人办理了抵押登记，法院可认定抵押有效。

（2）动产。某些动产在流通、交易上与不动产具有相似性，可以适用不动产的交易制度，依法设定抵押。如抵押人所有的机器、交通运输工具和其他财产，以及抵押人依法有权处分的国有机器、交通运输工具和其他财产，可以抵押。

（3）权利。抵押人依法有权处分的国有土地使用权以及抵押人依法承包并经发包方同意抵押的荒山、荒沟、荒丘、荒滩等荒地的土地使用权可以抵押。除非与乡镇、村企业的厂房等建筑物一同抵押，否则乡镇、村企业的土地使用权不得单独抵押。

抵押人所担保的债权超出其抵押物价值的，超出部分不具有优先受偿的效力。

财产抵押后，该财产的价值大于所担保债权的余额部分，可以再次抵押。

不得进行抵押的财产主要包括：

（1）土地所有权与集体土地使用权。这与我国实行土地公有制的基本原则有关。

（2）公益设施涉及的财产。如学校、幼儿园、医院等以公益为目的的事业单位、社会团体的教育设施、医疗卫生设施和其他社会公益设施。

（3）权属不明晰的财产。

（4）依法被限制处分、使用的财产。如被查封、扣押、监管的财产等。

（二）抵押物的登记

法律要求抵押权在设定时遵循公示原则，办理登记手续，只有这样才能取得对抵押物的绝对支配权。

以不动产及土地使用权抵押的，必须办理登记，抵押权自登记时设立。动产抵押，登记不是抵押权设立的必要要件，抵押权自抵押合同生效时设立；但是，未经登记，不得对抗善意第三人。

在上述案例中，厂房是不动产，汽车是动产，二者都可成为抵押权的标的，对厂房的抵押权自登记时设立。银行对汽车的抵押权未经登记，不得对抗善意第三人。

三、抵押权的效力

（一）抵押担保的范围

抵押担保的范围与保证责任的范围相同。

（二）抵押权标的物的范围

除抵押物本身外，抵押权的效力还及于抵押物的从物或从权利、孳息和代位物。

（1）从物和从权利。抵押设定前后的从物、从权利都应当在抵押权的效力所及范围内，但是，抵押物及其从物为两个以上的人分别所有时，抵押权的效力不及于抵押物的从物。

（2）孳息。孳息是从原物产生或收益的物。原则上抵押权人不享有孳息的收取权。

根据《担保法》的规定，自抵押物被扣押之日起，抵押权人可以享有孳息收取权，如果是法定孳息，则抵押权人必须将该事实通知清偿孳息的义务人。在上述案例中，厂房租金作为厂房的法定孳息，银行在依法扣押厂房并通知乙后可以收取。但银行并不因此取得孳息的所有权，只是将孳息作为担保物，将来可以优先受偿。孳息首先应用作收取孳息的费用，其次是主债权的利息，最后是主债权。

（3）代位物。抵押物灭失后所得的赔偿金，担保权人仍可对其行使担保权利。这里的赔偿金就是代位物。抵押人对抵押物的损毁、灭失并无过错的，抵押人并无法律责任。抵押权人仅有权行使物上代位权。

（三）抵押物出租对抵押效力的影响

租赁在先，抵押在后，则原租赁合同继续有效。将来实现抵押权时，若租赁合同尚未期满，承租人在同等条件下有优先购买权，与“买卖不破租赁”原则相通。

先抵押后出租的，租赁合同也有效，但是在将来实现抵押权时，租赁合同对受让人不具有约束力。由于租赁合同对受让人不具有约束力所产生的损害，根据承租人是否知情确定赔偿责任的承担。因此，在上述案例中，甲公司和乙公司之间的厂房租赁合同是有效的，但是该租赁合同不影响银行抵押权的实现。

（四）抵押物转让对抵押效力的影响

抵押期间，抵押人经抵押权人同意转让抵押财产的，应当告知受让人转让物已经抵押的情况，同时应当将转让所得的价款向抵押权人提前清偿债务或者提存。若是未经抵押权人同意，不得转让抵押财产，但受让人代为清偿债务消灭抵押权的除外。

如果抵押物未经登记，抵押权不得对抗受让人，因此给抵押权人造成损失的，由抵押人承担赔偿责任。

抵押物依法被继承或赠与的，抵押权不受影响。

在上述案例中，甲公司未告知丁公司汽车已被抵押的事实，因银行对汽车的抵押权未进行登记，因此银行不得向丁公司主张行使抵押权。相反，丙公司可向丁公司主张行使抵押权。

（五）最高额抵押权

《物权法》对最高额抵押权作出了明确规定：为担保债务的履行，债务人或者第三人对一定期间内将要连续发生的债权提供担保财产的，债务人不履行到期债务或者发生当事人约定的实现抵押权的情形，抵押权人有权在最高债权额限度内就该担保财产优先受偿。

> **案例：** A种子公司制订未来五年计划，要分阶段引进20种高产优质农产品种子，需要陆续向甲银行贷款约800万元。A公司在与甲银行签订贷款合同时，同时以自有办公楼（评估价1 000万元）进行最高额抵押。
>
> **分析：** 最高额抵押权与一般的抵押权最大的不同是，其担保的是尚未确定的债权。在上述案例中，A公司实际贷款数额在签订贷款合同时并不确定，而抵押额是确定的。以确定的抵押权来担保不确定的债权，要注意一些规则：在债权确定之前，如果部分债权转让的，最高额抵押权不得转让，除非当事人另有约定；抵押权人与抵押人可以通过协议变更债权确定的期间、债权范围以及最高债权额，但变更的内容不得对其他抵押权人产生不利影响。
>
> 最高额抵押权的债权的确定，有如下几类法定情形：
>
> （1）约定的债权确定期间届满，比如A公司与甲银行的贷款合同约定期限为5年；
>
> （2）没有约定债权确定期间或者约定不明确，抵押权人或者抵押人自最高额抵押权设立之日起满两年后请求确定债权；
>
> （3）新的债权不可能发生；
>
> （4）抵押财产被查封、扣押；
>
> （5）债务人、抵押人被宣告破产或者被撤销。

四、抵押权的实现

（一）实现方式

（1）折价。指债务履行期届满抵押权人未受清偿的，抵押权人与抵押人协议，由抵押权人取得抵押物所有权，将抵押物价值高于担保债权的部分返还抵押人。

（2）拍卖。通过公开竞价，将抵押物出售给报价最高的人以实现抵押权。

（3）变卖。即通过一般的买卖方式将抵押物变现清偿。

在本章第三节开始的案例中，甲公司可以与银行和丙公司协商，将汽车折价，由某一债权人取得所有权，给另一债权人以补偿。如协商不成，则可将汽车拍卖或变卖。

（二）重复抵押时抵押权的实现

担保法允许抵押人就同一财产未设定抵押的部分为另一债务向他人设定抵押。但实现抵押权时，拍卖、变卖抵押物所得的价款必须按以下规定清偿：

（1）抵押合同已登记生效的，按照抵押物登记的先后顺序清偿；顺序相同的，按照债权比例清偿。

（2）抵押权已登记的先于未登记的受偿。

（3）抵押权未登记的，按照债权比例清偿。

在本章第三节开始的案例中，甲公司可以对汽车未设定抵押的剩余30万元部分进行重复抵押，因此，其和丙公司之间的抵押合同是有效的。虽然银行对汽车的抵押权设定在丙公司之前，但因丙公司的抵押权进行了登记，而银行未登记，所以丙公司对于汽车拍卖或变卖的价款优先于银行受偿。

（三）不动产抵押权实现时的特殊问题

（1）城市房地产抵押合同签订后，土地上新增的房屋不属于抵押物。需要拍卖该抵押的房地产时，可以将该土地上新增的房屋与抵押物一同拍卖，但是对拍卖新增房屋所得，抵押权人无权优先受偿。

（2）以承包的荒地的土地使用权抵押的，或者以乡镇、村企业的厂房等建筑物占用范围内的土地使用权抵押的，在实现抵押权后，未经法定程序不得改变土地集体所有性质和土地用途。

（3）拍卖划拨的国有土地使用权所得的价款，在依法缴纳相当于应缴纳的土地使用权出让金的款额后，抵押权人有优先受偿权。

第四节　质　押

一、质押的概念

根据质权标的物的性质，质押可以分为动产质押和权利质押。

案例：甲欠乙100万元，经协商，甲同意将甲的6辆汽车质押给乙，并订立了书面的质押合同。2018年10月2日，甲将该批汽车开到乙处，并由乙存放于租用的车库。2019年2月13日，债务到期，甲未能偿还对乙的债务，因此乙对上述汽车进行了拍卖，得拍卖款100万元。其间，乙外出时私自使用其中的一辆汽车，并发生剐蹭，以致最终拍卖价格减少5万元。

分析：本案例涉及质押问题。

二、质押合同

质押指债务人或第三人将其出质的财产移交给债权人占有，以该财产作为债权的担保，当债务人不履行债务或者发生当事人约定的实现质权的情形时，债权人有权以该财产折价或以拍卖、变卖该财产的价款优先受偿。

（一）质押合同的概念与特征

1. 概念

质押合同也称质权合同，指因出质人以质物为债务人履行债务提供担保而由出质人与质权人订立的明确相互之间权利与义务关系的协议。

2. 特征

(1) 是要式合同。必须以书面形式订立。

(2) 是诺成合同。根据《担保法》的规定，质押合同自质物移交质权人占有时生效，质押合同为践成合同。但这种将合同效力与物权变动不加区分、混为一谈的立法，受到学术界的热评和非议，也在实践中带来了一定麻烦。因而，《物权法》对此做了修正，明确区分了合同效力和物权效力。即质押合同的生效与一般合同相同，自订立时生效，但质权自质物交付时设立。在上述案例中，2018 年 10 月 2 日，甲向乙交付质物，质权设立。

(3) 是单务合同。质押合同的出质人一方只是为债务人履行债务提供担保，没有实质上的权利。

(4) 是从合同。附属于主债权合同。

(5) 是有名合同。

(二) 形式和内容

1. 形式

质押合同要求采用书面形式。

2. 内容

包括：(1) 被担保的主债权种类、数额；(2) 债务人履行债务的期限；(3) 质押财产的名称、数量、质量、状况；(4) 担保的范围；(5) 质押财产移交的时间；(6) 当事人认为需要约定的其他事项。质押合同不完全具备前述规定内容的，可以补正。

出于维护出质人利益的考虑，《物权法》规定质权人在债务履行期届满前，不得与出质人约定债务人不履行到期债务时质押财产归债权人所有。

三、质权的标的

(一) 质权标的的概念

质权的标的，指在质押担保的法律关系中出质人移交给债权人的，作为债权实现担保的财产或财产性权利。

(二) 质权标的的种类

1. 动产

以动产作为质权标的的质权为动产质权，是指为担保债权，由债权人占有、由债务人或第三人移交的动产，并就其价金获得清偿的权利。

2. 权利

以权利作为质权标的的质权为权利质权，是指为担保债务清偿，就债务人或第三人所享有的权利设定的质权。

作为质权标的的权利，首先必须是可以用金钱来衡量的财产权，其次必须是可以转让的财产权。此外，一般而言（也有特殊情况），权利质权是动产上的权利，不动产上的用益物权与不动产所有权有近似的特征，不能设立权利质权。

根据《担保法》第75条，下列权利可以质押：（1）汇票、支票、本票、债券、存款单、仓单、提单；（2）依法可以转让的股份、股票；（3）依法可以转让的商标专用权、专利权、著作权中的财产权；（4）依法可以质押的其他权利。《物权法》在此基础上增加了可以转让的基金份额和应收账款。

（三）需要注意的问题

除了上述可以出质的权利外，公路桥梁、公路隧道或公路渡口等不动产受益权也可以作为权利出质。

以票据（汇票、支票、本票）、债券、物权凭证（存款单、仓单、提单）出质的，要注意：（1）质权自权利凭证交付质权人时设立，没有权利凭证的，质权自有关部门办理出质登记时设立；（2）对于这些权利，质权人可以提前兑现或提货，所得价款或货物用于提前清偿或提存；（3）以票据或者债券出质的，必须背书记载“质押”字样，否则不能对抗善意第三人；（4）以票据、债券、存款单、仓单、提单出质的，质权人再转让或质押的无效。

以基金份额、股权出质的，要注意：（1）应办理出质登记，质权自办理出质登记时设立。（2）基金份额、股权出质后，原则上不得转让；双方同意转让的，所得价款用于提前清偿或提存。

以知识产权中的财产权出质的，要注意：（1）应办理出质登记，质权自办理出质登记时设立。（2）出质人未经质权人同意不得转让或许可他人使用已出质权利，否则视为无效。由此给质权人或第三人造成损失的，由出质人承担民事责任。（3）知识产权中的财产权包括商标专用权、著作权中的财产权、专利权。

四、质权人的权利与义务

（一）质权人的权利

（1）占有质物。在权利质押中，质权人有权通过占有权利证书来占有质权的标的。

（2）收取孳息。质权人有权收取质物所生孳息，但是无权取得孳息的所有权。

（3）排除质权受侵害。无论是出质人还是第三人，造成质物损害的，质权人均可以要求其恢复原状或请求损害赔偿。此外，当质物被不当占有时，质权人也有请求返还质物的权利。

（4）转质权。在质权存续期间，质权人为担保自己的债务，在原质权所担保的债权范围内，经出质人同意，可以再行设置质权，转质权的效力优先于原质权。未经出质人同意的无效，质权人对因转质而发生的损害承担赔偿责任。

（5）出卖质物。质物有损坏或价值明显减少的可能，足以危害质权人的权利，且出质人不提供相应担保时，质权人可以拍卖或变卖质物，并与出质人协议将所得价款用于提前清偿所担保的债权或向与出质人约定的第三人提存。

（6）转让质权的权利。当债权人转让主债时，质权也随之转让。

（7）费用偿还请求权。质权人保管质物所支付的必要费用，可以向出质人请求返还。

（8）优先受偿的权利。要注意的是，在权利质押中，若作为质权标的的权利优先于担保债务到期，质权人有权请求提存或提前清偿担保的债权。

（二）质权人的义务

（1）保管义务。在保管期间，质权人对质物的损毁、灭失承担过错赔偿责任。

（2）禁止处分义务。在质权存续期间，未经出质人同意，质权人擅自使用、出租、处分质物，因此给出质人造成的损失，由质权人承担赔偿责任。

（3）返还质物或权利证书。债务履行期届满债务人履行债务的，或出质人提前清偿所担保的债权的，债权人应当返还质物或权利证书。

在上述案例中，质物拍卖的价款 100 万元应用来偿还甲对乙所负的债务。但由于乙擅自使用质物并造成损失，应当赔偿甲的损失 5 万元。

五、质权的效力

（一）质权担保的范围

质权担保的范围包括主债权及利息、违约金、损害赔偿金、质物保管费用和实现质权的费用。质押合同另有约定的，按约定。

（二）质权标的的范围

（1）供担保的质物或权利本身。

（2）质物的从物。除非法律另有规定或当事人另有约定。

（3）质物的孳息和利息债权。包括天然孳息和法定孳息。但收取的法定孳息，如利息，必须是出质时已经有足够根据认定它会发生的孳息。

（4）代位物。质权因质物灭失而消灭。因灭失所得的赔偿金，应作为出质财产。在权利质权中，若作为质权标的的权利先于被担保的债权到期或被转让，所得价款可作为质权标的的代位物向第三人提存。

六、质权的实现

（一）实现方式

质权的实现方式与抵押权相似。

（二）追偿

为债务人质押担保的第三人，在质权人实现质权后，有权向债务人追偿。

第五节　留　置

案例：甲将电脑拿到乙的店铺维修，约定乙在15天内修好电脑，甲在取回电脑时交付维修费。15天后，乙修好了电脑，甲在取电脑时声称乙删除了电脑内的一些内容，拒不支付维修费。乙于是将电脑扣留，并告知甲须在10日内交付维修费，否则会将电脑变卖。10日后，所扣电脑被盗。

分析：本案例涉及留置权制度。

一、留置概述

留置的性质有：

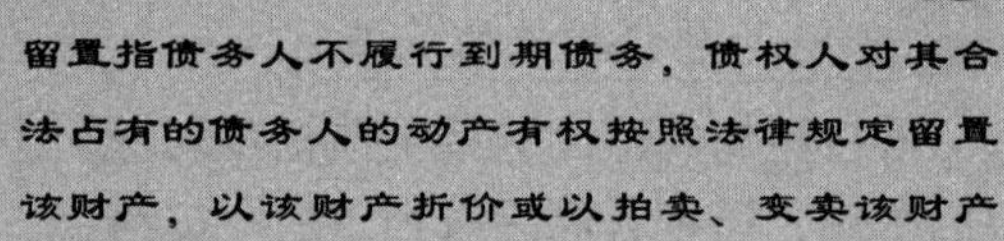

留置指债务人不履行到期债务，债权人对其合法占有的债务人的动产有权按照法律规定留置该财产，以该财产折价或以拍卖、变卖该财产的价款优先受偿。

（1）他物权性。留置权是债权人享有的直接以债务人的财产为标的的权利，不仅可以对抗债务人的返还请求，而且可以对抗债务人以外的第三人。

（2）担保物权性。留置权是以确保债权人债权的受偿为目的的，可以间接强制债务人履行义务。

（3）法定性。留置权与其他担保物权的区别之一就在于此，即只要符合法律规定的条件就成立，其效力也是源于法律的规定，而非通过当事人的约定。

（4）留置权的行使以占有标的物为条件，债权人一旦丧失对留置物的占有，留置权也随之消灭。

（5）不可分性。留置权所担保的是债权的全部，而非部分；它的效力及于债权人所留置占有的债务人的全部财产，即留置权人在其债权得到全部清偿前，可就留置物的全部行使权利。

二、留置权的成立

（一）留置权必须是依法产生的

债权人的占有必须合法，因此，动产如果是因侵权行为而占有的，不能产生留置权。

（二）债权人必须依法占有债务人的动产

（1）占有的必须是债务人的财产。

(2) 占有的必须是动产。是狭义动产，不包括权利。不动产不得成立留置权。《合同法》中关于承包人对于建设工程的优先权不是留置权。

(3) 占有必须合法。

(4) 占有财产是履行合同的必然结果，即动产应与债权属于同一法律关系，但企业之间的留置除外。

(三) 债务人不按照合同约定的期限履行债务

这与抵押权和质权不同，对于后两种，只要当事人双方达成一致，就可成立担保物权，债务履行期届满未获清偿只是实现抵押权和质权的条件。

但需注意，当事人可以在以上合同中约定排除适用留置权。

在上述案例中，乙依照合法有效的加工承揽合同占有甲的电脑，该占有是合法的，且与乙的维修费收取权基于同一合同产生，二者具有牵连关系。而甲在约定期限未履行支付维修费的义务，因此，乙的留置权成立。

三、留置权的效力

(一) 担保范围

留置权的担保范围与质权类似。

(二) 标的物范围

留置权的标的物包括留置物本身及其从物、孳息、代位物。

(三) 留置权对留置权人的效力

1. 留置权人的权利

(1) 占有留置物的权利。留置权人占有留置动产，拒绝交付，是留置权的基本效力。这种占有权不仅可以对抗债务人，也可以对抗第三人。

(2) 费用偿还请求权。对于留置物保管费用和实现留置权的费用，留置权人有权请求返还。

(3) 收取孳息的权利。债权人对其收取的孳息同样行使留置权，也有优先受偿的权利。

(4) 在清偿期届满时，留置权人享有就留置物以折价、依法拍卖、变卖的方式优先受偿的权利。

2. 留置权人的义务

(1) 保管留置物。因保管不善导致留置物损毁、灭失的，留置权人承担赔偿责任。

(2) 返还留置物。当被担保的债权消灭时，留置权人应将其占有的留置物返还其所有人。此外，若债务人另行提供担保并被债权人接受引起留置权消灭的，留置权人应返还留置物。

（四）留置权优先于其他担保物权

同一动产上已设立抵押权或质权，该动产又被留置的，留置权人优先受偿。

四、留置权的实现与消灭

（一）留置权的实现形式

留置权的实现形式与其他担保物权一样。

（二）留置权的行使条件

(1) 被担保的债权已届清偿期而未能受偿。未明确约定清偿期的，必须由债权人定期通知债务人履行债务，并声明如逾期不履行，债权人可以变价取偿。

(2) 必须经过一定的期间。债权人与债务人应在合同中约定，债权人留置财产后，债务人应在不少于两个月的期限内履行债务。若未约定，债权人留置债务人财产后，应确定两个月以上的期限，通知债务人在此期限内履行债务。但鲜活易腐等不易保管的动产除外。因此，在上述案例中乙给予甲 10 天的额外履行期无效，甲应在两个月内交付维修费。

（三）留置权的消灭

丧失占有或留置权人接受债务人另行提供担保，留置权消灭。在上述案例中，乙留置的电脑被盗，留置权消灭。若电脑被盗是因乙保管不善所致，乙还应承担赔偿责任。

第六节　定　金

一、定金概述

（一）定金的概念

根据司法解释，成约定金、解约定金、立约定金也有了法律依据。债务人履行债务后，定金应抵作价款或者收回。给付定金的一方不履行债务的，无权要求返还定金；收受定金的一方不履行债务的，应双倍返还。此即定金罚则。

定金是指合同当事人约定的，为确保合同的履行，由一方当事人在法律规定的范围内预先向另一方当事人交付的一定款项。

定金是一种双方当事人担保，第三人不能提供。

（二）定金的种类

根据定金给付的目的和效力的不同，定金可以分为：

（1）证约定金：以定金的交付为债的成立证明。

（2）成约定金：以定金的交付为债的成立要件。

（3）违约定金：是定金罚则的最典型体现。

（4）解约定金：交付定金的一方可以以丧失定金为代价解除合同；收受方可以以双倍返还定金为代价解除合同。

（5）立约定金：为保证正式订立合同而交付的定金。

二、定金合同及其成立

（一）定金合同的概念

定金合同指双方当事人之间达成的一方向对方给付定金作为债权的担保的协议。

（二）定金合同的成立

除符合一般合同的成立条件外，定金合同的成立还必须具备如下条件：

（1）要求采用书面形式。

（2）是践成合同。定金合同自实际交付定金时生效。实际交付的定金数额少于或多于约定数额，视为变更定金合同；收受一方提出异议并拒绝接受定金的，定金合同不生效。

（3）定金数额不得超过主合同标的额的 20％，超过的部分无效。

三、定金的效力

定金的效力体现在定金罚则上。此外，如果合同的不履行是由不可归责于当事人双方的原因造成的，定金的接受方应返还定金。

复习与思考

1. 人的担保和物的担保的区别。
2. 一般保证和连带责任保证的区别。
3. 抵押权标的物的范围。
4. 抵押和质押的区别。
5. 留置权的成立要件。

第六章 票据法

本章要点

1. 票据的概念与特征
2. 票据的基础关系
3. 票据权利的种类与取得
4. 挂失止付与公示催告
5. 汇票的概念、特征、种类
6. 背书的概念、法律效力与限制；承兑的概念
7. 追索权的性质、追索条件、行使对象
8. 汇票、本票与支票之间的区别

导入案例

2018年9月18日，甲工厂与乙设备制造厂签订一份设备购销合同。该合同规定：乙厂于合同签订后一个月内向甲厂提供E型号设备5台，货款共计50万元。双方约定以汇票形式支付。10月10日，乙厂将5台设备交付给甲厂，同时，甲厂向乙厂出具了一张以某商业银行A为承兑人的银行承兑汇票。之后由于业务上的往来，乙厂又将该汇票转让给丙公司。后丙公司持该汇票向A银行提示付款，但遭到了拒绝。A银行称，收到甲厂发出的通知函，因设备存在质量瑕疵，该汇票不能解付。

问题： A银行拒付的理由是否成立？丙公司有哪些救济措施？

第一节　票据法概述

一、票据概述

票据的特征包括：

票据是指出票人依据票据法签发的、约定由自己或委托他人于见票时或者确定的日期，向持票人或收款人无条件支付一定金额的有价证券。广义的票据包括凡是能使财产证券化并具有支付功能的所有证券，如汇票、本票、支票、提单、仓单、保函等，狭义的票据专指票据法规定的票据。我国票据法规定的票据种类为汇票、本票和支票。

（1）票据是文义证券。票据所创设的权利义务内容，完全根据票据上所载文义而定，而不能进行任意解释或者根据票据以外的任何其他文件确定。即使票据上记载的文义有错，也要以该文义为准。例如，当票据上记载的发票日与实际发票日不一致时，以票据上所记载日期为准。因此，票据为文义证券。

（2）票据是要式证券。票据的作成格式和记载事项都由法律严格规定，不按法律规定作成票据或不按法律规定记载事项，会影响票据的效力甚至会造成票据无效。此外，票据的签发、转让、承兑、付款、追索等行为，也必须严格按照票据规定的程序和方式进行方为有效，所以票据是要式证券。

（3）票据是无因证券。票据上的法律关系只是单纯的金钱支付关系，权利人享有票据权利只以持有票据为必要，至于这种支付关系的原因或者说权利人取得票据的原因均可不问，即使这种原因关系无效，对票据关系也不产生影响。持有票据的人行使权利时无须证明其取得证券的原因，因而票据是无因证券。

在本章导入案例中，甲厂与乙厂之间为合同关系，是票据的原因关系。丙公司合法取得票据，享有票据权利。根据票据的无因性，原因关系不能影响持票人行使票据的权利，因而A银行拒付的理由不能成立。

（4）票据是完全有价证券。票据作为完全有价证券，是指其权利与票据的占有不可分离，票据上权利的发生、转移、行使，均须依票据才能进行。

二、票据法的概念与特征

（一）票据法的概念

现行《中华人民共和国票据法》（以下简称《票据法》）是于1995年颁布并于2004年修正的、规范票据领域最重要的法律。为了正确贯彻实施《票据法》，中国人民银行于 1997 年 9 月 19 日发布了《支付结算办法》；最高人民法院也于 2000 年 2 月 24 日通过了《最高人民法院关于审理票据纠纷案件若干问题的规定》。至此，我国已经建立了一套较为完备的票据法律制度。

票据法是规定票据的种类、签发、转让和票据当事人的权利、义务等内容的法律规范的总称。

（二）票据法的特征

（1）票据法是强行法。指票据关系的设定、变更或消灭，均以法律的规定为行为准则，票据的内容由法律直接规定，不随当事人的意愿而变更，包括票据的种类、格式、有关当事人的权利和义务等内容均由票据法规定，其中少有当事人可以任意而为的机会。

（2）票据法具有技术性。票据法中有许多规定是技术性规定。

（3）票据法具有国际统一性。票据的产生就是从国际贸易开始的，随着国际贸易的发展，不同国家的票据法正逐步统一。目前，大陆法系国家的票据立法在基本内容和主要规则上日趋一致，与英美法系的票据法并存于世。

三、票据法上的法律关系

票据法上的法律关系分为票据关系和票据法上的非票据关系。

（一）票据关系

票据关系指当事人之间基于票据行为而发生的债权债务关系，也称为票据上的关系。票据关系中的权利即票据权利。因此，所谓票据关系是持有票据的债权人与在票据上签名的债务人之间的关系。

（二）票据法上的非票据关系

票据法上的非票据关系是票据法所规定的，但不是基于票据行为直接发生的法律关系。它与票据关系有两点不同：第一，票据关系由当事人的票据行为而发生，非票据关系直接由法律规定而发生；第二，作为票据关系内容的权利是票据权利，是与票据相结合的权利，权利人行使权利以持有票据为必要，而非票据关系则不以持有票据为必要。

四、票据法上的当事人

（一）基本当事人

指在票据发行时就已存在的当事人，包括出票人、付款人与收款人三种。汇票及支票有出票人、付款人与收款人，本票有出票人与收款人。基本当事人是构成票据上的法律关系的必要主体，若这种主体不存在或不完全，票据上的法律关系就不能成立，票据也就无效。

（二）非基本当事人

指在票据发出后通过各种票据行为而加入票据关系中成为票据当事人的人，如背书人、保证人、参加付款人、预备付款人等。票据上的非基本当事人在各种票据行为中都有自己特定的名称，所以，同一当事人可以有两个名称，即双重身份。如汇票中的付款人在承兑汇票后称为承兑人，第一次背书中的被背书人就是第二次背书中的背书人等。

五、票据的基础关系

（一）原因关系

原因关系存在于授受票据的直接当事人之间，票据如经转手，其原因关系则断开。

（二）票据预约关系

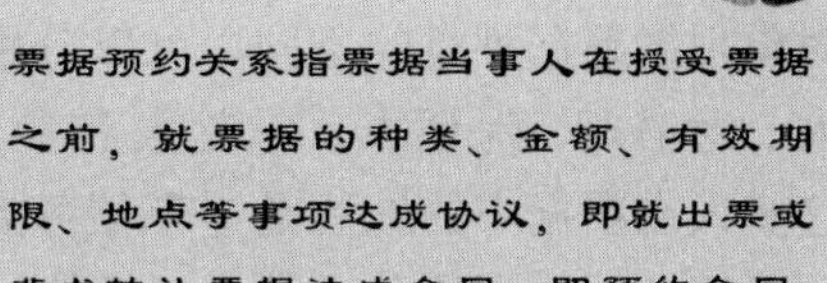

票据预约关系指票据当事人在授受票据之前，就票据的种类、金额、有效期限、地点等事项达成协议，即就出票或背书转让票据达成合同，即预约合同，由此所产生的法律关系。

因为由票据行为产生票据权利，又由票据原因导致票据行为，而票据预约就是票据原因和票据行为之间的媒介。票据预约是当事人之间就票据权利的获得与给予达成的一个民事合同，此合同中的权利义务是民法上的权利义务，而不是票据法上的权利义务，因此，如果就此合同的履行发生争议，应当适用的不是票据法，而是有关合同法的规定。

（三）资金关系

资金关系指存在于汇票出票人与付款人之间、支票出票人与银行之间的基础关系。汇票和支票的出票人之所以委托付款人付款，付款人之所以愿意付款（或承兑），是因为他们之间有一定的约定代为给付的关系。例如，付款人处存有出票人的资金，双方签订委托付款合同，就可以形成债务人与委托付款人之间的资金关系。

第二节　票据权利与票据行为

一、票据权利概述

（一）票据权利的概念与种类

1. 票据权利的概念

票据权利是指持票人向票据债务人请求支付票据金额的权利，包括付款请求权和追索权。根据《票据法》和《最高人民法院关于审理票据纠纷案件若干问题的规定》，除了以下两种情形外，持票人只能在首先向付款人行使付款请求权而得不到付款时，才可行使追索权：(1) 承兑人或者付款人死亡、逃匿；(2) 票据被拒绝承兑、被拒绝付款或者汇票、支票超过提示付款期限后，票据持有人背书转让的，被背书人以背书人为被告行使追索权。

2. 票据权利的种类

票据法规定持票人最基本的权利是请求付款人按票据金额支付款项。

(1) 付款请求权。付款请求权是票据的第一次权利，实践中人们常称此权利为主票据权利。付款人包括汇票的承兑人、本票的出票人、本票的付款人、保付支票的付款人、参加承兑人等，对持票人承担付款责任。

追索权指持票人行使付款请求权遭到拒绝承兑或拒绝付款时，或有其他法定事项请求付款未果时，向其前手请求支付票据金额的权利。

(2) 追索权。由于这一请求是在第一次请求未果后的再次请求，所以将其称为第二次请求权，是票据权利的再次行使。追索权的追索对象根据票据种类的不同，可以分别包括出票人、背书人、保证人、承兑人和参加承兑人。这些人在票据中的地位是连带债务人，持票人可以不按照票据债务人的先后顺序，对其中的任何一人、数人或者全体行使追索权；持票人对票据债务人中的一人或者数人已经进行追索的，对其他票据债务人仍可行使追索权。被追索人清偿债务后，与持票人享有相同权利。

在本章导入案例中，丙公司作为票据的持有人，遭到了承兑人A银行的拒付，丙公司可以向它的前手乙厂或者出票人甲厂行使追索权。

（二）票据权利的取得

1. 票据权利的原始取得

是指持票人不经由其他前手权利人而最初取得票据权利。票据权利的原始取得，包括发行取得和善意取得两种方式。

(1) 发行取得。指权利人根据出票人的出票行为而取得票据权利。出票行为是最初始的创设票据权利的行为，出票人的出票行为完成后，其相对人即通过票据的交付，实现票据的实际占有，从而原始取得票据权利。

(2) 善意取得。指票据受让人善意或无重大过失，从无权利人手中受让票据，从而取得票据权利。由于票据权利善意取得的结果是使先前的真实权利人丧失权利，而使善意受让人取得权利，关系到双方当事人的根本利益，因而，票据法严格规定了善意取得的要件，只有在符合法律规定的善意取得要件时，才承认票据权利的善意取得。善意取得必须具备下述五个要件：

①从无处分权人处取得票据；

②受让人为善意或无重大过失；

③受让人根据票据法规定的转让方式取得票据；

④付出相当代价而取得票据；

⑤受让人能够依背书连续证明自己为合法持票人。

2. 票据权利的继受取得

指第三人自收款人手中取得票据权利的行为。由出票行为产生票据的原始取得，当票据进行第一次转让时，就派生出票据权利的继受取得。

(1) 票据法规定的票据权利继受取得方式有：①背书转让；②贴现；③质押；④保证；⑤付款。

(2) 法律规定的其他票据权利继受取得方式有：①继承；②赠与；③公司分立或合并；④清算。

(三) 票据权利的行使与保全

1. 票据权利的行使

指票据权利人向票据债务人提示票据请求履行票据债务的行为。

狭义的票据权利行使指请求付款（行使付款请求权）、进行追索（行使追索权）。广义的票据权利行使，还包括请求承兑、请求定期付款。

2. 票据权利的保全

指票据权利人为防止票据权利消灭所进行的行为。

票据权利属于债权，适用时效制度，票据权利人在一定时间内不行使权利，将会导致权利消灭。《票据法》第 17 条规定：持票人对支票出票人的权利，自出票日起 6 个月不行使的，归于消灭；持票人对前手的追索权，自被拒绝承兑或者被拒绝付款之日起 6 个月不行使的，归于消灭。这一规定即属于票据时效制度。

保全行为有提示票据、作成拒绝证明、起诉、中断时效等。提示票据，是持票人为防止票据权利消灭而向票据债务人出示票据，主张权利。作成拒绝证明，是持票人向票据上记载的承兑人或付款人提示票据请求承兑或请求付款，遭到拒绝时，请求拒绝之人出具拒绝承兑或拒绝付款的书面证明。起诉，是持票人为防止票据权利消灭而请求法院保护。依据《票据法》第 17 条的规定，票据权利在票据时效期限内不行使的，因时效届满而消灭。因此，中断票据时效的行为，是票据权利的保全措施之一。

(四) 票据权利的消灭

1. 票据权利消灭的概念

指票据上的付款请求权或者追索权因法定事由的出现而归于消灭。

2. 票据权利消灭的法定事由

按照《票据法》第 17 条、第 18 条、第 60 条、第 72 条，下列事由使票据权利消灭：

(1) 付款。票据债务人付款时，持票人将票据交付付款人，票据关系终止，票据权利自然终止。

(2) 被追索人清偿票据债务及追索费用。持票人遇有不获承兑、不获付款情形时，需向背书前手或者出票人及其他有被追索义务的人行使追索权，请求偿还票面金额、利息及为追索所支付的费用，被追索人清偿一应债务后取得票据，原有票据权利即归消灭。这种情况与付款而使票据权利消灭有所不同。被追索而成为清偿人若为出票人的，票据关系完全消灭，票据权利也荡然无存；被追索而成为清偿人若尚有其前手背书人或者保证人，为清偿行为而取得票据的背书人、保证人必须行使再追索权，此时，票据权利仍未彻底消灭。这种情况被称为票据权利的相对消灭。

(3) 票据时效期届满。持票人不行使票据权利的事实持续到票据时效期届满，其付款请求权或追索权即消灭。

(4) 票据记载事项欠缺。《票据法》第 18 条规定：因票据记载事项欠缺而丧失票据权利的，仍享有民事权利。此条所称票据记载事项，应为绝对必要记载事项，依《票据法》，绝对必要记载事项欠缺的，票据无效。

(5) 保全手续欠缺。持票人为保全票据权利，应完成保全手续，手续欠缺的，不产生保全效力，票据权利仍消灭。在此场合，消灭的是追索权。《票据法》第 65 条规定：持票人不能出示拒绝证明、退票理由书或者未按照规定期限提供其他合法证明的，丧失对其前手的追索权。

除以上事由外，票据毁灭也使得票据权利消灭，民法上一般债权消灭的事由如抵销、混同、提存、免除等也可使票据权利消灭。

(五) 票据权利的瑕疵

1. 票据的伪造与变造

票据的伪造指伪造人假冒出票人或者其他票据当事人的名义进行签章和票据其他记载事项的行为；票据的变造指采用技术手段改变票据上记载事项的内容，或者增加、减少票据记载事项的内容，从而达到变更票据权利义务关系的目的。伪造、变造票据上的签章和其他记载事项的，应当承担法律责任。

《票据法》第 14 条规定：票据上有伪造、变造的签章的，不影响票据上其他真实签章的效力。票据上其他记载事项被变造的，在变造之前签章的人，对原记载事项负责；在变造之后签章的人，对变造之后的记载事项负责；不能辨别是在票据被变造之前或者之后签章的，视同在变造之前签章。

2. 票据的更改

指更改票据上记载事项的行为。合法地更改票据上的记载事项，必须是有法定更改权限的人依法更改票据上可以更改的记载事项。《票据法》第 9 条规定：票据金额、日期、收款人名称不得更改，更改的票据无效。对票据上的其他记载事项，原记载人可以更改，更改时应当由原记载人签章证明。

二、票据行为

票据行为指设立、变更或消灭票据法律关系的合法活动，包括出票、背书、承兑、参加承兑、保证、涂改、禁止背书、付款和参加付款活动。

所有其他票据行为均以出票为产生的前提条件，所以，人们将出票行为称为主票据行为，将在主票据行为的基础上产生的背书、承兑、参加承兑和保证等行为称为从票据行为。当主票据行为有效时，从票据行为才能有效存在；当主票据行为无效时，从票据行为也不可能得到法律保护。主票据行为将在下文着重阐述。

第三节 票据抗辩与补救

一、票据抗辩

（一）票据抗辩的概念

在实务中，一般是票据的承兑人、付款人和其他债务人对票据债权人提出的承兑或付款请求提出某种合法的事由而予以拒绝，这是票据债务人的一种自我保护方法，其能行使的抗辩方法和提出的抗辩理由越多，对债务人就越有利。

票据抗辩指票据债务人根据票据法的规定，对票据债权人拒绝履行义务的行为。

（二）票据抗辩的种类

（1）物的抗辩。指基于票据本身的内容（票据所记载的事项及票据的性质）发生的事由所作的抗辩。无论持票人是谁，债务人都可根据票据上所记载的内容进行抗辩，理由可以是票据无效、日期未至、签名不符、金额的大小写不一致、有涂改痕迹等。

（2）人的抗辩。主要是指由于债务人与特定债权人之间的关系而发生的抗辩，这种情况往往是当事人在票据中约定（或注明）付款人只对票据上的收款人承担票据责任，或者该票据只有在约定的主体范围内流通，债务人才承担票据责任。如果持票人不是收款人或不是约定范围的主体，债务人就可以以持票人的资格不符为由，拒绝承兑或付款。

二、票据丧失的补救

（一）挂失止付

挂失止付指持票人丢失票据后，依据票据法规定的程序通知票据上记载的付款人停止支付的行为。

《票据法》第 15 条规定：票据丧失，失票人可以及时通知票据的付款人挂失止付，但是，未记载付款人或者无法确定付款人及其代理付款人的票据除外。

1. 挂失止付的条件

（1）被请求挂失止付人，包括银行和其他金融机构、公司、企业及个人多种主体；

（2）有丢失票据的事实；

（3）向付款人本人挂失止付。

2. 挂失止付的程序

（1）填写通知书。失票人需要挂失止付的，应填写挂失止付通知书，记载下列事项：票据丧失事由，票据种类、号码、金额、付款日期、付款人名称，通知止付人的姓名、联系地址，签章后交付款人或者代理付款人。

（2）付款人或者代理付款人收到挂失止付通知后，查明挂失票据确未付款时，应立即止付；在挂失前已被支付的，对其付款不承担责任。

（3）失票人办理挂失止付的，应在通知挂失止付的次日起 3 日内向人民法院申请公示催告或提起诉讼，并向付款人或者代理付款人提供已经申请公示催告或提起诉讼的证明。

（4）失票人办理挂失止付的，在通知挂失止付的次日起 3 日内，付款人或者代理付款人收到失票人向人民法院申请公示催告或提起诉讼的证明，在 3 日期满的次日起 12 日内，收到人民法院的停止支付通知书办理止付；未收到此通知书的，在 12 日期满后付款人或者代理付款人按票据的记载事项付款，发生冒领的，对其付款不承担责任。

3. 挂失止付的效力

《票据法》第 15 条规定：收到挂失止付通知的付款人，应当暂停支付。付款人只是对符合程序的挂失止付通知予以承认，并冻结该票据涉及的款项，但不能将该款项立即交付给挂失申请人，否则，在票据被虚假挂失止付的情况下，付款人仍然应当承担对该票据真正权利人的付款责任。

（二）公示催告与诉讼

（1）公示催告的概念。《中华人民共和国民事诉讼法》（以下简称《民事诉讼法》）规定：按照规定可以背书转让的票据持有人，因票据被盗、遗失或者灭失，可以向票据支付地的基层人民法院申请公示催告。

公示催告指人民法院根据票据权利人的申请，以向社会公示的方法，将丧失的票据告知各界，催促不明利害关系的有关当事人在一定期间向法院申报票据权利，如不在规定的期间内申报，就不能以有关的票据权利请求法律保护。

（2）公示催告的适用。《票据法》第 15 条第 3 款规定：失票人应当在通知挂失止付后 3 日内，也可以在票据丧失后，依法向人民法院申请公示催告，或者向人民法院提起诉讼。

（3）公示催告的效力。法院受理公示催告后，应当立即通知支付人停止支付，并在通知后 3 日内发出公告，催促国内票据利害关系人在 60 日内申报权利，涉外票据利害关系人根据具体情况，最长可在 90 日内申报权利。在公告期间，票据权利被冻结，不能承兑、付款、贴现或者转让，有关当事人对票据的任何处分均没有法律效力。

人民法院在公示催告期间终止后，针对无人申报的票据，按照《民事诉讼法》的规定，应当根据申请人的申请，判决宣告该票据无效，所有票据权利宣告结束。原合同或原交易关系中的债权债务关系作新的个案处理。

第四节 汇 票

一、汇票概述

(一)汇票的特征

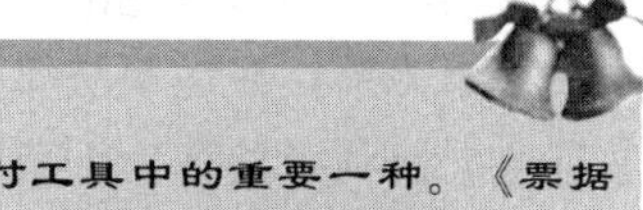

汇票是支付工具中的重要一种。《票据法》第19条规定:汇票是由出票人签发的,委托付款人在见票时或者在指定日期无条件支付确定的金额给收款人或者持票人的票据。

汇票的特征有:

(1)汇票是一种金钱证券,也是一种支付工具,为了保证使用可靠,在该票据上必须标明“汇票”字样,以使使用者和其他利害关系人了解这种支付工具。《日内瓦统一汇票本票法》第1条规定汇票应有“汇票”字样,此项字样所用文字应以该项票据所用文字为准。这个规定是为了避免票据在不同国家流通时,因文字不同而产生不必要的异议。

(2)汇票须有“无条件支付一定金额的委托”字样,以使这种支付工具在经济活动中有较高的信用。汇票是一种委托证券,付款人与收款人之间另有其他交易关系,在商业承兑汇票中出票人既可以是付款人,也可以是收款人,此种汇票须经承兑才有商业意义。经济活动中应给付金钱一方以汇票的形式委托他人支付,为体现自己的信用能力,汇票上须以无条件支付的委托为其流通的前提。

(3)汇票是确定一定的日期才履行支付义务的票据,汇票有见票即付和指定日期支付两种,这一点与支票不同,支票均为见票即付的票据,而汇票具有远期支付能力,其信用范围大,可以作为一种通货使用。在实践中,汇票是许多交易首选的支付工具。

(二)汇票的种类

汇票依据不同的标准,可分为银行汇票与商业汇票、即期汇票与远期汇票等种类。我国票据法把汇票分为银行汇票和商业汇票。

(1)银行汇票。是指汇款人将款项交存当地银行,由银行签发给汇款人持往异地办理转账结算或支取现金的票据。在此种票据制度中,银行是票据的签发人,签发的条件是汇款人须将款项预先存入银行,在存款之后或存款的同时通知银行将一定款项转往指定的地点,并将汇票交给汇款人,后者持票在指定银行办理转账或提取现金。这种汇票是商业购销活动中最受供货方欢迎的票据。

(2)商业汇票。根据《支付结算办法》的规定,商业汇票是由收款人或付款人(或承兑申请人)签发,由承兑人承兑,并于到期日向收款人或被背书人支付款项的票据。按承兑主体的不同,商业汇票可以分为商业承兑汇票和银行承兑汇票。商业承兑汇票是由收款人签发,经付款人承兑,或由付款人签发并承兑的票据。这种汇票是由付款人自己承兑，自己保证自己的信用，一旦出现支付不能时，收款人或被背书人的票据权利将得不到银行信用的支持，因而这是一种信用程度比较低的汇票。银行承兑汇票是由出票人签发，并由承兑申请人向开户银行申请，经银行审查同意承兑的票据。这种汇票因为由银行承兑，有银行的信用作担保，收款人或持票人的票据权利得到比较可靠的保障，是合同接受给付一方比较欢迎的高质量汇票。

（三）汇票的当事人

出票、背书、承兑汇票等活动被称为汇票行为，因汇票行为产生的法律关系被称为汇票法律关系，在汇票法律关系中享有票据权利和承担票据责任者被称为汇票当事人，享有票据权利者被称为汇票权利人，承担汇票责任者被称为汇票债务人。汇票权利人就是持票人，汇票债务人可包括汇票上载明的付款人、背书人、保证人。

(1) 出票人。指签发汇票的人。《票据法》第 20 条规定：出票是指出票人签发票据并将其交付给收款人的票据行为。既然是一种票据行为，行为人的资格就必须符合法律的规定，具有行为能力是签发票据的前提条件，无行为能力者的出票行为由其法定代理人或监护人代理。

(2) 收款人。指汇票上记载的享有票据权利的人。任何人都可以是银行汇票的收款人，但不是任何人都可以担当商业汇票的收款人。《支付结算办法》规定，商业汇票只能用于各企业单位之间合法的商品交易情况，禁止签发无商品交易的汇票，包括支付劳务的报酬、清偿债务和借贷资金等结算都不能使用商业汇票。

(3) 付款人。指履行汇票支付责任的人。银行汇票的付款人是参加“全国联行往来”的银行；商业汇票的付款人是商品交易活动中接受货物的当事人或与之签订承兑协议的银行。

二、出票

（一）出票行为

《票据法》第 22 条规定：汇票必须记载下列事项，否则汇票无效。

1. 表明“汇票”的字样

汇票单据均是统一格式，当事人不得私自印制汇票单据。票据法要求表明“汇票”字样，实际上指出票人必须使用汇票单据，此单据有银行汇票、银行承兑汇票和商业承兑汇票三种，出票人务必选择合同确定的汇票种类。

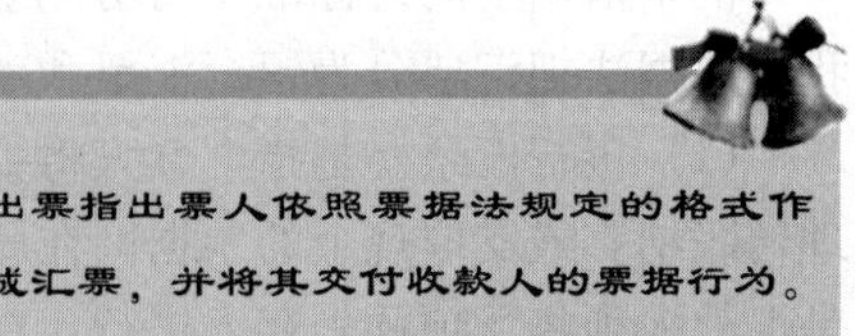

2. 无条件支付的委托

汇票是一种强调信用的支付工具，汇票上记载“无条件支付委托”的字样是为了使收款人和被背书人从票据本身就得到此票据权利能够实现的保证。这是汇票与借贷合同或其他支付合同的一个重要区别。如果汇票上记载“交付货物后汇票照付”或“资金到达后付款”等字样，该票据无效。

3. 确定的金额

首先要确定货币的种类，才能确定货币的金额。其次在填写资金数额时不得进行选择性、浮动性的记载，也不得记载不具体的金额，如有这些情况，则汇票无效。《票据法》第 8 条规定：票据金额以中文大写和数码同时记载，二者必须一致，二者不一致的，票据无效。

4. 付款人名称

付款人是受汇票出票人委托而支付票据金额的人，既可以是自然人，也可以是法人。付款人承兑后成为汇票的主债务人，到期必须无条件付款。

5. 收款人名称

指汇票上记载收取款项的公司或其他交易主体的名称，该名称必须使用全称，不得使用简称或企业代号。

6. 出票日期

指票面上所记载的公历年、月、日。出票日对出票行为有重要意义，出票日既是决定到期日的计算基准日，也是决定汇票到期后利息如何计算的基准日，还是决定保证是否成立的基准日。除此之外，出票日还具有以下意义：第一，在出票的当日，出票人是否已经具备行为能力（个人须年满 18 周岁，法人须已经登记成立等）；第二，对出票后定期付款的汇票，出票日就是计算汇票到期日的基准；第三，对见票后定期付款的汇票，出票日为计算提示承兑日的基准；第四，对见票即付汇票，出票日即可作提示付款日。

7. 出票人签章

（1）商业汇票上出票人的签章，为该法人或者该单位的财务专用章或者公章加其法定代表人、单位负责人或者其授权的代理人的签名或者盖章。

（2）银行汇票上出票人的签章和银行承兑汇票的承兑人的签章，为该银行汇票专用章加其法定代表人或者其授权的代理人的签名或者盖章。

（3）银行汇票的出票人以及银行承兑汇票的承兑人在票据上未加盖规定的专用章而加盖该银行的公章，签章人应承担票据责任。

（二）汇票未记载事项的认定

《票据法》第 23 条规定：汇票上记载付款日期、付款地、出票地等事项的，应当清楚、明确。因为这些事项关系到票据权利和追索权的行使，以及诉讼管辖权的认定等实体权利和程序权利，虽然不是汇票必须记载的内容，但是一旦记载后，即与票据上其他记载的法律效力相同。

（1）汇票上未记载付款日期的，为见票即付。

（2）汇票上未记载付款地的，付款人的营业场所、住所或者经常居住地为付款地。

（3）汇票上未记载出票地的，出票人的营业场所、住所或者经常居住地为出票地。

（三）付款日期

我国票据法规定汇票有四种付款日期，即见票即付、定日付款、出票后定期付款和见票后定期付款，由出票人根据需要选择一种在汇票上记载。由收款人开出的商业汇票上已经记载付款日期的，在承兑时，付款人须审查该付款日期是否符合原交易合同的约定，如果原合同没有约定，则要看此日期是否在交付货物的日期之后，是否适合自己的资金使用计划等。在承兑之后，就表示承认汇票上的付款日期，不得再作更改。

三、背书

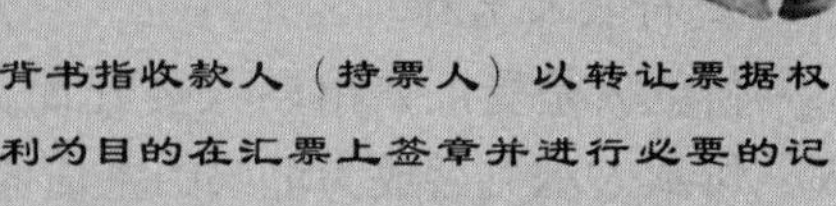

背书指收款人（持票人）以转让票据权利为目的在汇票上签章并进行必要的记载所做的一种附属票据行为。

（一）背书概述

《票据法》第27条规定：背书是指在票据背面或者粘单上记载有关事项并签章的票据行为。转让人称为背书人，受让人称为被背书人。

（1）汇票以背书转让或者以背书将一定的汇票权利授予他人行使时，必须记载被背书人的名称，个人须记本名，单位须记注册全称。我国的票据法规定汇票的取得一般须以背书为条件，即记名汇票，只有在如继承、企业合并、破产受偿等少数情况下可以是无记名汇票。无记名汇票虽然手续简单，但交易不安全的因素较记名汇票显著增大。

（2）票据凭证不能满足背书人记载事项的需要，可以加附粘单，黏附于票据凭证之上。

（二）背书的法律效力

被背书人取得汇票，由于不是收款人，在行使汇票权利时，须按《票据法》第31条的规定证实自己的身份。具体来说，其一，以背书转让的汇票，背书应当连续。其二，持票人以背书的连续，证明其汇票权利；非经背书转让，而以其他合法方式取得汇票的，依法举证，证明其汇票权利。

背书连续指在票据转让中，转让汇票的背书人与受让汇票的被背书人在汇票上的签章依前后次序衔接。

连续背书的第一背书人应当是票据上记载的收款人，最后的票据持有人应当是最后一次背书的被背书人。

以其他合法方式取得汇票的，是指通过继承、合并、破产清算等程序得到的汇票，持票人须提供必要的证明文件。

背书人以背书转让汇票后，即承担保证其后手所持汇票承兑和付款的责任。背书人在汇票得不到承兑或者付款时，应当向持票人清偿《票据法》第70条和第71条的金额和费用。此规定是为了保证汇票流通信用的可靠性，保障持票人利益的连带责任措施。

（三）背书的限制

付款人或其他债务人为了保证汇票的安全性，可以对持票人背书作出限制。

（1）票据的出票人在票据上记载“不得转让”字样，票据持有人背书转让的，背书行为无效。背书转让后的受让人不得享有票据权利，票据的出票人、承兑人对受让人不

承担票据责任。填明“现金”字样的银行汇票不得背书转让。

(2) 背书人在汇票上记载“不得转让”字样的，其后手再背书转让的，原背书人对后手的被背书人不承担保证责任。此处的保证责任就是保证承兑和保证付款的义务，持票人只得向其前手追索，也就意味着书写“不得转让”字样的背书人免除了其后手的后手的追索权，其债务的范围就只限于对其后手一个人。

(3) 汇票须完整转让，将汇票金额的一部分转让的背书，或将汇票金额分别转让给两人以上的背书无效。

(4) 背书不得附有条件。票据法规定，背书附有条件的，所附条件不具有汇票上的效力。背书人所记载的任何条件都将被视为无记载，持票人不得请求付款人按此条件承兑或付款，也不得将此条件作为再背书转让的优惠吸引他人接受让与。

(5) 背书记载“委托收款”字样的，被背书人有权代背书人行使被委托的汇票权利。

(6) 汇票被拒绝承兑、被拒绝付款或者超过付款提示期限，不得背书转让；背书转让的，背书人应当承担汇票责任。

(四) 贴现

(1) 贴现的概念。贴现既是一种票据转让行为，也是一种银行授信行为，即银行通过接受汇票给持票人短期贷款。如果汇票付款期满，银行能收回汇票资金，该贷款就自动冲销；如果银行不能得到汇票付款，则可以向汇票付款人和所有债务人追索。

贴现是一种票据转让方式，是指持票人在需要资金时，将其持有的未到期的商业汇票经过背书转让给银行，银行从票面金额中扣除贴现利息后，将余额支付给申请贴现人的票据行为。

(2) 贴现的性质。贴现是银行的一项资产业务，汇票的付款人对银行负债，银行实际上与付款人有一种间接贷款关系。贴现虽然是银行的授信业务，但是与一般的贷款不同，贴现由付款人、收款人、背书人、承兑人和保证人承担连带清偿责任，如果出现汇票到期不能付款的情况，银行可以向负连带责任的任何一人或全体追索，从而最大限度地保证了这种短期信贷资金的安全。

(3) 再贴现和转贴现。再贴现是指贴现银行向中央银行再转让汇票，转贴现是指贴现银行向其他商业银行转让汇票，二者都是贴现银行以未到期的贴现票据，经背书后的再次贴现。中央银行或其他商业银行按规定扣除再贴现或转贴现的利息后，向申请贴现的银行兑付票款。

四、承兑与保证

(一) 承兑

1. 承兑的概念与意义

三种票据种类中只有汇票才有承兑制度，其目的是明确出票人在汇票中所记载的事项是

承兑是指汇票付款人承诺在到期日支付汇票金额的一种票据行为。

否为付款人所承认，付款人是否愿意支付该汇票的金额。如果愿意，加盖“承兑”印章并签章的，就成为该汇票的主债务人，在此之前付款人只是可能意义上的债务人，一经承兑，他就成为现实意义上的第一债务人。

承兑是一种票据行为，与其他票据行为一样，也要符合一定条件，其中比较有自己特色的是，承兑是一种附属票据行为，须先出票，然后才有承兑，并且要以汇票原件为行为对象，持票人须凭票提示承兑，付款人须在该票正面签章准予承兑。

2. 提示承兑

根据法律规定，定日付款或者出票后定期付款的汇票，持票人应当在汇票到期日前向付款人提示承兑。提示承兑是指持票人向付款人出示汇票，并要求付款人承诺付款的行为。

见票后定期付款的汇票，持票人应当自出票日起 1 个月内向付款人提示承兑。汇票未按照规定期限提示承兑的，持票人丧失对其前手的追索权。票据法规定的提示承兑是赋予持票人的一部分票据权利，是为了使持票人在一定期间证实自己的票据权利。如果持票人不按时行使，就是对自己权利的放弃，也属于一种权利处分。

见票即付的汇票无须承兑，付款人不得以该汇票未经承兑而拒绝立即付款，否则就构成拒绝付款，并须承担相应的行政责任和财产责任。

3. 付款人的承兑

付款人对向其承兑的汇票，应当在收到提示承兑的汇票之日起 3 日内承兑或拒绝承兑。《票据法》第 41 条规定：付款人收到持票人提示承兑的汇票时，应当向持票人签发收到汇票的回单，回单上应当记明汇票提示承兑的日期并签章。

付款人承兑汇票不得附有条件，承兑附有条件的，或者以其他方法变更汇票上的记载事项的，视为拒绝承兑。

（二）保证

1. 保证及其法律效力

> 保证是指汇票的债务人以外的第三人以担保特定的汇票债务人承担汇票付款为目的，在汇票上签章及记载必要事项的票据行为。

担保汇票付款者被称为保证人，被担保的特定汇票债务人被称为被保证人。

保证人对合法取得汇票的持票人所享有的汇票权利承担保证责任。被保证的汇票，保证人应当与被保证人对持票人承担连带责任，汇票到期后，被保证人不能付款的，持票人有权向保证人请求付款，保证人应当无条件足额付款。保证人清偿汇票债务后，代位取得汇票权利，可以行使持票人对被保证人及其前手的追索权。

2. 保证人的连带责任

保证人为两人以上的，保证人之间承担连带责任，各保证人之间不得互相推诿，对外界不分第一保证人和第二保证人，持票人可以向任何一个保证人或全体保证人请求付款。

3. 不承担保证责任的情形

依据《票据法》第 49 条的规定，保证人不承担被保证人的债务因汇票记载事项欠缺而导致无效的责任。国家机关、以公益为目的的事业单位、社会团体、企业法人的分支机构和职能部门作为票据保证人的，票据保证无效，但经国务院批准为使用外国政府或者国际经济组织贷款进行转贷，国家机关提供票据保证的，以及企业法人的分支机构在法人书面授权范围内提供保证的除外。

保证无效的，票据的保证人应当承担与其过错相应的民事责任。

4. 保证事项

《票据法》第 46 条规定：保证人必须在汇票或者粘单上记载下列事项：

（1）表明“保证”的字样。此记载不属于汇票上其他的记载事项，而是明确担保人自己将承担担保付款的票据责任。保证人未在票据或者粘单上记载“保证”字样而另行签订保证合同或者保证条款的，不属于票据保证。

（2）保证人的名称和住所。个人须用其身份证上的本名，单位须用其企业注册登记全称，地址须详细具体。

（3）被保证人的名称。一般应将付款人列作被保证人。保证人在汇票或粘单上未记载被保证人名称的，已承兑的汇票，承兑人为被保证人；未承兑的汇票，出票人为被保证人。

（4）保证日期。保证人在汇票或者粘单上未记载保证日期的，出票日期为保证日期，也就意味着不管保证是何时作出的，其保证责任都从出票日期开始。

（5）保证人签章。

保证不得附有条件。附有条件的，不影响保证人对汇票承担的付款责任，即汇票上记载的保证事项中虽然有保证人提出担保付款的先决条件，但这些条件将不被法律所承认，视同无记载。

五、付款

（一）付款的法律意义

请求付款是持票人的汇票权利，也是其拥有汇票的目的；而付款则是汇票债务人的责任。《票据法》第 60 条规定：付款人依法足额付款后，全体汇票债务人的责任解除。

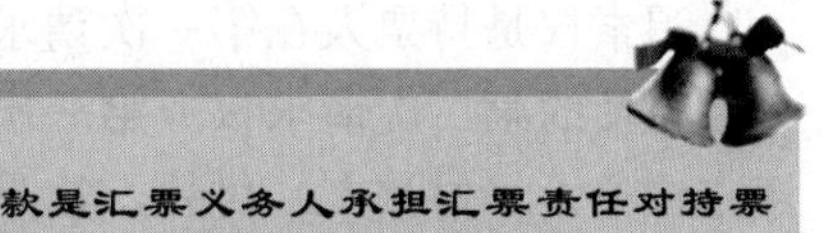

（二）付款的程序

1. 付款的期限

《票据法》第 53 条规定：持票人应当按照下列期限提示付款：

（1）见票即付的汇票，自出票日起 1 个月内向付款人提示付款；定日付款、出票后定期付款或者见票后定期付款的汇票，自到期日起 10 日内向承兑人提示付款。

（2）持票人未按照前款规定期限提示付款的，在作出说明后，承兑人或者付款人仍应当继续对持票人承担付款责任。在此票据法所称的“作出说明”，并无实际上可以否

决的意思，持票人无论出于何种原因，只要其不放弃汇票权利，即使超过提示付款期，若未超过票据权利期限，就仍然有权请求付款。

2. 提示付款

这是票据权利的行使，其主体是提示付款人，包括持票人和《票据法》第53条第3款规定的情况，即通过委托收款银行或者通过票据交换系统向付款人提示付款的，视同持票人提示付款。

3. 付款程序

主要有：

（1）持票人请求付款的，付款人必须当日足额付款，否则就会影响付款人或银行的信用，并且应承担相应的财产责任。

（2）汇票金额为外币的，按照付款日的市场汇价，以人民币支付。在中国人民银行规定的人民币经常性项目可自由兑换的规定生效后，可根据具体的交易项目及持票人的要求支付人民币或相应的外币。

（3）持票人获得付款的，应当在汇票上签收，并将汇票交给付款人。持票人委托银行收款的，受委托的银行将代收的汇票金额转入持票人账户，视同签收。持票人的汇票权利得到实现，汇票债务人的责任全部解除。

（4）持票人委托的收款银行的责任，限于按照汇票上的记载事项将汇票金额转入持票人账户；付款人委托的付款银行的责任，限于按照汇票上的记载事项从付款人账户支付汇票金额。

（5）付款人及其代理付款人付款时，应当审查汇票背书的连续性，并审查提示付款人的合法身份证明或者有效证件。

六、追索权

（一）追索权的法律性质与行使原因

1. 追索权的法律性质

追索权是持票人在第一次请求付款遭到拒绝后行使的第二次请求权。第一次请求权是请求主债务人（付款人）付款，这是持票人的基本票据权利。在主债务人拒绝付款或无力付款时，持票人可行使第二次请求权，要求所有在汇票上签字的人中的一人、数人或全体人员，偿付汇票金额。

汇票到期被拒绝付款的，持票人可以对背书人、出票人以及汇票的其他债务人行使追索权。

2. 追索权行使的原因

《票据法》第61条规定，汇票到期日前，有下列情形之一的，持票人可以行使追索权：

（1）汇票被拒绝承兑的。

（2）承兑人或者付款人死亡、逃匿的。

（3）承兑人或者付款人被依法宣告破产的，或者因违法被责令终止业务活动的。在此情况下，持票人有两种选择：第一种是行使追索权，请求其他债务人履行汇票义务；

第二种是放弃追索权，以汇票金额向破产清算组提出破产债权申报，意图从破产人处得到汇票金额的偿还。

（二）追索条件与程序

1. 追索条件

《票据法》第 62 条规定：持票人行使追索权时，应当提供被拒绝承兑或者被拒绝付款的有关证明。

（1）提供被拒绝承兑或者被拒绝付款的有关证明，即承兑人或者付款人开出的拒绝承兑证书或拒绝付款证书。

（2）因承兑人或付款人死亡、逃匿或者其他原因不能取得拒绝证明的，可以依法取得其他有关证明，包括医院、公安机关等部门出具的死亡证明书，司法机关出具的失踪证明（如宣告失踪和宣告死亡判决书等）。

（3）承兑人或付款人被法院宣告破产的司法文书，被企业登记机关注销企业法人资格以及承兑人或付款人被解散、歇业在企业登记管理机关登记文件的正、副本等文件具有拒绝证明的效力。

2. 拒绝证书的效力

拒绝证书是持票人行使追索权的法律根据之一，没有拒绝证书就不能向除承兑人或付款人以外的其他汇票债务人请求偿还汇票金额。

3. 通知

通知是持票人承兑汇票或请求付款遭到拒绝时，在行使追索权前，将遭到拒绝的事实书面告诉其前手及所有汇票债务人的一种票据行为，其内容应当记明汇票的主要记载事项，并说明该汇票已经被退票。

持票人应当自收到被拒绝承兑或者被拒绝付款的有关证明之日起 3 日内，将被拒绝事由书面通知其前手，其前手应当自收到通知之日起 3 日内书面通知其再前手，依此类推。

未按上述期限通知的，持票人仍可行使追索权。但是，因延期通知给其前手造成损失的，须承担相应的赔偿责任，赔偿金额以汇票金额为限。

（三）追索与再追索

（1）承担被追索责任者。《票据法》第 68 条第 1 款规定：汇票的出票人、背书人、承兑人和保证人对持票人承担连带责任。此外，参加承兑者也应是承担连带责任的汇票债务人员。上述人员对持票人遭到拒绝承兑或拒绝付款承担无条件地给付汇票全部金额的责任。持票人可以按《票据法》第 68 条第 2 款的规定，自由选择对自己有利的追索对象。

（2）被追索人清偿债务时，持票人应当交出汇票和有关拒绝证明，并出具所收到利息和费用的收据。

（3）再追索。被追索者清偿债务后，与持票人享有同一（追索）权利，再向其他汇票债务人行使追索权。依此顺序，直至该汇票的债权债务关系因履行或其他法定原因而消灭为止。

(4) 追索的例外。持票人为出票人的，对其前手无追索权；持票人为背书人的，对其后手无追索权。

(5) 追索内容。持票人有权请求债务人偿还该汇票的本金、自偿还汇票金额到期日或者付款提示日起至清偿日止的利息，以及取得有关拒绝证明和发出通知书的费用，包括通信费、差旅费和必要的人工费。

案例： A与B于2019年2月签订了货物买卖合同。2019年2月25日，A开出一张以B为收款人的汇票，付款日期为见票后30日。票据上记载付款人为某银行，却未记载付款地。该汇票由某小学作为保证人。B拿到汇票后，将其背书转让给了C，C又将其背书转让给了D，并注明该背书以D将仓库借给C使用为条件。一日，E从D处偷得该汇票，并在汇票上伪造了签章，使背书连续，之后将其转让给了F，F支付了相应对价。2019年3月20日，F持汇票向银行承兑，银行审查后拒绝承兑，并于3月22日制作了拒绝承兑书。2019年3月25日，F向A、B、C、D及保证人某小学发出了追索通知。B以其不是F的直接前手为由拒绝给付。C恰好跟F有业务往来，F未按约定返还欠C的一笔款项，C以此为由拒绝给付。

分析： 该案例涉及票据法上的一系列问题。A在汇票上记载付款日期为见票后30日，该汇票是一张见票后定期付款的汇票。汇票上未记载付款地，不影响汇票的效力，付款地为付款人即某银行的营业场所。某小学作为以公益为目的的事业单位，不得成为保证人，所以该保证无效。B对C的背书有效。C对D的背书附有条件，虽然该条件不具有汇票上的效力，但背书仍然有效。E以偷盗方式取得汇票，因此不享有汇票上的权利。E伪造的签章不具有票据效力，但不影响其他真实签章的效力。F在不知情的情况下从E处背书取得汇票，并支付了相应对价，因此其依法善意取得票据权利，是汇票的合法权利人。银行拒绝承兑汇票，F行使追索权。A、B、C、D作为出票人、背书人，对汇票债务承担连带责任，F可不按照其先后顺序，向其中任何人行使追索权，因此B的抗辩不成立。C对F的抗辩属于票据抗辩中人的抗辩，理由成立。

第五节　本票与支票

一、本票

（一）本票的概念与特征

1. 本票的概念

依据《票据法》第73条第2款的规定，《票据法》所指的本票是指银行本票，不包括商业本票，更不包括个人本票；且本票只表示目前我国通行的即期本票，并没有将国际通行的远期本票包含在内。

2. 本票的特征

(1) 自付票据。本票是由出票人本人对持票人付款，而不是像汇票和支票那样委托银行付款，所以，也可将本票称为自付证券。

本票是出票人签发的，承诺自己在见票时无条件支付确定的金额给收款人或者持票人的票据。

(2) 基本当事人少。本票的基本当事人只有出票人和收款人两个，与汇票和支票相比，在很多情况下少了付款人这个基本当事人，其债权债务关系也相应简单一些。

(3) 无须承兑。本票在很多方面与汇票相似，汇票的背书、保证、付款、追索等法律制度对本票也适用。但是，由于本票是由出票人本人付款，并没有委托银行付款，所以，本票不用承兑即能保证付款。

(二) 本票的出票与付款

1. 出票人

本票的出票人必须具有支付本票金额的可靠资金来源，并保证支付。2004 年修订的《票据法》删去了本票出票人资格必须由中国人民银行审定的规定，从而有利于更多的企业在经济活动中使用本票。

2. 本票必须记载的事项

《票据法》对本票必须记载事项的要求与汇票大致相同，但不包括付款人名称，这是因为本票的出票人即为付款人，无须再作记载。

本票可任意记载的事项与汇票的记载事项相同，目的均在于提高本票的信用和保证其流通的顺利进行。

3. 付款

(1) 提示付款。收款人或持票人向出票人提示付款是行使自己票据权利的主要方法。《票据法》第 77 条规定：本票的出票人在持票人提示见票时，必须承担付款的责任。

(2) 付款期限。《票据法》第 78 条规定：本票自出票日起，付款期限最长不得超过 2 个月。

(3) 与提示付款相关的权利。提示付款是持票人请求出票人履行义务的要式表示行为，在一定期限内提示可获得确定的本票金额。当不能获得时，提示就成为持票人曾经行使过第一次付款请求权的证明，接着便可以行使第二次请求权，向本票的其他债务人追索。可以说行使第一次请求权是行使第二次请求权的必经程序，因此，没有按期提示的本票，持票人就不能向其前手追索。

(三) 本票适用票据法的规定

由于本票与汇票一样均是可以流通的金融支付工具，本票具有汇票的很多特征及功能，所以，《票据法》第 80 条规定：本票的背书、保证、付款行为和追索权的行使，除适用《票据法》有关本票的具体规定外，其余适用有关汇票的规定。

二、支票

（一）支票概述

1. 支票的概念与特点

支票是票据的一种，也具有其他有价证券的特征，但是，由于支票同时是经济活动中最常用的一种非货币支付工具，所以，也存在自己的一些独特之处：

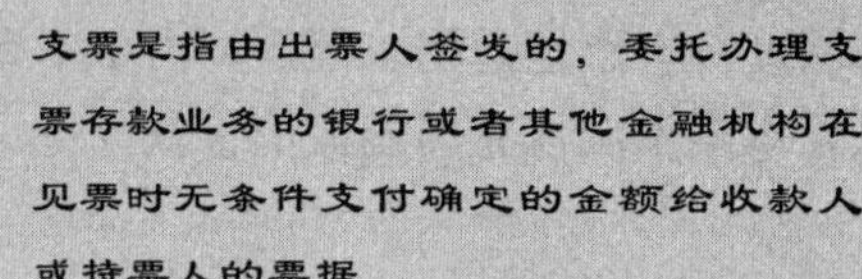

支票是指由出票人签发的，委托办理支票存款业务的银行或者其他金融机构在见票时无条件支付确定的金额给收款人或持票人的票据。

(1) 支票的出票人身份与付款人身份不重合，汇票的一部分和本票由出票人兼任付款人。

(2) 支票付款人的资格有限制，只能是银行和其他金融机构。

(3) 支票的付款时间只有见票即付一种形式。

(4) 支票更强调出票人的资金储备，而汇票则强调付款人的信用。

(5) 支票的流通时间较短，流通次数多。

2. 支票的种类

按是否记名可分为记名支票和不记名支票；按支付期限可分为即期支票和远期支票，但我国的支票只有即期支票一种；按支票支付的金融工具种类的不同，可分为现金支票和转账支票，其中现金支票主要为指己支票，即出票人本人为了取得现金而开出的以自己为收款人的支票。

（二）支票权利的主要内容

1. 支票出票人的资格

出票人应满足以下条件：

(1) 建立账户。《票据法》第 82 条规定：开立支票存款账户，申请人必须使用其本名，并提交证明其身份的合法证件。支票出票人的资格首先要求其在银行或其他金融机构开立一个存款账户，以此作为自己与金融机构之间资金关系的联结点，也是自己与金融机构建立委托付款的合作联结点。

(2) 存入足够支付的款项。支票是支付证券，收款人持票即应得到票款，如果出票人的存款余额比票款金额少，就构成空头支票，金融机构将完全不支付，该支票因丧失信用而被退回。

(3) 预留印鉴。支票见票即付的特点既有利于资金结算和票据的流通，也给流通带来了较高的风险，最常见的是冒名顶替利用他人的支票转走资金。为防止这一风险，票据法和银行操作实务都要求申请开立支票存款账户者在银行留下其本名的签名式样和印鉴。

2. 出票

支票的出票与汇票相同，是由出票人按照一定的格式，记载必要的事项，然后将支

票交给收款人的一种票据行为。因为是票据行为，所以，票据法上关于票据行为的全部规定对支票也都适用。支票的必须记载事项比汇票的必须记载事项少了收款人名称，支票的收款人即为持票人，而且出票人可以在支票上记载自己为收款人，故无须再明确收款人。

3. 未记载事项的补救

(1)《票据法》第 85 条规定：支票上的金额可以由出票人授权补记，补记前的支票，不得使用。

(2) 支票上未记载付款地的，付款人的营业场所为付款地，但是，付款人有多个营业场所的，有权告诉提示付款的客户在某个营业点付款。

(3) 支票上未记载出票地的，出票人的营业场所、住所或者经常居住地为出票地。这个规定对持票人行使追索权和诉讼权特别有意义。

4. 付款

(1) 提示付款。支票的持票人应当自支票出票日起 10 日内提示付款；异地使用的支票，其提示付款的期限由中国人民银行另行规定。超过提示付款期限的，付款人可以拒绝付款。

(2) 逾期提示的法律后果。因超过提示期限付款人不予付款的，持票人仍然享有票据权利，出票人仍然应当对持票人承担票据责任，即付款义务，主要方法是重新开出支票，或者以其他方式支付持票人应得的资金。

(3) 付款的意义。《票据法》第 92 条规定：付款人依法支付支票金额的，对出票人不再承担受委托付款的责任，对持票人不再承担付款的责任。即出票人与银行（委托人）之间就每一项出票的票据行为设立一个委托付款关系，当付款任务完成后，付款人就不再承担此项票据行为涉及的其他义务。

(4) 因出票人签发空头支票、与其预留本名的签名式样或者印鉴不符的支票给他人造成损失的，支票的出票人和背书人应当依法承担民事责任。

（三）支票适用汇票规定的情况

《票据法》第 93 条规定：“支票的背书、付款行为和追索权的行使，除本章规定外，适用本法第二章有关汇票的规定。”前面论述汇票时已经详细分析，在此从略。

关于空头支票的法律效力问题，我们来看以下案例。

案例：2018 年 12 月 19 日，甲公司将 76 万元投资款以转账支票形式交给乙公司。当日，乙公司将支票交存其开户银行。12 月 20 日，乙公司认为 76 万元投资款已经划拨入账，为支付购货款而签发了面额分别为 38 万元和 15 万元的转账支票两张。但当时乙公司账户存款余额仅有 13 万元，不足以支付所签发的转账支票款，其上述两张转账支票均被其开户银行退票，并被银行罚款 3 万元。12 月 21 日，甲公司签发的转账支票被其开户银行以“支票空头、存款不足”为由退票，此时乙公司始知 76 万元投资款没有划拨入账。为此，乙公司向人民法院提起诉讼，要求甲公司支付 76 万元票款及利息，并赔偿其被银行罚款造成的损失。

分析：在本案例中，甲公司签发的是空头支票，该行为是被禁止的。我们曾经提到过，支票强调资金储备，银行以此为由拒绝付款是正当的。但是，该支票形式上符合法律规定，仍为有效支票，持票人乙公司并不丧失票据权利，仍享有对出票人甲公司的追索权。所以，甲公司应向乙公司支付票款及利息。另外，由于甲公司签发空头支票造成乙公司的罚款损失，甲公司也应承担民事赔偿责任。

第六节　涉外票据的法律适用

一、涉外票据的定义

涉外票据，是指出票、背书、承兑、保证、付款等行为中，既有发生在我国境内又有发生在我国境外的票据。

从这个定义可以看出，涉外票据并非以持票人是外国人为标准而界定的，而是以票据行为在我国境内和境外发生的事实来确定的。

二、涉外票据的法律适用原则

《票据法》第 95 条规定了涉外票据的法律适用原则，具体包括如下方面。

（一）国际条约优先适用的原则

凡缔结或参加国际条约的国家，均采取国际条约优先适用原则，规定在国内法与缔结或参加的国际条约规定不一致的条件下，除保留条款外，优先适用该国际条约。我国亦不例外。

（二）保留条款除外的原则

我国对缔结或参加的国际条约的某些规定，声明保留条款的，不适用国际条约优先适用原则，而以本国法为准。《票据法》第 95 条第 1 款规定，“中华人民共和国缔结或者参加的国际条约同本法有不同规定的，适用国际条约的规定。但是，中华人民共和国声明保留的条款除外。”

（三）国际惯例补充适用的原则

《票据法》第 95 条第 2 款规定，“本法和中华人民共和国缔结或者参加的国际条约没有规定的，可以适用国际惯例。”

三、涉外票据的法律适用的具体规定

《票据法》第 96 条至第 101 条对涉外票据的相关问题作了法律适用方面的规定。

(一)票据债务人的民事行为能力

票据债务人的民事行为能力，适用本国法律。但是，票据债务人的民事行为能力，按本国法为无民事行为能力或者限制民事行为能力而根据行为地法为完全民事行为能力的，适用行为地法律。

(二)票据行为的方式

票据行为方式的法律适用，涉及出票的记载事项、背书、承兑、保证、付款等应适用何国法律的问题。

《票据法》第 97 条、第 98 条规定了票据行为方式的法律适用。按其规定，汇票和本票的出票记载事项，适用出票地法律；支票的出票记载事项，适用出票地法律，经当事人协议，也可以适用付款地法律。涉外票据的背书、承兑、付款、保证等行为，适用行为地法律。

(三)追索权的行使和保全

追索权的行使和保全手续密不可分，票据权利保全手续欠缺，是追索权丧失的原因，而票据权利保全手续应在付款人所在地完成，这样，就必须涉及付款地法律。

《票据法》第 100 条规定，票据的提示期限、有关拒绝证明的方式、出具拒绝证明的期限，适用付款地法律。

追索权的行使期限，即追索权的时效，事关背书人、保证人、出票人等多方票据债务人，而这些有可能不同属于一国，适用付款地和其他地的法律对追索权的行使均不妥，适用出票地法律则要好得多。《票据法》第 99 条规定：票据追索权的行使期限，适用出票地法律。

(四)失票后票据权利保全程序

票据丧失时，失票人请求保全票据权利的程序，适用付款地法律。

第七节 票据法上的法律责任

一、概述

票据法上的法律责任，是票据法规定的违反票据法的人应当承担的法律制裁。

这个定义说明：(1) 票据法上的法律责任，是法律制裁，不同于票据责任；票据责任是无条件支付票面金额的债务，不是法律制裁。(2) 票据法上的法律责任，由违反票据法的人承担。相反，票据责任则是由在票据上签章的人承担。违反票据法的人，可以是在票据上签章的人和不在票据上签章的人。(3) 票据法上的法律责任，由票据法规定；票据责任，根据票据文义而定。(4) 票据法上的法律责任，包括刑事责任、行政责任、民事责任；票据责任仅指根据票据文义无条件付款的责任。

二、票据法上的刑事责任

根据《票据法》及《刑法》，违反票据法而构成刑事责任的，有下述几种情况。

(一) 票据诈骗的犯罪

《票据法》第102条规定，对下列票据欺诈行为，依法追究刑事责任：(1) 伪造、变造票据的；(2) 故意使用伪造、变造的票据的；(3) 签发空头支票或者故意签发与其预留的本名签名式样或者印鉴不符的支票，骗取财物的；(4) 签发无可靠资金来源的汇票、本票，骗取资金的；(5) 汇票、本票的出票人在出票时作虚假记载，骗取财物的；(6) 冒用他人的票据，或者故意使用过期或者作废的票据，骗取财物的；(7) 付款人同出票人、持票人恶意串通，实施前六项所列行为之一的。

《刑法》第177条作出了相应的规定："有下列情形之一，伪造、变造金融票证的，处五年以下有期徒刑或者拘役，并处或者单处二万元以上二十万元以下罚金；情节严重的，处五年以上十年以下有期徒刑，并处五万元以上五十万元以下罚金；情节特别严重的，处十年以上有期徒刑或者无期徒刑，并处五万元以上五十万元以下罚金或者没收财产：(1) 伪造、变造汇票、本票、支票的；(2) 伪造、变造委托收款凭证、汇款凭证、银行存单等其他银行结算凭证的；(3) 伪造、变造信用证或者附随的单据、文件的；(4) 伪造信用卡的。单位犯前款罪的，对单位判处罚金，并对其直接负责的主管人员和其他直接责任人员，依照前款的规定处罚。"

《刑法》第194条规定："有下列情形之一，进行金融票据诈骗活动，数额较大的，处五年以下有期徒刑或者拘役，并处二万元以上二十万元以下罚金；数额巨大或者有其他严重情节的，处五年以上十年以下有期徒刑，并处五万元以上五十万元以下罚金；数额特别巨大或者有其他特别严重情节的，处十年以上有期徒刑或者无期徒刑，并处五万元以上五十万元以下罚金或者没收财产：(1) 明知是伪造、变造的汇票、本票、支票而使用的；(2) 明知是作废的汇票、本票、支票而使用的；(3) 冒用他人的汇票、本票、支票的；(4) 签发空头支票或者与其预留印鉴不符的支票，骗取财物的；(5) 汇票、本票的出票人签发无资金保证的汇票、本票或者在出票时作虚假记载，骗取财物的。"

(二) 违法承兑、付款或者保证的犯罪

《刑法》第189条规定："银行或者其他金融机构的工作人员在票据业务中，对违反

票据法规定的票据予以承兑、付款或者保证，造成重大损失的，处五年以下有期徒刑或者拘役；造成特别重大损失的，处五年以上有期徒刑。单位犯前款罪的，对单位判处罚金，并对其直接负责的主管人员和其他直接责任人员，依照前款的规定处罚。”

三、票据法上的行政处罚

对实施票据诈骗行为，情节轻微，不构成犯罪的，依照国家有关规定给予行政处罚。

《票据法》第 104 条、第 105 条还规定了对玩忽职守，违法承兑、付款或保证的金融工作人员的处分，对故意压票、拖延支付的付款人的罚款，以及对直接责任人员的处分。这里所规定的处分，与上述行政处罚在性质上、责任程度上都不相同，不可等同视之。

四、票据法上的民事责任

《票据法》第 104 条第 2 款、第 105 条第 2 款、第 106 条分别规定了两类民事责任：(1) 金融机构工作人员在票据业务中玩忽职守，对违反《票据法》规定的票据予以承兑、付款或者保证，给当事人造成损失的，由该金融机构和直接责任人员依法承担赔偿责任。(2) 付款人故意压票，拖延支付，给持票人造成损失的，依法承担赔偿责任。这里的行为，是指《票据法》第 104 条、第 105 条规定之外的、违反《票据法》的行为，其中的民事责任应为财产责任。

复习与思考

1. 票据的无因性。
2. 票据权利的内容。
3. 汇票的相对必要记载事项。
4. 票据权利的补救方式。
5. 票据抗辩权的行使及其限制。
6. 票据的伪造和变造的含义及其法律后果。

第七章

证券法

本章要点

1. 证券的概念及分类
2. 证券公司的设立、业务范围、注册资本要求及对证券公司的监管
3. 证券公开发行的基本条件
4. 证券承销的种类
5. 限制与禁止的证券交易行为
6. 证券上市的信息公开制度
7. 上市公司收购的概念与规则

导入案例

某上市公司的情况如下：2018年8月8日该公司成立时共发行人民币普通股1亿元并且已经募足，公司净资产额为人民币1.8亿元，资金使用效益良好，而且公司3年来连续盈利并向股东支付了股利，没有违法行为。现在，公司因业务发展需要筹集资金8 000万元。公司董事会召开会议，共提出了向银行借款、增资发行新股、发行公司债券、发行公司可转换债券四种设想。

问题：这几种融资方式各有何特点？在法律上是否具有可行性？

第一节 证券法概述

一、证券的概念、特征与种类

(一) 证券的概念与特征

证券具有三个方面的法律特征：

(1) 证券是一种投资凭证。证券是投资者权利的载体，投资者的权利是通过证券记载，并凭借证券获取相应收益的。

(2) 证券是一种权益凭证。证券体现一定的权利，如股票体现的是股权，而债券则代表着债权。证券是一种有待证实的资本，证券虽然可以在兑现前为持有人带来约定的或不特定的收益，但是证券本金的投资回报还须根据义务人的经济状况或证券市场行情状况而定。

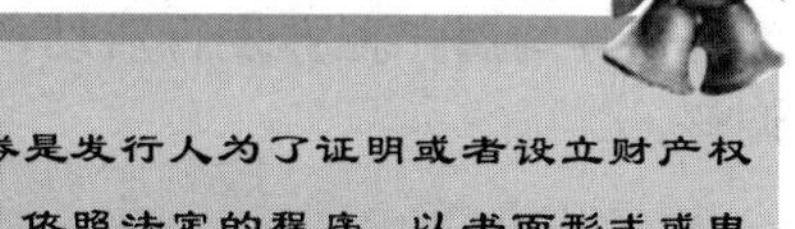

证券是发行人为了证明或者设立财产权利，依照法定的程序，以书面形式或电子记账的形式交付给权利人的凭证。从广义上来讲，证券包括资本证券、货币证券和商品证券。证券法所规范的证券仅为资本证券。

(3) 证券是一种可转让的权利凭证。即证券具有流通性和变现性，其持有者可以随时将证券转让出售，以实现自身权利。

(二) 证券的种类

按照不同的标准，我们可以对证券进行多种分类。而我国目前证券市场上发行和流通的证券主要有以下几类：

(1) 股票。股票是股份有限公司签发的证明股东所持股份的凭证。股票具有权利性、非返还性、风险性和流通性等特点。目前，我国发行的股票按照投资主体的不同，可分为国家股、法人股、内部职工股和社会公众个人股；按照股东权益和风险大小，可以分为普通股、优先股及普通和优先混合股；按照认购股票投资者的身份和上市地点的不同，可以分为境内上市内资股（A 股）、境内上市外资股（B 股）和境外上市外资股（包括 H 股、N 股、S 股）三类。

(2) 债券。债券是政府、金融机构、公司企业等单位依照法定程序发行的、约定在一定期限内还本付息的有价证券。债券是一种债权凭证，是一种到期还本付息的有价证券，它具有风险性小和流通性强的特点。债券按发行主体不同可分为三大类：1）企业、公司债券，是指一般企业和公司发行的债券；2）金融债券，是指银行和非银行金融机构为筹集资金来补偿流动资金的不足而发行的债券；3）政府债券，是指政府或政府授权的代理机构基于财政或其他目的而发行的债券，包括国库券、财政债券、建设公债、特种国债、保值公债等。

（3）认股权证。是股份有限公司给予持证人的无限期或在一定期限内，以确定价格购买一定数量普通股份的权利凭证。这是持证人认购公司股票的一种长期选择权，它本身不是权利证明书，其持有人不具备股东资格。但认股权证能依法转让，给持有人带来很大收益，因而也是一种有价证券。

（4）基金券，或称基金受益凭证。是证券投资基金发给投资者，用以记载投资者所持基金单位数的凭证。投资者按其所持基金券在基金中所占的比例来分享基金盈利、分担基金亏损。

在本章导入案例中，在公司董事会提议的几种方案中，向银行借款属于债务融资，与银行间形成借贷法律关系，受合同法和担保法调整，银行一般要求公司提供担保。发行新股和发行债券均属于证券发行活动，受证券法的调整。

证券发行市场是指证券发行人首次发行或者增发证券的场所，也称为证券一级市场，表现为以包销、认购或拍卖招标等方式所进行的股票和公司债券交易。

二、证券市场

（一）证券发行市场

发行市场主要由证券发行人、认购人和中介人组成。其中证券发行人包括政府、金融机构、公司和公共机构（如基金公司等）；认购人即投资者，包括机构和个人两类；中介人指证券公司以及为证券发行服务的投资咨询机构、财务顾问机构、资信评级机构、资产评估机构、会计师事务所等。

（二）证券流通市场

证券交易所特指国家专营的上海证券交易所和深圳证券交易所，场外证券交易一般指不记名公司证券的分散和不固定的交易活动。

证券流通市场指已发行的证券进行买卖、转让和流通的市场，也称证券二级市场，其交易形式主要有两种，即证券交易所和场外交易市场。

三、证券法的概念、适用范围与基本原则

（一）证券法的概念与适用范围

证券法所调整的社会关系，既有证券发行人、证券投资人和证券商之间的平等的证券发行关系、交易关系、服务关系，又有证券监督管理机构对证券市场参与者进行组织、协调、监督等活动过程中所发生的纵向监管关系，是两者的统一体。

证券法是调整证券发行、交易等活动中，以及国家在管理证券机构和管理证券的发行、交易等活动的过程中，所发生的社会关系的法律规范的总称。

证券法有广义和狭义之分。广义的证券法是指一切有关证券发行、交易及其监督管

理关系的法律规范的总称。而狭义的证券法是指证券法典，在我国是1998年12月29日第九届全国人大常委会第六次会议通过，并于2004年8月28日第十届全国人大常委会第十一次会议、2005年10月27日第十届全国人大常委会第十八次会议、2013年6月29日第十二届全国人大常委会第三次会议及2014年8月31日第十二届全国人大常委会第十次会议修改的《中华人民共和国证券法》(以下简称《证券法》)。

《证券法》的适用对象范围，按《证券法》第2条的规定，包括在中国境内，股票、公司债券和国务院依法认定的其他证券的发行和交易，以及政府债券、证券投资基金份额的上市交易。《证券法》未规定的，适用公司法和其他法律、行政法规的规定。证券衍生品种发行、交易的管理办法，由国务院依照《证券法》的原则规定。

(二) 证券法的基本原则

按照《证券法》的规定，我国证券法的基本原则如下：

(1) 保护投资者合法权益的原则。《证券法》第1条“立法宗旨”将保护投资者的合法权益放在首要位置，并在整部法律中规定了信息披露、禁止证券欺诈行为等制度和规范，体现了保护投资者合法权益的原则。

(2) 公开、公平、公正原则。公开原则是证券发行和交易制度的核心，它要求证券发行人必须依法将与证券有关的一切真实情况予以公开，以供投资者投资决策时参考。只有以公开为基础，才能实现公平和公正。公平原则是指在证券发行和交易活动中，发行人、投资人、证券商和证券专业服务机构的法律地位完全平等，其合法权益受到同等保护。公正原则是指证券监管机关和司法机构在履行职责时，应当依法行使职权，对一切主体给予公正待遇。

(3) 平等、自愿、有偿、诚实信用的原则。指证券发行与交易活动的当事人具有平等的法律地位，应自愿有偿、诚实信用地履行自己所承担的义务，不得有任何证券欺诈行为。

(4) 合法原则。《证券法》第5条规定：证券的发行、交易活动，必须遵守法律、行政法规；禁止欺诈、内幕交易和操纵证券市场的行为。这体现了证券发行、交易活动必须依法进行的原则。

(5) 分业经营、分业管理的原则。《证券法》第6条规定：证券业和银行业、信托业、保险业实行分业经营、分业管理。2014年修订的《证券法》还规定国家另有规定的除外。这为混业经营留下了空间。

(6) 国家集中统一监管与行业自律相结合的原则。《证券法》第7条规定：国务院证券监督管理机构依法对全国证券市场实行集中统一监督管理。国务院证券监督管理机构根据需要可以设立派出机构，按照授权履行监督管理职责。《证券法》第8条规定：在国家对证券发行、交易活动实行集中统一监督管理的前提下，依法设立证券业协会，实行自律性管理。

(7) 审计监督原则。《证券法》第9条规定：国家审计机关依法对证券交易所、证券公司、证券登记结算机构、证券监督管理机构进行审计监督。

第二节 证券机构

一、证券交易所

（一）证券交易所的概念

证券交易所有公司制和会员制之分。我国的证券交易所实行会员制。

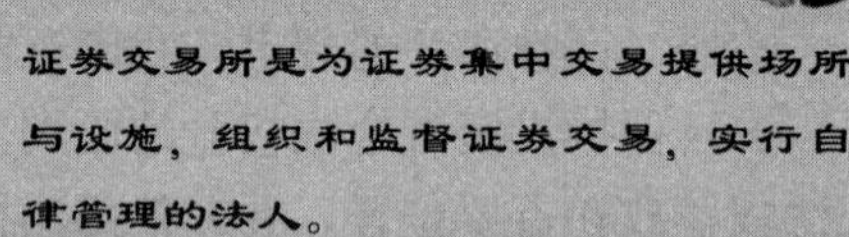

证券交易所是为证券集中交易提供场所与设施，组织和监督证券交易，实行自律管理的法人。

（二）证券交易所的职能

依据《证券法》的规定，证券交易所具有以下职能：

（1）为组织公平的集中交易提供保障，公布证券交易即时行情，并按交易日制作证券市场行情表，予以公布。

（2）因突发性事件而影响证券交易的正常进行时，证券交易所可以采取技术性停牌的措施，因不可抗力的突发性事件或者为维护证券交易的正常秩序，证券交易所可以决定临时停市。

（3）对证券交易实行实时监控，并按照国务院证券监督管理机构的要求对异常的交易情况提出报告；根据需要，可以对出现重大异常交易情况的证券账户限制交易，并报国务院证券监督管理机构备案。

（4）对上市公司及相关信息披露义务人披露信息进行监督，督促其依法及时、准确地披露信息。

（5）依照证券法律、行政法规制定上市规则、交易规则、会员管理规则和其他有关规则，并报国务院证券监督管理机构批准。

（6）对违反交易规则的证券交易人给予纪律处分，情节严重的，可撤销其交易资格，禁止其入场进行证券交易。

二、证券公司

证券公司是指依照《公司法》和《证券法》的规定设立、经营证券业务、具有独立法人地位的有限责任公司和股份有限公司。

（一）证券公司的设立

根据《证券法》，设立证券公司应具备的条件包括：（1）合法的公司章程；（2）主要股东具有持续盈利能力，最近三年无重大违法违纪记录，净资产不低于2亿元；（3）法定的注册资本；（4）董事、监事、高级管理人员具备任职资格，从业人员具有证券从业资格；

(5) 完善的风险管理与内部控制制度；(6) 合格的营业场所和业务设施；(7) 法律、法规或证券监督管理机构规定的其他条件。

设立证券公司必须经国务院证券监督管理机构审查批准，证券公司设立、收购分支机构，或在境外设立、收购或参股证券经营机构，必须经国务院证券监督管理机构批准。国务院证券监督管理机构应自受理证券公司设立申请之日起 6 个月内，依照法定条件和法定程序并根据审慎监管原则进行审查，作出批准或不予批准的决定。证券公司设立获得批准的，申请人应在规定期限内向公司登记机关申请设立登记，领取营业执照；并自领取营业执照之日起 15 日内，向国务院证券监督管理机构申请经营证券业务许可证。

(二) 证券公司的业务范围与注册资本要求

2014 年修订的《证券法》取消了对证券公司的分类管理制度，只规定了证券公司不同的业务范围及相应的注册资本要求。

证券公司可以经营的部分或全部业务范围有：

(1) 证券经纪；

(2) 证券投资咨询；

(3) 与证券交易、证券投资活动有关的财务顾问；

(4) 证券承销与保荐；

(5) 证券自营；

(6) 证券资产管理；

(7) 其他证券业务。

证券公司经营第 (1) 项至第 (3) 项业务的，注册资本最低限额为 5 000 万元；经营第 (4) 项至第 (7) 项业务之一的，注册资本最低为 1 亿元；经营第 (4) 项至第 (7) 项业务中两项以上的，注册资本最低为 5 亿元。证券公司的注册资本应当是实缴资本。国务院证券监督管理机构可以调整注册资本的最低限额，但不少于前面规定的限额。

(三) 对证券公司的监管

(1) 风险控制监管。国务院证券监督管理机构对证券公司的净资本，净资本与负债的比例，净资本与净资产的比例，净资本与自营、承销、资产管理等业务规模的比例，负债与净资产的比例，以及流动资产与流动负债的比例等风险控制指标作出规定。证券公司不得为其股东或股东的关联人提供融资或担保。2006 年 7 月，中国证券监督管理委员会（简称“中国证监会”）颁布了《证券公司风险控制指标管理办法》，该办法于 2016 年 6 月 16 日作了最新修正，对证券公司风险控制指标作了具体规定。

(2) 投资者保护基金和准备金监管。证券公司必须为筹集和管理证券投资者保护基金缴纳资金。证券公司应每年从其税后利润中提取交易风险准备金，以弥补证券交易损失。

(3) 内控隔离监管。证券公司应当建立健全内部控制制度，采取有效隔离措施，防范公司与客户之间、不同客户之间的利益冲突。将证券经纪业务、承销业务、自营业务和证券资产管理业务分开办理。

（4）客户交易结算资金和证券独立。证券公司客户的交易结算资金应存放在商业银行，以每个客户的名义单独立户管理。证券公司不得将客户的交易结算资金和证券归入自有财产，禁止挪用客户的交易结算资金和证券。

（5）代理业务限制。证券公司办理经纪业务，不得接受客户的全权委托而决定证券交易、选择证券种类、决定交易数量或者交易证券；不得以任何方式对客户证券交易的收益或者赔偿证券交易的损失作出承诺。

三、证券登记结算机构

（一）证券登记结算机构概述

设立证券登记结算机构，必须经国务院证券监督管理机构批准，并应具备下列条件：（1）自有资金不少于2亿元；（2）具有证券登记、存管和结算服务所必需的场所和设施；（3）主要管理人员和业务人员具有证券从业资格；（4）国务院证券监督管理机构规定的其他条件。

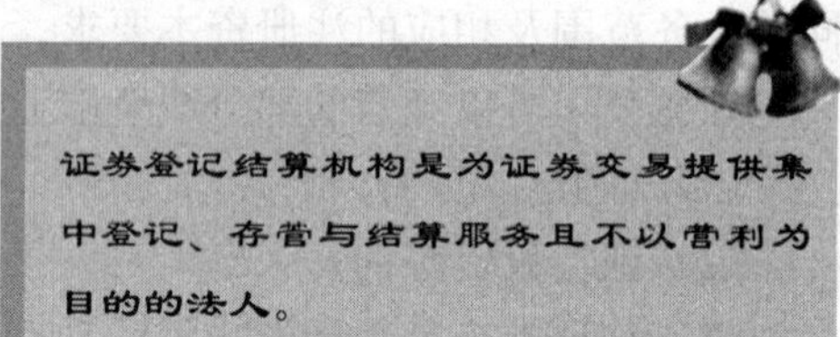

（二）证券登记结算机构的职能

证券登记结算机构履行下列职能：（1）证券账户、结算账户的设立；（2）证券的存管和过户；（3）证券持有人名册登记；（4）证券交易所上市证券交易的清算和交收；（5）受发行人的委托派发证券权益；（6）办理与上述业务有关的查询；（7）国务院证券监督管理机构批准的其他业务。

四、证券监督管理机构

按《证券法》的规定，我国依法对证券市场实行监督管理的机构是国务院证券监督管理机构，即中国证券监督管理委员会。

《证券法》规定，国务院证券监督管理机构的职责有：（1）依法制定有关证券市场监督管理的规章、规则，并依法行使审批或者核准权；（2）依法对证券的发行、上市、交易、登记、存管、结算进行监督管理；（3）依法对证券发行人、上市公司、证券交易所、证券公司、证券登记结算机构、证券投资基金管理公司、证券服务机构的证券业务活动进行监督管理；（4）依法制定从事证券业务人员的资格标准和行为准则，并监督实施；（5）依法监督检查证券发行、上市和交易的信息公开情况；（6）依法对证券业协会的活动进行指导和监督；（7）依法对违反证券市场监督管理法律、行政法规的行为进行查处；（8）法律、行政法规规定的其他职责。

国务院证券监督管理机构依法履行职责时，有权采取下列措施：（1）对证券发行人、上市公司、证券公司、证券投资基金管理公司、证券服务机构、证券交易所、证券登记结算机构进行现场检查。(2) 进入涉嫌违法行为发生场所调查取证。(3) 询问当事人以及与被调查事件有关的单位和个人，要求其对与被调查事件有关的事项作出说明。(4) 查阅、复制与被调查事件有关的财产权登记、通信记录等资料。(5) 查阅、复制当事人以及与被调查事件有关的单位及个人的证券交易记录、登记过户记录、财务会计资料及其他相关文件和资料；对可能被转移、隐匿或毁损的文件和资料，可以予以封存。(6) 查询当事人以及与被调查事件有关的单位及个人的资金账户、证券账户和银行账户；对有证据证明已经或者可能转移或者隐匿违法资金、证券等涉案财产或者隐匿、伪造、毁损重要证据的，经国务院证券监督管理机构主要负责人批准，可以冻结或者查封。(7) 在调查操纵证券市场、内幕交易等重大证券违法行为时，经国务院证券监督管理机构主要负责人批准，可以限制被调查事件当事人的证券交易，但不得超过15个交易日；案情复杂的，可以延长15个交易日。

第三节 证券发行

一、证券发行的基本条件

(一) 证券发行概述

证券发行是指符合发行条件的商业或政府为筹集资金，以同一条件向特定或不特定的公众招募或出售证券的行为。

证券发行分为公开发行和非公开发行。有下列情形之一的，为公开发行：

(1) 向不特定对象发行证券；

(2) 向累计超过200人的特定对象发行证券；

(3) 法律、行政法规规定的其他发行行为。

公开发行以外的证券发行为非公开发行。

证券发行按照所发行证券的不同，也可以分为股票发行、债券发行等。

(二) 股票公开发行的条件

股票发行人必须是具有股票发行资格的股份有限公司，包括已成立的股份有限公司和经核准拟设立的股份有限公司。《证券法》引进了保荐制度，股票公开发行须由保荐人出具发行保荐书。股票发行一般有两种：一是为设立新公司而首次发行股票，即设立发行；二是为扩大已有的公司规模而发行新股，即增资发行。

(1) 设立发行股票的条件。设立发行或称首次发行，是指发起人通过发行公司股票来筹措经营资本，成立股份有限公司的行为。设立发行除应具备公司法规定的条件外，还应符合国务院证券监督管理机构规定的其他条件。

（2）公开发行新股的条件。

> **案例：**中国证监会2019年5月7日同时接到多家上市公司申请发行新股的报告，其中，甲公司的净资产为5 000万元，乙公司上次发行股票时因故未能募足股份，丙公司2018年度亏损，丁公司2017年有证券违法交易行为。
>
> **分析：**本案例涉及公开发行新股的条件。公司公开发行新股，必须符合的条件包括：(1) 具备健全且运行良好的组织机构；(2) 具有持续盈利能力，财务状况良好；(3) 最近3年财务会计文件无虚假记载，无其他重大违法行为；(4) 经国务院批准的国务院证券监督管理机构规定的其他条件。上市公司非公开发行新股，应当符合国务院批准的国务院证券监督管理机构规定的条件，并报国务院证券监督管理机构核准。

在上述案例中，丙公司2018年度亏损，不具有持续盈利能力。丁公司最近3年内有重大违法行为。因此，丙、丁两公司的申请不能获得批准。公开发行新股并无净资产额的要求。公司上次发行的股票是否募足不影响其发行新股。因此，甲、乙两公司符合发行新股的要求。

首次公开发行股票，应当通过向特定机构投资者（以下称“询价对象”）询价的方式确定股票发行价格。询价对象是指符合规定条件的证券投资基金管理公司、证券公司、信托投资公司、财务公司、保险机构投资者、合格境外机构投资者，以及经中国证监会认可的其他机构投资者。

首次公开发行股票数量在4亿股以上的，可以向战略投资者配售股票。发行人应当与战略投资者事先签署配售协议，并报中国证监会备案。

（三）公司债券公开发行的基本条件

（1）股份有限公司的净资产不低于人民币3 000万元，有限责任公司的净资产不低于人民币6 000万元。

（2）累计债券余额不超过公司净资产的40%。

（3）最近3年平均可分配利润足以支付公司债券一年的利息。

（4）筹集的资金投向符合国家产业政策。

（5）债券的利率水平不超过国务院限定的利率水平。

（6）国务院规定的其他条件。

上市公司发行可转换为股票的公司债券，除应当符合前述条件外，还应当符合公开发行股票的条件，并报国务院证券监督管理机构核准。

在本章导入案例中，公司发行债券和可转换债券存在法律上的障碍，因为法律要求公司债券总额不超过公司净资产额的40%，而如果发行8 000万元债券，将突破这一界限（1.8亿元的40%为7 200万元）。

二、发行方式

证券发行可以分为公募发行和私募发行。私募发行，也称为非公开发行，一般情况下投资者是确定的，通过与发行人协商，达成协议进行发行。公募发行的投资者不确定，涉及面广泛，《证券法》对此给予重点规范。目前，我国的证券发行虽然已经与初始阶段的审批制有了区别，但与发达国家普遍采用的注册制还有本质区别，即仍需要相关部门对发行人递交的发行申请及材料进行审核。国务院证券监督管理机构，也就是中国证监会设发行审核委员会，依法审核股票发行申请。国务院授权的部门对公司债券发行申请进行核准。

（1）股票发行披露申请文件。发行人申请首次公开发行股票的，在提交申请文件后，应当按照国务院证券监督管理机构的规定预先披露有关申请文件。

（2）审核。国务院证券监督管理机构或者国务院授权的部门应当自受理证券发行申请文件之日起三个月内，依照法定条件和法定程序作出予以核准或者不予核准的决定，发行人根据要求补充、修改发行申请文件的时间不计算在内；不予核准的，应当说明理由。

（3）公开发行信息。证券发行申请经核准，发行人应当依法在公开发行前，公告公开发行募集文件，并将该文件置备于指定场所供公众查阅。

（4）定价。首次公开发行股票，可以通过向网下投资者询价的方式确定股票发行价格，也可以通过发行人与主承销商自主协商直接定价等其他合法可行的方式确定发行价格。

持有一定数量非限售股份的投资者才能参与网上申购。首次公开发行股票的网下发行应和网上发行同时进行，参与申购的网下和网上投资者应当全额缴付申购资金。投资者应自行选择参与网下发行还是网上发行，不得同时参与。

股票发行的注册制改革是我国证券法改革的方向。值得注意的是，2015 年 12 月 27 日第十二届全国人大常委会第十八次会议上通过的《关于授权国务院在实施股票发行注册制改革中调整适用〈中华人民共和国证券法〉有关规定的决定》，授权国务院调整适用《证券法》关于股票公开发行核准制度的规定，推进注册制。该决定自 2016 年 3 月 1 日起施行，实施期限为两年。2018 年 2 月 24 日，全国人民代表大会常务委员会决定，授权国务院在实施股票发行注册制改革中调整适用《中华人民共和国证券法》有关规定期限的决定施行期限届满后，期限延长两年至 2020 年 2 月 29 日。这也进一步证明了股票发行的注册制改革是我国资本市场未来的发展方向。

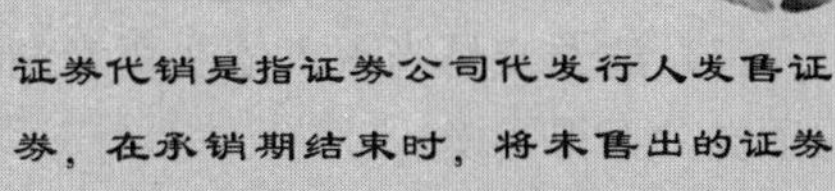

证券代销是指证券公司代发行人发售证券，在承销期结束时，将未售出的证券全部退还给发行人的承销方式。

三、证券承销

（一）证券承销的种类

《证券法》规定的证券承销业务有代销和包销两种方式。上市公司非公开发行股票未采用自行销售方式或者上市公司配股的，应当采用代销方式。

证券包销是证券公司将发行人的证券按照协议全部购入或者在承销期结束时将销售后剩余的证券全部自行购入的承销方式。

（二）承销团

> 向不特定对象公开发行的证券票面总值超过人民币5 000万元的，应当由承销团承销。

巨额销售涉及的金额大，销售成功后的利润大，但销售不成功的损失也大。为了保证销售者对巨额销售有足够的承受能力，证券法规定巨额销售必须由有相当资本实力的销售主体来承担，即应当由两个或两个以上的证券公司组成，这就是所谓的承销团。承销团应当由主承销以及参与承销的证券公司组成。组成承销团的承销商应当签订承销团协议，由主承销商负责组织承销工作。证券发行由两个以上证券公司联合主承销的，所有担任主承销商的证券公司均应当共同承担主承销责任，履行相关义务。承销团由三个以上承销商组成的，可以设副主承销商，协助主承销商组织承销活动。

（三）证券的销售期限

《证券法》关于证券销售期限的规定是为了维持证券市场交易秩序基本稳定所作的必要规定。基于销售证券是一个从社会直接融资的活动，而直接融资对资金市场有可能产生较大的影响，包括负面影响，为了减少出现负面影响的机会，《证券法》规定销售时间不得超过90日。

第四节　证券交易

一、证券交易的条件及方式

（一）证券交易的条件

（1）证券交易当事人依法买卖的证券，必须是依法发行并交付的证券。非依法发行的证券，不得买卖。

（2）依法发行的证券，法律对其转让期限有限制性规定的，在限定的期限内，不得买卖。

（3）依法公开发行的证券，应当在依法设立的证券交易所上市交易或者在国务院批准的其他证券交易场所转让。

（二）证券交易的方式

（1）证券在证券交易所上市交易，应当采用公开的集中交易方式或者国务院证券监督管理机构批准的其他方式。

（2）证券交易当事人买卖的证券可以采用纸面形式或者国务院证券监督管理机构规

定的其他形式。

(3) 证券交易以现货和国务院规定的其他方式进行。

二、限制与禁止的证券交易行为

(一) 限制与禁止的证券交易行为的一般规定

(1) 证券交易所、证券公司、证券登记结算机构从业人员、证券监督管理机构的工作人员以及法律、行政法规禁止参与股票交易的其他人员，在任期或者法定限期内，不得直接或者以化名、借他人名义持有、买卖股票，也不得收受他人赠送的股票。任何人在成为前款所列人员时，其原已持有的股票必须依法转让。

(2) 为股票发行出具审计报告、资产评估报告或者法律意见书等文件的证券服务机构和人员，在该股票承销期内和期满后6个月内，不得买卖该种股票。除上述规定外，为上市公司出具审计报告、资产评估报告或者法律意见书等文件的专业机构和人员，自接受上市公司委托之日起至上述文件公开后5日内，不得买卖该种股票。

(3) 上市公司董事、监事、高级管理人员、持有上市公司股份5%以上的股东，将其持有的该公司的股票在买入后6个月内卖出，或者在卖出后6个月内又买入，由此所得收益归该公司所有，公司董事会应当收回其所得收益。但是，证券公司因包销购入售后剩余股票而持有5%以上股份的，卖出该股票不受6个月的时间限制。

(二) 禁止内幕交易行为

《证券法》规定禁止证券交易内幕信息的知情人和非法获取内幕信息的人利用内幕信息从事证券交易活动。

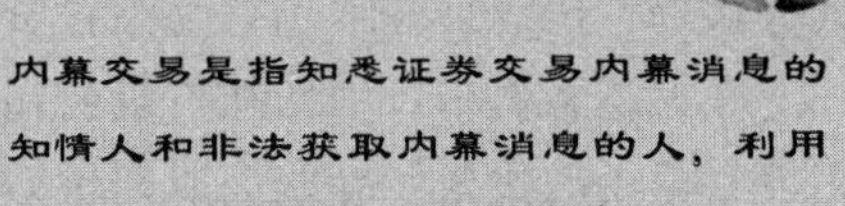

内幕交易是指知悉证券交易内幕消息的知情人和非法获取内幕消息的人，利用内幕消息进行证券交易的活动。

内幕信息的知情人包括：(1) 发行人的董事、监事、高级管理人员；(2) 持有公司5%以上股份的股东及其董事、监事、高级管理人员，公司的实际控制人及其董事、监事、高级管理人员；(3) 发行人控股的公司及其董事、监事、高级管理人员；(4) 由于所任公司职务可以获取公司有关内幕信息的人员；(5) 证券监督管理机构工作人员，以及由于法定职责对证券的发行、交易进行管理的其他人员；(6) 保荐人、承销的证券公司、证券交易所、证券登记结算机构、证券服务机构的有关人员；(7) 国务院证券监督管理机构规定的其他人。

内幕信息是指在证券交易活动中，涉及公司的经营、财务或者对该公司证券的市场价格有重大影响的尚未公开的信息。包括：(1) 法律规定上市公司必须公开的、可能对股票价格产生较大影响而投资者尚未得知的重大事件；(2) 公司分配股利或者增资的计划；(3) 公司股权结构的重大变化；(4) 公司债务担保的重大变更；(5) 公司营业用主要资产的抵押、出售或者报废，一次超过该资产的30%；(6) 公司的董事、监事、高级管理人员的行为可能依法承担重大损害赔偿责任；(7) 上市公司收购的有关方案；(8) 国务院证券监督管理机构认定的对证券交易价格有显著影响的其他重要信息。

内幕交易行为给投资者造成损失的，行为人应当依法承担赔偿责任。

（三）禁止操纵证券市场行为

案例： 甲信托投资公司自2018年4月8日起，集中5亿元资金，利用101个个人股东账户及2个法人股东账户，通过其下属的多个营业部，大量买入乙信托投资公司股票。持仓量从4月8日的81万股，占总股本的0.5%，增加到8月24日的4 389万股，占总股本的25%。但是，甲信托投资公司并未将上述事实向乙信托投资公司、深圳证券交易所和中国证券监督管理委员会作出书面报告并公告。同时，甲信托投资公司多次通过其控制的不同股票账户做价格相近、方向相反的交易，以制造成交活跃的假象，使得该股票价格从2018年4月8日的10.01元涨至2018年9月21日的19.12元，涨幅达91%。截至2019年2月9日，甲信托投资公司共获利超过5 000万元。

操纵证券市场，是指以获取利益或者减少损失为目的，利用掌握的资金等优势影响证券市场价格，制造证券市场假象，诱导或者致使投资者在不了解事实真相的情况下作出证券投资决定，扰乱证券市场秩序的行为。

操纵市场的行为包括：(1) 通过单独或者合谋，集中资金优势、持股优势或者利用信息优势联合或者连续买卖，操纵证券交易价格或者证券交易量；(2) 与他人串通，以事先约定的时间、价格和方式相互进行证券交易，影响证券交易价格或者证券交易量；(3) 在自己实际控制的账户之间进行证券交易，影响证券交易价格或者证券交易量；(4) 以其他手段操纵证券市场。操纵证券市场行为给投资者造成损失的，行为人应当依法承担赔偿责任。

在上述案例中，甲信托投资公司以获取利益为目的，利用其资金、信息等优势影响了证券市场的价格，导致该股票价格在短期内上涨91%，制造了市场假象，给投资者传递了错误的信息，属于操纵市场行为。

（四）禁止虚假陈述与信息误导行为

《证券法》规定：禁止国家工作人员、传播媒介从业人员以及有关人员编造、传播虚假信息，扰乱证券交易。禁止证券交易所、证券公司、证券登记结算机构、证券服务机构及其从业人员，证券业协会、证券监督管理机构及其工作人员，在证券交易活动中作出虚假陈述或者信息误导。

（五）禁止欺诈客户行为

欺诈客户，是指代理人在证券交易及相关活动中，违背被代理人的真实意思进行代理的行为，以及诱导客户进行不必要的证券交易的行为。

《证券法》禁止证券公司及其从业人员从事下列欺诈行为：(1) 违背客户的委托为其买卖证券；(2) 不在规定时间内向客户提供交易的书面确认文件；(3) 挪用客户所委托买卖的证券或者客户账户上的资金；(4) 未经客户委

托，擅自为客户买卖证券，或者假借客户的名义买卖证券；（5）为牟取佣金收入，诱使客户进行不必要的证券买卖；（6）利用传播媒介或者通过其他方式提供、传播虚假或者误导投资者的信息；（7）其他违背客户真实意思表示，损害客户利益的行为。

欺诈客户行为给客户造成损失的，行为人应当依法承担赔偿责任。

（六）市场禁入

我国证券法规定的市场禁入是指对违反我国证券法律法规的相关人员禁止其从事证券相关业务或担任相应职务的法定处罚措施。

2006年7月10日，中国证监会颁布的《证券市场禁入规定》开始施行，并根据2015年5月18日中国证监会令第115号《中国证券监督管理委员会关于修改〈证券市场禁入规定〉的决定》修订。《证券市场禁入规定》规定了中国证监会可以根据情节严重的程度，对以下七类人员采取证券市场禁入措施：（1）发行人、上市公司、非上市公众公司的董事、监事、高级管理人员，其他信息披露义务人或者其他信息披露义务人的董事、监事、高级管理人员；（2）发行人、上市公司、非上市公众公司的控股股东、实际控制人，或者发行人、上市公司、非上市公众公司控股股东、实际控制人的董事、监事、高级管理人员；（3）证券公司的董事、监事、高级管理人员及其内设业务部门负责人、分支机构负责人或者其他证券从业人员；（4）证券公司的控股股东、实际控制人或者证券公司控股股东、实际控制人的董事、监事、高级管理人员；（5）证券服务机构的董事、监事、高级管理人员等从事证券服务业务的人员和证券服务机构的实际控制人或者证券服务机构实际控制人的董事、监事、高级管理人员；（6）证券投资基金管理人、证券投资基金托管人的董事、监事、高级管理人员及其内设业务部门、分支机构负责人或者其他证券投资基金从业人员；（7）中国证监会认定的其他违反法律、行政法规或者中国证监会的有关规定的有关责任人员。

被中国证监会采取证券市场禁入措施的人员，在禁入期间，除不得继续在原机构从事证券业务或者担任原上市公司、非上市公众公司董事、监事、高级管理人员职务外，也不得在其他任何机构中从事证券业务或者担任其他上市公司、非上市公众公司董事、监事、高级管理人员职务。被采取证券市场禁入措施的人员，应当在收到中国证监会作出的证券市场禁入决定后立即停止从事证券业务或者停止履行上市公司、非上市公众公司董事、监事、高级管理人员职务，并由其所在机构按规定程序解除其被禁止担任的职务。

第五节　证券上市

证券上市交易，应当向证券交易所提出申请，由证券交易所依法审核同意，并由双方签订上市协议。证券交易所根据国务院授权的部门的决定安排政府债券上市交易。

一、股票上市

（一）股票上市的条件

（1）股票经国务院证券监督管理机构核准已公开发行。

（2）公司股本总额不少于人民币 3 000 万元。

（3）公开发行的股份达到公司股份总数的 25%以上；公司股本总额超过人民币 4 亿元的，公开发行股份的比例为 10%以上。

（4）公司最近 3 年无重大违法行为，财务会计报告无虚假记载。

证券交易所可以规定高于前款规定的上市条件，并报国务院证券监督管理机构批准。

（二）股票上市的申请文件与公告

向证券交易所申请股票上市，须提交下列文件：（1）上市报告书；（2）申请上市的股东大会决议；（3）公司章程；（4）公司营业执照；（5）依法经会计师事务所审计的公司最近三年的财务会计报告；（6）法律意见书和上市保荐书；（7）最近一次的招股说明书；（8）证券交易所上市规则规定的其他文件。

上市申请经证券交易所审核同意，上市公司与证券交易所需签订上市协议。签订上市协议的公司应当在规定的期限内公告股票上市的有关文件，并置备于指定场所供公众查阅。

上市公司除公告上述规定的上市申请文件外，还应当公告下列事项：（1）股票获准在证券交易所交易的日期；（2）持有公司股份最多的前十名股东的名单和持股数额；（3）公司的实际控制人；（4）董事、监事、高级管理人员的姓名及其持有本公司股票和债券的情况。

二、债券上市

（一）债券上市的条件

（1）公司债券的期限为 1 年以上。

（2）公司债券实际发行额不少于人民币 5 000 万元。

（3）公司申请债券上市时仍符合法定的公司债券发行条件。

（二）债券上市的申请与文件

向证券交易所申请债券上市，须提交下列文件：（1）上市报告书；（2）申请上市的董事会决议；（3）公司章程；（4）公司营业执照；（5）公司债券募集办法；（6）公司债券的实际发行数额；（7）证券交易所上市规则规定的其他文件。

申请可转换为股票的公司债券上市，还应报送保荐人出具的上市保荐书。

三、信息公开制度

（一）公开文件

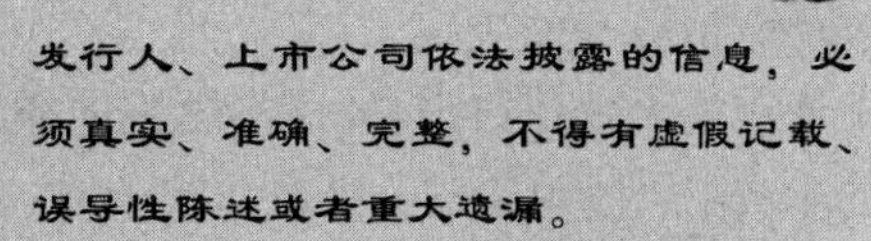

（1）发行股票、公司债券的公司，发行人必须根据真实、完整的原则公告招股说明书、公司债券募集办法；依法发行新股或者公司债券的，还应当公告财务会计报告。

（2）招股说明书。股份有限公司发行股票按规定编制招股说明书，向社会公开披露有关信息，其股票获准在证券交易所上市时，上市公司应当编制上市公告书，向社会公开披露有关信息。

（二）公开报告

案例：H 公司在 2019 年 6 月向国务院证券监督管理机构报送了上一年度的年度报告和本年度上半年的中期报告，并予以公告。两份报告都记载了以下事项：公司的财务会计报告和经营情况、涉及公司的重大诉讼事项、持有公司股份最多的前十名股东的名单和持股数额。同时，由于公司 1/4 的监事发生了变动，H 公司还编制了重大事件报告书报送国务院证券监督管理机构，并向社会披露。

分析：本案例涉及上市公司的信息公开制度中的公开报告制度。

1. 定期报告

上市公司和公司债券上市交易的公司，必须在每一会计年度内每半年公布一次其财务状况和经营情况，包括中期报告和年度报告。

（1）中期报告。公司应当于每个会计年度的上半年结束之日起 2 个月内完成中期报告，报送国务院证券监督管理机构和证券交易所并公告。其内容包括公司财务报告和经营情况，涉及公司的重大诉讼事项，已发行的股票、公司债券变动情况，提交股东大会审议的重要事项，国务院证券监督管理机构规定的其他事项。

（2）年度报告。公司应当在每个会计年度结束后 4 个月内编制完成年度报告，报送国务院证券监督管理机构和证券交易所并公告。其主要内容包括公司概况，公司财务会计报告和经营情况，董事、监事、高级管理人员简介及其持股情况，已发行的股票、公司债券情况，包括持有公司股份最多的前十名股东名单和持股数额，公司的实际控制人，国务院证券监督管理机构规定的其他事项。

上市公司董事、高级管理人员应当对公司定期报告签署书面确认意见。上市公司监事会应当对董事会编制的公司定期报告进行审核并提出书面审核意见。

2. 临时发生重大事件的报告

公司发生重大事件时，应当立即编制重大事件公告书报送国务院证券监督管理机构和证券交易所，并向社会披露。重大事件指下列可能对公司的股票价格产生重大影响的情况：

（1）公司的经营方针和经营范围的重大变化；（2）公司的重大投资行为和重大的购

置财产的决定；(3) 公司订立重要合同，可能对公司的资产、负债、权益和经营成果产生重要影响；(4) 公司发生重大债务和未能清偿到期重大债务的违约情况；(5) 公司发生重大亏损或者重大损失；(6) 公司生产经营的外部条件发生的重大变化；(7) 公司的董事、1/3 以上监事或者经理发生变动；(8) 持有公司 5%以上股份的股东或者实际控制人，其持有股份或者控制公司的情况发生较大变化；(9) 公司减资、合并、分立、解散及申请破产的决定；(10) 涉及公司的重大诉讼，股东大会、董事会决议被依法撤销或者宣告无效；(11) 公司涉嫌犯罪被司法机关立案调查，公司董事、监事、高级管理人员涉嫌犯罪被司法机关采取强制措施；(12) 国务院证券监督管理机构规定的其他事项。

在上述案例中，H 公司上一年度的年度报告应在 2019 年 4 月之前报送并公开，因此其年度报告报送和公开的时间违反法律规定。中期报告应在 2019 年 6 月之后、9 月之前（即 7 月和 8 月）报送并公开，所以 H 公司在 6 月公开本年度中期报告的行为不符合法律规定。定期报告和临时报告都应向国务院证券监督管理机构和证券交易所同时报送，H 公司未向证券交易所报送，不符合规定。中期报告和年度报告的法定记载在事项方面是不一样的。公司的财务会计报告和经营情况是两份报告都应记载的内容，涉及公司的重大诉讼事项是中期报告的必要内容，持有公司股份最多的前十名股东的名单和持股数额是年度报告的必要内容。公司 1/4 的监事变动尚未构成《证券法》规定的需要临时报告的“重大事件”，所以无须进行报告。

（三）信息公开不实的法律后果

《证券法》第 69 条规定：发行人、上市公司公告的招股说明书、公司债券募集办法、财务会计报告、上市报告文件、年度报告、中期报告、临时报告以及其他信息披露资料，有虚假记载、误导性陈述或者重大遗漏，致使投资者在证券交易中遭受损失的，发行人、上市公司应当承担赔偿责任；发行人、上市公司的董事、监事、高级管理人员和其他直接责任人员以及保荐人、承销的证券公司，应当与发行人、上市公司承担连带赔偿责任，但是能够证明自己没有过错的除外；发行人、上市公司的控股股东、实际控制人有过错的，应当与发行人、上市公司承担连带赔偿责任。

四、证券上市交易的暂停与终止

（一）股票上市交易的暂停与终止

上市公司丧失上市条件的，其股票依法暂停上市或者终止上市。对此，《证券法》第 55 条、第 56 条作出了明确规定。

证券交易所决定暂停上市公司股票上市的情形有：(1) 公司股本总额、股权分布等发生变化不再具备上市条件；(2) 公司不按照规定公开其财务状况，或者对财务会计报告作虚假记载，可能误导投资者；(3) 公司有重大违法行为；(4) 公司最近三年连续亏损；(5) 证券交易所上市规则规定的其他情形。

证券交易所决定终止上市公司股票上市的情形有：(1) 公司股本总额、股权分布等发生变化不再具备上市条件，在证券交易所规定的期限内仍不能达到上市条件；(2) 公司不按照规定公开其财务状况，或者对财务会计报告作虚假记载，且拒绝纠正；(3) 公司最近三年连续亏损，在其后一个年度内未能恢复盈利；（4）公司解散或者被宣告破产；（5）证券交易所上市规则规定的其他情形。

（二）债券上市交易的暂停与终止

公司债券上市交易后，公司有下列情形之一的，由证券交易所决定暂停其公司债券的上市交易：（1）公司有重大违法行为；（2）公司情况发生重大变化，不符合公司债券上市条件；（3）公司债券所募集资金不按照核准的用途使用；（4）未按照公司债券募集办法履行义务；（5）公司最近两年连续亏损。

公司有上述第（1）项、第（4）项所列情形之一，经查实后果严重的，有上述第（2）项、第（3）项、第（5）项所列情形之一，在限期内未能消除的，公司解散或者被宣告破产的，由证券交易所决定终止该公司债券上市。

对证券交易所作出的不予上市、暂停上市、终止上市决定不服的，可以向证券交易所设立的复核机构申请复核。

第六节　上市公司的收购制度

案例：甲公司通过在证券交易所交易，持有乙公司的股份已达5%。甲公司在该事实发生之日起第5日，向国务院证券监督管理机构和证券交易所作出了书面报告，通知了乙公司，并进行了公告。后来，甲公司持续购买乙公司的股票，在其持股数额达到乙公司已发行股份的30%时，其向乙公司的部分股东发出了收购要约，与另一部分股东达成了收购协议。收购要约中规定的收购期限为80日。在收购过程中，甲公司与受要约的股东达成一致后，变更了收购要约中的收购条件。收购完成后的第8个月，甲公司将其收购的部分股票转卖给了他人。

分析：本案例涉及上市公司的收购制度。

一、上市公司收购的概念与方式

证券法规定的上市公司收购的方式，包括要约收购、协议收购及其他合法方式。

上市公司收购，是指投资者为取得某一上市公司的控股权或实施对某一上市公司的兼并，依法定程序公开购入该公司发行在外的部分或全部股份的行为。实施收购行为的投资者称为收购人，作为收购目标的上市公司称为被收购公司。

采取要约收购方式的，收购人必须遵守证券法规定的程序和规则，在收购要约期限内，不得采取要约规定以外的形式以及超出要约的条件买卖被收购公司的股票。采取协议收购方式的，收购人可以依照法律、行政法规的规定与被收购公司的股东以协议方式进行股权转让。

二、上市公司收购的程序与规则

（一）报告与公告持股情况

通过证券交易所的证券交易，投资者持有或者通过协议、其他安排与他人共同持有一个上市公司已发行的股份达到5%时，应当在该事实发生之日起3日内，向国务院证券监督管理机构、证券交易所作出书面报告，通知该上市公司，并予以公告；在上述规定的期限内，不得再买卖该上市公司的股票。在上述案例中，甲公司在持有乙公司的股份达5%之日起第5日报告的行为不符合法律规定。

投资者持有或者通过协议、其他安排与他人共同持有一个上市公司已发行的股份达到5%后，其所持该上市公司已发行的股份比例每增加或减少5%，应当依照前款规定进行报告和公告。在报告期限内和作出报告、公告后2日内，不得再交易该上市公司的股票。

（二）收购要约

通过证券交易所的证券交易，投资者持有或者通过协议、其他安排与他人共同持有一个上市公司已发行的股份达到30%时，继续进行收购的，应当依法向该上市公司所有股东发出收购上市公司全部或部分股份的要约。收购上市公司部分股份的要约应当约定，被收购公司股东承诺出售的股份数额超过预定收购的股份数额的，收购人按比例进行收购。在上述案例中，甲公司持有乙公司的股份已达30%，只能采用要约收购方式，而不能进行协议收购，并且，其应该向乙公司所有股东发出收购要约。

依照规定发出收购要约，收购人必须事先向国务院证券监督管理机构公告上市公司收购报告书。

收购要约的期限不得少于30日，并不得超过60日。在上述案例中，80日的收购期限显然不符合规定。在收购要约的有效期限内，收购人不得撤回其收购要约；收购人需要变更收购要约的，必须及时公告，载明具体变更事项。

（三）终止上市交易与应当收购

收购要约的期限届满，被收购公司股权分布不符合上市条件的，该上市公司的股票应当由证券交易所依法终止上市交易；其余仍持有被收购公司股票的股东，有权向收购人以收购要约的同等条件出售其股票，收购人应当收购。

（四）报告与公告收购情况

收购行为完成后，收购人应当在15日内将收购情况报告国务院证券监督管理机构和证券交易所，并予以公告。

三、上市公司收购的法律后果

（1）在上市公司收购中，收购人持有的被收购的上市公司的股票，在收购行为完成后的12个月内不得转让。在上述案例中甲公司在收购完成后第8个月转让乙公司股份的行为不当。

(2) 收购行为完成后，被收购公司不再具备股份有限公司条件的，应当依法变更企业形式。

(3) 收购行为完成后，收购人与被收购公司合并，并将该公司解散的，被解散公司的原有股票由收购人依法更换。

第七节 违反证券法的法律责任

一、违反证券发行规定的法律责任

(1) 未经法定机关核准，擅自公开或者变相公开发行证券的，责令其停止发行，退还所募资金并加算银行同期存款利息，处以非法所募资金金额1%以上5%以下的罚款。对擅自公开或者变相公开发行证券设立的公司，由依法履行监督管理职责的机构或者部门会同县级以上地方人民政府予以取缔。对直接负责的主管人员和其他直接责任人员给予警告，并处以3万元以上30万元以下的罚款。

(2) 发行人，包括发行人的控股股东、实际控制人不符合发行条件，以欺骗手段骗取发行核准，尚未发行证券的，处以30万元以上60万元以下的罚款；已经发行证券的，处以非法所募资金金额1%以上5%以下的罚款。对直接负责的主管人员和其他直接责任人员处以3万元以上30万元以下的罚款。

(3) 证券公司承销或者代理买卖未经核准擅自发行的证券的，责令停止承销或代理买卖，没收违法所得，并处以违法所得1倍以上5倍以下的罚款；没有违法所得或者违法所得不足30万元的，处以30万元以上60万元以下的罚款。给投资者造成损失的，应当与发行人承担连带赔偿责任。对直接负责的主管人员和其他直接责任人员给予警告，撤销任职资格或者证券从业资格，并处以3万元以上30万元以下的罚款。

二、违反证券交易规定的法律责任

(1) 证券交易内幕信息的知情人或者非法获取内幕信息的人，在涉及证券的发行、交易或者其他对证券的价格有重大影响的信息公开前，买卖该证券，或者泄露该信息，或者建议他人买卖该证券的，责令依法处理非法持有的证券，没收违法所得，并处以违法所得1倍以上5倍以下的罚款，没有违法所得或者违法所得不足3万元的，处以3万元以上60万元以下的罚款。单位从事内幕交易的，还应当对直接负责的主管人员和其他直接责任人员给予警告，并处以3万元以上30万元以下的罚款。证券监督管理机构工作人员进行内幕交易的，从重处罚。

(2) 违反《证券法》的规定，操纵证券市场的，责令依法处理其非法持有的证券，没收违法所得，并处以违法所得1倍以上5倍以下的罚款；没有违法所得或者违法所得不足30万元的，处以30万元以上300万元以下的罚款。单位操纵证券市场的，还应当对直接负责的主管人员和其他直接责任人员给予警告，并处以10万元以上60万元以下的罚款。

（3）编造并且传播影响证券交易的虚假信息，扰乱证券交易市场的，由证券监督管理机构责令其改正，没收违法所得，并处以违法所得1倍以上5倍以下的罚款；没有违法所得或者违法所得不足3万元的，处以3万元以上20万元以下的罚款。

（4）证券交易所、证券公司、证券登记结算机构、证券服务机构及其从业人员，证券业协会、证券监督管理机构及其工作人员，在证券交易活动中作出虚假陈述或者信息误导的，责令改正，处以3万元以上20万元以下的罚款；属于国家工作人员的，还应当依法给予行政处分。

（5）违反《证券法》的规定，法人以他人名义设立账户或者利用他人账户买卖证券的，责令其改正，没收违法所得，并处以违法所得1倍以上5倍以下的罚款；没有违法所得或者违法所得不足3万元的，处以3万元以上30万元以下的罚款。对直接负责的主管人员和其他直接责任人员给予警告，并处以3万元以上10万元以下的罚款。

三、违反证券机构管理、人员管理的法律责任

（1）非法开设证券交易场所的，由县级以上人民政府予以取缔，没收违法所得，并处以违法所得1倍以上5倍以下的罚款；没有违法所得或者违法所得不足10万元的，处以10万元以上50万元以下的罚款。对直接负责的主管人员和其他直接责任人员给予警告，并处以3万元以上30万元以下的罚款。

（2）未经批准，擅自设立证券公司或者非法经营证券业务的，由证券监督管理机构予以取缔，没收违法所得，并处以违法所得1倍以上5倍以下的罚款；没有违法所得或者违法所得不足30万元的，处以30万元以上60万元以下的罚款。对直接负责的主管人员和其他直接责任人员给予警告，并处以3万元以上30万元以下的罚款。

（3）法律、行政法规规定禁止参与股票交易的人员，直接或者以化名、借他人名义持有、买卖股票的，责令依法处理非法持有的股票，没收违法所得，并处以买卖股票等值以下的罚款；属于国家工作人员的，还应当依法给予行政处分。

（4）证券交易所、证券公司、证券登记结算机构、证券服务机构的从业人员或者证券业协会的工作人员，故意提供虚假资料，隐匿、伪造、篡改或者毁损交易记录，诱骗投资者买卖证券的，撤销证券从业资格，并处以3万元以上10万元以下的罚款；属于国家工作人员的，还应当依法给予行政处分。

（5）保荐人出具有虚假记载、误导性陈述或者重大遗漏的保荐书，或者不履行其他法定职责的，责令改正，给予警告，没收业务收入，并处以业务收入1倍以上5倍以下的罚款；情节严重的，暂停或者撤销相关业务许可。对直接负责的主管人员和其他直接责任人员给予警告，并处以3万元以上30万元以下的罚款；情节严重的，撤销任职资格或者证券从业资格。

四、证券机构的法律责任

《证券法》规定了证券机构的大量法律责任，主要包括：

（1）证券公司违反证券法规定，为客户买卖证券提供融资融券的，没收违法所得，暂停或者撤销相关业务许可，并处以非法融资融券等值以下的罚款。对直接负责的主管人员和其他直接责任人员给予警告，撤销任职资格或者证券从业资格，并处以 3 万元以上 30 万元以下的罚款。

（2）证券公司违反证券法规定，假借他人名义或者以个人名义从事证券自营业务的，责令改正，没收违法所得，并处以违法所得 1 倍以上 5 倍以下的罚款；没有违法所得或者违法所得不足 30 万元的，处以 30 万元以上 60 万元以下的罚款；情节严重的，暂停或者撤销证券自营业务许可。对直接负责的主管人员和其他直接责任人员给予警告，撤销任职资格或者证券从业资格，并处以 3 万元以上 10 万元以下的罚款。

（3）证券公司违背客户的委托买卖证券、办理交易事项，或者违背客户真实意思表示，办理交易以外的其他事项的，责令改正，处以 1 万元以上 10 万元以下的罚款。给客户造成损失的，依法承担赔偿责任。

（4）证券公司、证券登记结算机构挪用客户的资金或者证券，或者未经客户的委托，擅自为客户买卖证券的，责令改正，没收违法所得，并处以违法所得 1 倍以上 5 倍以下的罚款；没有违法所得或者违法所得不足 10 万元的，处以 10 万元以上 60 万元以下的罚款；情节严重的，责令关闭或者撤销相关业务许可。对直接负责的主管人员和其他直接责任人员给予警告，撤销任职资格或者证券从业资格，并处以 3 万元以上 30 万元以下的罚款。

（5）证券公司办理经纪业务，接受客户的全权委托买卖证券的，或者证券公司对客户买卖证券的收益或者赔偿证券买卖的损失作出承诺的，责令改正，没收违法所得，并处以 5 万元以上 20 万元以下的罚款，可以暂停或者撤销相关业务许可。对直接负责的主管人员和其他直接责任人员给予警告，并处以 3 万元以上 10 万元以下的罚款，可以撤销任职资格或者证券从业资格。

（6）证券公司及其从业人员违反证券法规定，私下接受客户委托买卖证券的，责令改正，给予警告，没收违法所得，并处以违法所得 1 倍以上 5 倍以下的罚款；没有违法所得或者违法所得不足 10 万元的，处以 10 万元以上 30 万元以下的罚款。

（7）证券公司对其证券经纪业务、证券承销业务、证券自营业务、证券资产管理业务，不依法分开办理，混合操作的，责令改正，没收违法所得，并处以 30 万元以上 60 万元以下的罚款；情节严重的，撤销相关业务许可。对直接负责的主管人员和其他直接责任人员给予警告，并处以 3 万元以上 10 万元以下的罚款；情节严重的，撤销任职资格或者证券从业资格。

（8）未经国务院证券监督管理机构批准，擅自设立证券登记结算机构的，由证券监督管理机构予以取缔，没收违法所得，并处以违法所得 1 倍以上 5 倍以下的罚款。

投资咨询机构、财务顾问机构、资信评级机构、资产评估机构、会计师事务所未经批准，擅自从事证券服务业务的，责令改正，没收违法所得，并处以违法所得 1 倍以上

5 倍以下的罚款。

证券登记结算机构、证券服务机构违反证券法规定或者依法制定的业务规则的，由证券监督管理机构责令改正，没收违法所得，并处以违法所得 1 倍以上 5 倍以下的罚款；没有违法所得或者违法所得不足 10 万元的，处以 10 万元以上 30 万元以下的罚款；情节严重的，责令关闭或者撤销证券服务业务许可。

（9）证券监督管理机构的工作人员和发行审核委员会的组成人员，不履行证券法规定的职责，滥用职权、玩忽职守，利用职务便利牟取不正当利益，或者泄露所知悉的有关单位和个人的商业秘密的，依法追究法律责任。

复习与思考

1.《证券法》的基本原则。
2. 公司股票上市的条件。
3. 公司发行债券的条件。
4. 内幕交易的知情人。
5. 操纵证券市场的行为。
6.《证券法》禁止的证券交易行为。
7. 上市公司持续信息公开的内容。

第八章
保险法

本章要点

1. 保险的概念及分类
2. 保险合同的主体：保险人、投保人、被保险人、受益人
3. 保险合同的客体：保险利益
4. 投保人如实告知的义务
5. 保险人解释、说明保险合同条款内容的义务
6. 保险人的代位请求赔偿的权利（也称“代位追偿权”）
7. 委付的概念

导入案例

2018 年 11 月 1 日，高某就其新买的家庭自用、价值 40 万元的本田小轿车向保险公司 A 投了车辆损失险、机动车交通事故责任强制保险。双方约定，保险期间为 1 年，保险价值为 40 万元，保险金额为 20 万元。合同还约定，高某或其指定的司机给第三者造成损失的，由保险公司承担保险赔偿责任。

问题：本案例中的车辆损失险、机动车交通事故责任强制保险分别属于哪种类型的保险？保险期间、保险价值、保险金额分别指什么？

第一节　保险与保险法概述

一、保险

（一）保险概述

根据保险的定义，保险应具有三个主要特征：

（1）危险依赖性。保险以危险的存在为前提，无危险，无保险；无损失，无保险。但是并非任何危险都是保险的对象，保险所指的危险是特定的自然灾害和意外事故是否发生、何时发生及发生后导致的结果不确定和不可预测的风险。

（2）社会分担性。保险的本质就在于社会分担性，在于通过保险人而进行的风险转移和费用分担。这种分担的优越性集中体现在：参加的人数越多，范围越广，分担的费用越低，同时，保障性越强，越能吸引更多的人参加到保险中来，从而降低保险人的风险，因而是一种双赢的安排。

保险，是指投保人依据合同的约定，向保险人支付保险费，保险人对于合同约定的可能发生的事故因其发生所造成的财产损失承担赔偿保险金责任，或者当被保险人死亡、伤残、疾病或达到合同约定的年龄、期限等条件时承担给付保险金责任的商业保险行为。

（3）商事合同性。保险是一种商事行为，一切围绕营利展开。这种营利性符合社会需求，因而表现出极高的社会价值，但同时保险也要求具有合理性，即保险需要交纳的费用必须合理。保险也是一种由当事人双方约定其权利与义务的合同。

（二）保险的分类

保险的种类又称险种或险别，根据划分的标准不同，保险可以有以下不同的分类：

（1）按保险的实施方式，保险可分为自愿保险和强制保险。自愿保险是指投保人和保险人在遵循公平互利、协商一致原则的基础上自愿签订的保险合同。强制保险，又称法定保险，它是以国家法律、法令的形式来实施的。强制保险与自愿保险相比有几个特点：1）保险范围的全面性。凡属法律、行政法规规定的对象，均必须参加保险。2）保险条件的统一性。法律、行政法规对保险的主要内容均有统一的规定。3）保险责任自动开始，一般无须保险人和投保人协商约定。例如，我国目前的强制保险有机动车交通事故责任强制保险等。本章导入案例中的车辆损失险即为自愿保险，机动车交通事故责任强制保险为强制保险。

（2）按保险的对象，保险可分为财产保险和人身保险。财产保险是以物质财产及其有关的利益或责任为保险标的的一种保险，保险人对自然灾害和意外事故所造成的保险财产的损失、灭失或有关的费用负责补偿。人身保险是以人的生命或身体作为保险标的的一种保险。保险人在被保险人因意外灾害、疾病、衰老以致丧失工作能力、伤残、死亡或年老退休时，给付预定的保险金，以满足其经济需求。本章导入案例中的车辆损失险和机动车交通事故责任强制保险均为财产保险。

(3) 按保险保障的范围，保险可分为财产保险、责任保险、保证保险和人身保险。这实际上是在保险标的分类基础上进行的进一步分类。

这里的财产保险是除责任保险和保证保险以外的各种与财产有关的保险。责任保险是指以被保险人对第三者依法应负的赔偿责任为保险标的的一种保险。保证保险实际上是一种担保业务，由保险人为被保险人向权利人提供担保，保证被保险人的作为或不作为。本章导入案例中的车辆损失险为财产保险，机动车交通事故责任强制保险为责任保险。

(4) 按保险的实施范围，保险可分为社会保险和普通保险。社会保险是社会保障体系的核心组成部分，主要指劳动保险，它是国家通过立法形式在社会成员因老、弱、病、残等原因丧失劳动能力或暂时待业时提供物质帮助的一种制度，是针对全体社会成员的一种非营利性质的社会福利措施。普通保险即由保险公司经营的商业保险。社会保险和普通保险在性质、经营、给付等方面不同。

(5) 按保险承担责任次序，保险可分为原保险和再保险。原保险是指保险人对被保险人因保险事故所造成的损失，承担直接的原始赔偿责任的保险，也称一次保险。关于再保险，下文具体详述。

(三) 再保险

再保险是指对原保险的保险责任再予以承保的保险，即保险人将自己承保业务中的部分或全部危险责任再分摊给另一个保险人承担，以减轻原保险人自身所负担的经济赔偿责任。同时，原保险人必须把已经收取的保险费的部分或全部转让给再保险人。再保险是保险的保险。承担再保险业务的公司称为再保险公司，是指专门从事再保险业务、不直接向投保人签发保单的保险公司。

原保险和再保险的关系为：原保险是保险人与投保人之间的合同关系，再保险是原保险人与再保险人之间的合同关系。再保险是以原保险的存在为前提的，表现为再保险人的保险责任是以原保险人的责任为限的，同时再保险合同又是一个独立的合同。再保险人与原保险合同的投保人之间不发生权利义务关系。再保险接受人不得向原保险的投保人要求支付保险费。原保险的被保险人或受益人，不得向再保险接受人提出赔偿或给付保险金的请求。此外，再保险分出人不得以再保险接受人未履行再保险责任为由，拒绝履行或迟延履行其原保险责任。

二、保险法

保险法是以保险关系为调整对象的法律规范的总称，保险法中所调整的保险关系，仅指商业保险关系，并不包括社会保险。

(一) 保险法的概念

保险法的体系和内容涵盖保险业法、保险合同法、保险特别法等。《中华人民共和国保险法》(以下简称《保险法》) 由保险合同法和保险业法构成，其适用范围是：

（1）对人效力。《保险法》适用于金融监督管理部门以及从事商业保险活动的公民、法人和其他组织。（2）空间效力。《保险法》只适用于我国境内。（3）时间效力。

现行《保险法》于 2015 年 4 月 24 日修正。除此之外，为了正确适用《保险法》审理相关案件，最高人民法院分别于 2009 年 9 月 14 日、2013 年 5 月 6 日、2015 年 9 月 21 日、2018 年 5 月 14 日通过了最高人民法院关于适用《中华人民共和国保险法》若干问题的四个司法解释。

（二）保险法的基本原则

保险当事人在参与保险活动时，必须遵循一定的原则。我国保险法规定的基本原则包括：必须遵守法律和行政法规、尊重社会公德原则，自愿原则，诚实信用原则，公平竞争原则，专业经营原则，以及分业经营原则。

（1）必须遵守法律和行政法规、尊重社会公德原则。这是一切活动都必须遵守的原则，保险活动也不例外。

（2）自愿原则。所谓自愿是指保险当事人出于自己真实的意思表示，在不存在任何强制或胁迫的情况下，参与保险活动，是意思自治原则在保险活动中的体现。

（3）诚实信用原则。诚实信用原则是民法的基本原则，也是保险法的基本原则。

（4）公平竞争原则。《保险法》第 115 条规定：保险公司开展业务，应当遵循公平竞争的原则，不得从事不正当竞争。公平竞争原则不仅适用于保险人，也适用于保险中介人。

（5）专业经营原则。这是指保险业务必须由按照《保险法》设立的保险公司或者法律、行政法规规定的其他保险组织经营，其他单位和个人不得经营保险业务。

（6）分业经营原则。《保险法》第 8 条规定：保险业和银行业、证券业、信托业实行分业经营、分业管理，保险公司与银行、证券、信托业务机构分别设立。国家另有规定的除外。

第二节　保险合同

一、保险合同的概念与性质

从保险人承担的保险责任内容来看，保险合同有两类：一类是补偿合同，即保险人只在约定的保险事故发生后，根据被保险人遭受损失的程度给予补偿；另一类是给付合同，即只要合同规定的给付条件出现或合同到期，保险人就应支付保险金。

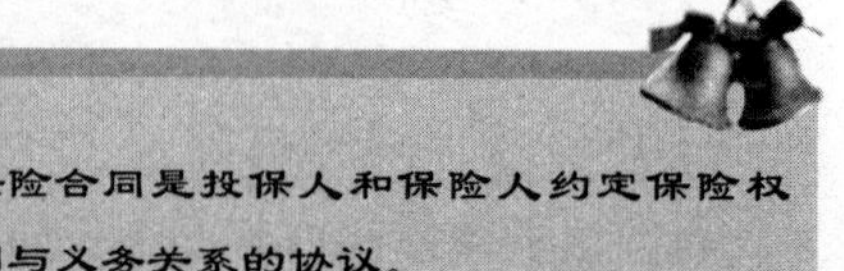

保险合同的法律性质包括如下几点。

（一）保险合同是双务合同

在保险合同中，被保险人向保险人缴付保险费作为取得保险人对保险标的给予保障的权利的对价，保险人收取保险费就必须承担保险标的受损后的赔偿义务。但对于保险人所负义务的内容，理论上有金钱给付说和危险承担说两种。

（二）保险合同为射幸合同

射幸合同是指当事人一方或双方应为的给付，取决于合同成立后偶然事件发生的合同。保险合同的目的是使保险人在不可预料或具有不可抗力的特定事故发生时，对被保险人履行赔偿或给付的责任，所以应属射幸合同。但保险合同和同样属于射幸合同的赌约不同，保险合同以保险利益为标的，在保险利益受到侵害时，由保险人补偿被保险人的损害，不增加被保险人的利益；而后者仅以少数赌注约定于某特定事故发生时，由赌赢的一方获取约定的金额。然而，保险合同的射幸性只是就单个保险合同而言的，如果就全部保险合同而言，保险费与保险赔偿金额的关系是根据大数法则科学地计算出来的，两者大体相当，即不存在射幸性。

（三）保险合同是格式合同

格式合同，又称附合合同（或附和合同、附从合同），是指合同一方当事人事先就印好标准合同条款，供另一方当事人考虑是否接受而订立的合同。由于保险合同的附合性，保险单实际上是保险人一方的片面文件，这就在相当程度上限制了合同的自由，对于不得不接受合同条件的投保人、被保险人及受益人极为不利，因此，修订后的《保险法》对采用格式条款订立保险合同的保险人的义务作出了更严格的规定。其中，第17条规定：订立保险合同，采用保险人提供的格式条款的，保险人向投保人提供的投保单应当附格式条款，保险人应当向投保人说明合同的内容。对保险合同中免除保险人责任的条款，保险人在订立合同时应当在投保单、保险单或者其他保险凭证上作出足以引起投保人注意的提示，并对该条款的内容以书面或者口头形式向投保人作出明确说明；未作提示或者明确说明的，该条款不产生效力。

采用保险人提供的格式条款订立的保险合同条款无效的情形包括：（1）免除保险人依法应承担的义务或者加重投保人、被保险人责任的；（2）排除投保人、被保险人或者受益人依法享有的权利的。在对保险合同格式条款进行解释时，《保险法》也作出了有利于被保险人和受益人的规定。

（四）保险合同为最大诚信合同

保险人的危险补偿责任在很大程度上依赖于投保人及被保险人的诚实信用，影响保险合同效力的主要事项以及双方权利义务的多少均以被保险人或投保人的告知为准。一般情况下，被保险人最了解保险标的的危险状况，而保险人却知之甚少或一无所知，投保人的任何不实之举都将可能使保险人蒙骗受损；而且，保险标的多在被保险人的占有、使用之下，保险标的的危险完全受被保险人控制，故被保险人的任何放任行为均将增加保险人承担的风险，因此，保险合同对当事人诚实信用程度的要求更高。

二、保险合同的分类

（一）根据在保险合同中是否预先确定保险价值来划分

保险合同可分为定值保险合同和不定值保险合同。

定值保险合同是指双方事先确定保险标的的保险价值，并在合同中载明已确定保险金最高限额的财产保险合同。保险事故发生后，保险人应该以约定的保险价值作为给付保险赔偿金的基础。不定值保险合同是指当事人对保险标的不预先确定其价值，而是在保险事故发生后估算其价值并确定损失的财产保险合同。

（二）根据保险金额与保险价值的关系来划分

保险合同可分为足额保险合同、不足额保险合同和超额保险合同。保险金额是指保险人承担赔偿或给付保险金责任的最高限额。

足额保险合同即保险金额与保险价值相等的保险合同。在此种合同下，当保险事故造成保险标的全部损失时，保险人应按照保险价值全部赔偿；当造成部分损失时，保险人应按实际损失确定应给付的保险金数额。

不足额保险合同是指保险金额小于保险价值的保险合同。当发生全损时，保险人按约定的保险金额给付保险金；当发生部分损失时，通常适用比例分担原则，即保险人按照保险金额与保险价值的比例承担责任。

超额保险合同是指保险金额超过保险价值的保险合同。保险法一般规定保险金额不得超过保险价值，超过保险价值的，超过的部分无效。

（三）按给付保险金的目的来划分

保险合同可分为补偿性保险合同（又称为不定额保险合同）与给付性保险合同（又称为定额保险合同）。

补偿性保险合同的保险人给付保险金的目的在于补偿被保险人因保险事故发生所遭受的实际损失。财产保险即属于补偿性保险。

给付性保险合同不以补偿损失为目的，大多数人身保险合同为给付性保险合同，这是因为这种保险的标的是人的生命或健康，不能用经济价值来衡量。

（四）按保险人的人数来划分

保险合同可分为单保险合同和复保险合同。

单保险合同是指投保人就同一保险标的、同一保险利益、同一保险事故向一个保险人订立的保险合同。

复保险合同是指投保人就同一保险标的、同一保险利益、同一保险事故分别向两个以上保险人订立的保险合同。复保险的保险金额总和超过保险价值的，各保险人赔偿金额的总和不得超过保险价值。除合同另有约定外，各保险人按照其保险金额与保险金额总和的比例承担赔偿责任。复保险的投保人应当将重复保险的有关情况通知各保险人。

（五）按保险标的的不同来划分

保险合同可分为财产保险合同和人身保险合同。财产保险合同是以财产及其有关利益为保险标的的保险合同。人身保险合同是以人的寿命和身体为保险标的的保险合同。

三、保险合同的主体

保险合同的主体分为当事人和关系人。与保险合同发生直接关系的是保险合同的当事人，即保险人和投保人；与保险合同发生间接关系的是保险合同的关系人，即被保险人和受益人。

（一）保险合同的当事人

1. 保险人

保险人是经营保险业务的金融机构，是以营利为目的的法人。《保险法》规定的保险公司的组织形式为股份有限公司和国有独资公司，设立保险公司，必须经保险监督管理机构批准，且必须符合法律的其他特别要求。《保险法》第79条规定：保险公司在中华人民共和国境外设立子公司、分支机构，应当经国务院保险监督管理机构批准。

保险人是指与投保人订立保险合同，并承担赔偿或给付保险金责任的保险公司。

2. 投保人

根据法律规定，投保人必须具备以下条件：

（1）具有权利能力和行为能力。法人的权利能力就是指法人享有权利和承担义务的能力或资格。自然人的行为能力则根据《民法总则》的规定。

投保人是指与保险人订立保险合同，并按照保险合同负有支付保险费义务的人。

（2）对保险标的必须具有保险利益。保险利益是指投保人对保险标的具有的法律上承认的利益。

（3）必须承担缴付保险费的义务。不论保险合同是为自己的利益还是他人的利益订立都应缴付保险费。如果投保人因故未付保险费，保险合同的关系人也可以代为缴付，保险人不得拒收。

（二）保险合同的关系人

1. 被保险人

被保险人是指其财产或人身受保险合同保障，享有保险金请求权的人，投保人可以为被保险人。

以死亡为给付保险金条件的合同，未经被保险人同意并认可保险金额的，合同无效。最高人民法院《关于适用〈中华人民共和国保险

法〉若干问题的解释（三）》明确了被保险人同意可以采取书面形式、口头形式或者其他形式；可以在合同订立时作出，也可以在合同订立后追认。此外，这种保险单未经被保险人书面同意，不得转让或质押。父母为其未成年子女投保的人身保险，不受上述规定限制。

2. 受益人

受益人应当由被保险人在投保时指定，并在保险合同中载明。人身保险的受益人由被保险人或投保人指定，投保人指定受益人时须经被保险人同意。投保人指定受益人未经被保险人同意的，人民法院应认定指定行为无效。当事人对保险合同约定的受益人存在争议，除投保人、被保险人在保险合同之外另有约定外，按照以下情形分别处理：（1）受益人约定为“法定”或者“法定继承人”的，以继承法规定的法定继承人为受益人。（2）受益人仅约定为身份关系，投保人与被保险人为同一主体的，根据保险事故发生时与被保险人的身份关系确定受益人；投保人与被保险人为不同主体的，根据保险合同成立时与被保险人的身份关系确定受益人。（3）受益人的约定包括姓名和身份关系，保险事故发生时身份关系发生变化的，认定为未指定受益人。

受益人是指人身保险合同中由被保险人或者投保人指定的享有保险金请求权的人，投保人、被保险人可以为受益人。

四、保险合同的客体——保险利益

《保险法》第12条规定：保险利益是指投保人或者被保险人对保险标的具有的法律上承认的利益。

根据保险立法及保险实务，构成保险利益必须具备三个条件：

（1）合法利益。即必须是法律上承认的利益，非法所得不能作为保险标的投保，对于自己不能主张权利的标的也不能投保。

（2）能够确定的利益。即被保险人或投保人可以确定保险标的的现有利益或因现有利益而产生的将来预期利益。

（3）属于金钱上的利益。保险是以补偿损失为目的、以支付货币为补偿方式的制度，若损失不是经济上的利益，即不能用金钱来计算，损失就无法得到补偿。在财产保险中，不同投保人可就同一保险标的分别投保，在发生保险事故后，被保险人在其保险利益范围内根据保险合同主张保险赔偿。

当然，人身保险合同的保险利益具有一定的特殊性。由于人是无价的，因而不能用确定的经济价值来衡量人身所具有的保险利益，但可以采取限制家庭成员关系范围，并结合被保险人同意的方式对人身保险合同的保险利益加以明确。投保人对本人、配偶、子女、父母，与投保人有抚养、赡养或扶养关系的家庭其他成员、近亲属以及与投保人有劳动关系的劳动者有保险利益。此外，被保险人同意投保人为其订立合同的，视为投保人对被保险人具有保险利益。在人身保险中，因投保人对被保险人不具有保险利益导致保险合同无效的，投保人可要求保险人退还扣减相应手续费后的保险费。

第三节 保险合同的成立与履行

《保险法》第13条规定：投保人提出保险要求，经保险人同意承保，保险合同成立。保险人应当及时向投保人签发保险单或者其他保险凭证。保险单或者其他保险凭证应当载明当事人双方约定的合同内容。当事人也可以约定采用其他书面形式载明合同内容。依法成立的保险合同，自成立时生效。投保人和保险人可以对合同的效力约定附条件或者附期限。保险合同成立后，投保人按照约定交付保险费，保险人按照约定的时间开始承担保险责任。

一、保险合同的条款

根据保险合同条款的内容是否具有强制性，可将保险合同的条款分为法定条款和约定条款。

（一）法定条款

根据《保险法》第18条的规定，保险合同应当包括下列事项：

（1）保险人的名称和住所；

（2）投保人、被保险人的姓名或者名称、住所，以及人身保险的受益人的姓名或者名称、住所；

（3）保险标的；

（4）保险责任和责任免除；

（5）保险期间和保险责任开始时间；

（6）保险金额；

（7）保险费以及支付办法；

（8）保险金赔偿或者给付办法；

（9）违约责任和争议处理；

（10）订立合同的年、月、日。

（二）约定条款

投保人和保险人在法定的保险合同条款之外，可以就与保险有关的其他事项作出约定。

二、保险合同的履行

保险合同为双务合同，合同成立后双方当事人必须承担相应的义务。

(一) 投保人的义务

从履行义务的内容看，投保人的义务有如实告知义务、缴付保险费义务、通知义务、止损义务。

1. 如实告知义务

在订立保险合同时，保险人就保险标的或者被保险人的有关情况提出询问的，投保人应当如实告知。投保人故意或者因重大过失未履行前款规定的如实告知义务，足以影响保险人决定是否同意承保或者提高保险费率的，保险人有权解除合同。但是，该项解除权自保险人知道有解除事由之日起，超过 30 日不行使而消灭。自合同成立之日起超过 2 年的，保险人不得解除合同；发生保险事故的，保险人应当承担赔偿或者给付保险金的责任。投保人故意不履行如实告知义务的，保险人对于合同解除前发生的保险事故，不承担赔偿或者给付保险金的责任，并不退还保险费。投保人因重大过失未履行如实告知义务，对保险事故的发生有严重影响的，保险人对于合同解除前发生的保险事故，不承担赔偿或者给付保险金的责任，但应当退还保险费。

2. 缴付保险费义务

保险合同为有偿合同，投保人通过履行缴付保险费的义务，换取保险人为其提供保险经济保障的权利。财产保险的保险费一般在合同成立时一次缴清，经双方特别约定的，可以分期支付；人身保险合同多为分期支付。

3. 通知义务

投保人的通知义务发生在危险增加和保险事故发生后。按照《保险法》第 52 条的规定，在合同有效期内，保险标的的危险程度显著增加的，被保险人应当按照合同约定及时通知保险人，保险人可以按照合同约定增加保险费或者解除合同。被保险人未履行通知义务的，因保险标的的危险程度显著增加而发生的保险事故，保险人不承担赔偿保险金的责任。

在保险合同履行过程中，如果所投保的危险事故发生，投保人、被保险人或受益人应当及时通知保险人。规定这一义务，一方面是为避免损失扩大，可以采取紧急救护措施；另一方面也有利于查明事故原因，确定损失的大小，明确责任。

4. 止损义务

当保险事故发生时，被保险人有责任尽力采取必要的措施，防止或减少损失。被保险人为防止或减少保险标的的损失所支付的必要的、合理的费用，由保险人承担；保险人承担的数额在保险标的的损失赔偿金额以外另行计算，最高不超过保险金额的数额。

(二) 保险人的义务

补偿或给付保险金是保险人最基本的义务，除此之外，保险人还负有解释、说明保险合同条款内容的义务，保密义务等。

(1) 解释、说明保险合同条款内容的义务。《保险法》第 17 条规定：订立保险合同，采用保险人提供的格式条款的，保险人向投保人提供的投保单应当附格式条款，保险人应当向投保人说明合同的内容。对保险合同中免除保险人责任的条款，保险人在订立合同时应当在投保单、保险单或者其他保险凭证上作出足以引起投保人注意的提示，并对该条款的内容以书面或者口头形式向投保人作出明确说明；未作提示或者明确说明的，该条款不产生效力。这一规定的意义在于，首先，保险合同是格式合同，被保险人无更改条款内容的权利，只有接受与否的权利，保险人的解释、说明对于严格履行合同和避免纠纷十分必要；其次，一般投保人对保险合同都缺乏详细的了解，这一规定体现了公平和诚实信用原则。

（2）补偿或给付保险金的义务。对财产保险而言，就是对保险事故发生而使保险标的遭受的实际损失进行补偿；对人身保险而言，就是在约定的保险事故出现后给付合同规定的保险金。对属于保险责任的，在与被保险人或受益人达成有关赔偿或给付保险金额的协议后10天内，履行赔偿或给付保险金的义务。保险合同对保险金额及赔偿或给付期限有约定的，保险人应当按照保险合同的约定，履行赔偿或给付保险金的义务。一般来说，财产保险的赔偿金额不超过保险金额。

（3）保密义务。保险人或再保险接受人，对于在办理保险业务中了解的投保人、被保险人、受益人或再保险分出人的业务或财产情况及个人隐私，负有保密义务。

第四节　保险索赔与代位追偿和委付

保险索赔是指被保险人或受益人在保险标的因保险事故发生，造成财产损失或人身伤亡后，依照保险合同请求保险人赔偿损失或给付保险金的行为。保险索赔的诉讼时效因保险类型不同而有区别。人寿保险以外的其他保险的被保险人或者受益人，向保险人请求赔偿或者给付保险金的诉讼时效期间为2年，自其知道或者应当知道保险事故发生之日起计算；人寿保险的被保险人或者受益人向保险人请求给付保险金的诉讼时效期间为5年，自其知道或者应当知道保险事故发生之日起计算。

一、代位追偿权

案例：李某拥有一辆货车。某日，李某驾货车在马路上正常行驶。迎面驶来一辆面包车，因其司机王某酒后驾驶，与李某的货车相撞，造成李某的货车严重损坏。交通管理部门经调查认定此次事故由王某承担全部责任，王某应赔偿李某5万元。后来，李某发现王某是自己的中学同学，同时又因为李某投有车辆保险，因此他直接向保险公司请求赔付。保险公司在调查事故后，按照保险合同赔付了李某3万元保险金。李某获得保险金后，未经保险公司同意就擅自免除了王某的赔偿责任。

分析：本案例涉及保险法中的代位追偿权。

在上述案例中，由于面包车司机王某的过错造成保险标的——货车发生保险责任范围内的损失，保险公司按照合同约定给付了保险金，因此保险公司取得了对王某的代位追偿权。代位追偿权的范围以被保险人享有的权利为限，并且不能超过保险人赔付给被保险人的金额。保险人行使代位追偿权，不影响被保险人就未取得赔偿的部分向第三者请求赔偿的权利。因此，上述案例中的保险公司仅就其赔付的 3 万元享有代位追偿权，对于剩余的 2 万元损失，李某仍有权请求王某赔偿。

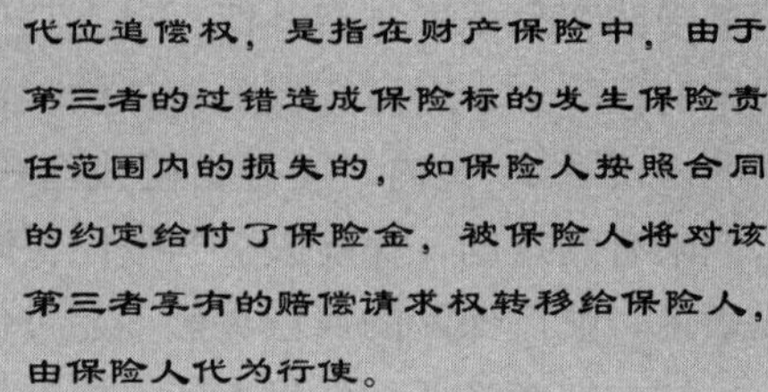
代位追偿权，是指在财产保险中，由于第三者的过错造成保险标的发生保险责任范围内的损失的，如保险人按照合同的约定给付了保险金，被保险人将对该第三者享有的赔偿请求权转移给保险人，由保险人代为行使。

除被保险人的家庭成员或其组成人员故意造成《保险法》第 60 条第一款规定的保险事故外，保险人不得对被保险人的家庭成员或者其组成人员行使代位追偿权。在上述案例中，王某并非李某的家庭成员或其组成人员，且其也非故意造成货车事故，因此，保险公司可以行使对王某的代位追偿权。

保险事故发生后，保险人赔偿保险金之前，被保险人放弃对第三者的请求赔偿权利的，保险人不承担赔偿责任。保险人赔偿后，被保险人未经保险人同意放弃对第三者的请求赔偿权利的，该行为无效。案例中李某免除王某赔偿责任的行为，在保险公司享有代位追偿权的 3 万元范围内无效，而李某自己对王某享有的其余 2 万元的追偿权，则因免除而消灭。被保险人故意或者因重大过失致使保险人不能行使代位追偿权的，保险人可以扣减或者要求返还相应的保险金。

二、委付

委付是指保险事故发生后，保险人已支付了全部保险金额，并且保险金额等于保险价值的，受损保险标的的全部权利归于保险人；保险金额低于保险价值的，保险人按照保险金额与保险价值的比例取得受损保险标的的部分权利。

委付与权益转让的不同之处在于，权益转让中保险人所得最多以不超过赔付的保险金额为限，而委付中保险人则可以取得损余处理的全部价值；权益转让保险人只享有被保险人应该享有的权利而不承担义务，委付保险人在获得权利的同时也必须承担相应的义务。

第五节　保险合同的变更、解除与终止

一、保险合同的变更

在保险合同的有效期内，投保人和保险人经协商同意，可以变更保险合同的有关内容。

（一）保险合同主体的变更

《保险法》第 49 条规定：保险标的转让的，保险标的的受让人承继被保险人的权利和义务。这就是关于变更被保险人的规定。在人身保险中，被保险人或投保人可以变更受益人并通知保险人。投保人变更受益人时须经被保险人同意。

（二）保险合同内容的变更

保险合同内容的变更是指保险合同约定的事项的改变，体现为当事人权利和义务的改变。变更合同内容主要有三种情形：根据合同约定或法律规定的条件，增加保险费；由于客观情况发生变化，降低保险费；补交保险费。

（三）保险合同效力的中止与恢复

人身保险合同约定分期支付保险费，投保人支付首期保险费后，除合同另有约定外，投保人自保险人催告之日起超过 30 日未支付当期保险费，或者超过约定的期限 60 日未支付当期保险费的，合同效力中止，或者由保险人按照合同约定的条件减少保险金额。但经保险人与投保人协商并达成协议，在投保人补交保险费后，合同效力恢复。但是，投保人恢复合同效力的申请必须在合同效力中止之日起 2 年内提出。

二、保险合同的解除

按保险合同解除的依据，保险合同的解除可分为约定解除和法定解除。约定解除是指合同当事人约定在某事项发生时，任何一方可行使解除权。法定解除是指在法律规定的事项出现时，合同一方当事人或双方当事人都有权解除保险合同。

保险合同的解除是指保险合同签订后或履行过程中，因主客观情况发生变化，当事人依法提前终止合同的法律行为。

按解除的方式，保险合同的解除可分为：一是双方协商解除。二是投保人随时单方解除合同，但双方当事人应对保险合同存续期间的权利义务进行清结，且货物运输保险合同和运输工具航程保险合同，在保险责任开始后，当事人不得解除合同。三是根据《保险法》的规定，保险人在以下情况下有权解除合同：（1）投保人故意或因重大过失未履行如实告知义务，足以影响保险人决定是否同意承保或提高保险费率的，保险人有权解除合同。（2）被保险人或受益人谎称发生保险事故，向保险人提出赔偿或给付保险金请求的；投保人、被保险人或受益人故意制造保险事故的，保险人有权解除合同。（3）投保人申报的被保险人年龄不真实，且其真实年龄不符合合同约定的年龄限制的，保险人可解除合同。（4）人身保险合同因为投保人延期交纳保险费导致合同效力中止的，自合同效力中止两年内双方未达成协议的，保险人有权解除合同。（5）投保人、被保险人未按照约定履行其对保险标的的安全应尽的责任的，保险人有权要求增加保险费或解除合同。（6）由于保险标的危险的增加，保险人有权按照合同约定增加保险费或解除合同。（7）保险标的发生部分损失的，自保险人赔偿之日起 30 日内，投保人可以解除合同；除合同另有约定外，保险人也可以解除合同，但应当提前15日通知投保人。

三、保险合同的终止

保险合同的终止，是指当事人之间根据保险合同确立的权利义务关系消灭。原因包括合同因期限届满而终止；保险人履行了保险合同导致合同终止；因保险标的全部灭失而终止；因保险人、投保人破产或被保险人死亡而终止；因解除而终止。

任意终止是指合同一方当事人行使终止权导致合同效力消失。（1）在财产保险中，保险标的发生部分损失的，在保险人赔偿后30日内，投保人可以终止合同；除合同规定不得终止合同外，保险人可以终止合同。（2）其他约定终止条件成立后可以终止合同。

案例：张某为其65岁的母亲和6岁的女儿分别投保了意外伤害险。在为其母亲投保的意外伤害险中，张某确定自己为受益人。在为其女儿投保的意外伤害险中，受益人由张某指定。两份保险合同均约定分期支付保险费。张某支付了首期保险费后，第二期经保险人催告超过30日未支付当期保险费。后来，张某一直未补齐保险费。两年后，保险人要求解除保险合同，并不退还张某任何费用。

分析：本案例涉及人身保险合同的受益人、合同效力的中止及合同的解除。人身保险的受益人由被保险人或者投保人指定。投保人指定受益人时须经被保险人同意。因此，在张某为其母投保的意外伤害险中，张某可以指定自己为受益人，但须经其母同意。

被保险人为无民事行为能力人或者限制民事行为能力人的，可以由其监护人指定受益人。在张某为其女儿投保的意外伤害险中，张某作为其女儿的监护人，可以指定受益人。

在本案例中，张某未支付第二期保险费的行为导致保险合同效力中止。

自合同效力中止之日起满2年双方未达成协议的，保险人有权解除合同。但是，保险人应当按照合同的约定退还保险单的现金价值。

复习与思考

1. 最大诚信原则的含义。
2. 保险利益的含义。
3. 投保人的如实告知义务。
4. 保险委付与代位追偿权的区别。

第九章 信托法

本章要点

1. 信托的概念、特征与分类
2. 信托法律关系的主体
3. 委托人的权利与义务
4. 受托人的权利与义务

导入案例

甲股份有限公司与乙信托投资公司签订一份合同，将一笔价值5 000万元的固定资产交由乙公司管理运用，主要用来发放贷款，为企业提供流动资金，收益中30%归乙公司所有，其余收益归甲公司，合同期限为3年。

问题：这一合同的性质如何？有何特点？

第一节　信托概述

一、信托的概念

《中华人民共和国信托法》（以下简称《信托法》）第2条明确了信托的概念。它是一种以信任为基础，以财产为中心，以委托为方式的财产管理制度。

信托指委托人基于对受托人的信任，将其财产权委托给受托人，由受托人按委托人的意愿以自己的名义，为受益人的利益或特定目的，进行管理或者处分的行为。

现代信托制度是在英国形成的，人们为了规避在死后不得将土地赠与教会的法律规定，就在遗嘱中指定一个教会以外的可信任的第三方接受土地，第三方再将土地赠与教会。当时这种制度被称为“尤斯制”，是基于土地转让人和接受人之间的相互信任，因此，也称“信托”。

在本章导入案例中，甲公司和乙公司之间签订的合同为典型的信托合同。

二、信托的特征

（1）信托是一种以财产权为中心的法律关系，财产权是信托行为成立的前提。信托财产还包括通过对基础财产的管理和运用而取得的财产。

（2）委托人必须将其财产权转移或处分给受托人。委托人必须拥有信托财产的所有权，而且必须将这些权利授予或转移给受托人。

（3）信托财产具有独立性。信托财产虽名义上属于受托人所有，但本质上并非受托人的自有财产，它不能用于抵偿受托人的个人债务，不能作为其破产财产，不能列入其遗产成为被继承的对象，也不能作为受托人的财产被强制执行。此外，受托人的债权人不能将信托财产作为抵押物。以上种种，均说明信托财产是独立的，要与受托人的自有财产进行区分。

（4）受托人是对外唯一有权管理、处分信托财产的人。信托一旦成立，受托人就像真正的所有权人一样，独立管理、处分信托财产，第三人可以以受托人为信托财产的权利主体和法律行为的当事人而与其进行各种交易。

（5）受托人必须按照委托人设立信托的意旨管理和处分信托财产，为受益人谋利益。受托人虽然取得了名义上的管理权，但受托人任务的执行、权利的行使受信托目的约束，他必须按委托人的意愿为受益人的利益管理和处理信托财产。受托人不能占有信托财产的收益，只能得到信托报酬。因此信托财产在法律上、形式上归属于受托人，在经济上、实质上归属于受益人。此即所谓的信托“二重所有权”。

（6）信托基于委托人对受托人的充分信任而设立。信托的目的在于通过受托人对信托财产的管理、经营，使受益人获取收益。受益人能否获取收益，获取多大收益，取决于受托人的经营管理能力，所以选择受托人关系到信托目的的实现问题。

一旦信托成立，即使当初的受托人死亡、辞职，信托仍可继续存在。信托的基础就在于委托人对受托人的充分信任，否则信托行为就不可能发生。

第二节 信托的种类

因为可以根据各种目的设立信托，所以信托的种类可谓多样。根据不同的标准，信托可以有不同的分类。

一、以受益人是否为委托人为标准来划分

（1）他益信托，指委托人指定委托人以外的第三人作为受益人而设立信托，致使信托上的利益归属于第三人的信托，如遗嘱信托、公益信托。

（2）自益信托，指委托人将自己指定为受益人而设立信托，致使信托上的利益归属于委托人本身的信托，如各种投资信托。

二、以受益人是否特定为标准来划分

（1）私益信托，指委托人为了特定受益人的利益而设立的信托。最大的特点在于受益人是特定的、具体的，如遗嘱信托、投资信托等。

（2）公益信托，指为促进社会公共利益的发展或慈善目的而设立的信托。受益人是社会全体或相当大的一部分人。

第三节 信托法律关系

一、信托法律关系的形成

信托法律关系指因设立信托关系而在委托人、受托人和受益人之间以信托财产为基础而产生的权利义务关系，是通过信托行为产生的。

信托是英美衡平法的产物，信托行为并非民法法系下的一般法律行为。根据《信托法》，信托行为通常由三种形式来表现：书面合同、个人遗嘱和法院的裁决命令书。

信托行为必须符合有关的成立要件方能设立信托关系。除了满足一般的民事行为要件外，还必须满足：

（1）信托目的合法。指信托目的必须合乎法律、法规的规定，符合公共政策和社会利益。一般只要委托人有设立信托的意思表示并已将信托财产有效地转移给受托人，信托就成立了。但若信托目的不合法，则会导致信托被撤销或无效。

（2）信托财产确定、合法。包括合法的财产权利。

（3）有确定的受益人或受益人范围。

二、信托法律关系的主体

信托法律关系的主体，指在信托法律关系中有直接利害关系，享有权利和承担义务的当事人。一般包括委托人、受托人、受益人。此外，在公益信托中还设置了信托监察人。

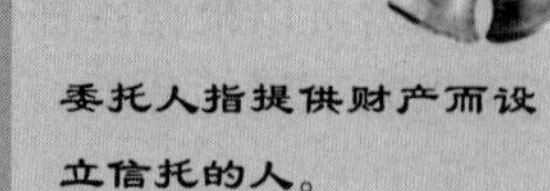

委托人指提供财产而设立信托的人。

（1）委托人，亦称信托人。委托人应当是具有完全民事行为能力的自然人、法人、依法成立的其他组织。委托人在成立信托后就取得了作为信托当事人的地位，同时还是信托目的的设定者。

受托人指接受委托人的委托而对信托财产进行管理或处分的人。

（2）受托人。受托人应当是具有完全民事行为能力的自然人、法人。法律、法规对受托人的条件另有规定的从其规定。商事信托的受托人一般为信托公司，公益信托的受托人一般为基金公司以及其他类型的非商业性组织，也可以是信托公司。信托公司是以营利为目的，专门从事信托业务的公司。

> **案例：** 甲有一套位于A市中心的商用公寓，后因工作原因，甲要搬到远离A市的B市工作。为了实现该公寓保值，甲决定为该公寓设立信托。乙公司是一个经营多年且业绩良好的信托公司。甲与乙公司签订信托协议，约定甲为委托人，乙公司为受托人，由乙公司负责该公寓的租赁及日常管理工作，所得的租金用于支持甲的儿子丙的学费，直至丙大学毕业。
>
> **分析：** 在本案例中，甲是提供财产设立信托的人，也是信托目的的设定者。乙公司是接受甲的委托对信托财产进行管理的人。丙是该信托的受益人。

受益人是基于信托行为享受信托利益的人。

（3）受益人。委托人不仅可以是受益人，而且可以是同一信托的唯一受益人。受托人可以是受益人，但不得是同一信托的唯一受益人。私益信托的受益人可以以权利主体的身份进入信托关系。公益信托的受益人是不特定的人，不能以权利主体的身份进入信托关系。受益人没有行为能力的限制。如果为了保护胎儿的合法利益设立了信托，胎儿也可以成为受益人。

三、信托法律关系的内容

1. 委托人的权利与义务

委托人的权利主要有：（1）知情权，即委托人有权了解其信托财产的管理运用、处分及收支的详情，有权要求受托人作出说明，对有关信托账目和处理信托事务的其他文件有权查阅、抄录、复制。（2）管理方法变更权，即委托人在信托财产的管理办法不利

于实现信托目的或不符合受益人的利益时，有权要求受托人调整管理方法。（3）解任权，即委托人有权在受托人有重大过失的情况下向法院申请解任受托人。相对于委托人的权利而言，其义务不多，主要表现在：确保信托财产转移给受托人以及按照法律及信托行为的规定或约定向受托人支付报酬。这是因为信托权利义务主要发生在受托人和受益人之间。

2. 受托人的权利与义务

受托人在信托关系中居于核心地位，法律对受托人义务的规定比较多，主要有：按照委托人的意志管理信托财产、处理信托事务；善良管理人的注意义务；忠于信托目的的义务；对信托财产分别管理的义务；亲自处理信托事务的义务；账簿制作、报告和保密的义务；向受益人交付利益的义务。受托人的权利包括：管理信托财产、处理信托事务；就执行信托获得报酬。

3. 受益人的权利与义务

受益人的主要权利是从受托人处获取信托所产生的利益。受益人还享有监督、调查受托人对信托财产的管理、经营状况和撤换不胜任的受托人的权利。

在监护信托中，当受益人达到法定年龄、具备完全行为能力后，他有权要求法院解除信托。

对受托人违背信托目的而出售的信托财产，受益人有权要求非善意的第三人返还。

受益人的义务主要是支付受托人因管理信托财产所支出的必要费用。

四、信托关系的变更与终止

《信托法》第51条规定：设立信托后，有下列情形之一的，委托人可以变更受益人或者处分受益人的信托受益权：（1）受益人对委托人有重大侵权行为；（2）受益人对其他共同受益人有重大侵权行为；（3）经受益人同意；（4）信托文件规定的其他情形。有前款第（1）项、第（3）项、第（4）项所列情形之一的，委托人可以解除信托。

信托终止的事由还包括：信托文件规定的终止事由发生；信托期限届满；信托的存续违反信托目的；信托目的已经实现或不能实现；信托当事人协商同意终止；信托被撤销或被解除。

复习与思考

1. 信托法律关系的特征。
2. 信托法律关系的主体。
3. 受托人的义务。

第十章
金融法

本章要点

1. 中央银行的性质
2. 货币政策工具的种类
3. 商业银行的设立与业务范围
4. 商业银行的监督管理
5. 经常项目与资本项目外汇管理的法律规定

导入案例

2012 年 2 月 15 日，中国人民银行货币政策分析小组发布了《2011 年第四季度中国货币政策执行报告》。报告中提到，2011 年前三季度，面对通货膨胀压力不断加大的形势，中国人民银行按照国务院统一部署，围绕保持物价总水平基本稳定这一宏观调控的首要任务，综合运用多种货币政策工具，加强宏观审慎管理，先后 6 次上调存款准备金率共 3 个百分点，3 次上调存贷款基准利率共 0.75 个百分点，灵活开展公开市场操作，实施差别准备金动态调整，引导货币信贷增长平稳回调，保持合理的社会融资规模。进入 10 月以后，针对欧洲主权债务危机继续蔓延、国内经济增速放缓、价格涨幅逐步回落等形势变化，着力提高政策的针对性、灵活性和有效性，适时适度进行预调微调，暂停发行三年期央票，下调存款准备金率 0.5 个百分点，调整优化差别准备金动态调整机制有关参数，引导金融机构加大对小型微型企业、“三农”和国家重点在建续建项目的信贷支持。总体来看，稳健货币政策的实施成效逐步显现。

《2016 年第三季度中国货币政策执行报告》中提到，中国人民银行继续实施稳健的货币政策，保持政策灵活适度，注重稳定市场预期，为稳增长和供给侧结构性改革营造适宜的货币金融环境。继续推进利率市场化和汇率形成机制改革，"收盘汇率＋一篮子货币汇率变化"的人民币兑美元汇率中间价形成机制有序运行，人民币汇率预期总体稳定。圆满完成人民币加入 SDR 篮子的各项技术性准备，2016 年 10 月 1 日，人民币加入 SDR 货币篮子正式生效。

问题： 什么是货币政策？报告中所提到的几种货币政策工具分别是何含义？

第一节　金融法概述

一、金融

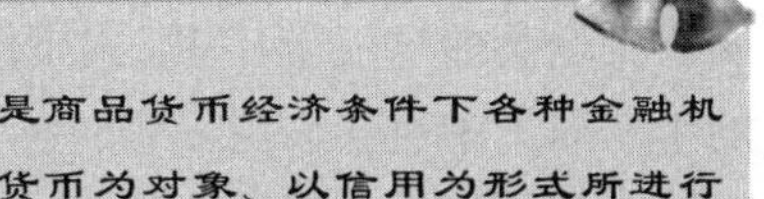
金融是商品货币经济条件下各种金融机构以货币为对象、以信用为形式所进行的货币、资金融通活动。

金融的具体表现形式多种多样，比如：通过银行发行货币、调节货币流通；由银行代客户办理承付、汇兑、结算、贴现；买卖金银、外汇和有价证券；货币在不同的所有者之间相互借贷；各种存款、居民储蓄及有信用性质的保险、信托、投资等。

二、金融法的产生

在货币兑换、货币收支、货币借贷等活动中形成了一定的规则，比如货币兑换方法、货币保管合同、货币借贷合同等，这些活动对所有参与金融活动的人都具有普遍约束力，为人们所共同遵守，金融法也就随之而生。不过，现代意义上的金融法是在进入资本主义社会后产生的。世界上最早的金融法律是 1884 年的《英格兰银行法》。

第二节　中央银行法

一、中央银行法概述

（一）中央银行法的概念

中央银行法的基本内容包括：中央银行的法律地位，中央银行的职能，中央银行的组织体系，中央银行的货币政策工具，中央银行对货币的发行管理及对金银、外汇的管理。

中央银行法是确立中央银行的性质、地位与职责权限，规范中央银行的组织及其活动开展的法律规范的总称。

（二）我国中央银行的建立与发展

中国的中央银行始于1905年的户部银行。1908年，清政府将其改为大清银行，并颁布了我国最早的银行立法——《大清银行则例》。1912年，中华民国成立后将大清银行改为中国银行。1914年，北洋政府颁布了《交通银行则例》，允许交通银行发行纸币，并授权其代理国库。因此，北洋政府时期，实际上是由中国银行和交通银行共同行使中央银行的职能。1928年，国民党政府成立了中国第一个专职的中央银行。

新中国的中央银行即中国人民银行是在革命根据地银行的基础上发展起来的。1948年12月1日，华北银行、北海银行和西北农民银行在石家庄合并成立了中国人民银行。1949年2月，中国人民银行随军进入北京，将总行设在北京，其后将各解放区银行合并改组成为各大区行，并按照行政区划分别设立了分行、中心支行、支行，支行以下设立营业所。这样，中国人民银行体系开始建立。从中国人民银行建立之始一直到党的十一届三中全会前这三十年里，中国人民银行既承办信贷业务，又承担中央银行的职能。党的十一届三中全会以后，银行体制开始改革。1983年国务院发布《国务院关于中国人民银行专门行使中央银行职能的决定》，确定中国人民银行不对企业和个人办理信贷业务。这标志着我国新型银行制度的确立。1993年2月成立了新的中国人民银行法起草小组，历时2年，于1995年3月18日出台了《中华人民共和国中国人民银行法》（以下简称《中国人民银行法》），该法于2003年12月27日修改，修改后的该法自2004年2月1日起施行。2003年4月28日，中国银行业监督管理委员会（以下简称“中国银监会”）正式挂牌成立。中国银监会设立后，替代中国人民银行行使金融监管职能，中国人民银行集中行使货币政策职能。2018年3月17日，根据国务院提请第十三届全国人民代表大会第一次会议审议的国务院机构改革方案，我国对中国银行业监督管理委员会和中国保险监督管理委员会实现职责整合，组建中国银行保险监督管理委员会（以下简称“中国银保监会”），作为国务院直属事业单位。

二、中央银行的法律地位

中国人民银行是我国的中央银行，其全部资本由国家出资，属国家所有。中国人民银行在国务院的领导下，制定和执行货币政策。具体而言：

（1）中国人民银行就年度货币供应量、利率、汇率和国务院规定的其他事项作出的决定，报国务院批准后执行；中国人民银行就其他有关货币政策的事项作出决定后即予执行，报国务院备案。这既确立了国务院的领导地位，又体现了中国人民银行相对独立的决策权。

（2）中国人民银行应当向全国人民代表大会常务委员会提出有关货币政策的工作报告。将中国人民银行履行职责的情况置于全国人民代表大会常务委员会的监督之下，在某种意义上也有利于实现其对政府的相对独立性。

（3）中国人民银行在国务院领导下独立开展工作，不受地方政府、各级政府部门、社会团体和个人的干涉。分支机构作为中央银行的派出机构，由总行实行统一领导和管理。这些规定表明了中国人民银行依法独立行使职权的法律地位，割断了分支机构和地方政府的关系，保证了货币金融政策在全国范围内的统一实施。

（4）中国人民银行不得对政府财政透支，不得直接认购、包销国债和其他政府债券，不得向地方政府、各级政府部门提供贷款。这一规定从资金上保证了中国人民银行的独立性。

三、中央银行的性质

中央银行兼具国家机关和金融机构的双重特性，是一种特殊的金融机构。但中央银行既然是从普通银行中分离出来的，就意味着它已经不是普通银行。中央银行与商业银行的区别主要表现在以下几个方面。

（一）中央银行是发行的银行

现在各国银行法都规定中央银行独占货币发行权，且其发行的货币是唯一的法定清偿货币。《中国人民银行法》也规定人民币是唯一合法的货币，由中国人民银行统一印制、发行。发行货币不仅是中央银行的一项重要职能，同时也是其行使其他职能的重要基础。

（二）中央银行是银行的银行

所谓银行的银行，主要是指中央银行可以向商业银行提供贷款，是最后贷款人。与商业银行不同，中央银行不与工商企业、个人等发生直接的业务关系，其金融服务是以政府和金融机构为服务对象的。中央银行作为银行的银行，主要体现在三个方面：第一，集中保管商业银行和其他金融机构缴存的法定存款准备金。一方面借此加强商业银行及其他金融机构的清偿能力，另一方面可以通过调整存款准备金，达到放松或收紧银根的目的。同时，存款准备金也构成中央银行的资金来源。第二，对商业银行和其他金融机构承担最后贷款人的责任。当它们遇到困难或资金头寸短缺时，中央银行可结合货币政策的需要，以再贴现或再贷款的方式提供短期融资。第三，主持全国金融机构间的票据结算。各金融机构可以通过设在中央银行的活期存款账户，办理划拨清算，以结清彼此之间的债权债务。

（三）中央银行是政府的银行

在现代社会，中央银行制度已成为国家宏观经济调控体系的重要组成部分，货币政策已成为政府调节经济活动、干预经济生活的重要工具，中央银行也成为政府不可或缺的一个职能部门。因此，中央银行又被称为政府的银行。中央银行作为政府的银行，主要体现在：

（1）资本大多属于国家。在从商业银行分离的过程中，中央银行逐渐被国有化。有的中央银行是由私人股份银行改组为国家银行，有的则是直接由国家出资建立的国有银行。

（2）受政府控制。世界各国对中央银行的领导体制有所不同（有的中央银行由内阁领导，有的由议会控制，有的由国家元首掌握），但其实质均是由政府控制，且中央银行的高层领导一般由各国的政府和议会任免。

（3）为政府提供金融服务。包括代理国库；为国家持有、管理和经营外汇储备、黄金储备；作为政府金融决策的顾问，制定或参与制定金融政策并保证其贯彻执行；代表政府参加金融活动等。

四、货币政策工具

（一）概述

货币政策是国家为了实现一定的经济目标而确立的组织、管理、调控、干预社会信用量的一种金融措施。货币政策是宏观经济管理的工具，是为调节社会总需求和总供给服务的。

货币政策工具是指中央银行为实现货币政策目标而使用的手段，也是中央银行开展金融业务所必需的手段。

根据货币政策工具作用的对象和效果不同，我们可以将货币政策工具分为两类：一类是一般性货币政策工具，是指以整个金融系统的资产运用与负债经营活动为对象，对整个社会的信用和货币供需状况都将产生影响的货币政策工具，主要包括法定存款准备金、基准利率、再贴现、再贷款、公开市场操作等。另一类是选择性货币政策工具，是以个别金融机构的资产运用与负债经营活动以及整个金融系统的资产运用与负债经营活动为对象，影响某些特殊经济领域中的信用和货币状况的货币政策工具，主要包括信贷计划及贷款限额管理、特种存款账户、消费信用管理、不动产信用管理、证券保证金比例、道义劝告等。

（二）主要的货币政策工具

本章导入案例中提到的存款准备金率、存贷款基准利率、公开市场操作等，都是货币政策工具。

中国人民银行的主要货币政策工具包括：

1. 存款准备金

存款准备金是指中央银行为使商业银行满足客户的存款提取和资金清偿需要而依法规定或调整商业银行缴存中央银行的存款准备金比率，直接控制商业银行创造信用的能力、间接控制货币供应量的措施。

在法定存款准备金制度中，存款准备金率居于核心地位。存款准备金率就是金融机构向中央银行缴存的准备金占其存款总额的比率。存款准备金率越高，金融机构派生存款的能力就越小，反之，金融机构派生存款的能力就越大。因此，合理地确定和调整存款准备金率，使金融机构的存款准备金占其存款总额的比例保持在适当的水平上，是法定存款准备金制度充分发挥作用的关键。

各国经常根据经济情况对存款准备金率进行调整。当经济需求过旺有可能导致通货膨胀时，中央银行就可提高法定存款准备金率，使商业银行的准备金相对不足，因此商业银行就不得不收缩贷款，减少货币供应量，最终达到预防通货膨胀、稳定币值的货币政策目标。相反，当经济衰退时，中央银行则降低法定存款准备金率，使得商业银行产生超额准备金，这部分超额准备金可以作为贷款放出，从而增加货币供应量，以促进经济的增长。

2. 再贴现

再贴现影响货币供应量的原理是：当中央银行需要收紧银根、抑制经济过快增长时，就提高再贴现率，提高商业银行向中央银行融资的成本，从而促使商业银行调高企业贷款利率，并带动整个市场利率的上涨，这样借款人就会减少，从而达到抑制信贷需求、减少货币供给的目的。反之，当中央银行需要放松银根、刺激经济增长时就降低再贴现率，从而增加货币供给。

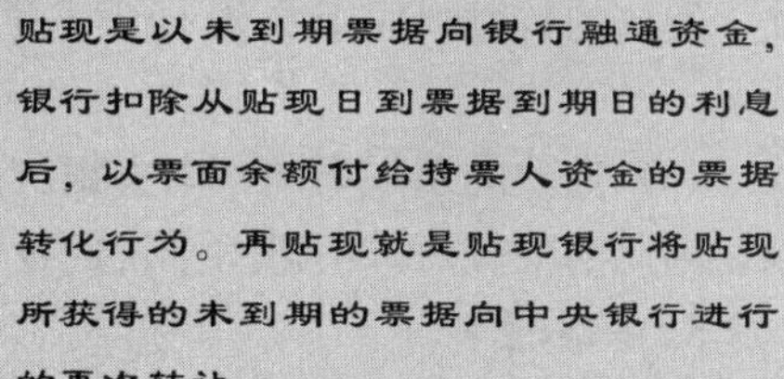
贴现是以未到期票据向银行融通资金，银行扣除从贴现日到票据到期日的利息后，以票面余额付给持票人资金的票据转化行为。再贴现就是贴现银行将贴现所获得的未到期的票据向中央银行进行的再次转让。

3. 公开市场操作

公开市场操作影响货币供应量的原理是：当中央银行要放松银根时，就可以在公开市场上买进有价证券。无论中央银行是从商业银行、企业还是个人手中买入有价证券，中央银行持有的有价证券数量的增加都会导致基础货币的等额增加。如果中央银行从商业银行购进证券，那么商业银行在证券减少的同时，直接增加其在中央银行账户上的存款。如果出售者为普通企业和社会公众，他们将收入款项存入商业银行，商业银行就可能将提取准备金后的余额用于发放贷款。可见，无论出售者是谁，都会导致商业银行超额准备金头寸的增加，使货币供应按乘数原理数倍扩张。同时，这种购买对利率也有直接的影响。中央银行购进有价证券，直接引起市场上对有价证券需求额的增加，证券供应关系发生变化，供不应求，使证券价格上涨，证券收益率下降，因而影响货币市场短期利率，使扩张性货币政策得以实施。反之，当中央银行紧缩银根时，就可以在公开市场上卖出有价证券以减少商业银行的超额储备（超额准备金头寸）。同时，由于中央银行卖出有价证券，使得利率上涨，进而抑制了对资金的需求，因而对经济产生了收缩性影响。

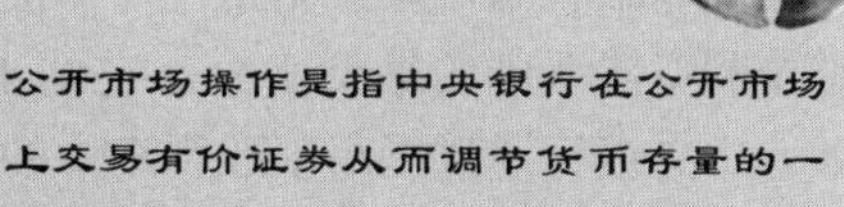
公开市场操作是指中央银行在公开市场上交易有价证券从而调节货币存量的一种业务活动。

与其他货币政策工具相比，公开市场操作具有以下优点：

（1）公开市场操作实施与否、实施的规模均可以由中央银行根据货币政策目标和社会经济状况自行掌握，并且可以根据情况随时变化，还可以根据需要在短期内反复实施，因而具有主动性及灵活性。

（2）中央银行进行公开市场操作可以采取渐进的方式逐步将货币政策的意图贯彻下去，并根据金融市场的反应随时调整操作的方向和力度，发现决策或者操作有误，还可以及时修正，不会引起金融市场的震荡，因而具有弹性与柔和性。

4. 再贷款

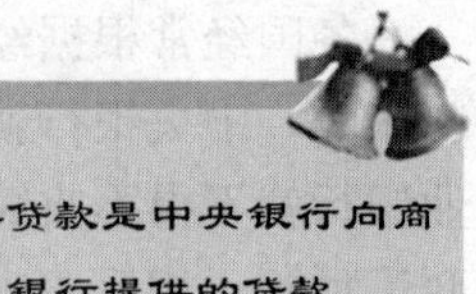

再贷款是中央银行向商业银行提供的贷款。

再贷款在整个银行贷款中处于总闸门的地位，它的投向和投量可以直接引导与调节整个银行体系贷款的规模及结构。因此，它既是商业银行向中央银行融通资金的重要渠道，也是中央银行执行货币政策的重要工具之一。

再贷款与一般的商业银行贷款有着明显的区别：

（1）贷款的对象不同。商业银行贷款的对象是企事业单位和个人，而再贷款的对象是商业银行。

（2）贷款的依据不同。商业银行根据自有资金的数量和盈利性原则决定是否发放贷款、发放的数额，而中央银行发放再贷款依据的是经济发展的需要和货币供应量的状况。

（3）贷款的期限不同。中央银行的再贷款一般用于解决商业银行临时头寸不足的问题，因此期限较短，不得用于长期投资和投机交易。

5. 基准利率

基准利率是指中央银行对金融机构制定的存贷款利率。

通常来说，整个利率体系包括法定利率、基准利率、浮动利率、优惠利率、差别利率和加息利率等。基准利率是在利率体系中起主导作用的基础利率，在正常情况下，它总是处于整个利率体系中的最低水平，它的水平和变化决定着其他各种利率的水平和变化。例如：中央银行通过提高基准利率中的贷款利率可以抑制金融机构向中央银行借款，从而限制信贷规模的扩大，减少货币供应量；反之，降低贷款利率，则可以扩大信贷规模，增加货币供应量。

中央银行确定基准利率水平一般遵循两个原则：

（1）基准利率中的贷款利率要高于客户在金融机构存款的平均利率。只有这样才能使金融机构向中央银行借款的成本高于向社会筹集资金的成本，从而抑制金融机构向中央银行借款。

（2）基准利率中的存款利率既要低于其贷款利率，同时又要高于客户在金融机构存款的平均利率，因为这样做可以使金融机构在中央银行的存贷款利率处于临界点的水平。

五、中国人民银行的职责与组织机构

（一）中国人民银行的职责

根据《中国人民银行法》的规定，中国人民银行履行下列职责：

（1）发布和履行与其职责有关的命令和规章；

（2）依法制定和执行货币政策；

（3）发行人民币、管理人民币流通；

（4）监督管理银行间同业拆借市场和银行间债券市场；

（5）实施外汇管理，监督管理银行间外汇市场；

(6) 监督管理黄金市场;

(7) 持有、管理、经营国家外汇储备、黄金储备;

(8) 经理国库;

(9) 维护支付、清算系统的正常运行;

(10) 指导、部署金融业反洗钱工作,负责反洗钱的资金监测;

(11) 负责金融业的统计、调查、分析和预测;

(12) 作为国家的中央银行,从事有关的国际金融活动;

(13) 国务院规定的其他职责。

(二) 中国人民银行的组织机构

(1) 领导机构。我国实行行长负责制。《中国人民银行法》第10条规定:中国人民银行设行长一人,副行长若干人。中国人民银行行长的人选,根据国务院总理的提名,由全国人民代表大会决定;全国人民代表大会闭会期间,由全国人民代表大会常务委员会决定,由中华人民共和国主席任免。中国人民银行副行长由国务院总理任免。

(2) 分支机构。中国人民银行根据履行职责的需要设立分支机构,作为其派出机构。经过1998年11月中国人民银行管理体制改革后,中国人民银行设立了天津、沈阳、上海、南京、济南、武汉、广州、成都、西安9个跨省区市分行,撤销北京分行和重庆分行,由总行营业管理部履行所在地中央银行职责。

(3) 货币政策委员会。为了保证有效实施货币政策,《中国人民银行法》规定,中国人民银行设立货币政策委员会。货币政策委员会的职责、组成和工作程序,由国务院规定,报全国人大常务委员会备案。

六、人民币的发行

(一) 人民币的法律地位

《中国人民银行法》第16条规定:中华人民共和国的法定货币是人民币。以人民币支付中华人民共和国境内的一切公共的和私人的债务,任何单位和个人不得拒收。这一规定表明了人民币的法律地位及其具有的支付功能。这就是说,人民币是我国唯一的合法货币,禁止其他货币在我国境内流通。在我国,市场上只允许人民币流通,除因有涉外因素而有法律、法规的特殊规定外,在我国境内的一切货币收付、计价、结算、记账、核算都必须以人民币为本位币。同时,人民币主币和辅币具有无限清偿能力。所谓无限清偿能力是指法律赋予货币的无限支付能力,即在使用时,每次支付的数额不受限制,任何人不得拒绝接受。

(二) 人民币的发行机构与发行原则

在我国,人民币由中国人民银行统一印制、发行,未经中国人民银行授权,任何单位和个人不得印制、发行人民币。

人民币的发行遵循下列原则:

（1）集中统一管理的原则，即人民币由中国人民银行统一印制、发行。任何单位和个人不得印制、发行代币票券。

（2）计划发行原则，即人民币的发行必须依法按照国家货币政策和发行计划进行。中国人民银行发行新版人民币，应当将发行时间、面额、图案、式样、规格予以公告。

（3）信用发行原则，即人民币的发行必须根据国民经济发展需要和商品流通的实际需求，通过银行的信贷渠道有计划地发行。中国人民银行不得对政府财政透支。

第三节　商业银行法

一、商业银行法概述

广义的商业银行法是指调整商业银行在经营法定业务过程中发生的社会关系的法律规范的总称。狭义的商业银行法是指某一单行的商业银行法律，例如 1995 年 5 月 10 日由第八届全国人大常委会第十三次会议通过的新中国第一部商业银行法《中华人民共和国商业银行法》（以下简称《商业银行法》），该法分别于 2003 年 12 月 27 日和 2015 年 8 月 29 日进行了修改，最新修改后的该法自 2015 年 10 月 1 日起施行。

《商业银行法》第 2 条规定："本法所称的商业银行是指依照本法和《中华人民共和国公司法》设立的吸收公众存款、发放贷款、办理结算等业务的企业法人。"

根据《商业银行法》的规定，商业银行在经营过程中应当遵循以下原则：

（1）商业银行以安全性、流动性、效益性为经营原则，实行自主经营、自担风险、自负盈亏、自我约束。也就是说，商业银行依法开展业务，不受任何单位和个人的干涉，商业银行以其全部法人财产独立承担民事责任。

（2）商业银行与客户的业务往来，应当遵循平等、自愿、公平和诚实信用的原则。

（3）商业银行应当保障存款人的合法权益不受任何单位和个人的侵犯。

（4）商业银行开展信贷业务，应当严格审查借款人的资信，实行担保，保障按期收回贷款。商业银行依法向借款人收回贷款的本金和利息，受法律保护。

此外，商业银行的经营还应当遵循不损害国家、社会公共利益和公平竞争原则。

二、商业银行的设立

案例：某知名跨国银行拟出资 20 亿元人民币在北京设立一个独资银行，并准备首期出资 10 亿元，在独资银行注册成立三个月内再缴纳另外 10 亿元。为尽快开展业务，该银行聘用了熟悉中国市场业务的 A 担任总经理，A 曾在一个证券公司担任经理，该证券公司在 2008 年经济危机中破产。

分析：本案例涉及商业银行的设立。目前，我国的商业银行实行公司制，所以，与《公司法》规定的公司设立的条件相同的有：（1）有合法的公司章程，此处的合法包括了《商业银行法》和《公司法》；（2）有健全的组织机构和管理制度，这是商业银行实现公司制管理的要求；（3）有符合要求的营业场所。

商业银行设立的主要条件有：

（1）有符合规定的注册资本最低限额。商业银行作为经营货币的特殊机构，法律对它的设立提出了更高的要求，即必须有雄厚的资本金作为基础。根据《商业银行法》的规定，设立全国性商业银行的注册资本最低限额为10亿元人民币；城市商业银行的注册资本最低限额为1亿元人民币；农村商业银行的注册资本最低限额为5 000万元人民币。注册资本应当是实缴资本。根据经济发展需要可以调整注册资本的最低限额，但只能调高，不能调低。

2006年12月11日生效并分别于2014年7月29日及2014年11月27日作了修订的《中华人民共和国外资银行管理条例》规定了外商独资银行、中外合资银行的注册资本最低限额为10亿元人民币或者等值的自由兑换货币。注册资本应当是实缴资本。外商独资银行、中外合资银行在我国境内设立的分行，应当由其总行无偿拨给人民币或者自由兑换货币的营运资金。外商独资银行、中外合资银行拨给各分支机构营运资金的总和，不得超过总行资本金总额的60%。外国银行分行应当由其总行无偿拨给不少于2亿元人民币或者等值的自由兑换货币的营运资金。

（2）有符合条件的董事、高级管理人员。因银行经营业务的特殊重要性，担任商业银行董事、高级管理人员的条件，比一般公司董事、高级管理人员的条件更高。具体而言，不得担任商业银行董事、高级管理人员的有：1）因犯有贪污、贿赂、侵占财产、挪用财产罪或者破坏社会经济秩序罪，被判处刑罚，或者因犯罪被剥夺政治权利的；2）担任因经营不善破产清算的公司、企业的董事或厂长、经理，并对该公司、企业的破产负有个人责任的；3）担任因违法被吊销营业执照的公司、企业的法定代表人，并负有个人责任的；4）个人所负数额较大的债务到期未清偿的。相比较法律对一般公司董事及高级管理人员的条件，商业银行法没有给商业银行高管设置3年或5年的过错容忍期，而必须是没有违法及经营不善历史的人。

在上述案例中，某知名跨国银行出资20亿元人民币满足了最低资本额10亿元人民币的要求，但这20亿元注册资本应当是实缴资本，不能分期缴纳。如果注册时实缴人民币10亿元，则注册资本即为10亿元。对于A是否满足任职条件，对照法律规定，只有对经营不善导致公司破产负有个人责任的董事、经理，才不能担任商业银行的董事、高级管理人员。上述案例中是因为经济危机而导致A任经理的证券公司破产，属于市场风险，A无须负个人责任，所以A满足在银行任职的条件。

（3）有健全的组织机构和管理制度。商业银行的组织机构是指实现对银行经营、监督与控制的银行内部系统。商业银行的组织机构适用公司法的规定，一般由权力机构、执行机构和监督机构三部分组成，体现了“三权分立”原则。商业银行的权力机构是指决定银行重大事务的机构，一般是股东大会。执行机构是负责执行权力机构的决议、指示，具体管理银行日常活动的机构，如董事会、行长、经理。监督机构是指对执行机构进行监督的机构，一般为监事会。

（4）有符合要求的营业场所、安全防范措施和与业务有关的其他设施。

三、商业银行的业务

《商业银行法》第3条规定了4种不同的业务：

（1）传统业务，包括吸收公众存款；发放短期、中期和长期贷款；办理国内外结算；办理票据承兑与贴现。在商业银行办理的传统业务中，有两点需要注意：一是吸收公众存款与非银行金融机构吸收大额的委托存款不同。公众存款是指公众的零售性的、包括活期存款在内的各种期限的存款，而非银行金融机构不能够吸收公众的活期存款或定期存款。二是办理国内外结算，这是商业银行特有的业务，只有商业银行才能开设支票账户，其他非金融机构都不能办理结算业务。

（2）特定的信托业务，包括发行金融债券；代理发行、代理兑付、承销政府债券；买卖政府债券、金融债券；从事同业拆借。在我国，商业银行办理的信托业务有一定限制，只能从事国债的信托业务，不能从事公司债券的信托业务。

（3）服务性业务，包括买卖、代理买卖外汇；提供信用证服务及担保；代理收付款项及代理保险业务；提供保管箱服务。

（4）其他业务，主要包括开办信用卡业务、房地产信贷业务、电子银行服务和各种查询业务、各种基金和债券的托管业务、私人理财业务、海外投资业务等。

第四节　金融监管

一、金融监管概述

（一）金融监管的概念

金融监管旨在防止金融危机和金融市场失灵。众所周知，金融业是高负债行业，其资金主要来源于外部，金融业又是高风险行业，金融风险包括利率风险、汇率风险、经营风险、违约风险、政治风险、社会风险、购买力风险、清算风险、市场风险等，因此对金融业的监督和管理是一项重要的工作。

金融监管是金融监管机关依法对金融机构和金融活动进行直接限制与约束的一系列行为的总称。

(二) 金融监管的目的

(1) 维护金融体系的安全和稳定。金融业是高风险行业，金融业危机的传递可能导致整个市场崩溃，因此，监管者的任务便是通过开业审查、日常监管、现场检查等措施促使金融机构在法定范围内稳健经营，降低和防范风险，以提高金融体系的安全性和稳定性。

(2) 开展公平竞争。在保证金融业安全和稳定的基础上，监管者要保护和促进金融机构的公平竞争，防范金融垄断，以此促进金融业不断提高服务质量和服务效率。

(3) 保护投资者和存款人的利益。投资者和存款人的投资及存款的安全性得不到满足，投资者就会撤回投资，进而引发金融业危机。尤其是银行业，其资金主要来源于存款人的存款，而且大部分客户存款早已通过贷款和投资运用出去，其提供现金的能力受到限制。一旦发生客户对银行的信任危机，即使银行具有足够的清偿能力，也会因客户的挤兑而破产。挤兑若在银行间传染，便会造成整个银行业的恐慌。

只有在金融监管通过种种措施达成维护金融安全与稳定及促进金融业公平竞争的目的时，投资者和存款人的信心才能得以维持和巩固，金融业才能发展，投资者和存款人的利益才能得到保障。由此可见，金融监管的三个目的是相互联系的，最终落脚点是维护投资者和存款人的合法权益。

二、中国银行业监督管理机构的设立及其职责

(一) 设立

2003 年 4 月 25 日，中国银监会正式挂牌成立，代替中国人民银行集中行使银行业金融监管职能。其后根据 2018 年 3 月 17 日第十三届全国人民代表大会第一次会议通过的国务院机构改革方案，中国银行业监督管理委员会和中国保险监督管理委员会实现职责整合，组建中国银行保险监督管理委员会，作为国务院直属事业单位。将中国银行业监督管理委员会和中国保险监督管理委员会拟订银行业、保险业重要法律法规草案和审慎监管基本制度的职责划入中国人民银行。不再保留中国银行业监督管理委员会、中国保险监督管理委员会。因此，中国银行保险监督管理委员会（中国银保监会）是我国目前的银行业金融监管机构。

(二) 职责

专门的银行业监督管理机构的设立分离了中国人民银行原有的金融监管职能，有利于中国人民银行专注于货币政策职能，制定正确的货币政策，完善金融服务职能。目前，中国银保监会与中国人民银行各司其职、互相促进，确保金融机构安全、稳健、高效运行。

根据第十三届全国人民代表大会第一次会议批准的国务院机构改革方案，中国银行保险监督管理委员会的主要职责体现在：(1) 依法依规对全国银行业和保险业实行统一监督管理，维护银行业和保险业合法、稳健运行；(2) 对银行业和保险业改革和监管的有效性开展系统性研究；(3) 依据审慎监管和金融消费者保护基本制度，制定银行业和

保险业审慎监管与行为监管规则；（4）依法依规对银行业和保险业机构及其业务范围实行准入管理，审查高级管理人员任职资格；（5）对银行业和保险业机构的公司治理、风险管理、内部控制、资本充足状况、偿付能力、经营行为和信息披露等实施监管；（6）对银行业和保险业机构实行现场检查与非现场监管，开展风险与合规评估；（7）负责统一编制全国银行业和保险业监管数据报表；（8）建立银行业和保险业风险监控、评价和预警体系；（9）会同有关部门提出存款类金融机构和保险业机构紧急风险处置的意见和建议并组织实施；（10）依法依规打击非法金融活动，负责非法集资的认定、查处和取缔以及相关组织协调工作；等等。

三、商业银行的监督管理

《中华人民共和国银行业监督管理法》规定：国务院银行业监督管理机构负责对全国银行业金融机构及其业务活动的监督管理工作。由于商业银行在我国银行业金融机构中占据主导地位，故就此问题作出具体论述。对商业银行的监督管理包括三个方面：一是中国银保监会对商业银行的监督管理；二是商业银行内部的监督管理；三是审计机关的监督管理。我国对商业银行的监督主要由银保监会进行，但国务院财政部门、审计部门也有不同的监督职能。

1. 中国银保监会对商业银行的监管

中国银保监会主要在业务风险、内部风险、市场风险和机构风险四大领域进行监管。在业务风险监管方面，中国银保监会通过《商业银行信用卡业务监督管理办法》《金融机构衍生产品交易业务管理暂行办法》《商业银行集团客户授信业务风险管理指引》等文件进行监督管理；在内部风险监管方面，中国银保监会通过《商业银行内部控制指引》《融资性担保公司内部控制指引》等文件进行内部控制引导；在市场风险监管方面，中国银保监会通过《商业银行市场风险管理指引》《商业银行外部营销业务指导意见》《商业银行个人理财业务风险管理指引》等文件进行规范；在机构风险监管方面，中国银保监会则通过《城市信用社监管与发展规划》等文件进行指引。并且，《商业银行风险监管核心指标（试行）》和《商业银行监管评级内部指引》等对我国商业银行的风险指标、检查监督措施和商业银行监管评级体系作出了规定。

2. 商业银行内部的监督管理

在我国，根据《商业银行法》的规定，商业银行内部的监管制度主要体现在三个方面：

首先，商业银行应当按照中国银保监会的规定，制定本行的业务规章，建立、健全本行的业务管理、现金管理和安全防范制度。这就要求商业银行按照中国银保监会的规定建立规章制度。这些制度包括业务管理、现金管理和安全防范制度。

其次，商业银行应当建立、健全对自身及其分支机构的稽核、检查制度，即系统内部稽核、检查制度。内部稽核、检查是对商业银行自身及其分支机构所从事的业务活动，以会计核算为主要依据，以法律、行政法规和有关规定为标准，对存款、贷款、结算呆账等情况的真实性、合法性、安全性和效益性的一种内部经济监督方式。

最后，商业银行除自我完善各种规章制度外，还有一项重要的内部监督制度，即设立监事会，监事会依法履行监督职责，对商业银行的信贷资产质量、资产负债比例、国有资产保值增值等情况以及高级管理人员违反法律、行政法规或章程的行为以及损害银行利益的行为进行监督。

3. 审计监督

在我国，国有商业银行除接受中国银保监会的监督检查外，同时也要接受审计机关的审计监督。县级以上各级政府都设立了审计机关，对各级政府的各个部门、金融机构以及依法确定为受审计监督的单位的财务收支进行审计监督。

第五节　外汇管理法

一、外汇管理法概述

外汇是指以外国货币表示的，用于国际结算的各种信用凭证和支付凭证，包括一切可以用于清偿他国债务的货币和其他资产：(1) 外国货币，包括纸币和铸币；(2) 外币支付凭证，包括银行存款凭证、邮政储蓄凭证、外币票据等；(3) 外币有价证券，包括政府债券、公司债券和股票、息票等；(4) 特别提款权、欧洲货币单位；(5) 其他外汇资产等。

外汇管理又称外汇管制，它是指一个国家为保障本国经济发展，稳定货币金融秩序，保持国际收支平衡和本国货币汇价水平稳定，通过法令形式对外汇的收支、买卖、转移、国际结算、外汇汇率和外汇市场等实行的干预及限制管理制度。

为了适应改革开放以来我国经济发展的需要，1980 年 12 月 18 日国务院发布了《中华人民共和国外汇管理暂行条例》，实行全面、严格的外汇管制。自 1994 年起，我国进一步改革外汇管理体制，实行有分别的、分层次的外汇管理制度，以适应社会主义市场经济体制的要求。1996 年 1 月 29 日国务院发布了《中华人民共和国外汇管理条例》（以下简称《外汇管理条例》），并先后于 1997 年、2008 年进行了修订。

二、外汇管理机构与对象

（一）外汇管理机构

我国对外汇实行国家集中管理、统一经营的方针。国家外汇管理局及其分局是我国现行外汇管理机构，统称外汇管理机关。中国人民银行是外汇管理总局的主管机关。经外汇管理机关批准的金融机构可以经营外汇业务，负责具体实施国家外汇管理的法规和政策。

（二）外汇管理对象

凡是我国境内的企事业单位、国家机关、社会团体、部队和外商投资企业、个人、外国政府及公司驻华机构和来华人员的外汇收支或者经营活动，均适用《外汇管理条例》。

三、外汇管理的法律规定

（一）经常项目外汇管理的法律规定

经常项目是指国际收支中经常发生的交易项目，包括贸易收支、劳务收支、单方转移等。

《外汇管理条例》大大简化了对经常项目外汇管理的规定。基本原则是：对经常性国际支付和转移不予限制。

经常项目外汇收支应当具有真实、合法的交易基础。经营结汇、售汇业务的金融机构应当按照国务院外汇管理部门的规定，对交易单证的真实性及其与外汇收支的一致性进行合理审查。

取消经常项目外汇收入强制结汇要求，经常项目外汇收入可按规定保留或者卖给金融机构。经常项目外汇支出按汇付与购汇的管理规定，凭有效单证以自有外汇支付或者向金融机构购汇支付。

另外，携带、申报外币现钞出入境有数额限制。

（二）资本项目外汇管理的法律规定

资本项目是指国际收支中因资本输出和资本输入而产生的资产与负债的增减项目，包括直接投资、各类贷款、证券投资等。在资本项目下的外汇称为资本项目外汇。

1. 资本项目外汇收支的一般规定

资本项目外汇收入，可以保留或者卖给经营结汇、售汇业务的金融机构，但应当经外汇管理机关批准，国家规定无须批准的除外。

资本项目外汇支出，应当按照规定，凭有效单证以自有外汇支付或者向经营结汇、售汇业务的金融机构购汇支付。国家规定应当经外汇管理机关批准的，应当在外汇支付前办理批准手续。依法终止的外商投资企业，按照国家有关规定进行清算、纳税后，属于外方投资者所有的人民币，可以向经营结汇、售汇业务的金融机构购汇汇出。

资本项目外汇及结汇资金，应当按照有关主管部门及外汇管理机关批准的用途使用。

2. 直接投资或有价证券、衍生产品发行和交易的管理

（1）对境外机构、境外个人的管理。

境外机构、境外个人在境内直接投资，经有关主管部门批准后，应当到外汇管理机关办理登记。在境内从事有价证券或者衍生产品发行、交易，应当遵守国家关于市场准入的规定，并按照国务院外汇管理部门的规定办理登记。

（2）对境内机构、境内个人的管理。

境内机构、境内个人向境外直接投资或者从事境外有价证券、衍生产品发行和交易，应当按照国务院外汇管理部门的规定办理登记。国家规定需要事先经有关主管部门

批准或者备案的，应当在外汇管理部门登记前办理批准或者备案手续。

3. 外债管理

国家对外债实行规模管理。借用外债应当按照国家有关规定办理，并到外汇管理机关办理外债登记。国务院外汇管理部门负责全国的外债统计与监测，并定期公布外债情况。

4. 对外贷款管理

银行业金融机构在经批准的经营范围内可以直接向境外提供商业贷款。

其他境内机构向境外提供商业贷款，应当向外汇管理机关提出申请，由外汇管理机关作出批准或者不批准的决定；国家规定其经营范围需经有关主管部门批准的，应当在向外汇管理机关提出申请前办理批准手续。

向境外提供商业贷款，应当办理登记。

（三）金融机构外汇业务管理的法律规定

（1）金融机构经营或者终止经营结汇、售汇业务，应当经外汇管理机关批准；经营或者终止经营其他外汇业务，应当按照职责分工经外汇管理机关或者金融业监督管理机构批准。

（2）外汇管理机关对金融机构外汇业务实行综合头寸管理，具体办法由国务院外汇管理部门制定。

（3）金融机构的资本金、利润以及因本外币资产不匹配需要进行人民币与外币间转换的，应当经外汇管理机关批准。

（四）人民币汇率和外汇市场管理的法律规定

对人民币汇率和外汇市场管理的主要内容有：

（1）我国实行以市场供求为基础的、参考一篮子货币进行调节、有管理的浮动汇率制度。中国人民银行根据银行间外汇市场形成的价格，公布人民币对主要外币的汇率。经国务院批准，中国人民银行发布公告：自 2005 年 7 月 21 日起，我国开始实行以市场供求为基础、参考一篮子货币进行调节、有管理的浮动汇率制度。人民币汇率不再钉住单一美元，形成更富有弹性的人民币汇率机制。中国人民银行于每个工作日闭市后公布当日银行间外汇市场美元等交易货币对人民币汇率的收盘价，作为下一个工作日该货币对人民币交易的中间价格。这一规定进一步完善了人民币汇率形成机制改革。

（2）外汇市场交易应当遵循公开、公平、公正和诚实信用的原则。

（3）经营结汇、售汇业务的金融机构和符合国务院外汇管理部门规定条件的其他机构，可以按照国务院外汇管理部门的规定在银行间外汇市场进行外汇交易。

（4）国务院外汇管理部门依法监督管理全国的外汇市场。国务院外汇管理部门可以根据外汇市场的变化和货币政策的要求，依法对外汇市场进行调节。

复习与思考

1. 中国人民银行的性质及其地位。
2. 中国人民银行的货币政策工具有哪些？
3. 商业银行的经营原则是什么？
4. 银行业监督管理机构的监督管理职责有哪些？

第十一章
知识产权法

本章要点

1. 著作权的取得与保护期
2. 著作权的主要内容及对著作权的限制
3. 邻接权的概念及内容、邻接权与著作权的区别
4. 商标注册原则
5. 注册商标的转让及许可使用
6. 对驰名商标的法律保护
7. 专利权的概念、客体及内容
8. 专利实施的合理利用与强制许可

导入案例

iPad 自进入中国市场后，在国内掀起了一股平板电脑热潮，随之而来的 iPad 商标权之争也引发了一场不小的波澜。2000 年，由唯冠国际控股的唯冠（台北）在多国、地区申请 iPad 商标。2001 年，唯冠（深圳）又在中国注册两项 iPad 商标，并借此推出了 iPad 电脑，那时苹果公司尚未发布 iPad 产品。2006 年苹果公司计划推出平板电脑时，发现“iPAD”和“IPAD”已被唯冠注册，于是以撤销闲置不用商标为由，在英国起诉唯冠，但最后败诉。2009 年，苹果公司的壳公司英国“IP 申请发展有限公司”与唯冠国际达成协议，以 3.5 万英镑从唯冠（台北）

手中获得 iPad 全球商标权，2010 年又以 10 万英镑转给苹果公司。唯冠（深圳）表示，iPad 的内地商标权归自己所有，唯冠（台北）无权出售。2011 年，双方就在中国市场的商标权问题之争，已在深圳中院较量三次，一审以苹果公司败诉收场。2012 年 1 月，苹果公司向广东省高级人民法院提起上诉。

之前苹果公司也有类似的经历：2004 年，汉王在中国注册“i-phone”商标。苹果公司 2007 年推出 iPhone 后，意识到侵权风险，2009 年与汉王签订转让协议，获得所有“iPhone”相关的商标著作权，付出 365 万美元。

问题：何为商标？取得注册商标后，企业或产品能获得哪些特殊保护？

第一节　著作权法

一、著作权法概述

（一）著作权与著作权法

著作权与专利权、商标权共同构成民事权利法律体系中的知识产权。

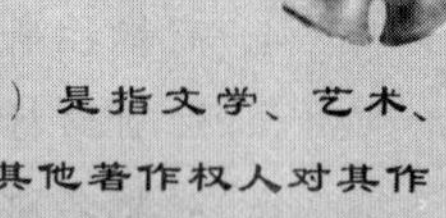

著作权（又称版权）是指文学、艺术、科学作品的作者或其他著作权人对其作品在法律规定的期限内所享有的人身权利和财产权利的总称。

著作权具有自己特殊的性质。第一，著作权作为一个整体一般不可转让，但其中个别权能可以转让、继承。此外，委托作品的著作权属于意思自治的范畴，完全可能出现包括著作人身权在内的著作权的整体转让。第二，著作人身权不可剥夺、不可扣押并且不可强制执行，即使对于正在服刑的罪犯，其著作人身权同样应受到尊重、保护，他仍然对其作品享有发表权、署名权、修改权以及保护作品完整权。第三，著作人身权具有永久性，署名权、修改权以及保护作品完整权的保护期不受限制，具有永久性，既不因作者死亡而消灭，也不因著作财产权保护期届满而消灭。第四，著作财产权具有期限性。

在我国，狭义的著作权法是指以著作权法命名的《中华人民共和国著作权法》（以下简称《著作权法》）。广义的著作权法还包括《宪法》、《民法总则》、《刑法》、行政法规以及最高人民法院司法解释等有关著作权的规定。此外，还包括我国缔结或参加的国际条约。

著作权法指调整因著作权的产生、控制、利用等而发生的各种社会关系的法规的总称。

（二）著作权的取得与保护期

著作权的取得主要有以下几种方式：

（1）自动取得制。著作权产生于作品创作完成时，作品一经创作完成，作者即享有著作权，无须履行任何手续。当今大多数国家，包括我国，均采用此种方法。

（2）标记取得制。即作品发表时必须有一定的标记才能取得著作权，否则就丧失著作权而进入公有领域。例如，美国版权法曾要求文字作品必须标明©标记、“copyright”字样或版权的缩写“COPR”。

（3）注册取得制。作品必须登记注册，才能取得著作权，即必须按照其国内法的要求履行缴送样品、登记、刊登启事、偿付费用等手续，作品才能取得著作权保护。

著作权的保护期限，按照《著作权法》第 20 条的规定，作者的署名权、修改权、保护作品完整权的保护期不受限制。

对于公民的作品，其发表权及其他经济权利的保护期以下面的案例进行分析：作家王某一生创作了大量作品，1990 年创作并发表了小说《我的父亲》；1997 年与李某合作创作了《月亮湾的故事》但未发表；1999 年，由某研究所邀请并提供素材，为新中国成立五十周年与他人共同编纂了“五十年历程”丛书，该丛书由该研究所署名。王某于 2005 年去世，2008 年李某也去世了。为完成李某的遗愿，李某的儿子于 2008 年将《月亮湾的故事》发表，并于当年投资拍摄了同名电影《月亮湾的故事》，于次年在全国公映。问此案例中的文学作品及电影作品的著作权经济权利的保护期分别是多长？

不同作品的著作权经济权利的保护期不同，起算时间也不同。由王某独立创作完成的《我的父亲》，保护期为作者终生及死后 50 年，保护期届满时间应为 2056 年 12 月 31 日。《月亮湾的故事》属于合作作品，保护期截止到后去世作者死后第 50 年的 12 月 31 日，即 2059 年 12 月 31 日。电影作品的保护期也是 50 年，但起算时间不同，应从电影作品首次发表开始计算，本案中应截止到 2060 年 12 月 31 日。“五十年历程”丛书是编纂者代表某研究所创作的，应属于法人作品，保护期截止到首次发表后第 50 年的 12 月 31 日。

电影作品和以类似摄制电影的方法创作的作品、摄影作品，其发表权及其他经济权利的保护期为 50 年，截止到作品首次发表后第 50 年的 12 月 31 日，但作品自创作完成后 50 年内未发表的，不受著作权法的保护。

二、著作权的主体

著作权的主体是指在著作权法律关系中著作权的享有者，包括原始著作权人和继受著作权人。原始著作权人通常指作者，继受著作权人主要体现为受让人、著作权被许可人、继承人或受遗赠人等。著作权的主体既可以是自然人，也可以是法人或其他非法人组织。

案例：甲、乙、丙合作创作一首歌曲。甲欲将该作品交某音乐期刊发表。乙以该期刊发表过批评其作品的评论为由表示反对。丙未置可否。

（一）作者

《著作权法》第 11 条第 2 款规定：创作作品的公民是作者。一般而言，只有自然人才可能具有创作思维能力，通过具体的表达形式表现其思想感情，形成文学、科学、艺术作品。

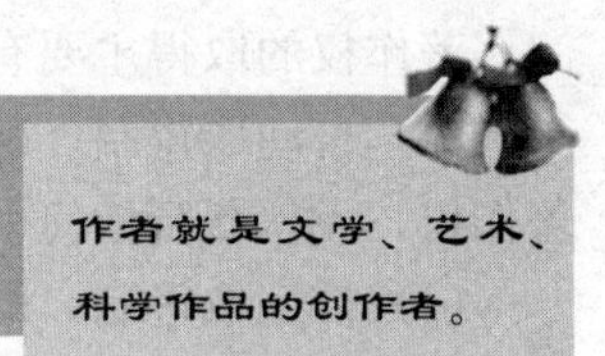

此外，《著作权法》第 11 条第 3 款还进一步规定：由法人或者其他组织主持，代表法人或者其他组织意志创作，并由法人或者其他组织承担责任的作品，法人或者其他组织视为作者。

在上述案例中，甲、乙、丙三人共同创作一首歌曲，故是该歌曲的共同作者。

（二）其他著作权人

除作者外，其他公民或法人、非法人组织也可以通过约定或者按照法律规定取得著作权，即可以通过转让、许可、继承、遗赠而取得著作财产权。

因约定而取得著作权有三种情况：（1）依照委托合同取得著作权。《著作权法》第 17 条规定了委托作品的著作权归属由委托人和受托人通过合同约定。如果合同约定著作权归委托人所有，委托人即成为"其他著作权人"。（2）著作权的转让。著作权人可以将著作权全部或部分转让给他人，受让人即成为著作权法律关系的主体。（3）著作权的许可使用。著作权人可通过合同将一定地域范围、一定期限内的部分著作财产权许可给他人使用。这已经成为目前著作权市场最常见的著作权使用方式，被许可人在合同约定的范围内成为著作权人。

（三）几类特殊作品的著作权归属

（1）职务作品，是公民为完成法人或其他组织的工作任务而创作的作品。职务作品一般由作者享有著作权，但法人或其他组织有权在其业务范围内优先使用。在作品完成 2 年内，未经单位同意，作者不得许可第三人以与单位相同的方式使用该作品。如果是主要利用法人或非法人组织的物质技术条件创作并由法人或其他组织承担责任的工程设计图、产品设计图、地图、计算机软件等职务作品，或者法律、行政法规规定或合同约定著作权由法人或其他组织享有的职务作品，由法人或其他组织享有著作权，但作者享有署名权。

（2）合作作品，即两人或两人以上合作创作的作品，由合作作者共同享有著作权。对可以分割使用的作品，作者对各自创作的部分可以单独享有著作权，但不得侵犯合作作品整体的著作权。

对于不可分割使用的，由合作作者通过协商一致行使；协商不成且无正当理由的，任何一方不得阻止他方行使除转让以外的权利，但所得收益应合理分配给所有合作作者。在上述案例中，乙以该期刊发表过批评其作品的评论为由表示反对，理由不正当，不能阻止甲行使发表权。丙未置可否，没有提出明确的反对意见，也不能阻止甲行使发表权。因而甲可以将该歌曲发表，但收益应分配给乙、丙。

（3）汇编作品，即对他人的作品或作品片段或数据及其他材料进行独创性选编而产生的作品，其著作权由汇编人享有，但不得侵犯被汇编作品作者的著作权。

(4) 改编、翻译、注释、整理已有作品而产生的作品，其著作权由改编者、翻译者、注释者、整理者享有，但不得侵犯原作者的著作权。

(5) 电影作品和以类似摄制电影的方法创作的作品，其著作权由制片人享有，但编剧、导演、摄影、作词、作曲等作者享有署名权，对于剧本、音乐等可以单独使用的作品，作者有权单独使用该作品。

三、著作权的客体

(一) 著作权客体的构成要件

我国著作权法对著作权客体作了以下要求：(1) 独创性，这是著作权客体与其他知识产权客体的主要区别。(2) 有具体的表现形式，作者创作的作品必须通过可以识别的载体表现出来，单纯在大脑中的构思或思想不受著作权法的保护。(3) 必须是在文学、艺术、科学领域创作的作品。

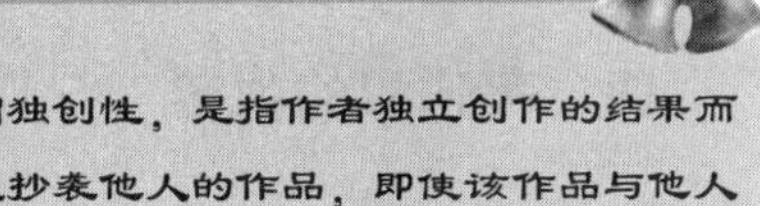
所谓独创性，是指作者独立创作的结果而不是抄袭他人的作品，即使该作品与他人的作品类似，也应受到著作权法的保护。

(二) 主要的客体类型

(1) 文字作品。指用文字或其他等同于文字的各种符号来表达思想感情的作品，在内容上可以是散文、小说、诗歌、乐谱、剧本、科学论文专著等等，在形式上可以是手写稿、打印稿或者采用电子格式。这里需要注意的是书法作品，一般将其归类为美术作品，但如果其内容具有独创性，则可以获得双重保护，既可以是文字作品，又可以是美术作品。

(2) 口述作品。指以口头方式创作和表达的文学、艺术作品，例如即兴演讲、授课、法庭辩论等未以任何物质载体固定的作品，具有即时性、现场制作性等特点。在我国，许多曲艺作品可能某个艺术家表演了多年也未形成过文字，这是典型的口述作品。

(3) 音乐、戏剧、曲艺、舞蹈作品。音乐作品是指交响乐、歌曲等能够演唱或演奏的带词或不带词的作品。戏剧作品是指话剧、歌剧、地方戏剧等供舞台演出的作品。需要注意的是，这里的戏剧作品是指剧本而不是整台演出，对于其中的表演应受邻接权保护。曲艺作品是指相声、快书、大鼓、评书等以说唱为主要形式的表演作品，即以文字形式出现的说唱艺术的底本。舞蹈作品，指通过连续动作、姿势表演的作品，这里同样是指对舞蹈动作的安排，无论是以文字还是以其他形式固定下来。

(4) 美术、摄影作品。指绘画、雕塑、建筑等以线条、色彩或其他方式构成的具有审美意义的平面或立体的造型艺术品。摄影作品是指借助器械在感光材料上记录客观物体形象的艺术作品。

(5) 电影、电视、录像作品。指设置在一定的物质上，由一系列有伴音或无伴音的画面组成，并且借助适当装置放映、播放的作品，统称为影视作品。

(6) 工程设计、产品设计图纸及其说明。指为施工和生产而绘制的图样及对图样的文字说明。

（7）地图、示意图等图形作品。地图是以图形、符号等表示地球的表面现象、空间分布的图形作品，将地图绘制在球面上，成为地球仪。示意图是指为了说明事物原理或轮廓而绘制的简易平面图。

（8）计算机软件。指计算机程序及有关文档。

（三）不受著作权法保护的作品

不受著作权法保护的作品包括法律、法规、时事新闻、历法、数表、通用表格和公式。2010 年修改后的《著作权法》删去了“依法禁止出版、传播的作品”不受著作权法保护的规定，但保留了使用著作权应受到的限制：“著作权人行使著作权，不得违反宪法和法律，不得损害公共利益”。

四、著作权的内容

案例：作家老王自己创作了一部小说《秋日私语》，署名秋日，由作家出版社出版，新华书店发行。不久，老王发现在“和风”网站上有一部署名为梁某的畅销小说《秋日絮语》内容与他的《秋日私语》小说非常相近。此后，旭日公司邀请知名编剧赵某将《秋日絮语》改编成电视剧，后由华路影视公司拍摄成电视剧。

问题：老王的哪些权利受到了侵害？

（一）著作人身权

著作权中的人身权是指以人身利益为内容的权利，包括署名权、修改权、保护作品完整权和发表权。著作人身权与权利人不可分割。具体的著作人身权有：

1. 署名权

署名权是指作者有权在其作品中签署自己名字或名称，可以署真名，也可以署假名、艺名，还可以不署名。不署名不等于弃权，也是行使著作权的一种方式。著作权的继承者只承担保护署名权的权利和义务，而不得署自己的名字或名称。

2. 修改权

作者有权对其作品进行修改，但在行使修改权时不能对抗他人的合法权益。比如，作者希望对其已经转让的油画进行修改，就要取得油画所有人的同意方能行使。

3. 保护作品完整权

保护作品完整权是指作者有保护其作品不受歪曲、篡改的权利。歪曲是指故意改变事物的真相或内容；篡改是指用作伪的方式手段对作品进行改动或曲解。

4. 发表权

发表权是指作者有决定是否将作品公开的权利。发表权兼具人身权和财产权的双重属性，具有以下特点：（1）发表权只能行使一次，作者创作完成以后一旦以合法的方式将作品公之于众，发表权即用尽。（2）发表权通常不能单独行使，而是与其他权能一并行使。（3）发表权可以转移。对于没有发表的作品，除非作者明示不发表，其作品的继受人可以行使发表权将作品发表。

（二）著作财产权

著作财产权是指著作权人通过使用或许可他人使用其作品而取得经济利益的权利。具体包括以下几种权利：

（1）复制权。指以复印、临摹、拓印、录音、录像、翻录、翻拍等方式复制作品的权利。复制权是作者的基本权利，既可表现为作者本人对作品的复制，也可以表现为许可他人或禁止他人复制。

（2）发行权。指以出售或赠与的方式向公众提供作品的原件或复制件的权利。著作权人享有自己发行的权利，也可以授权他人发行。按照传统观点，发行的目的是实现经济利益，但《著作权法》经修订后增加了以赠与的方式发行，只要是向公众提供作品的原件或复制件，不论是以出售还是以赠与的方式，都构成发行。

（3）出租权。指有偿许可他人使用电影作品和以类似摄制电影的方式创作的作品、计算机软件的权利，但计算机软件不是出租的主要标的的除外。

（4）展览权。指公开陈列美术作品、摄影作品的原件或复制件的权利。展览权的客体主要是美术作品，但不排除文字作品的手稿等可供展览的其他作品。

（5）表演权。指公开表演以及用各种手段公开播送作品的表演的权利。著作权人可以自行表演作品，也可以授权他人表演作品。此外，表演权可以分为活表演和机械表演。《著作权法》修订以前只包含活表演，修订以后增加了“用各种手段公开播送作品的表演”，即机械表演。因此，商场、饭馆、歌厅等场所营业性播放音乐、录像作品，要向著作权人支付作品使用费。

（6）放映权。指通过放映机、幻灯机等技术设备公开再现美术、摄影、电影和以类似摄制电影的方式创作的作品的权利。

（7）广播权。指以无线或有线的方式公开广播或传播作品，以及通过扩音器或其他传送符号、声音、图像的类似工具向公众广播或传播作品的权利。

（8）信息网络传播权。即以有线或无线的方式向公众提供作品，使公众可以在其个人选定的时间和地点获得作品的权利。

（9）摄制权。指以摄制电影或以类似摄制电影的方式将作品固定在载体上的权利，著作权人可以自行摄制作品，也可以授权他人将作品摄制成电影、录像、影碟等。

（10）改编权。指改编作品，创造出具有独创性作品的权利。改编权包括两种情况：一种是不改变作品原来的类型而改编作品，如将长篇著作改成简本；另一种是在不改变作品内容的情况下，将作品由一种类型改编成另一种类型，如将小说改编成剧本。

（11）翻译权。指将作品从一种语言文字转换成另一种语言文字的权利。翻译权包含各种文字的翻译，著作权人转让一种文字的翻译权不等于也转让了其他文字的翻译权。例如，著作权人转让了俄文的翻译权不等于也将英文的翻译权一并转让。

（12）汇编权。指将作品或者作品的片段通过选择或者编排，汇集成新作品的权利。

如果《秋日絮语》被认定与《秋日私语》构成实质性相似，则老王的署名权、修改权、保护作品完整权、信息网络传播权、改编权、摄制权都受到了侵害。

五、邻接权

邻接权，也称作品的传播者权，指作品的传播者在传播作品的过程中对其创造性劳动成果依法享有的专有权利。

著作权与邻接权的区别非常明显：

（1）主体不同。著作权的主体是智力作品的创作者，包括自然人和法人。邻接权的主体是出版者、表演者、录音录像制作者、广播电视组织，除表演者以外，在我国基本上都是法人实体。

（2）保护对象不同。著作权的保护对象是文学、艺术和科学作品。邻接权的保护对象是经过传播者艺术加工之后的作品。

（3）受保护的前提不同。作品只要符合法定条件，一经创作完成即可获得著作权的保护，邻接权的取得必须以著作权人的授权及对作品的再利用为前提。

具体的著作邻接权有：

（1）出版者的权利。即图书出版社、报社、杂志社和音像出版社等出版单位在取得专有出版权后在传播作品中享有的邻接权，即享有署名权和版式设计权。版式设计的保护期为 10 年，截止于首次出版后第 10 年的 12 月 31 日。

（2）表演者权利。表演者对其表演享有人身权和财产权。人身权包括署名权和保护表演形象不受歪曲的权利。人身权的保护期不受限制。财产权的保护期为 50 年，截止于该表演发生后第 50 年的 12 月 31 日。

（3）录音录像制作者权。录音录像制作者权包括人身权和财产权。人身权指署名权，即录音录像制作者有权在录音录像制品上署名。财产权主要包括许可他人复制、发行、出租、通过信息网络向社会公众传播并获得报酬的权利。该权利的保护期为 50 年，截止于作品首次制作完成后第 50 年的 12 月 31 日。

（4）电视台、广播电台的权利。电视台、广播电台的邻接权包含以下几项内容：①电视台对其制作的非作品的电视节目享有署名权，广播电台对其制作的广播节目享有署名权。②电视台、广播电台对其制作的节目有自己播放的权利。③电视台、广播电台有权许可其他电视台、广播电台转播其节目并因许可而获得报酬。④电视台、广播电台对其制作的非作品的节目，有权自己制作或许可他人制作成录音制品、录像制品发行并取得报酬。这两项财产权的保护期为 50 年，截止于非作品的电视节目、广播节目首次播放后第 50 年的 12 月 31 日。⑤电视台、广播电台对其播放他人的节目有权许可或禁止其他电视台、广播电台转播并因许可而获得报酬。⑥电视台、广播电台有权许可或禁止他人直接在音像载体上录制其节目以及复制发行载体并因许可而获得报酬。这两项财产权的保护期为 50 年，截止于作品录制后第 50 年的 12 月 31 日。

六、对著作权的限制

著作权法的目的在于鼓励和保护优秀作品的创作与传播，但任何作品的创作都是在吸取前人智慧和文化遗产的基础上进行的，并为后人创作更优秀的文化成果提供丰富的土壤。因此，著作权的滥用将会与社会对文化知识的需求产生矛盾，束缚科学技术的发展，阻碍社会进步。所以，各国在保护著作权及相关权利的同时也对著作权作出了限制。

案例：下列行为中，未经著作权人许可，也不向著作权人支付报酬，但不侵犯著作权的有：

(1) 徐某平时喜欢临摹名人字画，其临摹的徐悲鸿的马足可以假乱真。

(2) 中央电视台为某知名服装品牌公司播出的广告中使用了现代派诗人舒某最近出版的诗集中的诗句，但舒某并不知情。

(3) 为了了解英美法制史，老师给班级每一名学生都复印了某美国学者的英文原著，供大家学习研究。

(4) 小胡喜欢绘画写生，尤其喜欢临摹各个城市的特色雕塑。

(5) 某市图书馆将该馆自 1949 年以来收藏的数万册藏书都制作成电子刊物公开在市场上销售获利。

(6) 某电视台播放了某高校领导在该校建校 50 周年上的讲话。

分析：

(1) 徐某以学习、研究或个人欣赏为目的临摹名人字画不侵犯著作权。

(2) 某知名服装品牌公司对诗人舒某的诗句进行商业性使用，需要获得诗作著作权人的许可。若舒某不知情，则该公司构成侵权。

(3) 为学校课堂教学或研究，少量复制已经发表的作品，不构成侵犯著作权。

(4) 对设置或陈列在室外公共场所的艺术作品进行临摹、绘画不构成侵权。

(5) 图书馆为陈列或保存版本需要，复制本馆的收藏品不构成侵权，但其对外销售获利属于侵权行为。

(6) 电视台等媒体播放在公众集会上发表的讲话，如果作者声明不许播放的，则电视台构成侵权；如果作者未声明不许播放的，则电视台不构成侵权。

《著作权法》第 22 条、第 23 条规定了对著作权限制的主要内容，包括了可不经著作权人许可、不支付报酬以及可不经著作权人许可但应支付报酬两类情形。第一种为合理使用，第二种为法定许可。不论何种使用方式，都应指明作者姓名、作品名称并且不侵犯著作权人依法享有的其他权利。

七、著作权集体管理

（一）著作权集体管理概述

为了规范著作权集体管理活动，便于著作权人和与著作权有关的权利人行使权利以及使用者使用作品，2004 年 12 月 28 日，国务院颁布了《著作权集体管理条例》，并于 2005 年 3 月 1 日起实施。《著作权集体管理条例》分别

著作权集体管理是指著作权集体管理组织经权利人授权，集中行使权利人的有关权利并以自己的名义进行的活动。

于2011年1月和2013年12月作了修订。著作权法规定的表演权、放映权、广播权、出租权、信息网络传播权、复制权等权利人自己难以有效行使的权利，可以由著作权集体管理组织进行集体管理。

（二）著作权集体管理组织

著作权集体管理组织是指为权利人的利益依法设立，根据权利人的授权对权利人的著作权或者与著作权有关的权利进行集体管理的社会团体。

著作权集体管理组织应当依照有关社会团体登记管理的行政法规和《著作权集体管理条例》的规定进行登记并开展活动。国务院著作权管理部门主管全国的著作权集体管理工作。

我国最早的著作权集体管理组织是1992年成立的中国音乐著作权协会；《著作权集体管理条例》颁布后，2005年年底，首先成立了中国音像集体管理协会；2008年10月，成立了中国文字著作权协会；2010年4月，又成立了中国电影著作权协会。

（三）著作权集体管理活动

著作权集体管理活动主要有：

（1）与使用者订立著作权或者与著作权有关的权利许可使用合同。

（2）向使用者收取使用费。

（3）向权利人转付使用费。

（4）进行涉及著作权或者与著作权有关的权利的诉讼、仲裁等。

八、著作权的法律保护

（一）侵犯著作权的行为

没有救济的权利将不是一种真正的权利，为了保护著作权人的合法权益，不仅需要从立法层面上，更需要从司法层面上对侵犯著作权的行为予以制裁。侵犯著作权（包括邻接权）的行为指既未经作者或其他著作权人的同意，又无法律上的依据，擅自对受著作权法保护的作品进行利用或以其他非法手段行使著作权人的专有权利的行为。

作为一般民事侵权行为的一种，侵犯著作权的行为也应当满足侵权行为、过错、损害后果及因果关系四个要件。

（二）侵犯著作权的法律责任

按照我国著作权法及相关法律法规的规定，侵犯著作权的行为应当承担民事责任、行政责任或刑事责任。

1. 民事责任

《著作权法》第47条规定的承担民事责任的方式有：停止侵害、消除影响、赔礼道歉和赔偿损失。

2. 行政责任

指国家行政机关，具体而言指著作权行政管理机关依照法律规定对侵犯著作权或与

著作权有关的权利的行为予以行政制裁。具体有以下几种方式：(1) 没收非法所得，即对侵权行为人非法所得的报酬和利润予以没收；(2) 罚款，即行政机关对侵权行为人依法处以一定的罚金；(3) 其他处罚，包括警告、责令停止制作和发行侵权行为复制品。

3. 刑事责任

对于构成犯罪的，依照《刑法》第 217 条、第 218 条的规定处理。

第二节 商标法

一、商标法概述

商标法是调整在商标的注册、使用、管理和保护过程中所发生的各种社会关系的法律规范的总称，其核心是确认和保护注册商标专用权。

现行的商标法是 1982 年通过、2019 年 4 月 23 日第四次修正的《中华人民共和国商标法》(以下简称《商标法》)。

(一) 商标的概念

商标一般用文字、图形、字母、数字、三维标志、颜色组合和声音等，以及上述要素组合表示，并置于商品或商品包装、服务场所或服务说明书上。

商标是商品和商业服务的标记，它是商品生产者、经营者、服务提供者为了使自己生产、销售的商品或提供的服务与其他商品和服务相区别而使用的一种标记。

(二) 禁止作为商标使用与注册为商标的标志

我国实行商标自愿注册原则，注册商标和未注册商标的法律性质不同、要求不同，管理也不同，对注册商标的管理要严于未注册商标。《商标法》区分了注册商标和未注册商标两种情况，分别规定普遍适用的禁止性规定以及仅对注册商标适用的禁止性事项。

案例： 1996 年 6 月 3 日，辽宁省沈阳市某区工商局接到群众举报，称沈阳市某食品厂使用彭德怀等“十大元帅”肖像做商标标志，该区工商局对该食品厂的上述行为进行了查处。

本案是一起违法使用禁用文字、图形作为商标标志的案件。“十大元帅”作为新中国成立初期著名的历史人物，承载了我国人民的敬仰和尊敬，将“十大元帅”的肖像作为商标进行商业性使用，违反了《商标法》第 10 条第 1 款第 (8) 项的不得使用“有害于社会主义道德风尚或者有其他不良影响的”文字或图形的规定。

此外，不得作为商标使用的标志还有：（1）同中华人民共和国的国家名称、国旗、国徽、国歌、军旗、军徽、军歌、勋章等相同或者近似的，以及同中央国家机关的名称、标志、所在地特定地点的名称或标志性建筑物的名称、图形相同的；（2）同外国的国家名称、国旗、国徽、军旗等相同或者近似的，但经该国政府同意的除外；（3）同政府间国际组织的名称、旗帜、徽记等相同或者近似的，但经该组织同意或者不易误导公众的除外；（4）与表明实施控制、予以保证的官方标志、检验印记相同或者近似的，但经授权的除外；（5）同“红十字”“红新月”的名称、标志相同或者近似的；（6）带有民族歧视性的；（7）带有欺骗性，容易使公众对商品的质量等特点或者产地产生误认的。

县级以上行政区划的地名或者公众知晓的外国地名，不得作为商标。但是，地名具有其他含义或者作为集体商标、证明商标组成部分的除外；已经注册的使用地名的商标继续有效。如“景德镇”是我国江西省一个地级市的名称，原本不能作为商标注册，但作为商标“景德镇瓷器”的组成部分，是可以被核准注册的。

注册商标可使用的标志最重要的是具有显著性，缺乏显著性的标志不得注册为商标，如单纯的阿拉伯数字在日常生产生活中使用频繁，识别力不强，无法注册为商标。当然，经过长期使用已经取得了显著特征、便于识别的，可以作为商标注册，如“中华”烟，“长城”葡萄酒。此外，仅表示本商品的通用名称、图形、型号的，如“自行车”“汽车”不得注册为商标；仅仅直接表示商品的质量、主要原料、功能、用途、重量、数量及其他特点的，如“塑料杯”“钢化玻璃”“拖鞋”等不得注册为商标。

（三）注册商标的种类

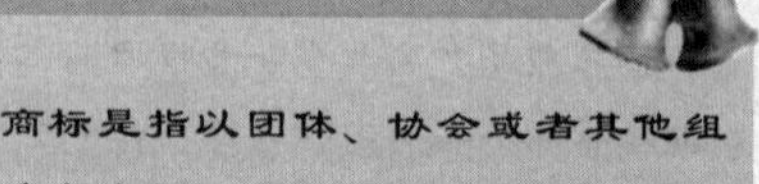

集体商标是指以团体、协会或者其他组织的名义注册，供该组织成员在商事活动中使用，以表明使用者在该组织中的成员资格的标志。

《商标法》规定注册商标包括商品商标、服务商标、集体商标和证明商标。

（1）商品商标。商品商标是生产经营者在生产、制造、加工或经销的商品上使用的商标。

（2）服务商标。服务商标是服务提供者为将自己提供的服务与他人提供的服务区别开来而使用的标志。商标法关于商品商标的规定适用于服务商标。

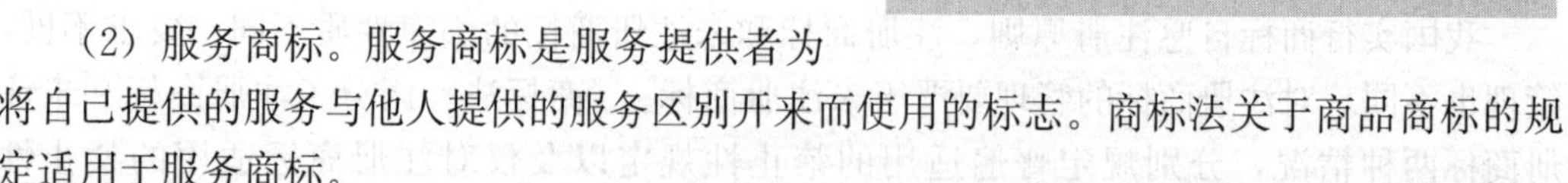

证明商标是指由对某种商品或服务具有监督能力的组织所控制，而由该组织以外的单位或个人使用于其商品或服务，用以证明该商品或服务的原产地、原料、制造方法、质量或其他特定品质的标志。

（3）集体商标。集体商标是一种特殊标志，它的所有权不属于单个自然人、法人或其他组织，而属于集体组织，即由多个企业组成的团体、协会或其他组织。

（4）证明商标。证明商标也是由多人共同使用的商标，因此其注册、使用及管理需制定统一的规则并公之于众，让社会共同监督，以起到保护商品与服务的特定品质，保护消费者合法权益的目的。

二、商标注册申请

(一) 商标注册申请的主体

根据《商标法》第 4 条的规定，商标注册申请人包括自然人、法人和其他组织。根据《商标法》第 5 条，自然人不限国籍，多个主体可以共同申请注册同一商标，并共同享有和行使该商标专用权。

(二) 注册商标的构成要素与显著性

商标法规定的注册商标的构成要素为文字、图形、字母、数字、三维标志、颜色组合和声音等，以及上述要素的组合。

作为商品和服务来源的区分标志，商标必须具有显著性特征。《商标法》第 9 条规定：申请注册的商标，应当有显著特征，便于识别，并不得与他人在先取得的合法权利相冲突。所谓显著性特征，是指商标的独特性和可识别性，可以区分商品或服务的来源。但商标的显著性特征并不是绝对的，在很大程度上取决于使用的情况。有的商标虽然很一般，但经广告或长期使用得到消费者认可后也就具备了显著性特征，达到了识别商品或服务的目的。

(三) 商标注册原则

在先申请原则指两个或两个以上申请人就相同或类似商品分别提出相同或近似的商标注册申请时，准许最先提出申请的人获得商标注册。

商标注册原则是商标注册程序中注册申请人、注册管理机关等主体应当遵循的法律准则。具体包括一标多类原则、在先申请原则和优先权原则等。

1. 一标多类原则

该原则指一份商标注册申请可以就多个类别的商品和服务项目申请注册同一商标，具体体现在《商标法》第 22 条第 2 款中。这一原则提高了商标注册申请效率，节约了社会资源。

2. 在先申请原则

我国在采用在先申请原则的同时，又对绝对的在先申请原则做了适当的调整，强调在先申请必须建立在诚信原则之上，如关于恶意抢注的规定及注册商标不得与他人的在先权利相冲突的规定。

与在先申请原则相对应的是使用在先原则，即按使用商标的先后顺序来确定商标专用权的归属。我国采用在先申请原则，但又不排除在一定条件下采用使用在先原则，即当两个或两个以上的商标注册申请人，在同一种商品或类似商品上，以相同或近似的商标申请注册，并且双方的申请文件又在同一天提交商标局时，实行最先使用者取得商标注册的原则。

3. 优先权原则

案例：中国和美国都是《保护工业产权巴黎公约》的成员国，2018年6月2日，甲公司在美国申请注册“丽美LIM”商标，该公司后来发现2018年9月5日乙公司在中国也申请注册了该商标，问甲公司在中国能否注册“丽美LIM”商标？

分析：根据《保护工业产权巴黎公约》的规定，公约成员国国民就同一商标申请在向一个成员国提出第一次申请后，该申请人或其权利继承人再向其他成员国提出申请的，以第一次提出申请的日期作为在后申请的申请日，即为优先权日，商标的优先权期限为6个月，所以甲公司只要在2018年12月2日之前在中国申请注册该商标，申请日即可视为2018年6月2日。

商标优先权除了申请优先原则外，还有使用优先的原则。《商标法》第26条规定：商标在中国政府主办的或者承认的国际展览会展出的商品上首次使用的，自该商品展出之日起6个月内，该商标的注册申请人可以享有优先权。依照前款要求优先权的，应当在提出商标注册申请的时候提出书面声明，并且在3个月内提交展出其商品的展览会名称、在展出商品上使用该商标的证据、展出日期等证明文件；未提出书面声明或者逾期未提交证明文件的，视为未要求优先权。

三、商标注册的审查和核准

（一）商标注册的审查

商标注册的审查是商标主管机关对商标注册申请是否符合商标法的规定进行的一系列活动。《商标法》没有严格区分形式审查和实质审查，一般在商标局正式受理前，首先对申请文件和应办手续是否齐备进行审查，决定是否受理申请；受理之后，则须对商标的实体内容进行审查。

对商标实体内容的审查包括以下几个方面：

（1）申请注册的商标是否具备法定构成要素和符合法定条件。即商标是否由文字、图形、字母、数字、三维标志、颜色组合和声音，以及上述要素的组合构成；商标是否具有显著性特征，易于识别。

（2）申请注册的商标的构成要素是否违背了法律的禁止使用标志条款。

（3）申请商标注册不得损害他人现有的在先权利，也不得以不正当手段抢先注册他人已经使用并有一定影响的商标。

商标进行实体内容审查之后，有两种结果：一是初步审定，予以公告；二是驳回申请和复审。初步审定指商标局对符合形式审查和实体内容审查的申请注册商标作出可以核准注册的结论，但此时该商标还未取得商标权，而是应当公告，由全社会对商标局初步审定的结果进行监督，增加商标审查工作的透明度。另外，也是为商标注册人和在先申请人提供维护自身权益，避免商标局核准注册与自己的商标相同或近似的商标的机会，从而减少商标注册后可能产生的争议。

（二）商标的异议与核准

对于初步审定的商标，自公告之日起 3 个月内，任何人均可提出异议。异议必须以书面形式提出，商标局将商标异议书交被异议人，并限其在 30 日内作出书面答辩。对初步审定、予以公告的商标提出异议的，商标局应当听取异议人和被异议人陈述事实和理由，经调查核实后，自公告期满之日起 12 个月内作出是否准予注册的决定。当事人不服的，可以自收到通知之日起 15 日内向商标评审委员会申请复审，由商标评审委员会作出复审决定，并书面通知异议人和被异议人。当事人对商标评审委员会的决定不服的，可以自收到通知之日起 30 日内向人民法院起诉。人民法院应当通知商标复审程序的对方当事人作为第三人参加诉讼。当事人在法定期限内对商标局作出的决定不申请复审或者对商标评审委员会作出的决定不向人民法院起诉的，决定生效。

异议不能成立的，予以核准注册，发给商标注册证，并予以公告；异议成立的，不予核准注册。

商标的注册核准是指商标经商标局初步审定公告期满，没有人提出异议，或异议不能成立，当事人又不提请复审或复审理由不能成立时，商标局对申请注册的商标予以注册。申请注册的商标一经商标局核准，就标志着申请人取得了注册商标专用权。

四、注册商标专用权、续展、转让与许可使用

案例：甲公司于 2018 年 8 月 1 日以“饱口福”申请注册食品商标和服务商标。经查，乙公司曾于 2007 年 3 月 1 日取得了“饱口福”食品注册商标，但迄今未提出该注册商标的续展申请。

（一）注册商标专用权及其续展

注册商标专用权指法律赋予的商标注册人对其商标享有的专用权，有原始取得与继受取得两种取得方式。主要包括两个方面。

（1）独占使用权。即商标注册人在核定的商品上独占使用其注册商标的权利，其他人未经商标注册人许可不得使用。这里的使用，是将商标用于自己生产、制造、加工、拣选或经销的商品或商品包装、容器、说明书上，或在广告中使用。独占权的范围以核准注册的商标和核定使用的商品为限。

（2）排他使用权。即商标权人有权禁止他人在同一种商品或类似商品上使用与其注册商标相同或类似的商标，有权禁止他人用其他不正当手段损害其注册商标的声誉。禁止权的效力范围大于独占使用权的范围，不仅及于注册商标和指定商品，而且延及近似商标和类似商品。

《商标法》规定的注册商标的有效期为 10 年，自核准注册之日起计算。注册商标的有效期满，需要继续使用的，应当在期满前 12 个月内申请续展注册；在此期间未能提出申请的，可以给予 6 个月的宽展期。宽展期满仍未提出申请的，注销其注册商标。每次续展注册的有效期为 10 年，续展注册经核准后予以公告。由于续展次数没有限制，

因此实际上注册商标专用权可以通过续展的办法使有效期不断延长。其中宽展期的规定是对商标权保护的另一种延长，为商标享有人续展提供了机会，使其注册商标专用权得以继续。

《商标法》第50条还规定：注册商标被撤销、被宣告无效或者期满不再续展的，自撤销、宣告无效或者注销之日起一年内，商标局对与该商标相同或者近似的商标注册申请，不予核准。这一规定主要是为了保护公众利益，避免消费者误认误购。

乙公司2007年3月1日取得的注册商标，有效期为10年，于2017年3月1日期满。由于乙公司未在期满前6个月内提出续展申请，因此给予其6个月的宽展期，即自2017年3月1日至2017年9月1日。由于乙公司在这一期间内仍然没有申请续展，因此，2017年9月1日宽展期满即注销其“饱口福”食品注册商标。2018年8月1日，距离乙的商标被注销之日尚未满一年，因此甲提出的“饱口福”食品商标注册申请不能得到核准，但“饱口福”服务商标不属于与乙的商标相同或近似的情形，因而商标局对甲的“饱口福”服务商标注册申请应予以核准。

（二）注册商标的转让

转让权是指注册商标所有权人在法律允许的范围内，根据自己的意志，依照法定程序将其所有的注册商标专用权转让给他人的法律行为。原商标所有权人为转让人，新商标所有权人为受让人，转让的结果是使商标专用权的所有人发生了变更。转让注册商标的，转让人和受让人应当签订转让协议，并共同向商标局提出申请。受让人应当保证使用该注册商标的商品质量。转让注册商标经核准后，予以公告。受让人自公告之日起享有商标专用权。

商标权的转让有其特殊性，因为商标是表明商品和服务来源的标志，与商品、服务的质量相关，并涉及企业信誉。与《保护工业产权巴黎公约》一样，《商标法》也明确规定了受让人应当履行保证使用该注册商标的商品质量的义务，且在转让过程中遵守法律的限制性规定。商标注册人对其在同一种商品上注册的近似的商标，或者在类似商品上注册的相同或者近似的商标，应当一并转让。比如，北冰洋公司在冷饮类商品上注册了多个字体的“北冰洋”商标，如果仅将部分“北冰洋”商标转让给甲公司，自己还保留部分商标，消费者就无法分辨市场上不同来源的“北冰洋”冷饮。因此，该规定的目的是防止因商标转让而发生消费者混淆。

（三）注册商标的许可使用

商标注册人是许可人，为使用注册商标而与许可人签订商标许可使用合同的人是被许可人。注册商标的许可使用不同于转让，注册商标的所有权不发生转移。

注册商标的许可使用是指注册商标所有人或其授权人将注册商标的部分或全部使用权许可给他人使用的法律行为。

注册商标的许可使用分为独占许可使用与一般许可使用两种。独占许可使用指在规定的时间和地域范围内，在指定的商品上，许可人许可被许可人对注册商标拥有独占的使用权，许可方不得将该注册商标使用权另行许可给第三方使用，同时许可人也不能在该时间和地域范围内使用。

一般许可使用指许可人许可被许可人在规定的时间、地区和指定的商品上使用其注册商标。许可人可以在约定的范围内，同样许可第三人使用该注册商标，许可人也可以使用。无论是独占许可使用还是一般许可使用，经许可人特别同意，被许可人还可以进行分许可，但分许可必须是一般许可使用。许可使用注册商标的期限不能超过注册商标专用权的有效期。

五、对注册商标专用权的保护

注册商标的专用权，以核准注册的商标和核定使用的商品为限，表明专用权人有权在自己已经注册核定的商品上独占地使用自己的注册商标；而注册商标专用权的保护范围要大于注册商标专用权的范围，对注册商标专用权的保护，是通过对侵权行为的处理来实现的。

(一) 侵犯注册商标专用权的行为

根据《商标法》的规定，侵犯商标专用权的行为主要有以下几种：

(1) 未经商标注册人许可，在同一种商品上使用与其注册商标相同的商标的。这种行为毫无疑问侵犯了商标专用权，区别于下面的情形（2）中需要以混淆为条件的侵权行为。

(2) 未经商标注册人许可，在同一种商品上使用与其注册商标近似的商标或者在类似商品上使用与注册商标相同或近似的商标，容易导致混淆的。情形（1）和情形（2）中提及的使用包括将商标用于商品、商品包装或容器以及商品交易文书上，或者将商标用于广告宣传、展览以及其他业务活动。销售发票、合同等交易性文件，是商标交易活动的重要组成部分，在这些商业性文件中使用商标，应当视为商标的“使用”。

在本章导入案例中，苹果公司对 iPad 注册商标的使用，属于情形（1），是一种侵犯唯冠注册商标专用权的行为。

(3) 销售侵犯注册商标专用权的商品的。这是商品销售者实施的一种侵权行为，判断是否侵权不以主观故意或明知为要件，但销售不知道是侵犯注册商标专用权的商品，能证明该商品是自己合法取得并能说明提供者的，虽构成侵权但不承担赔偿责任。

(4) 伪造、擅自制造他人注册商标标志或者销售伪造、擅自制造的注册商标标志的。该侵权行为包括制作与销售两种行为，商标标志是商标的物质表现形式。

(5) 未经商标注册人同意，更换其注册商标并将该更换商标的商品又投入市场的。这种侵权行为属于反向假冒侵权，即把自己的商标用于他人的产品上的侵权行为。商标与其所标志的商品或服务有着全方位的内在与外在联系，如果不禁止这种行为，一些已有一定知名度的商标所有人就可利用任何其他商标的质高价廉的商品来为自己创造品牌，而尚未有知名度的商标企业无疑就丧失了打造自己品牌的机会。这不仅会损害商标注册人的合法权益，也会在消费者中造成混淆，损害消费者的利益。

(6) 故意为侵犯他人商标专用权的行为提供便利条件，帮助他人实施侵权行为的。

（二）侵犯注册商标专用权纠纷的解决方式

《商标法》规定了协商解决、调节解决、行政处理和诉讼解决等几种侵权纠纷解决方式。因为侵犯注册商标专用权而引起纠纷的，由当事人协商解决；不愿协商或协商不成的，商标注册人或利害关系人可以向人民法院起诉，也可以请求工商行政管理部门处理。工商行政管理部门处理时，认定侵权行为成立的，责令立即停止侵权行为，没收、销毁侵权物品以及专门用于制造侵权产品、伪造注册商标标志的工具，并可以处以罚款。当事人对处理决定不服的，可以自收到处理通知之日起 15 日内依照《中华人民共和国行政诉讼法》向人民法院起诉；侵权人期满不起诉又不履行的，工商行政管理部门可以申请人民法院强制执行。进行处理的工商行政管理部门根据当事人的请求，可以就侵犯商标专用权的赔偿数额进行调解；调解不成的，当事人可以向人民法院起诉。

六、对驰名商标的法律保护

驰名商标是指在我国享有较高声誉并为相关公众所知晓的商标。

我国商标法规定的相关公众包括与使用商标所标示的某类商品或者服务有关的消费者、生产前述商品或者提供服务的其他经营者以及经销渠道中所涉及的销售者和相关人员等。首先，驰名商标是一种具有较高声誉的商标，使用该商标的商品信誉高、质量好且占有相当大的市场份额，使用该商标的企业具有较强的实力，连续多年经营业绩显著，通常是连续使用年限较长的商标；其次，驰名商标是为相关公众所熟知的，并不需要为所有人认知或在所有领域都具有很高的知名度。认定驰名商标需要考虑的主要因素包括：（1）相关公众对该商标的知晓程度；（2）该商标使用的持续时间；（3）该商标的任何宣传工作的持续时间、程度和地理范围；（4）该商标作为驰名商标受保护的记录。驰名商标既可以是注册商标，也可以是非注册商标。对于驰名的注册商标或是驰名的未注册商标，《商标法》给予了不同程度的保护。

最早对驰名商标进行保护的是《保护工业产权巴黎公约》，其后《与贸易有关的知识产权协定》将其保护范围扩大。为适应市场经济的发展，履行我国加入世界贸易组织的承诺，我国《商标法》也增加了对驰名商标的保护，同时明确了认定驰名商标的基本标准。

《商标法》第 13 条规定：就相同或者类似商品申请注册的商标是复制、摹仿或者翻译他人未在中国注册的驰名商标，容易导致混淆的，不予注册并禁止使用。就不相同或者不相类似商品申请注册的商标是复制、摹仿或者翻译他人已经在中国注册的驰名商标，误导公众，致使该驰名商标注册人的利益可能受到损害的，不予注册并禁止使用。简言之，非注册驰名商标可受到相同或类似类别保护，注册的驰名商标可受到跨类保护。

比如，意大利著名的费列罗品牌巧克力，如果在中国没有注册商标，由于其为驰名商标，故可阻止中国国内的企业和个人注册、生产、销售与该商标相同的巧克力；如果该品牌巧克力已经在中国注册商标，则还可以阻止中国国内企业和个人注册、生产、销售与该商标相同的饮料、其他食品等商品。

《商标法》对驰名商标的认定和使用作出了明确规定。确立了个案认定原则，即相关部门根据当事人的请求，基于处理涉及商标案件的需要对驰名商标作出事实认定，以此防止驰名商标认定过多过泛。认定的主体有三类：工商行政管理部门、商标评审委员会和人民法院。被认定为驰名商标的，经营者不得将“驰名商标”字样用于商品及其包装、容器上，或者用于广告宣传等商业活动。

第三节 专利法

一、专利法概述

（一）专利

“专利”（patent）一词作为法律术语系外来词，原指由国家授予某项可公开的发明的垄断权。现代意义上的“专利”可以从广义和狭义两个层次来理解。广义的专利有三层含义：第一，指权利人所享有的专利权；第二，指取得专利权并受专利法保护的发明创造；第三，指专利文献。而狭义上的专利则是指法律授予的专利权，这也是最基本、最能反映专利本质属性的含义。

（二）专利权

专利权是指国家专利主管机关按照法律规定的条件和程序，授予申请人在一定期限内对某项发明创造享有的独占权。

专利权属于知识产权的一个重要组成部分，具有知识产权的一般特征：独占性、地域性和时间性。此外，专利权还具有其他特征：(1) 专利权客体的公开性。要获得专利权，必须向社会公开发明创造，这是取得专利权的前提条件。其公开的范围和程度必须达到专利法规定的要求。世界上大多数国家的专利法甚至进一步规定，这种公开必须“足够明确”。(2) 权利的确定必须由国家专利主管机关授予。任何发明创造，非经申请人向专利局提出申请并被批准授予专利权，不成为法律意义上的专利，哪怕该发明成果确实具有新颖性、创造性、实用性。(3) 权利的排他性。专利权的排他性不仅表现为专利权人对其发明、设计依法享有制造、使用、销售以及对进出口专利产品限制等专用权，排斥他人非法使用该项专利，还表现在时间上的排他性，即专利的在先申请原则。

（三）专利法

专利法是调整申请、取得、利用和保护专利过程中发生的各种社会关系的法律规范的总称。

《中华人民共和国专利法》（以下简称《专利法》）于 1984 年颁布施行，并于 2008 年 12 月 27 日进行了第三次修正。修正后的《专利法》自 2009 年 10 月 1 日起施行。2016 年 1 月

25日最高人民法院审判委员会通过《最高人民法院关于审理侵犯专利权纠纷案件应用法律若干问题的解释（二）》[以下简称《专利纠纷司法解释（二）》]，自2016年4月1日起施行。

二、专利权

（一）专利权的主体

简单地讲，专利权主体即专利权人，是指依法获得专利权，并承担与此相应的义务的自然人和社会组织。

可以成为专利权主体的有：

（1）非职务发明创造的发明人或者设计人。发明人即完成发明创造的人，我国专利法将外观设计的完成人称为设计人。发明人或者设计人必须是直接参加发明创造活动的人，必须是对发明创造的实质性特点作出创造性贡献的人。在完成发明创造的过程中，只负责组织工作的人、为物质技术条件的利用提供方便的人或者从事其他辅助工作的人，不是发明人或者设计人。

所谓非职务发明创造是指在本职工作之外，用自己的设备、资金作出的发明创造。依据《专利法》第6条的规定，对于非职务发明创造，申请专利的权利属于发明人或者设计人；申请被批准后，该发明人或者设计人为专利权人。

（2）职务发明创造的发明人或者设计人所在的单位。职务发明创造分为执行本单位的任务所完成的职务发明创造以及利用本单位的物质技术条件所完成的职务发明创造。

（3）共同发明创造的发明人或者设计人。两个以上单位或者个人合作完成的发明创造为共同发明创造。除另有协议的以外，申请专利的权利属于共同完成的单位或者个人；申请被批准后，申请的单位或者个人为专利权人。

（4）委托发明创造协议约定的人。委托他人完成发明创造的，专利权人可以通过协议约定。未约定的，专利权归完成发明或设计的人。

（5）发明创造的合法受让人。《专利法》明确规定：专利申请权和专利权可以转让。因此，一项发明创造的专利申请人、专利权人可以依法转让其专利申请权和专利权。依法转让后，申请专利的权利属于合法受让人；申请被批准后，合法受让人为专利权人。

（6）外国人。外国人是指不具有中华人民共和国国籍的人，包括外国的自然人和法人。主要指两种情况：在我国境内有经常居所或营业所的外国人、外国企业或外国其他组织；在我国境内没有经常居所或者营业所的外国人、外国企业或者外国其他组织。前者在我国申请专利享有与我国国民同等的待遇；后者在我国申请专利的，如果其是《保护工业产权巴黎公约》成员国的外国人、外国企业或者外国其他组织，则都可以来我国申请专利并获得专利权；对于非《保护工业产权巴黎公约》成员国的外国人、外国企业或者外国其他组织，依照其所属国与中国签订的协议或者依照互惠原则，可以依照专利法申请专利并取得专利权。

（二）专利权的客体

> 专利法所称的发明是指对产品、方法或者其改进所提出的新的技术方案。

专利权的客体是指专利权主体的权利义务所共同指向的对象。专利法所称的专利是指发明、实用新型和外观设计，它们是专利法保护的客体。

1. 发明

发明具有以下特征：(1) 发明必须利用自然规律或自然现象。需要指出的是，自然规律或自然现象本身并不是发明，发明是利用自然规律或自然现象的结果。(2) 发明指与现有技术相比是前所未有的，并且有一定的难度或进步。(3)发明是具体的技术方案。所谓“具体”是指发明必须能够实施、行之有效并具有可重复性。

2. 实用新型

> 实用新型是指对产品的形状、构造或者其结合所提出的实用的新的技术方案。

实用新型比发明的创造性水平要求低一些。实用新型具有以下特征：(1) 实用新型必须是一种具有一定形状或构造的产品，它必须是实物，是有形可见的实物，而且它必须经过一定的生产制造过程。(2) 实用新型必须具有实用价值，能够实施，可以用工业方法再现。(3) 实用新型必须具有一定的创新性，与现有技术方案相比，它必须具有创造性。

3. 外观设计

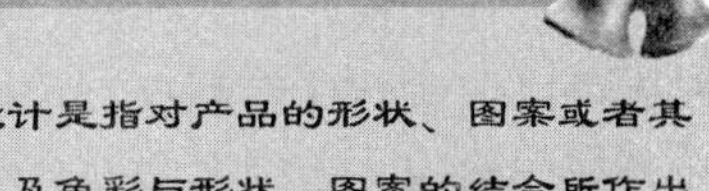

> 外观设计是指对产品的形状、图案或者其结合以及色彩与形状、图案的结合所作出的富有美感并适于工业应用的新设计。

外观设计依附的产品必须能用工业或者手工业方法重复制造，其式样必须赋予产品以一种特殊的外貌。因此，外观设计也称为工业品的外观设计。

外观设计具有以下特征：(1) 外观设计必须以产品为载体。(2) 外观设计以产品的形状、图案、色彩或者其结合为要素。(3) 外观设计必须富有美感，这里的美感没有具体要求，只要符合一般审美要求即可。(4) 外观设计必须适于工业应用，即使用外观设计的产品可以大量复制生产，从而使外观设计的经济价值得以实现。

案例：王教授潜心钻研，创造设计出了多功能婴儿车：高效太阳能存储和转化装置，可实现婴儿车温度的自动调节；该婴儿车特殊的车轮装置，可方便越过门槛、浅沟等不平的地面；该婴儿车的手柄可任意调整角度、高度，方便家长使用；该款婴儿车有多种动物造型，迎合家长们的需求。上述技术都可申请什么专利？

分析：对照《专利法》规定的三种专利形式，案例中高效太阳能存储和转化装置以及特殊的车轮装置属于对产品、方法或改进提出的新的技术方案，具有非常高的创造性，可以申请发明专利；对婴儿车手柄构造的改进，也具有创造性，可申请实用新型专利；对产品的形状和外观作出的富有美感的新设计具有新颖性，可申请外观设计专利。

（三）专利权的内容

专利权的内容是指专利权人按照专利法规定所享有的权利和应当履行的义务。

1. 专利权人的权利

按照《专利法》的规定，专利权人享有以下权利。

> **案例：** 甲公司2018年获得一项外观设计专利。乙公司未经甲公司许可，以生产经营为目的制造该专利产品。丙公司未经甲公司许可，以生产经营为目的实施了四种行为：
>
> （1）丙公司使用乙公司制造的该专利产品。
>
> （2）丙公司销售乙公司制造的该专利产品。
>
> （3）丙公司许诺销售乙公司制造的该专利产品。
>
> （4）丙公司使用甲公司制造的该专利产品。

（1）独占权。发明和实用新型专利权被授予后，除专利法另有规定的以外，任何单位或者个人未经专利权人许可，都不得实施其专利，即不得为生产经营目的制造、使用、许诺销售、销售、进口其专利产品，或者使用其专利方法以及使用、许诺销售、销售、进口依照该专利方法直接获得的产品。

外观设计专利权被授予后，任何单位或者个人未经专利权人许可，都不得实施其专利，即不得为生产经营目的制造、许诺销售、销售、进口其外观设计专利产品。

（2）转让权。《专利法》明确规定：专利权可以转让。因此，一项发明创造的专利权人可以依法转让专利权。转让专利权的，当事人应当订立书面合同，并向国务院专利行政部门登记，由国务院专利行政部门予以公告；专利权的转让必须登记才能生效。

（3）实施许可权。一项发明创造被授予专利权以后，任何单位或者个人要想实施他人专利，都必须经过专利权人的同意。未经专利权人许可，实施其专利，即侵犯其专利权。因此，任何单位或者个人实施他人专利的，应当与专利权人订立实施许可合同，向专利权人支付专利使用费，并应当于合同生效之日起3个月内向国务院专利行政部门备案。

（4）专利标记权。专利权人有权在其专利产品或者该产品的包装上标明专利标志。

在上述案例中，第（2）、（3）种行为所涉及的销售、许诺销售，属于外观设计专利权人独占权的内容，丙的行为侵犯了甲的专利权。第（1）、（4）种行为中不论是使用乙公司制造的专利产品还是使用甲公司制造的专利产品，都不构成侵权，因为未经专利权人许可而使用外观设计专利产品并不在法律禁止之列。

如果甲公司获得的是发明或实用新型专利，则上述行为均构成侵权。

2. 专利权人的义务

按照《专利法》的规定，专利权人有以下义务：

（1）按照规定缴纳年费的义务。《专利法》规定，专利权人应当自被授予专利权的当年开始缴纳年费。

（2）被授予专利权的单位应当对职务发明创造的发明人或者设计人给予奖励；发明

创造专利实施后，应当根据其推广应用的范围和取得的经济效益，对发明人或者设计人给予合理的报酬。

三、专利权的申请原则与取得条件

相同的发明创造只能被授予一项专利。

（一）专利权申请的原则

1. 一发明一专利的原则

属于一个总的发明构思的两项以上的发明或者实用新型；用于同一类别并且成套出售或者使用的产品的两项以上外观设计，可以作为一个申请提出。

2. 申请在先原则

如果发生两个以上的申请人在同一日分别就同样的发明创造申请专利的，应当在收到国务院专利行政部门的通知后自行协商确定申请人。国务院专利行政部门只对协商确定的人授予专利权。如果协商意见不一致，或者一方拒绝协商，则对任何一方都不授予专利权。

申请在先原则，是指两个以上申请人分别就同样的发明创造申请专利的，专利权授予在先申请的人，对其他人的申请一律予以驳回。

3. 优先权原则

该原则是工业产品国际保护的《保护工业产权巴黎公约》在专利领域的运用。我国专利申请的优先权可分为外国优先权和本国优先权。

外国优先权，是指申请人自发明或者实用新型在外国第一次提出专利申请之日起 12 个月内，或者自外观设计在外国第一次提出专利申请之日起 6 个月内，又在中国就相同主题提出专利申请的，依照该外国与中国签订的协议或者共同参加的国际条约，或者依照相互承认优先权的原则，可以享有优先权。即把该申请人第一次提出专利申请的申请日，作为在我国的申请日。

本国优先权，是指申请人自发明或者实用新型在中国第一次提出专利申请之日起 12 个月内，又向国务院专利行政部门就相同主题提出专利申请的，可以享有优先权。

案例：美国的甲公司于2005 年 9 月 10 日向中国专利局提交了一份名为“节水马桶”的发明专利申请，该发明已于2005 年 4 月 13 日以相同主题的内容在美国提出专利申请，并在向中国专利局提交该专利申请的同时，提交了要求优先权的书面声明。2006 年 1 月 20 日，该公司又向中国专利局提交了第一次在美国提出的专利申请文件的副本。

2005 年 7 月，中国某研究所也成功研制出“节水马桶”，并于 2005 年 7 月 22 日向中国专利局提交了关于这项发明的专利申请。中国专利局经审查后，最终将发明专利权授予中国某研究所。

> **分析：**《专利法》规定，申请人要求优先权的，应当在申请的时候提出书面声明，并且在3个月内提交第一次提出的专利申请文件的副本；未提出书面声明或者逾期未提交专利申请文件副本的，视为未要求优先权。由于甲公司2006年1月20日才向中国专利局提交其第一次专利申请文件，超过了3个月的时间，所以视为未要求优先权。因此，该项专利依据申请在先原则被授予了中国的某研究所。

（二）专利权取得的条件

发明创造是否被授予专利权，取决于它是否满足专利法的有关规定。授予专利权的条件分为形式条件和实质条件。形式条件通常指专利申请文件满足专利法及实施细则规定的格式，并履行法定申请程序。实质条件是指专利法规定的作为专利技术的发明创造所应当满足的内在要素的条件。实质条件又可分为积极条件和消极条件。积极条件是从正面阐述的授予专利权的条件，即通常所说的"三性"：新颖性、创造性和实用性，其中发明和实用新型授予专利权的条件与外观设计授予专利权的条件又有所区别；消极条件是从反面规定哪些发明创造不能授予专利权。

1. 发明和实用新型取得专利权的条件

授予专利权的发明和实用新型，应当具备新颖性、创造性和实用性。

新颖性，是指该发明或者实用新型不属于现有技术，也没有任何单位或者个人就同样的发明或者实用新型在申请日以前向国务院专利行政部门提出过申请，并记载在申请日以后公布的专利申请文件或者公告的专利文件中。

创造性，是指与现有技术相比，该发明具有突出的实质性特点和显著的进步，该实用新型具有实质性特点和进步。

实用性，是指该发明或者实用新型能够制造或者使用，并且能够产生积极效果。

2. 外观设计取得专利权的条件

授予专利权的外观设计，应当具有新颖性，即不属于现有设计。

法律还规定了不受专利法保护的情形，例如：违反国家法律和社会公德、妨害公众利益的发明创造；违反法律、行政法规的规定获取或者利用遗传资源，并依赖该遗传资源完成的发明创造；科学发现；智力活动的规则和方法；疾病的诊断和治疗方法；动物和植物品种；用原子核变换方法获得的物质；对平面印刷品的图案、色彩或者二者的结合作出的主要起标志作用的设计；等等。值得注意的是，对动物和植物品种的生产方法，可以依照专利法的规定授予专利权。

四、专利权取得的程序

（一）专利申请

发明人或者设计人完成了发明创造后，并不能自动获得专利权，要想取得专利权，必须由专利申请人依法向国务院专利行政部门提出申请，经审查合格，才能授予专利权，否则，专利申请人可能由于专利申请手续不符合要求而被驳回申请。一般情况下，在国内申请专利，需要履行以下手续：

首先，确定申请日。由于我国申请专利实行申请在先原则，在申请专利时，首先要确定申请日。《专利法》规定：国务院专利行政部门收到专利申请文件之日为申请日（有优先权的，指优先权日）。如果申请文件是邮寄的，以寄出的邮戳日为申请日。

其次，提交申请专利文件。申请发明或者实用新型专利的，应当提交请求书、说明书及其摘要和权利要求书等文件。

申请外观设计专利的，应当提交请求书、该外观设计的图片或者照片以及简要说明等文件。

专利申请可以修改，申请人可以在被授予专利权之前随时撤回其专利申请。

（二）专利申请的审查与批准

国务院专利行政部门受理专利申请后，还要根据《专利法》的规定，在授予专利权之前，对专利申请进行一定的审核。但在审核的内容和程序上，发明专利申请和实用新型、外观设计专利申请有所不同。

1. 发明专利申请

发明专利申请的审核内容和程序如下：

（1）初步审查（形式审查）。所谓初步审查，是指对专利申请是否符合法律规定的形式要求所进行的审查。主要包括保密审查、形式审查、合法性审查和明显的实质性缺陷的审查。

（2）早期公开。国务院专利行政部门收到发明专利申请后，经初步审查（包括经过补正或者陈述意见），认为符合《专利法》要求的，自申请日（有优先权的，自优先权日）起满 18 个月，即行公布。国务院专利行政部门可以根据申请人的请求早日公布其申请。

（3）实质审查。所谓实质审查，是指国务院专利行政部门对申请专利的发明是否符合新颖性、创造性、实用性等授予专利权的实质条件进行的审查。

发明专利申请自申请日起 3 年内，国务院专利行政部门可以根据申请人随时提出的请求，对其申请进行实质审查；申请人无正当理由逾期不请求实质审查的，该申请即被视为撤回。另外，国务院专利行政部门认为必要时，可以自行对发明专利申请进行实质审查。

（4）通知申请人陈述或修改申请书。国务院专利行政部门对发明专利申请进行实质审查后，认为不符合《专利法》规定的，应当通知申请人，要求其在指定的期限内陈述意见，或者对其申请进行修改；无正当理由逾期不答复的，该申请即被视为撤回。

（5）驳回申请或授予专利权。发明专利申请经申请人陈述意见或者进行修改后，国务院专利行政部门仍然认为不符合《专利法》规定的，应当予以驳回。

发明专利申请经实质审查没有发现驳回理由的，由国务院专利行政部门作出授予发明专利权的决定。在国务院专利行政部门作出授予发明专利权的决定后，应当通知专利申请人在收到通知之日起 2 个月内办理登记手续，专利申请人按期办理登记手续的，国务院专利行政部门应当授予发明专利权，发给发明专利证书，同时予以公告。发明专利权自公告之日起生效。期满未办理登记手续的，视为放弃取得专利权。

2. 实用新型与外观设计专利申请

对实用新型和外观设计专利申请经初步审查没有发现驳回理由的，由国务院专利行政部门作出授予实用新型专利权或者外观设计专利权的决定，发给相应的专利证书，同时予以登记和公告。实用新型专利权和外观设计专利权自公告之日起生效。

（三）对驳回专利申请决定不服的复审

国务院专利行政部门设立专利复审委员会。专利申请人对国务院专利行政部门驳回申请的决定（包括对发明、实用新型和外观设计专利申请在初步审查中被驳回的决定和对发明专利申请在实质审查中被驳回的决定）不服的，可以自收到通知之日起 3 个月内，向专利复审委员会请求复审。专利复审委员会复审后，作出决定，并通知专利申请人。

专利申请人对专利复审委员会的复审决定不服的，可以自收到通知之日起 3 个月内向人民法院起诉。

（四）专利权无效

国务院专利行政部门授予专利申请人专利权后，仍可能存在某些申请不符合授予专利权的条件、不应当获得专利权的情况，而且在审查中出现少许失误也在所难免。所以，《专利法》规定：自国务院专利行政部门公告授予专利权之日起，任何单位或者个人认为该专利权的授予不符合《专利法》的有关规定的，都可以请求专利复审委员会宣告该专利权无效。专利复审委员会对宣告专利权无效的请求应当及时审查和作出决定，并通知请求人和专利权人。宣告专利权无效的决定，由国务院专利行政部门登记和公告。对专利复审委员会宣告专利权无效或者维持专利权的决定不服的，可以自收到通知之日起 3 个月内向人民法院起诉。人民法院应当通知无效宣告请求程序的对方当事人作为第三人参加诉讼。

宣告无效的专利权视为自始即不存在。宣告专利权无效的决定，对在宣告专利权无效前人民法院作出并已执行的专利侵权的判决、裁定，已经履行或者强制执行的专利侵权纠纷处理决定，以及已经履行的专利实施许可合同和专利权转让合同，不具有追溯力。但是因专利权人的恶意给他人造成的损失，应当给予赔偿。

《专利纠纷司法解释（二）》第 29 条规定："宣告专利权无效的决定作出后，当事人根据该决定依法申请再审，请求撤销专利权无效宣告前人民法院作出但未执行的专利侵权的判决、调解书的，人民法院可以裁定中止再审审查，并中止原判决、调解书的执行。专利权人向人民法院提供充分、有效的担保，请求继续执行前款所称判决、调解书的，人民法院应当继续执行；侵权人向人民法院提供充分、有效的反担保，请求中止执行的，人民法院应当准许。人民法院生效裁判未撤销宣告专利权无效的决定的，专利权人应当赔偿因继续执行给对方造成的损失；宣告专利权无效的决定被人民法院生效裁判撤销，专利权仍有效的，人民法院可以依据前款所称判决、调解书直接执行上述反担保财产。"

五、专利权的限制

案例：①甲技术研究会组织技术人员经过多年研发，成功发明一项自动为动车组列车洗车的技术。乙科研单位准备在该技术的基础上进一步研究在零摄氏度以下环境中为动车组列车洗车的技术。②A公司向专利局申请板式软密封阀门的实用新型专利，获核准公告。B公司在A公司取得专利之前已经开始生产与A公司专利技术近似的产品。丙购买A公司专利产品进行再次销售。③C公司拥有一项针对H7N9病毒的西药复合制剂专利。2013年，我国南方多省发生H7N9病毒肆虐疫情。多个药厂直接生产C公司专利制剂产品用于对抗疫情。

问题：在本案例中，哪些行为不构成侵犯专利权?

专利权是一种独占专有权，从某种意义上讲，是对技术的一种垄断权。专利权人有权禁止他人未经许可而制造、使用或销售其专利产品，有权对未经许可的有关活动提起诉讼和要求赔偿。但法律保护发明创造的目的，一方面是为了鼓励发明创造，另一方面也有利于发明创造的推广应用，促进科学技术进步和创新。因此，为平衡专利权人与专利技术使用者和社会之间的利益，有必要对专利权人的权利进行必要的限制。

(一) 专利权的合理利用

根据《专利法》的规定，有下列情形之一的，不视为侵犯专利权：

(1) 专利权用尽。专利权人制造、进口或者经专利权人许可而制造、进口的专利产品或者依照专利方法直接获得的产品售出后，使用、许诺销售或者销售该产品的。上述案例中，丙购买A公司专利产品再销售的行为属于权利用尽。

(2) 先用权人的实施。在专利申请日前已经制造相同产品、使用相同方法或者已经做好制造、使用的必要准备，并且仅在原有范围内继续制造、使用的。在上述案例中，B公司对A公司取得的专利享有先用权。

(3) 临时过境。临时通过中国领土、领水、领空的外国运输工具，依照其所属国与中国签订的协议或者共同参加的国际条约，或者按照互惠原则，为运输工具自身需要而在其装置和设备中使用有关专利的。

(4) 为科学研究而使用。专为科学研究和实验而使用有关专利的。乙科研单位在甲的发明的基础上进一步研发，即属于这种情况。

为生产经营目的使用或者销售不知道是未经专利权人许可而制造并售出的专利产品或者依照专利方法直接获得的产品，能证明其产品合法来源的，不承担赔偿责任。

(二) 专利实施的强制许可

强制许可也是对专利权独占性的一种限制。

实施强制许可的法定情形包括三种：

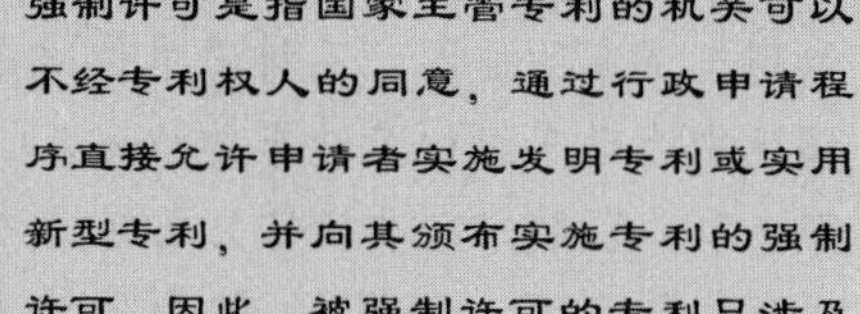

强制许可是指国家主管专利的机关可以不经专利权人的同意，通过行政申请程序直接允许申请者实施发明专利或实用新型专利，并向其颁布实施专利的强制许可。因此，被强制许可的专利只涉及发明和实用新型。

（1）一般强制许可。具备实施条件的单位以合理的条件请求发明或者实用新型专利权人许可实施其专利，而未能在合理的时间内获得这种许可时，国务院专利行政部门根据该单位的申请，可以给予实施该发明专利或者实用新型专利的强制许可。

（2）为了公共利益的强制许可。在国家出现紧急状况或者非常情况时，或者为了公共利益的目的，国务院专利行政部门可以给予实施发明专利或者实用新型专利的强制许可。在上述案例中，专利局可以给我国的药厂强制许可实施针对 H7N9 病毒的制剂专利。

（3）有依赖关系专利的强制许可。一项取得专利权的发明或者实用新型比前一已经取得专利权的发明或者实用新型具有显著经济意义的重大技术进步，其实施又有赖于前一发明或者实用新型的，国务院专利行政部门根据后一专利权人的申请，可以给予实施前一发明或者实用新型的强制许可。

六、专利权的保护

（一）专利权的保护期与终止

发明专利权的期限为 20 年，实用新型专利权和外观设计专利权的期限为 10 年，均自申请日起计算。

专利权的终止，有两种情况：一是专利权在有效期届满后自然终止；二是在有效期届满前因专利权人的主观原因而终止，包括专利权人未按照规定交纳专利年费、专利权人以书面声明放弃其专利权。

专利权在期限届满前终止的，由国务院专利行政部门登记和公告。

（二）专利侵权行为的认定

根据《专利法》的规定，侵犯专利权的行为是指违反《专利法》的规定侵犯专利权，给权利人造成损害的行为。下列行为属于专利侵权行为：未经专利权人许可实施其专利；假冒他人专利；以非专利产品冒充专利产品、以非专利方法冒充专利方法等。

《专利纠纷司法解释（二）》对成套产品、组装产品、变化状态产品的外观设计专利的侵权进行了界定，规定如下：第一，对于成套产品的外观设计专利，被诉侵权设计与其一项外观设计相同或者近似的，人民法院应当认定被诉侵权设计落入专利权的保护范围。第二，对于组装关系唯一的组件产品的外观设计专利，被诉侵权设计与其组合状态下的外观设计相同或者近似的，人民法院应当认定被诉侵权设计落入专利权的保护范围；对于各构件之间无组装关系或者组装关系不唯一的组件产品的外观设计专利，被诉侵权设计与其全部单个构件的外观设计均相同或者近似的，人民法院应当认定被诉侵权设计落入专利权的保护范围；被诉侵权设计缺少其单个构件的外观设计或者与之不相同也不近似的，人民法院应当认定被诉侵权设计未落入专利权的保护范围。第三，对于变化状态产品的外观设计专利，被诉侵权设计与变化状态图所示各种使用状态下的外观设计均相同或者近似的，人民法院应当认定被诉侵权设计落入专利权的保护范围；被诉侵权设计缺少其一种使用状态下的外观设计或者与之不相同也不近似的，人民法院应当认定被诉侵权设计未落入专利权的保护范围。

（三）侵犯专利权的法律责任

1. 侵权行为的民事责任

侵犯专利权的行为是一种民事侵权行为，根据《专利法》和《民法通则》的有关规定，侵犯专利权需要承担民事责任。承担民事责任的主要方式有：

（1）停止侵权。即侵权人根据专利管理机关的处理决定或人民法院的生效判决，立即停止正在实施的侵犯他人专利权的行为。为了有效阻止专利侵权行为，专利权人可以请求人民法院采取扣押、查封、冻结等保全措施。但是《专利纠纷司法解释（二）》第25条规定：为生产经营目的使用、许诺销售或者销售不知道是未经专利权人许可而制造并售出的专利侵权产品，且举证证明该产品合法来源的，对于权利人请求停止上述使用、许诺销售、销售行为的主张，人民法院应予支持，但被诉侵权产品的使用者举证证明其已支付该产品的合理对价的除外。该解释明确了善意使用人不用承担停止侵权的民事责任。

（2）赔偿损失。当侵权行为给专利权人造成实际损失时，侵权人应当向专利权人赔偿损失。按照《专利法》的规定，赔偿数额可以依照以下方式计算：按照权利人因被侵权所受到的损失或者侵权人因侵权所获得的利益确定；被侵权人的损失或者侵权人获得的利益难以确定的，参照该专利许可使用费的倍数合理确定。

2. 侵权行为的行政责任

当专利权被他人侵犯时，专利权人可以请求管理专利工作的部门处理。管理专利工作的部门可以依法对侵权人作出行政处理，责令其承担一定的行政责任。

对以下人员，将依法给予行政处分：对违反《专利法》的规定，擅自向外国申请专利，泄露国家秘密的人；侵夺发明人或设计人的非职务发明创造专利申请权和其他权益的人；参与向社会推荐专利产品的经营活动的管理专利工作的部门的直接负责的主管人员和其他直接责任人员；以及玩忽职守、滥用职权、徇私舞弊，尚不构成犯罪的从事专利管理工作的国家机关工作人员、其他有关国家机关工作人员。

3. 侵权行为的刑事责任

《专利法》规定了三种违法行为构成犯罪：

（1）假冒他人专利，构成犯罪的，依法追究刑事责任；

（2）违反《专利法》规定向外国申请专利，泄露国家秘密，构成犯罪的，依法追究刑事责任；

（3）从事专利管理工作的国家机关工作人员、其他有关国家机关工作人员玩忽职守、滥用职权、徇私舞弊，构成犯罪的，依法追究刑事责任。

复习与思考

1. 著作权的内容有哪些?
2. 著作权的邻接权是什么? 包括哪些?
3. 商标注册的原则。
4. 注册商标的许可使用包括哪些?
5. 专利权的客体有哪些?
6. 专利权申请的原则。

第十二章 产品质量法与消费者权益保护法

本章要点

1.《中华人民共和国产品质量法》(以下简称《产品质量法》)中规定的生产者与销售者的产品质量义务

2. 消费者权益保护法的立法理念及基本原则

3. 消费者权利的内容

4.《中华人民共和国消费者权益保护法》(以下简称《消费者权益保护法》)中规定的经营者义务

5. 消费权益争议的解决途径

导入案例

2011年12月24日，国家质量监督检验检疫总局①公布近期对全国液体乳产品的抽检结果公告，蒙牛乳业(眉山)有限公司生产的一批次产品被检出黄曲霉毒素M1超标140%。黄曲霉毒素M1为致癌物，1993年被世界卫生组织(WHO)癌症研究机构划定为1类致癌物，是一种毒性极强的剧毒物质。蒙牛该批次超标的产品为该集团眉山公司2011年10月18日生产的250ML/盒包装的纯牛奶产品。被检测出的黄曲霉毒素M1的实测值为1.2μg/kg，国家规定的最高值为0.5μg/kg。

---

① 2018年3月，根据第十三届全国人民代表大会第一次会议批准的国务院机构改革方案，我国政府将国家质量监督检验检疫总局的职责整合，组建中华人民共和国国家市场监督管理总局；将国家质量监督检验检疫总局的出入境检验检疫管理职责和队伍划入海关总署；将国家质量监督检验检疫总局的原产地地理标志管理职责整合，重新组建中华人民共和国国家知识产权局；不再保留中华人民共和国国家质量监督检验检疫总局。

第一节　产品质量法概述

一、产品质量

产品，泛指一切经过人类劳动，能满足人们生产和生活需要并具有使用价值的物品。它既可以是商品，也可以是非商品。《产品质量法》第 2 条规定：“本法所称产品是指经过加工、制作，用于销售的产品。建设工程不适用本法规定；但是，建设工程使用的建筑材料、建筑构配件和设备，属于前款规定的产品范围的，适用本法规定。”即《产品质量法》中的产品范围仅限于加工、制作，用于销售的物品，不包括未加工的天然形成的物品，也不包括建设工程。

产品质量，指产品本身符合人们需要的特征和特性的总和。产品质量最基本的要求是：符合国家法律、法规规定的保障人身和财产安全的标准，不存在危及人身、财产安全的不合理危险；具备产品应当具备的使用性能；符合产品或其包装上注明采用的产品标准和状况。

二、产品质量法

产品质量法是指调整产品质量关系的法律规范的总称。

在我国，产品质量法以 1993 年颁布实施并经 2000 年、2009 年、2018 年三次修改通过的《产品质量法》为主，包括其他涉及产品质量的法律法规等。

第二节　生产者、销售者的产品质量义务

一、生产者的产品质量义务

根据《产品质量法》的规定，生产者的产品质量义务主要有以下几项：

（一）产品内在质量应当符合法定要求

（1）不存在危及人身、财产安全的不合理的危险，有保障人体健康和人身、财产安全的国家标准、行业标准的，应当符合该标准。本章导入案例中的蒙牛乳业（眉山）有

限公司违反了这一要求。

（2）具备产品应当具备的使用性能，但对产品存在使用性能的瑕疵作出说明的除外。

（3）符合在产品或者其包装上注明采用的产品标准，符合以产品说明、实物样品等方式表明的质量状况。

（二）产品包装标志符合法定要求

产品标志是生产者表明产品信息状况的指示说明，是产品质量的重要外在表现形式。《产品质量法》第 27 条规定：产品或者其包装上的标志应当符合下列要求：

（1）有产品质量检验合格证明。

（2）有以中文标明的产品名称、生产厂厂名和厂址。

（3）根据产品的特点和使用要求，需要标明产品规格、等级、所含主要成分的名称和含量的，用中文相应予以标明；需要事先让消费者知晓的，应当在外包装上标明，或者预先向消费者提供有关资料。

（4）限期使用的产品，应当在显著位置清晰地标明生产日期和安全使用期或者失效日期。

（5）使用不当，容易造成产品本身损坏或者可能危及人身、财产安全的产品，应当有警示标志或者中文警示说明。

裸装的食品和其他根据产品的特点难以附加标志的裸装产品，可以不附加产品标志。

案例：2018 年 9 月 10 日，王新从 A 超市购入某品牌橄榄油。后发现该橄榄油的成分没有中文标志，有生产日期，但没有保质期或失效日期提示。王新怀疑是假冒伪劣产品，便找超市退货。超市解释说，这种橄榄油是从美国进口的，只要维持其存储条件，就不会失效。请问该橄榄油是否存在质量问题？

分析：在我国销售的进口产品也应当有主要成分的中文标志，不能以外国生产为由免除这项法定要求；橄榄油属于限期使用的产品，应当在显著位置标明生产日期和安全使用期或失效日期。因此，超市的辩解是没有法律依据的。

（三）特殊产品的包装符合法定要求

根据《产品质量法》第 28 条的规定，易碎、易燃、易爆、有毒、有腐蚀性、有放射性等危险物品以及储运中不能倒置和其他有特殊要求的产品，其包装质量必须符合相应要求，依照国家有关规定作出警示标志或者中文警示说明，标明储运注意事项。

（四）不得违反禁止性规定

（1）生产者不得生产国家明令淘汰的产品。这些产品主要指机电产品和药品。

（2）生产者不得伪造产地，不得伪造或者冒用他人的厂名、厂址。产地是生产产品所在的某一地区，一般是某一级行政区域。厂址是企业进行业务活动所在地。

（3）生产者不得伪造或者冒用认证标志等质量标志。认证标志是产品质量认证标志，是认证机构对符合认证要求的企业颁发认证书，并准许依规定使用的标志。

（4）生产者生产产品，不得掺杂、掺假，不得以假充真、以次充好，不得以不合格产品冒充合格产品。所谓掺杂、掺假，是指生产者以牟取利润为目的，故意在产品中掺入杂质或造假，进行欺骗性商业活动，使产品中有关物质的含量不符合国家有关法律、法规规定的质量标准的一种违法行为。

二、销售者的产品质量义务

根据《产品质量法》的规定，销售者的产品质量义务主要包括以下内容：

（一）执行进货检查验收制度

所谓进货检查验收制度，是指销售者进货时，要对所进货物进行检查，查明货物的质量，同时对货物应具备的标志是否齐备进行查验，查明可以销售时才予以进货的制度。

（二）采取措施，保持产品质量

销售者进货后，应当采取措施，保持产品的质量。如果销售者在进货到售出这一段时间内，不采取相应的保质措施，就可能导致产品出现瑕疵或者缺陷，销售者对此要承担相应的责任。

（三）销售产品的标志应当符合法律规定

这些要求与前述生产者产品包装标志的法律规定要求相同，不再赘述。

（四）不得实施法律所禁止的行为

（1）不得销售国家明令淘汰并停止销售的产品和失效、变质的产品。

（2）不得伪造产地，不得伪造或者冒用他人的厂名、厂址。

（3）不得伪造或者冒用认证标志等质量标志。

（4）销售者销售产品，不得掺杂、掺假，不得以假充真、以次充好，不得以不合格产品冒充合格产品。

第三节　消费者权益保护法

案例： A公司在网上开设了一家旺旺代购网店，可向用户提供国外知名化妆品、原装配方奶粉的代购服务。A公司在网店中明确告示，所售商品一概不予退换。甲有一两个月大的女儿，因担心国产奶粉质量不过关，看到A公司网店后，经选择当即选购 2 桶美国原装雅培奶粉。甲收到货后打开奶粉盒发现奶粉结块，怀疑奶粉存在质量问题。经与 A 公司网店客服联系后，A 公司不承认甲所称的奶粉存在质量问题，不同意退货。

一、消费者的概念

消费者是指为了生活需要购买、使用商品或者接受服务的个体社会成员。

第一，消费者是以生活消费为目的。生活消费通常是指为了满足个人物质和文化生活需要而进行的各种物质和精神产品以及劳动服务的消费行为，包括人们的衣、食、住、行等各个方面。但《消费者权益保护法》第 62 条还规定："农民购买、使用直接用于农业生产的生产资料，参照本法执行。"这说明我国立法者从保护农民切身利益的角度出发，使农民也享有消费者的权利。

第二，消费者的消费表现为购买、使用商品或接受服务。即消费者获得商品、使用商品或接受服务，可以通过有偿或无偿的形式表现出来。如果商家为了宣传或达到其他商业目的向个体社会成员免费提供服务和赠送商品，也属于消费行为。

第三，消费者是个体社会成员。这表明消费者是自然人或家庭。消费者包括一个国家领域内所有的人，但法人和其他社会组织不属于消费者的范畴。

二、消费者权益保护法的概念

消费者权益保护法是保护消费者合法权益的法律规范的总称。1993 年颁布、1994 年施行的《消费者权益保护法》是新中国成立以来颁布的第一部关于保护消费者权益的专门性法律。该法对于推动社会经济的稳定增长和社会的协调及健康发展，保护消费者的合法权益，加强对商品的流通和服务的监管力度具有重要意义。

《消费者权益保护法》于 2013 年 10 月 25 日由第十二届全国人大常委会第五次会议进行了第二次修正，自 2014 年 3 月 15 日起施行。为了保障《消费者权益保护法》7 日无理由退货规定的实施，保护消费者的合法权益，促进电子商务健康发展，2017 年 1 月 6 日国家工商行政管理总局发布了《网络购买商品七日无理由退货暂行办法》（2017 年 3 月 15 日起施行）。

《消费者权益保护法》适用于消费者为生活消费需要购买、使用商品或者接受服务，以及经营者为消费者提供其生产、销售的商品或者提供服务的情形。

三、消费者权益保护法的基本原则

（1）自愿、平等、公平、诚实信用原则。自愿，即消费者与经营者进行交易应当是完全出于自己的真实意愿，不受任何干涉或强迫。平等，即消费者与经营者在法律地位上是平等的，同样地受到法律的保护和制裁。公平，即消费者与经营者进行交易时，双方的权利均受到尊重。诚实信用，即消费者与经营者在交易过程中，信守承诺，不作虚假或者隐瞒陈述。

（2）对消费者进行特别保护原则。按照法律规定，消费者与经营者、生产者应该是一种平等的民事法律关系。但在实际生活中，消费者较生产者、经营者经常处于弱势地位。因此，国家制定专门保护消费者权益的法律、法规，就是要给消费者以特别的保护，保障消费者依法行使权利，维护消费者的人身、财产和其他合法权益。

第四节　消费者的权利与经营者的义务

一、消费者权利的概念与内容

消费者的权利是指消费者在购买、使用商品或接受服务时，在消费领域依法所享有的各种权能。它是消费者利益在法律上的表现，明确消费者的权利，是国家和社会对消费者进行保护的前提和基础，也是消费者有效实行自我保护的法律依据。

《消费者权益保护法》规定了消费者享有的 9 项权利。

（一）保障安全权

《消费者权益保护法》第 7 条规定：消费者在购买、使用商品和接受服务时享有人身、财产安全不受损害的权利。消费者有权要求经营者提供的商品和服务，符合保障人身、财产安全的要求。保障安全权是消费者最重要、最基本的权利，包括人身和财产安全两方面的内容。这也是宪法和民法赋予公民的人身权、财产权在消费领域的具体体现。

（二）知悉真情权

《消费者权益保护法》第 8 条规定：消费者享有知悉其购买、使用的商品或者接受的服务的真实情况的权利。消费者有权根据商品或者服务的不同情况，要求经营者提供商品的价格、产地、生产者、用途、性能、规格、等级、主要成分、生产日期、有效期限、检验合格证明、使用方法说明书、售后服务，或者服务的内容、规格、费用等有关情况。如果不掌握商品和服务的真实情况，消费者就无法作出正确的判断和选择，也就难以正确使用商品和接受服务。任何欺诈、故意隐瞒的行为，都是对消费者知情权的侵害。

（三）自主选择权

《消费者权益保护法》第 9 条规定：消费者享有自主选择商品或者服务的权利。消费者有权自主选择提供商品或者服务的经营者，自主选择商品品种或者服务方式，自主决定购买或者不购买任何一种商品、接受或者不接受任何一项服务。消费者在自主选择商品或者服务时，有权进行比较、鉴别和挑选。即消费者单方所享有的自主权，是消费者权利的核心。

（四）公平交易权

《消费者权益保护法》第 10 条规定：消费者享有公平交易的权利。消费者在购买商品或者接受服务时，有权获得质量保障、价格合理、计量正确等公平交易条件，有权拒绝经营者的强制交易行为。

（五）依法求偿权

《消费者权益保护法》第 11 条规定：消费者因购买、使用商品或者接受服务受到人身、财产损害的，享有依法获得赔偿的权利。这就保障了消费者在发生损害后可以得到法律救济的权利。赔偿范围包括财产和人身损失赔偿。

（六）依法结社权

《消费者权益保护法》第 12 条规定：消费者享有依法成立维护自身合法权益的社会组织的权利。我国宪法明确规定，中华人民共和国公民享有结社自由。消费者依法成立维护自身合法权益的社会组织，是宪法在消费者权益保护法中的体现，也是法律帮助消费者从分散、弱小的个体逐步转变成为集中、强大的群体的手段，从而真正保护消费者的权利。

（七）获取知识权

《消费者权益保护法》第 13 条规定：消费者享有获得有关消费和消费者权益保护方面的知识的权利。该权利又称接受教育权，消费者只有掌握相关的商品或服务的知识和使用性能，正确使用商品，才不会成为在消费领域任人宰割的对象。

（八）获得尊重权

《消费者权益保护法》第 14 条规定：消费者在购买、使用商品和接受服务时，享有人格尊严、民族风俗习惯得到尊重的权利，享有个人信息依法得到保护的权利。人格尊严是消费者人身权的重要组成部分。

（九）监督批评权

《消费者权益保护法》第 15 条规定：消费者享有对商品和服务以及保护消费者权益工作进行监督的权利。也就是说，消费者有权检举、控告侵害消费者权益的行为和国家机关及其工作人员在保护消费者权益工作中的违法失职行为，有权对保护消费者权益工作提出批评、建议。

案例：李某在自家小区的美容院注册了VIP会员，每周接受一次精油按摩理疗。据美容院介绍，这种按摩最大的特点在于其使用的独特花蜜精油可滋润皮肤、放松肌肤、排除毒素。李某接受了两次按摩后发现身上多处有红肿块，去医院就诊查出得了过敏性皮炎。问：李某作为消费者，什么权利被侵犯了？

分析：李某的保障安全权和知悉真情权被侵犯了。

二、经营者义务的概念与内容

经营者的义务是指经营者在经营活动中应履行的法律义务。

《消费者权益保护法》规定了经营者的12项主要义务。

（一）依法和依约定履行的义务

《消费者权益保护法》第16条规定：经营者向消费者提供商品或者服务，应当依照《消费者权益保护法》和其他有关法律、法规的规定履行义务。经营者和消费者有约定的，应当按照约定履行义务，但双方的约定不得违背法律、法规的规定。即经营者除了遵守《消费者权益保护法》之外，还要遵守《产品质量法》中规定的生产者和销售者的法定义务以及特定产品的“三包”等义务，并履行与消费者约定的义务。

（二）听取意见和接受监督的义务

《消费者权益保护法》第17条规定：经营者应当听取消费者对其提供的商品或者服务的意见，接受消费者的监督。即消费者有权对经营者和经营者的商品提出意见及建议，经营者应当认真接受消费者、社会和政府有关部门的监督。

（三）保障安全的义务

《消费者权益保护法》第18条规定：经营者应当保证其提供的商品或者服务符合保障人身、财产安全的要求。对可能危及人身、财产安全的商品和服务，应当向消费者作出真实的说明和明确的警示，并说明和标明正确使用商品或者接受服务的方法以及防止危害发生的方法。宾馆、商场、餐馆、银行、机场、车站、港口、影剧院等经营场所的经营者，应当对消费者尽到安全保障义务。

（四）危险产品召回的义务

《消费者权益保护法》第19条增加了经营者对危险产品的召回义务，即如果所提供产品或服务存在危及消费者人身、财产安全的情形，经营者除了采取向有关部门报告、告知消费者的措施外，还应采取停止销售、警示、召回、无害化处理、销毁、停止生产或者服务等措施。采取召回措施的，经营者应当承担消费者因商品被召回而支出的必要费用。召回制度比“三包”制度更能体现对消费者的保护。

（五）提供真实信息的义务

《消费者权益保护法》第 20 条规定：经营者向消费者提供有关商品或者服务的质量、性能、用途、有效期限等信息，应当真实、全面，不得作虚假或者引人误解的宣传。这是与消费者的知悉真情权相对应的经营者的义务。经营者对消费者就其提供的商品或者服务的质量和使用方法等问题提出的询问，应当作出真实、明确的答复。该法还专门规定了商品或服务应明码标价的要求。

（六）标明经营者真实身份的义务

《消费者权益保护法》第 21 条规定：经营者应当标明其真实名称和标记。租赁他人柜台或者场地的经营者，应当标明其真实名称和标记。即让消费者做到心中有数，不仅是对消费者权益的尊重，而且有利于承担发生纠纷后的举证责任。

（七）出具购货凭证和单据的义务

《消费者权益保护法》第 22 条规定：经营者提供商品或者服务，应当按照国家有关规定或者商业惯例向消费者出具发票等购货凭证或者服务单据；消费者索要发票等购货凭证或者服务单据的，经营者必须出具。为了切实保护消费者的权益，无论消费者是否索要，经营者都应依照国家规定出具凭证和单据。对于这些书面凭据，消费者不仅应该增强证据意识，及时行使自己的权利，而且这些凭据是经营者与消费者发生合同关系的证明。

（八）保证质量的义务

《消费者权益保护法》第 23 条规定：经营者应当保证在正常使用商品或者接受服务的情况下其提供的商品或者服务应当具有的质量、性能、用途和有效期限；但消费者在购买该商品或者接受该服务前已经知道其存在瑕疵的除外。经营者提供的机动车、计算机、电视机、电冰箱、空调器、洗衣机等耐用商品或者装饰装修等服务，消费者自接受商品或者服务之日起六个月内发现瑕疵，发生争议的，由经营者承担有关瑕疵的举证责任。

（九）退换货义务

经营者除了履行保证质量义务外，如果所售商品或服务不符合质量要求，经营者需要承担两种情形下的退换货义务：第一，法律规定或合同约定的退货、更换或修理义务；第二，没有法律规定或合同约定的，消费者可在收到商品后 7 日内退货，7 日后符合解除合同条件的，可及时退货，不符合解除条件的，应当更换或修理。修订后的《消费者权益保护法》还特别规定了在网络、电视、电话、邮购等非直接接触交易下，消费者有权在收货后 7 日无理由退货。当然，鲜活易腐、专门定制等情形除外。本章第三节案例中的甲有权在 7 日内要求无理由退货。

（十）不得排除或限制消费者权利的义务

经营者使用格式条款的，应当以显著方式提醒消费者注意商品或服务的数量、价款、安全注意事项和风险警示等与消费者有重大利害关系的内容。经营者不得以格式条款、通知、声明、店堂告示等方式作出对消费者不公平、不合理的规定。格式条款、通知、声明、店堂告示等含有前款所列内容的，其内容无效。在本章第三节的案例中，A公司在网店中声明所售商品一概不予退换属于排除消费者权利的格式条款，是无效的。

（十一）不得侵犯消费者人格权的义务

《消费者权益保护法》第27条规定：经营者不得对消费者进行侮辱、诽谤，不得搜查消费者的身体及其携带的物品，不得侵犯消费者的人身自由。这是与消费者的人格尊严权相对应的经营者的义务。消费者作为消费法律关系的主体，享有包括以名誉权、肖像权、人身自由权为内容的人格权。

（十二）保护消费者信息义务

《消费者权益保护法》第29条规定：经营者收集、使用消费者个人信息，应当遵循合法、正当、必要的原则，明示收集、使用信息的目的、方式和范围，并经消费者同意。经营者收集、使用消费者个人信息，应当公开其收集、使用规则，不得违反法律、法规的规定和双方的约定收集、使用信息。经营者及其工作人员对收集的消费者个人信息必须严格保密，不得泄露、出售或者非法向他人提供。经营者应当采取技术措施和其他必要措施，确保信息安全，防止消费者个人信息泄露、丢失。在发生或者可能发生信息泄露、丢失的情况时，应当立即采取补救措施。经营者未经消费者同意或者请求，或者消费者明确表示拒绝的，不得向其发送商业性信息。

三、消费权益争议的概念与解决途径

消费权益争议是指消费者因消费者权益受到侵害而与经营者之间发生的纠纷。

根据我国法律的规定，消费者如果认为自己的权益受损或者已经发生了实际的损害后果，可以通过下列途径解决：

（1）与经营者协商和解。协商和解是指消费者在发生争议后，与经营者在法律地位平等的基础上，遵循自愿、公平和诚实信用的原则，就所发生的争议进行协商，达成和解的活动。

（2）请求消费者协会调解。如果与经营者协商无效，消费者可以向当地的消费者协会投诉，当然也可以直接投诉。消费者协会是依法成立的对商品和服务进行社会监督，以保护消费者合法权益的专门社会团体。但消费者协会的调解协议不具有法律效力。因此，消费者仍可以提请仲裁或提起诉讼。

（3）向有关行政部门申诉。在合法权益受到侵害后，根据商品和服务的性质，消费者还可以向工商、物价、技术监督、标准、计量、商检、卫生等相关行政部门申诉。行政申诉提出后，由受理案件的行政机关依据有关规定作出相应的决定，及时保护消费者的合法权益。

(4) 提请仲裁机构仲裁。当事人双方自愿达成的仲裁协议是仲裁机构受理争议案件的依据，仲裁协议可以事前或事后达成。

(5) 向人民法院提起诉讼。消费者在自己的合法权益受到侵害并向消费者协会或有关行政部门投诉、申诉后，不满意处理结果时，可以向人民法院起诉。起诉是当事人向人民法院请求司法保护的法律行为。

四、消费权益争议的损害责任承担者

根据《消费者权益保护法》的规定，消费者因购买、使用商品或接受服务，在合法权益受到损害时，有权要求侵害人赔偿。但在现实生活中，常有经营者漠视消费者利益，或采取互相推诿的办法，致使消费者的求偿权不能及时实现的现象。为此，法律规定由以下责任者承担责任。

(一) 生产者与销售者

《消费者权益保护法》规定：消费者或者其他受害人因商品缺陷遭受人身、财产损害的，既可以向销售者要求赔偿，也可以向生产者要求赔偿。对此，《中华人民共和国侵权责任法》作出了更为详细的规定：

(1) 因产品存在缺陷造成损害的，被侵权人既可以向产品的生产者请求赔偿，也可以向产品的销售者请求赔偿。

(2) 产品缺陷由生产者造成的，销售者赔偿后，有权向生产者追偿；因销售者的过错使产品存在缺陷的，生产者赔偿后，有权向销售者追偿；因运输者、仓储者等第三人的过错使产品存在缺陷，造成他人损害的，产品的生产者、销售者赔偿后，有权向第三人追偿。

(3) 销售者不能指明缺陷产品的生产者也不能指明缺陷产品的供货者的，销售者应当承担侵权责任。

(二) 展销会的举办者与柜台的出租者

《消费者权益保护法》规定：消费者在展销会、租赁柜台购买商品或者接受服务，其合法权益受到损害的，可以向销售者或者服务者要求赔偿。展销会结束或者柜台租赁期满后，也可以向展销会的举办者、柜台的出租者要求赔偿。展销会的举办者、柜台的出租者赔偿后，有权向销售者或者服务者追偿。

(三) 提供服务者

《消费者权益保护法》规定：消费者在接受服务时，其合法权益受到损害的，可以向提供服务者要求赔偿。

(四) 承受原企业权利义务的企业

《消费者权益保护法》规定：消费者在购买、使用商品或者接受服务时，其合法权益受到损害，原企业已分立或合并的，可以向变更后承受其权利义务的企业要求赔偿。

（五）营业执照的持有人与使用人

《消费者权益保护法》规定：使用他人营业执照的违法经营者提供商品或者服务，损害消费者合法权益的，消费者既可以要求其赔偿，也可以向营业执照的持有人要求赔偿。

（六）广告主与广告经营者

《消费者权益保护法》规定：消费者因经营者利用虚假广告提供商品或者服务，其合法权益受到损害的，可以向经营者要求赔偿。广告的经营者、发布者发布虚假广告的，消费者可以请求行政主管部门予以惩处。广告的经营者、发布者不能提供经营者的真实名称、地址的，应当承担赔偿责任。

案例：某电视台的直销广告宣传一款太阳能空调质优价廉，老孙根据广告所留电话联系销售代理甲公司购买了该款太阳能空调。空调在安装后不久，因严重质量问题无法使用。老孙先找到甲公司，但被告知应找生产厂家退货或维修；无奈之下老孙根据空调上所留A生产厂家的电话联系退货，但被告知A厂已经变更为B厂，A厂之前生产的产品B厂不负责。谁应当为老孙购买的不合格空调承担责任？

分析：老孙作为消费者，当权益被侵害时，产品生产、销售的环节都应对此负责。A厂直接生产了不合格的产品，由于其已经变更为B厂，责任也应由B厂承担；甲公司作为销售商，对其销售的产品的质量也负有保证义务；某电视台为该产品做广告，如果未尽到合理审查义务，也应当为不合格的广告产品承担责任。

（七）网络交易平台提供者

网络交易平台提供者不能提供销售者或服务者的真实名称、地址和有效联系方式的，消费者可以向网络交易平台提供者要求赔偿，随后，网络交易平台提供者有权追偿。该规定是为了适应当下日益火热的电子商务发展，类似于淘宝网这样的平台商需要承担此项义务。

复习与思考

1. 消费者的具体权利有哪些？
2. 简述消费者的知悉真情权。
3. 消费权益争议的解决途径有哪些？

第十三章 竞争法

本章要点

1. 混淆行为
2. 侵犯商业秘密行为
3. 诋毁商誉行为
4. 反不正当竞争法规定的法律责任
5. 垄断协议的概念及规制
6. 滥用市场支配地位的概念及规制
7. 经营者集中的概念及规制
8. 滥用行政权力排除、限制竞争的概念及规制

导入案例

案例：2011 年 4 月 26 日上午，北京腾讯科技有限公司（以下简称“腾讯公司”）诉北京奇虎科技有限公司（以下简称“奇虎 360”）等的产品“360 隐私保护器”侵权案在北京市朝阳区人民法院一审宣判。腾讯公司称，2010 年 9 月，奇虎 360 推出一款专门针对 QQ 即时通信工具的“隐私保护器”，称腾讯 QQ 查看的文件包括了用户个人的银行信息、Office 文档信息等个人隐私，这种说法与事实不符。并且，“360 隐私保护器”利用虚假宣传手段，诬蔑原告和原告的产品“窥视”用户的隐私，给原告及原告的产品和服务的声誉造成了极大损害。法院最终认定奇虎 360 的行为违反了反不正当竞争法。

问题：何为不正当竞争？法院认定奇虎 360 的行为属于反不正当竞争法所禁止的哪种行为？

第一节 反不正当竞争法

一、反不正当竞争法的概念

反不正当竞争法，是指调整在维护公平竞争、制止不正当竞争过程中发生的社会关系的法律规范的总称。

不正当竞争，是指经营者违反反不正当竞争法的规定，损害其他经营者的合法权益，扰乱社会经济秩序的行为。

为了对市场竞争行为加以规范，维护社会经济秩序，1993 年 9 月 2 日，第八届全国人大常委会第三次会议通过了《中华人民共和国反不正当竞争法》（以下简称《反不正当竞争法》），该法自 1993 年 12 月 1 日起施行。近年来，随着我国市场经济的发展，新的业态、商业模式的不断出现，原《反不正当竞争法》存在许多不适应之处，且与在其后制定的《中华人民共和国反垄断法》《中华人民共和国招标投标法》等法律存在内容交叉、重叠甚至是不一致的现象，为此，我国分别于 2017 年 11 月 4 日、2019 年 4 月 23 日对《反不正当竞争法》作了修订。此外，我国商标法、专利法、著作权法、广告法、价格法等中也有不少反不正当竞争方面的规定。

二、反不正当竞争法的基本原则

（一）自愿、平等、公平原则

自愿即经营者在市场交易中，根据自己的意志从事交易活动，不受他人欺诈、胁迫的原则。平等即经营者在市场交易中享有平等的法律地位和权利、义务，平等地受到法律的保护。公平即经营者应当合情合理地行使自己的权利，尊重他人利益和社会公共利益。

（二）诚实信用原则

经营者在经营中应当坦诚相待，恪守信用，作出正当并且符合商业道德的行为。

三、不正当竞争行为

《反不正当竞争法》主要规定了 7 类不正当竞争行为。

(一) 混淆行为

混淆行为，是指经营者在市场交易中通过使用与他人相同或近似的标志、名称等手段提供商品或服务，导致消费者误认误购，以牟取非法利益的行为。

混淆行为具有以下特征：第一，行为的主体是从事市场交易活动的经营者。第二，经营者在市场经营活动中采用了反不正当竞争法所禁止的手段，以牟取非法利益。第三，经营者的混淆行为已经或足以使用户或消费者产生误解，发生误认误购。

2017 年修订的《反不正当竞争法》第 6 条规定：经营者不得实施下列混淆行为：(1) 擅自使用与他人有一定影响的商品名称、包装、装潢等相同或者近似的标志；(2) 擅自使用他人有一定影响的企业名称（包括简称、字号等）、社会组织名称（包括简称等）、姓名（包括笔名、艺名、译名等）；(3) 擅自使用他人有一定影响的域名主体部分、网站名称、网页等；(4) 其他足以引人误认为是他人商品或者与他人存在特定联系的混淆行为。《反不正当竞争法》将商业性标志分为商品类标志、主体类标志和互联网商业标志三类，并细化了三类标志的具体形式，并以"等"字对有关商业标志的列举保持开放性规定。

关于如何判断混淆行为，应当综合考量如下因素以及因素之间的相互影响，认定是否容易导致混淆：(1) 商标标志的近似程度；(2) 商品的类似程度；(3) 请求保护商标的显著性和知名程度；(4) 相关公众的注意程度；(5) 其他相关因素。商标申请人的主观意图以及实际混淆的证据可以作为判断混淆可能性的参考因素。

(1)《反不正当竞争法》第 6 条第 1 项规定：不得擅自使用与他人有一定影响的商品名称、包装、装潢等相同或者近似的标志。此处的"标志"不要求为注册商标，《商标法》主要保护注册商标，未注册商标的民事保护主要由《反不正当竞争法》实施，未注册商标不限于商品名称、包装、装潢，因此 2017 年修订的《反不正当竞争法》通过"列举加概括"式的例示性规定以保护列举以外的其他未注册商标。

(2)《反不正当竞争法》第 6 条第 2 项规定：不得擅自使用他人有一定影响的企业名称（包括简称、字号等）、社会组织名称（包括简称等）、姓名（包括笔名、艺名、译名等）。2017 年修订的《反不正当竞争法》中，主体类标志增加"社会组织名称"，并将简称、字号、笔名、艺名、译名等纳入保护范围。当事人以其笔名、艺名、译名等特定名称主张姓名权，该特定名称具有一定的知名度，与该自然人建立了稳定的对应关系，相关公众以其指代该自然人的，人民法院应当支持其主张。

(3)《反不正当竞争法》第 6 条第 3 项规定：不得擅自使用他人有一定影响的域名主体部分、网站名称、网页等。2017 年修订的《反不正当竞争法》新增对互联网商业标志的保护，解决了域名等的法律地位和保护问题。该规定采取了列举性规定，"等"字概括规定应作出与列举事项相一致的类似解释，即不属于域名主体部分、网站名称和网页的范围，但仍属于类似的互联网领域的特殊商业标志。

人民法院审理域名纠纷案件，对符合以下各项条件的，应当认定被告注册、使用域名等行为构成侵权或者不正当竞争：(1) 原告请求保护的民事权益合法有效；(2) 被告域名或其主要部分构成对原告驰名商标的复制、模仿、翻译或音译，或者与原告的注册商标、域名等相同或近似，足以造成相关公众的误认；(3) 被告对该域名或其主要部分不享有权益，也无注册、使用该域名的正当理由；(4) 被告对该域名的注册、使用具有恶意。

(4)《反不正当竞争法》第 6 条第 4 项规定，不得实施其他足以引人误认为是他人商品或者与他人存在特定联系的混淆行为。第 4 项规范的是不属于《反不正当竞争法》第 6 条前 3 项的市场活动标志和仿冒混淆行为，属于“兜底条款”。

案例： A 公司是一个专业防水施工公司，在业内小有名气，其客户均可得到该公司的宣传材料。甲是一个个体防水施工队的负责人。甲在一户人家中做防水的时候得到了 A 公司的宣传材料。为了让甲的业务得到更多人的关注，甲委托某公司为其建了宣传网站，网站使用了 A 公司的名称及宣传材料，但留了甲的联系方式。甲根据该网站吸引的客户承接了大量业务。

分析： 本案中甲的行为属于混淆行为，他盗用了 A 公司的名称和宣传材料为自己联系业务，使消费者误认为甲提供的服务属于 A 公司的服务，甲的行为构成了不正当竞争。

(二) 商业贿赂

在我国当前的经济生活中，商业贿赂行为的表现形式主要体现为回扣。所谓回扣，是指在商品购销或者接受服务中，卖方在明确标明应支付的价款之外，通过账外暗中向买方退还钱财或者给予其他好处，以争取交易机会或者便利的交易条件的行为。

商业贿赂，是指经营者采用财务或者其他手段对有关人员进行贿赂，以销售或者购买其商品的行为。

《反不正当竞争法》第 7 条明确规定，经营者不得采用财物或者其他手段贿赂下列单位或者个人，以谋取交易机会或者竞争优势：(1) 交易相对方的工作人员；(2) 受交易相对方委托办理相关事务的单位或者个人；(3) 利用职权或者影响力影响交易的单位或者个人。经营者在交易活动中，可以以明示方式向交易相对方支付折扣，或者向中间人支付佣金。经营者向交易相对方支付折扣、向中间人支付佣金的，应当如实入账。接受折扣、佣金的经营者也应当如实入账。经营者的工作人员进行贿赂的，应当认定为经营者的行为；但是，经营者有证据证明该工作人员的行为与为经营者谋取交易机会或者竞争优势无关的除外。

虚假宣传，是指经营者利用广告或者其他方法，对商品或服务的性能、功能、质量、销售状况、用户评价、曾获荣誉等内容作进行与客观事实不完全相符或者纯属捏造的宣传行为。误导性宣传，是指经营者故意对商品的性能、功能、质量、销售状况、用户评价、曾获荣誉等内容作引人误解的宣传，以影响他人的认知，使他人对其商品的真实情况产生错误的联想。

(三) 虚假宣传或误导性宣传

类似的虚假宣传行为不仅影响了消费者的正常判断力，也使其他守法的经营者丧失了交易机会。

(四) 侵犯商业秘密

这里所指的商业秘密，是指不为公众所知悉、能给权利人带来经济利益、具有实用性并经权利人采取保密措施的技术信息和经营信息。作为商业秘密的技术信息和经营信息，必须具备以下三项基本条件：一是该信息不为公众所知悉，不能从公开渠道直接获取；二是该信息具有经济实用性，能给权利人带来现实或潜在的经济利益；三是该信息被权利人采取了适当的保密措施，包括订立保密协议、建立保密制度等。权利人是否采取保密措施，是技术信息和经营信息能否成为商业秘密的重要因素。由此可见，作为商业秘密必须同时具有秘密性、经济性和保密性三项特性。缺少其中任一特性的技术信息和经营信息都不能称为商业秘密。商业秘密能为权利人带来竞争优势，所以常成为不正当竞争者侵犯的客体。

侵犯商业秘密，是指行为人违反法律规定，获取、披露、使用或者允许他人使用权利人商业秘密的行为。

侵犯商业秘密具有以下特征：第一，行为主体可以是经营者，也可以是其他人。第二，认定是否构成侵权，必须首先确认商业秘密的存在。第三，行为主体客观上实施了侵犯商业秘密的行为。第四，行为主体的行为已经或必然给权利人带来损害结果。

《反不正当竞争法》第9条规定，经营者不得实施下列侵犯商业秘密的行为：(1) 以盗窃、贿赂、欺诈、胁迫、电子侵入或者其他不正当手段获取权利人的商业秘密；(2) 披露、使用或者允许他人使用以前项手段获取的权利人的商业秘密；(3) 违反保密义务或者违反权利人有关保守商业秘密的要求，披露、使用或者允许他人使用其所掌握的商业秘密；(4) 教唆、引诱、帮助他人违反保密义务或者违反权利人有关保守商业秘密的要求，获取、披露、使用或者允许他人使用权利人的商业秘密。经营者以外的其他自然人、法人和非法人组织实施前款所列违法行为的，视为侵犯商业秘密。第三人明知或者应知商业秘密权利人的员工、前员工或者其他单位、个人实施前款所列违法行为，仍获取、披露、使用或者允许他人使用该商业秘密的，视为侵犯商业秘密。

案例： 小徐是某知名高校计算机专业的高才生，毕业后即在A公司从事软件研发工作。后A公司要上一银行系统软件项目，小徐是项目组的主要研发人员。A公司与小徐等研发人员就研究该项目签订了专门的保密协议。一年后，小徐离职成立了B公司并任法定代表人。不久，A公司发现B公司申请登记的某软件公开部分与其公司之前开发的银行系统软件项目一致，由此推断小徐及B公司侵犯了其商业秘密。

分析： A公司组织研发的银行系统软件具备商业秘密的构成要件，除非B公司能解释其申请登记的软件有其他合法正当的来源。考虑到小徐有接触A公司该软件项目的条件，后其成立的B公司擅自以A公司开发的软件进行登记，属于以不正当手段获取权利人的商业秘密，而B公司则使用了小徐获取的他人商业秘密，小徐和B公司都构成侵犯商业秘密罪。

（五）不正当有奖销售

不正当有奖销售，是指经营者违反《反不正当竞争法》的规定进行的有奖销售行为。它不包括经政府或者有关部门依法批准的有奖募捐或彩票发售活动。《反不正当竞争法》第 10 条规定，经营者进行有奖销售不得存在下列情形：（1）所设奖的种类、兑奖条件、奖金金额或者奖品等有奖销售信息不明确，影响兑奖；（2）采用谎称有奖或者故意让内定人员中奖的欺骗方式进行有奖销售；（3）抽奖式的有奖销售，最高奖的金额超过 5 万元。

（六）诋毁商誉

诋毁商誉，是指经营者通过编造、传播虚假事实等不正当手段，损害竞争对手的商业信誉、商品信誉的行为。

诋毁商誉具有以下特征：第一，行为主体主观上具有贬低竞争对手的目的。行为人旨在通过编造、传播虚假信息或者误导性信息来削弱竞争对手的竞争能力和竞争优势，使其无法正常地参与市场竞争活动。第二，行为主体客观上具有编造、传播虚假事实或者歪曲客观事实的行为。所谓编造，就是行为人故意编造谎言，无中生有。所谓传播，就是行为人故意对谎言肆意宣传、扩散，既可以是口头扩散，也可以是书面扩散，还可以是公开向大众传播或向特定人传播等。第三，行为主体有特定的诋毁对象。行为主体诋毁的对象是某个或某些特定的经营者，有关言辞明确指向特定经营者或其商品，或者虽未指明，但一般公众可以从其言辞中推测出是针对特定的经营者或其商品。

在本章导入案例中，法院认定奇虎 360 的行为属于诋毁商誉的行为，违反了《反不正当竞争法》。

（七）网络不正当竞争行为

近年来，随着互联网的日益普及和电子商务、网络经济的迅猛发展，网络不正当竞争行为与日俱增，且形式多样。2017 年修订的《反不正当竞争法》首次引入互联网领域不正当竞争行为的规定。依据《反不正当竞争法》第 12 条的规定，网络不正当竞争是指经营者通过技术手段，通过影响用户选择或者其他方式，实施妨碍、破坏其他经营者合法提供的网络产品或者服务正常运行的行为。主要行为模式有：（1）未经其他经营者同意，在其合法提供的网络产品或者服务中，插入链接、强制进行目标跳转；（2）误导、欺骗、强迫用户修改、关闭、卸载其他经营者合法提供的网络产品或者服务；（3）恶意对其他经营者合法提供的网络产品或者服务实施不兼容；（4）其他妨碍、破坏其他经营者合法提供的网络产品或者服务正常运行的行为。

四、法律责任

违反《反不正当竞争法》的法律责任，包括民事责任、行政责任和刑事责任。

(一) 民事责任

《反不正当竞争法》第 17 条规定：经营者违反该法规定，给他人造成损害的，应当依法承担民事责任。经营者的合法权益受到不正当竞争行为损害的，可以向人民法院提起诉讼。因不正当竞争行为受到损害的经营者的赔偿数额，按照其因被侵权所受到的实际损失确定；实际损失难以计算的，按照侵权人因侵权所获得的利益确定。赔偿数额还应当包括经营者为制止侵权行为所支付的合理开支。经营者违反本法第 6 条、第 9 条规定，权利人因被侵权所受到的实际损失、侵权人因侵权所获得的利益难以确定的，由人民法院根据侵权行为的情节判决给予权利人 500 万元以下的赔偿。

(二) 行政责任

针对主要的反不正当竞争行为，法律规定了相应的行政责任。

(1) 混淆行为的行政责任。《反不正当竞争法》第 18 条规定：对于经营者违反法律规定实施混淆行为的，由监督检查部门责令停止违法行为，没收违法商品。违法经营额在 5 万元以上的，可以并处违法经营额 5 倍以下的罚款；没有违法经营额或者违法经营额不足 5 万元的，可以并处 25 万元以下的罚款。情节严重的，吊销营业执照。经营者登记的企业名称违反该法第 6 条规定的，应当及时办理名称变更登记；名称变更前，由原企业登记机关以统一社会信用代码代替其名称。

(2) 商业贿赂的行政责任。《反不正当竞争法》第 19 条规定：经营者违反法律规定贿赂他人的，由监督检查部门没收违法所得，处 10 万元以上 300 万元以下的罚款。情节严重的，吊销营业执照。

(3) 虚假宣传或误导性宣传的行政责任。《反不正当竞争法》第 20 条规定：对其商品作虚假或者引人误解的商业宣传，或者通过组织虚假交易等方式帮助其他经营者进行虚假或者引人误解的商业宣传的，由监督检查部门责令停止违法行为，处 20 万元以上 100 万元以下的罚款；情节严重的，处 100 万元以上 200 万元以下的罚款，可以吊销营业执照。

(4) 侵犯商业秘密的行政责任。《反不正当竞争法》第 21 条规定：侵犯商业秘密的，由监督检查部门责令停止违法行为，没收违法所得，处 10 万元以上 100 万元以下的罚款；情节严重的，处 50 万元以上 500 万元以下的罚款。

(5) 不正当有奖销售的行政责任。《反不正当竞争法》第 22 条规定：经营者进行不正当有奖销售的，由监督检查部门责令停止违法行为，处 5 万元以上 50 万元以下的罚款。

(6) 诋毁商誉行为的行政责任。《反不正当竞争法》第 23 条规定：损害竞争对手商业信誉、商品声誉的，由监督检查部门责令停止违法行为、消除影响，处 10 万元以上 50 万元以下的罚款；情节严重的，处 50 万元以上 300 万元以下的罚款。

(7) 网络不正当竞争行为的行政责任。《反不正当竞争法》第 24 条规定：妨碍、破坏其他经营者合法提供的网络产品或者服务正常运行的，由监督检查部门责令停止违法行为，处 10 万元以上 50 万元以下的罚款；情节严重的，处 50 万元以上 300 万元以下的罚款。

此外，《反不正当竞争法》还规定：经营者违反该法规定从事不正当竞争，有主动消除或者减轻违法行为危害后果等法定情形的，依法从轻或者减轻行政处罚；违法行为轻微并及时纠正，没有造成危害后果的，不予行政处罚。受到行政处罚的，由监督检查部门记入信用记录，并依照有关法律、行政法规的规定予以公示。当事人对监督检查部门作出的决定不服的，可以依法申请行政复议或者提起行政诉讼。

（三）刑事责任

《反不正当竞争法》第31条规定，违反《反不正当竞争法》构成犯罪的，依法追究刑事责任。

第二节　反垄断法

案例：波音公司是美国最大的飞机制造企业，在世界市场上已经占有了约64%的份额。麦道公司是世界上最大的军用飞机制造企业，同时也生产大型民用客机。1996年年底，波音公司用166亿美元兼并了麦道公司。在干线客机市场上，合并后的波音不仅成为全球最大的飞机制造商，而且是美国市场唯一的供应商，占美国国内市场的份额几乎达百分之百。在全世界的飞机制造业中，目前唯一可以与美国波音公司进行较量的是欧洲空中客车公司。空中客车公司在世界大型客机市场上大约占三分之一的份额。

虽然合并后的公司占有美国市场百分之百的份额，但美国政府不仅没有阻止波音公司兼并麦道公司，而且利用政府采购等措施促成了这一兼并活动，其目的是与来自欧洲的空中客车公司进行有力的竞争。相反，欧盟委员会认定波音公司和麦道公司的合并会增强波音公司在世界大型客机市场上的支配地位，因而极力阻止这一合并。

问题：何为垄断？我国法律是如何判断一公司是否具有市场支配地位的？

一、反垄断法的概念

垄断是与竞争相对立的范畴。垄断是自由竞争条件下生产高度集中的必然结果。法律上的垄断概念，是指经营者以独占、合谋性协议或有组织的联合行动等方式，凭借经济优势或行政权力，操纵或支配市场，限制和排斥竞争的行为。反垄断法，是指在维护公平竞争、制止垄断行为过程中发生的社会关系的法律规范的总称。《中华人民共和国反垄断法》（以下简称《反垄断法》）由第十届全国人民代表大会常务委员会第二十九次会议于2007年8月30日通过，自2008年8月1日起施行。针对近年来出现的一些价格垄断新现象，为了加大惩处力度，国家发改委于2010年12月29日公布了《反价格垄断规定》。该规定自 2011 年 2 月 1 日起施行，2003 年的《制止价格垄断行为暂行规定》同时废止。

反垄断法作为竞争法的主要组成部分，在经济法中处于重要地位。社会主义市场经济的大力发展，不可避免地导致垄断和竞争矛盾的加剧。为了处理好这对矛盾，保护社会主义市场竞争和国家利益，促进竞争机制功能的充分发挥，打破地区封锁和行政性垄断，就必须运用反垄断法这一法律工具，从而维护有效、合理的竞争秩序并规范垄断行为，达到保障市场经济管理手段和政策措施的目的。

二、反垄断法的调整对象与适用范围

（一）调整对象

反垄断法的调整对象主要是具有竞争关系的经营者之间的法律关系。其中，经营者是指从事商品生产、经营或者提供服务的自然人、法人和其他组织。而经营者之间的竞争关系，主要存在于相关市场之中。相关市场，是指经营者在一定时期内就特定商品或者服务进行竞争的商品范围和地域范围。此外，反垄断法结合我国实际，将具有行政垄断性质的排除、限制竞争行为也纳入了其调整范围。

（二）适用范围

反垄断法适用的地域范围有：在我国境内经济活动中的垄断行为；虽然在我国境外，但对境内市场竞争产生排除、限制影响的行为。可见反垄断法既具有域内效力，也具有部分域外效力。反垄断法有两方面排除适用：一是经营者依照有关知识产权的法律、行政法规规定行使知识产权的行为，这是为了满足知识产权法律自身的垄断特点；二是农业生产者及农村经济组织在农产品生产、加工、销售、运输、储存等经营活动中实施的联合或者协同行为。这是出于保护我国农民利益、扶植农业经济作出的考虑。

三、垄断行为

（一）垄断协议

1. 垄断协议概述

垄断协议，是指两个或两个以上的竞争者通过协议、决定或者其他协同行为排除、限制竞争的行为。垄断协议分为两种：横向垄断，指两个或两个以上因经营同类产品或服务而在生产或销售过程中处于同一经营阶段的同业竞争者之间的垄断协议；纵向垄断，指两个或两个以上在同一产业中处于不同阶段而有买卖关系的企业间的垄断协议。

2. 我国反垄断法对垄断协议的规制

（1）对横向垄断协议，主要的禁止情形有：①固定或者变更商品价格；②限制商品的生产数量或者销售数量；③分割销售市场或者原材料采购市场；④限制购买新技术、新设备或者限制开发新技术、新产品；⑤联合抵制交易。

（2）对纵向垄断协议，主要的禁止情形有：①固定向第三人转售商品的价格；②限定向第三人转售商品的最低价格。

另外，《反垄断法》还有对行业协会行为的规制。行业协会是由同行业的经营者组成、维护成员利益并代表本行业利益从事活动的社会团体法人，具有非营利性和中介性。行业协会应当引导本行业的经营者依法竞争，维护市场竞争秩序，但如果自律约束不够，也容易引发垄断，《反垄断法》专门规定了“行业协会不得组织本行业的经营者从事本章禁止的垄断行为”。

案例：2018 年 12 月，国内几个大型家居装修涂料生产企业联合发表声明，为与国际涂料市场价格接轨，将从 2017 年 1 月起集体提高涂料价格。这些企业与国内几家大型家具建材超市达成了集体涨价协议，不允许建材超市擅自降价。

分析：上述行为中既有横向垄断协议，即涂料企业共同提高产品价格；也有纵向垄断协议，即涂料企业与家具建材超市的集体涨价协议。

3. 豁免

垄断是行为和效果的统一，对于并非以限制竞争为目的或者为某种公共利益而达成的合意或者一致行动，不受反垄断法的限制。《反垄断法》第 15 条规定了几种主要情形：(1) 为改进技术、研究开发新产品的；(2) 为提高产品质量、降低成本、增进效率，统一产品规格、标准或者实行专业化分工的；(3) 为提高中小经营者经营效率、增强中小经营者竞争力的；(4) 为实现节约能源、保护环境、救灾救助等社会公共利益的；(5) 因经济不景气，为缓解销售量严重下降或者生产明显过剩的；(6) 为保障对外贸易和对外经济合作中的正当利益的；(7) 法律和国务院规定的其他情形。其中，(1) 至 (5) 项要取得豁免，经营者还应当证明所达成的协议不会严重限制相关市场的竞争，并且能够使消费者分享由此产生的利益。

（二）滥用市场支配地位

1. 市场支配地位的概念与认定

市场支配地位，是指经营者在相关市场内具有能够控制商品价格、数量或者其他交易条件，或者能够阻碍、影响其他经营者进入相关市场能力的市场地位。相关市场，是指经营者在一定时期内就特定商品或者服务进行竞争的商品范围和地域范围。认定经营者具有市场支配地位，主要依据下列因素：(1) 该经营者在相关市场的市场份额，以及相关市场的竞争状况；(2) 该经营者控制销售市场或者原材料采购市场的能力；(3) 该经营者的财力和技术条件；(4) 其他经营者对该经营者在交易上的依赖程度；(5) 其他经营者进入相关市场的难易程度。

经营者是否具有市场支配地位，还可以依据下列情形推定：(1) 一个经营者在相关市场的市场份额达到 1/2 的；(2) 两个经营者在相关市场的市场份额合计达到 2/3 的；(3) 三个经营者在相关市场的市场份额合计达到 3/4 的。在第 (2)、(3) 项情形中，其中有的经营者市场份额不足 1/10 的，不应当推定其具有市场支配地位。当然，如果有证据证明被推定具有市场支配地位的经营者不具有市场支配地位，则不应当认定其具有市场支配地位。

2. 要规制的滥用市场支配地位行为

（1）垄断价格。以不公平的高价销售商品或者以不公平的低价购买商品。（2）掠夺性定价。没有正当理由，以低于成本的价格销售商品。（3）拒绝交易。没有正当理由，拒绝与交易相对人进行交易。（4）强制交易。没有正当理由，限定交易相对人只能与其进行交易或者只能与其指定的经营者进行交易。（5）搭售或附加不合理交易条件。没有正当理由搭售商品，或者在交易时附加其他不合理的交易条件。（6）差别待遇。没有正当理由，对条件相同的交易相对人在交易价格等交易条件上实行差别待遇。（7）其他。

案例：某食用大豆油企业产品销量在近3年中占国内该行业市场的60%。2019年5月，该企业的大豆油单方涨价10%，而此时，市场中大豆价格平稳且没有其他价格波动因素。国内一些超市由于无法及时应对此次价格上涨压力，所销售的该企业大豆油未能一次性上涨10%，该企业即不再向这些超市供货。

分析：该企业的市场份额已经达到60%，超过法律规定的1/2市场份额的标准，故毫无疑问该企业具有市场支配地位。在市场中没有任何价格干扰因素的情况下，该企业突然决定产品涨价10%，这是其滥用市场支配地位实施垄断价格行为的表现，而且在一些超市没有及时跟随涨价的情况下拒绝与这些超市交易，这也是我国反垄断法对滥用市场支配地位进行规制的行为。

（三）经营者集中

1. 经营者集中的概念与表现形式

经营者集中是指两个或两个以上的经营者以一定的方式或手段形成的企业间资产、营业和人员的整合。

《反垄断法》列举了经营者集中的几种形式：（1）经营者合并；（2）经营者通过取得股权或者资产的方式取得对其他经营者的控制权；（3）经营者通过合同等方式取得对其他经营者的控制权或者能够对其他经营者施加决定性影响。

2. 经营者集中的申报与审查

经营者集中应当及时向国务院反垄断执法机构提出申报，并由国务院反垄断执法机构进行初步审查和进一步审查。经过审查，会产生两种决定：一是禁止集中；二是不予禁止。

经营者集中具有或者可能具有排除、限制竞争效果的，国务院反垄断执法机构应当作出禁止经营者集中的决定。但是，经营者能够证明该集中对竞争产生的有利影响明显大于不利影响，或者符合社会公共利益的，国务院反垄断执法机构可以作出对经营者集中不予禁止的决定。对不予禁止的经营者集中，国务院反垄断执法机构可以决定附加减少集中对竞争产生不利影响的限制性条件。

（四）滥用行政权力排除、限制竞争

滥用行政权力排除、限制竞争是指拥有行政权力的行政机关以及其他依法具有管理

公共事务职能的组织滥用行政权力，排除、限制竞争的行为。其具体表现方式有：

(1) 强制交易。指行政机关和法律、法规授权的具有管理公共事务职能的组织滥用行政权力，限定或者变相限定单位或者个人经营、购买、使用其指定的经营者提供的商品。

(2) 地区封锁。指地方政府及法律、法规授权的具有管理公共事务职能的组织为了本地区的利益，利用行政权力排除、限制竞争的行为。《反垄断法》禁止的地区封锁行为有以下三种：①限制商品在地区间的自由流通；②排斥或限制招标投标行为；③排斥或限制外来投资行为。

(3) 强制经营者实施危害竞争的垄断行为。指行政机关和法律、法规授权的具有管理公共事务职能的组织滥用行政权力，强制经营者从事反垄断法规定的垄断行为。

(4) 制定含有排除、限制竞争内容的规定。

四、反垄断调查

根据《反垄断法》的规定，国务院设立反垄断委员会，负责组织、协调、指导反垄断工作，履行下列职责：(1) 研究拟订有关竞争政策；(2) 组织调查、评估市场总体竞争状况，发布评估报告；(3) 制定、发布反垄断指南；(4) 协调反垄断行政执法工作；(5) 国务院规定的其他职责。

反垄断执法工作由商务部、国家发改委、国家市场监督管理总局三个部门共同承担。商务部负责“经营者集中”的反垄断审查；国家发改委负责“价格垄断行为”的反垄断审查；国家市场监督管理总局负责垄断协议、滥用市场支配地位、滥用行政权力排除与限制竞争方面的反垄断执法工作（价格垄断行为除外）。

五、垄断行为的法律责任

1. 行政责任

(1) 垄断协议的行政责任。由反垄断执法机构责令停止违法行为，没收违法所得，并处上一年度销售额1%以上10%以下的罚款；尚未实施所达成的垄断协议的，可以处50万元以下的罚款。

(2) 经营者集中的行政责任。由国务院反垄断执法机构责令停止实施集中、限期处分股份或者资产、限期转让营业以及采取其他必要措施恢复到集中前的状态，可以处50万元以下的罚款。

(3) 滥用行政权力排除、限制竞争行为的行政责任。行政机关和法律、法规授权的具有管理公共事务职能的组织滥用行政权力，实施排除、限制竞争行为的，由上级机关责令改正；对直接负责的主管人员和其他直接责任人员依法给予处分。反垄断执法机构可以向有关上级机关提出依法处理的建议。

2. 民事责任

经营者实施垄断行为，给他人造成损失的，依法承担民事责任。

3. 刑事责任

《反垄断法》规定了两种情形可构成刑事责任：（1）阻碍反垄断执法机构依法实施的审查和调查，情节严重构成犯罪的；（2）反垄断执法机构工作人员滥用职权、玩忽职守、徇私舞弊或者泄露执法过程中知悉的商业秘密，构成犯罪的。

复习与思考

1. 混淆行为的特征。
2. 回扣与折扣、佣金的区别。
3. 商业秘密的构成要件。
4. 垄断行为的种类。

第十四章
劳动法

本章要点

1. 劳动法的适用范围与劳动就业原则
2. 劳动者的主要权利
3. 对特殊主体的劳动保护制度
4. 劳动合同的试用期制度及解除制度
5. 社会保险与商业保险的区别
6. 社会保险法的调整对象
7. 劳动争议的处理方式

导入案例

2007 年 10 月，全球零售巨头沃尔玛在中国掀起了一场裁员风暴。2017 年 12 月，家乐福要求全中国 4 万多名员工，除已签订无固定期限劳动合同的之外，不论工龄长短、合同是否到期，都要在 12 月 28 日之前与公司重新签订为期两年的新合同。

2007 年 10 月底知名高科技民营企业华为公司出台买断工龄政策，其涉及员工数量达上万人次。华为此次买断工龄，针对包括总裁任正非在内的所有工作年限在 8 年以上的员工。这些员工在 2008 年元旦前均要办理主动辞职手续，公司给予“N+1”的补偿，买断其工龄。随后再签订 1～3 年的劳动合同，老员工以新员工的身份继续为公司服务。

第一节 劳动法概述

一、劳动法的概念

我国劳动法是一个独立的法律部门，包括：促进就业法、劳动合同法、工作时间和休息休假时间法、工资法、劳动安全卫生法、女职工和未成年工特殊劳动者保护法、职业培训法、劳动纪律法、社会保险和福利法、工会和职工民主管理法、劳动争议处理法、劳动监督检查法等。

劳动法是调整劳动关系以及与劳动关系密切相关的其他社会关系的法律规范的总称。

二、劳动法的适用范围

《中华人民共和国劳动法》（以下简称《劳动法》）于1994年7月5日第八届全国人民代表大会常务委员会第八次会议通过，自1995年1月1日起施行。2018年12月29日，第十三届全国人民代表大会常务委员会第七次会议对《劳动法》进行了第二次修正，自发布之日起施行。它是我国第一部调整劳动关系的基本法。

《劳动法》第2条规定："在中华人民共和国境内的企业、个体经济组织（以下统称用人单位）和与之形成劳动关系的劳动者，适用本法。国家机关、事业组织、社会团体和与之建立劳动合同关系的劳动者，依照本法执行。"

下列人员不适用《劳动法》：公务员和比照实行公务员制度的事业组织和社会团体的工作人员，农村劳动者（乡镇企业职工和进城务工、经商的农民除外）、现役军人、家庭保姆以及在中华人民共和国境内享有外交特权和豁免权的外国人。

三、劳动就业原则

劳动就业问题是直接关系到人民群众的切身利益，关系到社会稳定和经济持续发展的重大问题。对此，《劳动法》规定的就业原则有以下几项。

（一）促进就业原则

《劳动法》第10条明确规定：国家通过促进经济和社会发展，创造就业条件，扩大就业机会。国家鼓励企业、事业组织、社会团体在法律、行政法规规定的范围内兴办产业或者拓展经营，增加就业。国家支持劳动者自愿组织起来就业和从事个体经营实现就业。

（二）平等就业原则

《劳动法》第 12 条明确规定：劳动者就业，不因民族、种族、性别、宗教信仰不同而受歧视。此外，《劳动法》第 13 条规定：妇女享有与男子平等的就业权利。在录用职工时，除国家规定的不适合妇女的工种或者岗位外，不得以性别为由拒绝录用妇女或者提高对妇女的录用标准。

（三）双向选择原则

《劳动法》明确规定：劳动者享有选择职业的权利。用人单位享有用人自主权。即求职者可以根据自身条件、意愿选择用人单位；用人单位也可以根据需要和本单位特点，择优选择求职者。双方在平等自愿、协商一致的基础上，达成选择意向。

（四）照顾特殊群体原则

《劳动法》第 14 条明确规定：残疾人、少数民族人员、退出现役的军人的就业，法律、法规有特别规定的，从其规定。特殊群体，是对谋求职业有困难或处境不利的人员的统称。残疾人、少数民族人员、退出现役的军人，由于各种特殊原因，就业可能会出现一定的困难。为了照顾特殊群体就业，《劳动法》和其他相关法律、法规对此作了特别规定。

（五）禁用童工原则

《劳动法》第 15 条明确规定：禁止用人单位招用未满 16 周岁的未成年人。文艺、体育和特种工艺单位招用未满 16 周岁的未成年人，必须遵守国家有关规定，并保障其接受义务教育的权利。

第二节　劳动者的主要权利

一、工作时间与休息休假制度

（一）工作时间

工作时间又称劳动时间，是指法律规定的劳动者在一昼夜或一周内从事生产或工作的时间。工作时间包括每日工作的小时数和每周工作的天数及小时数。

《劳动法》第 36 条规定：国家实行劳动者每日工作时间不超过 8 小时、平均每周工作时间不超过 44 小时的工时制度。后来国务院又规定从 1995 年 5 月 1 日起，实行职工每周工作 5 天、平均每周工作 40 小时的工时制度。

（二）加班加点

加班，是指劳动者在法定节日或公休假日从事生产或工作。

加点，是指劳动者在正常工作日以外的时间从事生产或工作。

《劳动法》第 41 条规定：用人单位由于生产经营需要，经与工会和劳动者协商后可以延长工作时间，一般每日不得超过 1 小时；因特殊原因需要延长工作时间的，在保障劳动者身体健康的条件下延长工作时间每日不得超过 3 小时，但是每月不得超过 36 小时。

《劳动法》第 42 条规定，有下列情形之一的，延长工作时间不受《劳动法》第 41 条规定的限制：

（1）发生自然灾害、事故或者因其他原因，威胁劳动者生命健康和财产安全，需要紧急处理的；

（2）生产设备、交通运输线路、公共设施发生故障，影响生产和公众利益，必须及时抢修的；

（3）法律、行政法规规定的其他情形。

案例：2018 年 11 月至 2019 年 1 月，小王因负责公司一个项目，经常加班加点工作：有 20 个工作日每天晚上加班 2 小时；有 4 个周六全天加班，且无法安排补休；2019 年 1 月 1 日元旦也没有休息。公司应当如何支付小王加班工资？

分析：根据《劳动法》第 44 条的规定，公司应支付小王的加班工资为：工作日每晚加班：加班费为工资的 150％；周六加班：加班费为工资的 200％；元旦加班：加班费为工资的 300％。

（三）休息休假

休息休假制度，是指劳动者在国家规定的法定工作时间以外，自行支配的时间。休假是休息时间的一部分，它往往是较长休息时间的称谓。

根据《劳动法》和有关行政法规的规定，劳动者依法享有的休息休假时间有以下几种：

（1）公休假日。即每周给予劳动者两天的休息日，包括星期六和星期日。

（2）法定的节假日。即由国家规定的全体人民或部分人民的休假日，包括元旦、春节、国际劳动节、国庆节和法律法规规定的其他休假节日。

（3）年休假。即劳动者连续工作 1 年以上的，享受带薪的一段连续休息日。

（4）探亲假。即劳动者与父母或配偶分居两地，在一定条件下，享有回家与父母或配偶团聚的带薪休假期。

（5）女职工保护休假，即根据女职工的生理特点而规定的休假。

二、工资制度

工资是指用人单位以货币形式直接支付给劳动者的劳动报酬。工资的形式主要有计时工资、计件工资、浮动工资、奖金、津贴和补贴、特殊情况下的工资等。《劳动法》第 47 条规定：用人单位根据本单位的生产经营特点和经济效益，依法自主确定本单位的工资分配方式和工资水平。

《劳动法》第 48 条还规定了最低工资保障制度。最低工资的具体标准由省、自治区、直辖市人民政府规定，报国务院备案。用人单位支付劳动者的工资不得低于当地最低工资标准。所谓最低工资，是指劳动者在法定工作时间内提供了正常劳动的前提下，其所在单位应支付的最低劳动报酬。不包括加班加点、中班、夜班、高温、低温、井下、有毒有害等特殊工作环境下的津贴、社会保险和福利待遇等。最低工资应当以法定货币按时支付。

《劳动法》第 50 条明确规定：工资应当以货币形式按月支付给劳动者本人。不得克扣或者无故拖欠劳动者的工资。《劳动法》第 51 条规定：劳动者在法定休假日和婚丧假期间以及依法参加社会活动期间，用人单位应当依法支付工资。

三、劳动安全卫生制度

劳动安全卫生制度是指国家为了保障劳动者在劳动过程中的安全和健康，改善劳动条件而制定的劳动安全卫生保障制度。劳动安全卫生制度包括：

（一）劳动安全卫生教育制度

《劳动法》第 52 条规定：用人单位必须建立、健全劳动安全卫生制度，严格执行国家劳动安全卫生规程和标准，对劳动者进行劳动安全卫生教育，防止劳动过程中的事故，减少职业危害。按此规定，保障劳动者在生产过程中的安全与健康，是用人单位的一项基本义务。国家所制定的劳动安全卫生制度，用人单位必须严格执行。

（二）劳动安全措施管理制度

《劳动法》第 53 条规定：劳动安全卫生设施必须符合国家规定的标准。新建、改建、扩建工程的劳动安全卫生设施必须与主体工程同时设计、同时施工、同时投入生产和使用。

（三）劳动防护用品的发放与管理制度

《劳动法》第 54 条规定：用人单位必须为劳动者提供符合国家规定的劳动安全卫生条件和必要的劳动防护用品，对从事有职业危害作业的劳动者应当定期进行健康检查。

（四）伤亡事故与职业病统计报告处理制度

《劳动法》第 57 条规定：国家建立伤亡事故和职业病统计报告及处理制度。县级以上各级人民政府劳动行政部门、有关部门和用人单位应当依法对劳动者在劳动过程中发生的伤亡事故和劳动者的职业病状况，进行统计、报告与处理。

四、对特殊主体的劳动保护制度

（一）女职工特殊劳动保护

女职工特殊劳动保护是指由于女职工的生理机能和身体结构与男职工有很大差异，因而有必要对女职工进行特殊保护。这不仅关系到女职工本身的安全和健康，也关系到下一代的健康成长。根据《劳动法》的规定，女职工特殊劳动保护制度有以下内容：

（1）工种保护。《劳动法》第 59 条规定：禁止安排女职工从事矿山井下、国家规定的第四级体力劳动强度的劳动和其他禁忌从事的劳动。

（2）经期保护。《劳动法》第 60 条规定：不得安排女职工在经期从事高处、低温、冷水作业和国家规定的第三级体力劳动强度的劳动。

（3）孕期保护。《劳动法》第 61 条规定：不得安排女职工在怀孕期间从事国家规定的第三级体力劳动强度的劳动和孕期禁忌从事的劳动。对怀孕 7 个月以上的女职工，不得安排其延长工作时间和夜班劳动。

（4）产期保护。于 2012 年 4 月 28 日起施行的《女职工劳动保护特别规定》，将产假期限从原来的 90 天增加至 14 周。

（5）哺乳期保护。《劳动法》第 63 条规定：不得安排女职工在哺乳未满 1 周岁的婴儿期间从事国家规定的第三级体力劳动强度的劳动和哺乳期禁忌从事的其他劳动，不得安排其延长工作时间和夜班劳动。

（二）未成年工特殊劳动保护

未成年工是指年满 16 周岁未满 18 周岁的劳动者。我国对未成年工实行特殊保护，是因为未成年工正处于生长发育阶段，过重的体力劳动和接触有毒有害物质，会直接影响他们的正常发育。《劳动法》确立的未成年工特殊劳动保护制度有以下内容：

（1）工种保护。《劳动法》第 64 条规定：用人单位不得安排未成年工从事矿山井下、有毒有害、国家规定的第四级体力劳动强度的劳动和其他禁忌从事的劳动。

（2）健康检查。《劳动法》第 65 条规定：用人单位应当对未成年工定期进行健康检查。如果发现未成年工有疾病或身体发育异常，应当及时采取治疗措施。

第三节　劳动合同

一、劳动合同的概念与特征

劳动合同是劳动者与用人单位之间确立劳动关系，明确双方权利和义务的协议。建立劳动关系应当订立劳动合同。劳动合同除了具有一般合同的共同特点外，还具有以下特征：

（1）劳动合同主体的特定性。劳动合同的双方当事人只能是劳动者和用人单位。作为劳动合同一方的劳动者包括具有劳动权利能力和劳动行为能力的中国人、外国人和无国籍人；作为劳动合同另一方的用人单位包括具有使用劳动力的权利能力和行为能力的企业、个体经济组织、国家机关、事业组织、社会团体。

（2）劳动合同客体的单一性。劳动合同的客体只能指向劳动者的劳动行为。劳动行为是劳动合同的唯一客体。

（3）劳动合同内容的权利义务统一性。劳动合同是以双方当事人在劳动过程中的权利和义务为主要内容的。没有只享受权利或只履行义务的劳动合同。劳动合同双方当事人的权利、义务是具有统一性和对应性的，即一方的权利是另一方的义务，一方的义务是另一方的权利。

二、劳动合同法

（一）劳动合同法的概念

劳动合同法是调整劳动合同关系，明确劳动合同双方权利和义务的法律规范的总称。《中华人民共和国劳动合同法》（以下简称《劳动合同法》）于 2007 年 6 月 29 日通过，自 2008 年 1 月 1 日起施行，它是我国第一部调整劳动合同关系的专门性法律。该法于 2012 年 12 月 28 日由第十一届全国人大常委会第三十次会议修改，修改后的该法自 2013 年 7 月 1 日起施行。

（二）劳动合同法的适用范围

（1）中华人民共和国境内的企业、个体经济组织、民办非企业单位等组织（以下简称“用人单位”）与劳动者建立劳动关系，订立、履行、变更、解除或者终止劳动合同，适用《劳动合同法》。

（2）国家机关、事业单位、社会团体和与其建立劳动关系的劳动者，订立、履行、变更、解除或者终止劳动合同，依照《劳动合同法》执行。

（3）事业单位与实行聘用制的工作人员订立、履行、变更、解除或者终止劳动合同，法律、行政法规或者国务院另有规定的，依照其规定；未作规定的，依照《劳动合同法》的有关规定执行。

三、劳动合同的订立

（一）劳动合同的订立与生效

用人单位自用工之日起即与劳动者建立劳动关系，并应当订立书面劳动合同。已建立劳动关系，未同时订立书面劳动合同的，应当自用工之日起一个月内订立书面劳动合同。用人单位与劳动者在用工前订立劳动合同的，劳动关系自用工之日起建立。

劳动合同由用人单位与劳动者协商一致，并经用人单位与劳动者在劳动合同文本上签字或者盖章生效。

（二）劳动合同的种类

劳动合同分为固定期限劳动合同、无固定期限劳动合同和以完成一定工作任务为期限的劳动合同。

1. 固定期限劳动合同

固定期限劳动合同，是指用人单位与劳动者约定合同终止时间的劳动合同。

用人单位与劳动者协商一致，可以订立固定期限劳动合同。

2. 无固定期限劳动合同

无固定期限劳动合同，是指用人单位与劳动者约定无确定终止时间的劳动合同。用人单位与劳动者协商一致，可以订立无固定期限劳动合同。有下列情形之一，劳动者提出或者同意续订、订立劳动合同的，除劳动者提出订立固定期限劳动合同外，应当订立无固定期限劳动合同：（1）劳动者在该用人单位连续工作满 10 年的；（2）用人单位初次实行劳动合同制度或者国有企业改制重新订立劳动合同时，劳动者在该用人单位连续工作满 10 年且距法定退休年龄不足 10 年的；（3）连续订立二次固定期限劳动合同，且劳动者没有《劳动合同法》第 39 条和第 40 条第一、二项规定的情形，续订劳动合同的。《劳动合同法》第 39 条规定了由于劳动者的过错，用人单位可以解除合同的情形；第 40 条第一、二项规定了用人单位可提前 30 日书面通知劳动者或额外支付一个月工资后，解除劳动合同的情形。

用人单位自用工之日起满一年不与劳动者订立书面劳动合同的，视为用人单位与劳动者已订立无固定期限劳动合同。

在本章导入案例中，沃尔玛和华为纷纷赶在《劳动合同法》生效之前与员工解除合同或重新签订合同，有规避法律之嫌。

3. 以完成一定工作任务为期限的劳动合同

以完成一定工作任务为期限的劳动合同，是指用人单位与劳动者约定以某项工作的完成为合同期限的劳动合同。用人单位与劳动者协商一致，可以订立以完成一定工作任务为期限的劳动合同。

（三）劳动合同的内容

《劳动合同法》第 17 条规定，劳动合同应当具备以下条款：（1）用人单位的名称、住所和法定代表人或者主要负责人；（2）劳动者的姓名、住址和居民身份证或者其他有效身份证件号码；（3）劳动合同期限；（4）工作内容和工作地点；（5）工作时间和休息休假；（6）劳动报酬；（7）社会保险；（8）劳动保护、劳动条件和职业危害防护；（9）法律、法规规定应当纳入劳动合同的其他事项。

劳动合同除上面规定的必备条款外，用人单位与劳动者可以约定试用期、培训、保守秘密、补充保险和福利待遇等其他事项。在两种情况下，用人单位和劳动者可以约定违约金：一是用人单位为劳动者提供专项培训费用，对其进行专业技术培训的，与劳动者约定了服务期。双方可以约定如劳动者违反服务期约定，应当按照约定向用人单位支付违约金。二是用人单位与劳动者在劳动合同中或保密协议中约定了竞业限制条款，如劳动者违反了竞业限制约定，应按照约定向用人单位支付违约金。

案例：2016 年 5 月，刘某任职于制作导航仪的 A 公司，担任技术副总。由于刘某与 A 公司的董事长关系甚好，刘某与 A 公司未签订任何协议。2019 年 3 月，刘某辞去了 A 公司的工作。2019 年 4 月，A 公司得知刘某去了同行业的 B 公司，职务也是技术副总，负责产品技术研发。不久，A 公司发现，其一些客户流失到了 B 公司，故 A 公司以刘某掌握了 A 公司技术及相关产品信息在 B 公司任职，违反了竞业禁止义务为由，准备起诉刘某。

问题：A 公司如果起诉，能否得到法院支持？

分析：除了公司法规定的公司高级管理人员负有法定的竞业禁止义务外，公司员工离职后的竞业禁止义务属于一项合同约定义务，除非有合法有效的合同明确约定，员工可不负竞业禁止义务。这也是出于对个人择业权与公司利益平衡的考虑。

（四）试用期

试用期是指用人单位和劳动者双方相互了解、确定对方是否符合自己的招聘条件或求职条件而约定的考察期。

1. 试用期的类型

（1）劳动合同期限为 3 个月以上不满 1 年的，试用期不得超过 1 个月；（2）劳动合同期限为 1 年以上不满 3 年的，试用期不得超过 3 个月；（3）3 年以上固定期限和无固定期限的劳动合同，试用期不得超过 6 个月；（4）以完成一定工作任务为期限的劳动合同或者劳动合同期限不满 3 个月的，不得约定试用期。

同一用人单位与同一劳动者只能约定一次试用期。试用期包含在劳动合同期限内。劳动合同仅约定试用期的，试用期不成立，该期限为劳动合同期限。

2. 试用期的限制性

（1）劳动者在试用期的工资不得低于本单位相同岗位最低档工资或者劳动合同约定工资的 80%，并不得低于用人单位所在地的最低工资标准。

（2）在试用期间，除劳动者有不符合录用条件、有违规违纪违法行为、不能胜任工作等情形外，用人单位不得解除劳动合同。用人单位在试用期解除劳动合同的，应当向劳动者说明理由。

（五）劳动合同的无效

劳动合同的无效是指劳动合同因不具备法律规定的有效条件而不能产生法律效力。《劳动合同法》第 26 条规定，下列劳动合同无效或者部分无效：以欺诈、胁迫的手段或者乘人之危，使对方在违背真实意思的情况下订立或者变更劳动合同的；用人单位免除自己的法定责任、排除劳动者权利的；违反法律、行政法规的强制性规定的。劳动合同的效力由劳动争议仲裁机构或者人民法院确认。

四、劳动合同的变更、解除与终止

（一）劳动合同的变更

劳动合同的变更是指劳动合同依法成立后，由于约定条件或者法定事由发生变化，而对合同的内容进行修正或者补充。劳动合同依法订立后，即具有法律约束力，当事人双方必须全面履行合同规定的义务，任何一方不得擅自变更。根据《劳动合同法》的规定，用人单位与劳动者协商一致，可以变更劳动合同约定的内容，包括工作内容、合同期限、劳动条件、劳动报酬等的改变。变更劳动合同，应当采用书面形式。

（二）劳动合同的解除

劳动合同的解除是指劳动合同订立以后、合同期限届满之前，依法终止劳动合同的法律行为。根据《劳动合同法》的规定，劳动合同的解除有以下三种情况：

1. 双方协商解除劳动合同

用人单位与劳动者协商一致，可以解除劳动合同。

2. 劳动者单方解除劳动合同

可分为以下两种情况：

一是一般情况下，劳动者提前 30 日以书面形式提前通知用人单位解除劳动合同。劳动者在试用期内提前 3 日通知用人单位，即可解除劳动合同。

二是用人单位违反法律法规或劳动合同要求的，劳动者可随时解除劳动合同。《劳动合同法》第 38 条规定了如下劳动者可随时解除劳动合同的主要情形：（1）未按照劳动合同约定提供劳动保护或者劳动条件的；（2）未及时足额支付劳动报酬的；（3）未依法为劳动者缴纳社会保险费的；（4）用人单位的规章制度违反法律、法规的规定，损害劳动者权益的；（5）因《劳动合同法》第 26 条第一款规定的情形致使劳动合同无效的；（6）法律、行政法规规定劳动者可以解除劳动合同的其他情形。用人单位以暴力、威胁或者非法限制人身自由的手段强迫劳动者劳动的，或者用人单位违章指挥、强令冒险作业危及劳动者人身安全的，劳动者可以立即解除劳动合同，不需事先告知用人单位。

3. 用人单位单方解除劳动合同

可分为以下三种情况：

第一，过失性辞退。《劳动合同法》第 39 条规定，劳动者有下列情形之一的，用人单位可以解除劳动合同：（1）在试用期间被证明不符合录用条件的；（2）严重违反用人单位的规章制度的；（3）严重失职，营私舞弊，给用人单位造成重大损害的；（4）劳动者同时与其他用人单位建立劳动关系，对完成本单位的工作任务造成严重影响，或者经用人单位提出，拒不改正的；（5）因《劳动合同法》第 26 条第一款第一项规定的情形致使劳动合同无效的；（6）被依法追究刑事责任的。

第二，无过失性辞退。《劳动合同法》第 40 条规定，有下列情形之一的，用人单位提前 30 日以书面形式通知劳动者本人或者额外支付劳动者 1 个月工资后，可以解除劳动合同：（1）劳动者患病或者非因工负伤，在规定的医疗期满后不能从事原工作，也不能从事由用人单位另行安排的工作的；（2）劳动者不能胜任工作，经过培训或者调整工作岗位，仍不能胜任工作的；（3）劳动合同订立时所依据的客观情况发生重大变化，致使劳动合同无法履行，经用人单位与劳动者协商，未能就变更劳动合同内容达成协议的。

第三，经济性裁员。《劳动合同法》第 41 条规定，有下列情形之一，需要裁减人员 20 人以上或者裁减不足 20 人但占企业职工总数 10%以上的，用人单位提前 30 日向工会或者全体职工说明情况，听取工会或者职工的意见后，裁减人员方案经向劳动行政部门报告，可以裁减人员：(1) 依照企业破产法规定进行重整的；(2) 生产经营发生严重困难的；(3) 企业转产、重大技术革新或者经营方式调整，经变更劳动合同后，仍需裁减人员的；(4) 其他因劳动合同订立时所依据的客观经济情况发生重大变化，致使劳动合同无法履行的。

经济性裁员有以下限制：一是用人单位应提前 30 日向工会或者全体职工说明情况，听取工会或者职工的意见后，裁减人员方案经向劳动行政部门报告后方可裁员。二是裁减人员时，应当优先留用下列人员：(1) 与本单位订立较长期限的固定期限劳动合同的；(2) 与本单位订立无固定期限劳动合同的；(3) 家庭无其他就业人员，有需要扶养的老人或者未成年人的。三是用人单位依照规定裁减人员后，在 6 个月内重新招用人员的，应当通知被裁减的人员，并在同等条件下优先招用被裁减的人员。

同时，为了保障劳动者的合法权益，《劳动合同法》还规定了用人单位不得解除劳动合同的情形。《劳动合同法》第 42 条规定，劳动者有下列情形之一的，用人单位不得无过失性辞退劳动者或进行经济性裁员：(1) 从事接触职业病危害作业的劳动者未进行离岗前职业健康检查，或者疑似职业病病人在诊断或者医学观察期间的；(2) 在本单位患职业病或者因工负伤并被确认丧失或者部分丧失劳动能力的；(3) 患病或者非因工负伤，在规定的医疗期内的；(4) 女职工在孕期、产期、哺乳期的；(5) 在本单位连续工作满 15 年，且距法定退休年龄不足 5 年的；(6) 法律、行政法规规定的其他情形。

案例：石某于 2018 年 9 月 2 日到某公司工作，约定合同期一年，但没有签订书面合同。2019 年 1 月 17 日，该公司向石某发出解聘通知，要求其办理离职手续，结算石某当月工资并可补偿半个月的工资。一周后，石某思考再三，认为无法接受，与公司理论要求赔偿时，公司答复可补偿半个月工资，但不赔偿。

分析：《劳动合同法》规定的公司可以单方提出解除劳动合同的情形中，不存在任意解除劳动合同的情况，该公司的行为属于违反《劳动合同法》的行为，应当向石某支付赔偿金。根据《劳动合同法》第 87 条的规定，由于石某工作年限不满半年，赔偿金应为半个月工资的两倍，即 1 个月工资。

（三）劳动合同的终止

《劳动合同法》第 44 条规定，有下列情形之一的，劳动合同终止：

(1) 劳动合同期满的；

(2) 劳动者开始依法享受基本养老保险待遇的；

(3) 劳动者死亡，或者被人民法院宣告死亡或者宣告失踪的；

(4) 用人单位被依法宣告破产的；

(5) 用人单位被吊销营业执照、责令关闭、撤销或者用人单位决定提前解散的；

(6) 法律、行政法规规定的其他情形。

五、集体合同

集体合同是企业的工会组织或职工代表与所在企业以劳动报酬、工作时间、休息休假、劳动安全卫生、保险福利等事项为主要内容而签订的书面协议。集体合同在保护劳动者合法权益，减少劳动纠纷发生，协调、稳定劳动关系，促进社会经济发展方面具有重要作用。

（一）集体合同的特点

（1）集体合同的一方是代表职工利益的工会组织或者职工推举的代表，另一方是企业或事业组织。

（2）集体合同的内容以劳动报酬、工作时间、休息休假、劳动安全卫生、保险福利等事项为主，它主要规定的是企业义务方面的内容。

（3）集体合同一经订立，即适用于企业全体劳动者，对企业全体劳动者和企业、事业组织产生法律约束力。

集体合同不能代替劳动合同，劳动者个人与企业建立劳动关系，必须另订劳动合同。

（二）集体合同的订立

依据《劳动法》第33条和第34条的规定，订立集体合同应当遵循下列程序：

（1）协商拟订草案。这是当事人双方进行初步谈判的过程，即由代表职工利益的工会组织或职工推举的代表与企业在平等自愿的基础上进行充分协商，提出集体合同的主要内容，拟订出集体合同草案。

（2）征求意见。集体合同草案拟订后，应当提交职工代表大会或者全体职工讨论，广泛征求职工意见，并在此基础上对合同内容进行修改、补充，使合同能够全面正确地反映职工的要求。

（3）签订合同。集体合同草案经当事人双方再次协商，经职工代表大会或者全体职工讨论通过后，正式制作合同文书，由工会主席或职工推举的代表和企业法定代表人分别在合同上签字盖章。

（4）报送审查、备案。集体合同签订后应当报送劳动行政部门，劳动行政部门自收到集体合同文本之日起15日内未提出异议的，集体合同即行生效。

六、劳务派遣

案例： A公司主营服装鞋帽外贸产品加工生产。去年由于订单量增加，用工紧张，委托B公司派遣一批人员赶工。B公司为此招募了50名女工派遣到A公司工作，B公司未与这些女工签订劳动合同，口头承诺工作时间2年，每月工资3 000元，每名女工每月需向B公司交纳200元用工费。今年，A公司由于订单量减少，将其中20人另外派遣到C公司工作。

企业单位员工与单位之间除了存在劳动关系外，劳务派遣关系也较常见。劳务派遣关系中存在三方主体：被派遣劳动者、用人单位和用工单位。用人单位也称为劳务派遣单位，与被派遣劳动者订立劳动合同。B公司与50名女工没有签订劳动合同的行为是违法的。劳务派遣单位与用工单位订立劳务派遣协议，约定派遣岗位、人员数量、派遣期限、劳动报酬等事项。

值得注意的是，劳动合同用工是我国的企业基本用工形式。劳务派遣用工是补充形式，只能在临时性、辅助性或者替代性的工作岗位上实施。临时性工作岗位是指存续时间不超过6个月的岗位。在上述案例中，50名女工的劳务派遣时间长达2年，违反了临时性岗位的要求。

被派遣劳动者的主要权利有：

（1）享有与用工单位的劳动者同工同酬的权利；

（2）依法组织或参加工会，维护自身合法权益的权利；

（3）依约或依法解除与劳务派遣单位的劳动合同的权利。

劳务派遣单位的主要义务有：告知被派遣劳动者劳务派遣协议内容；不得克扣被派遣劳动者的劳动报酬。在上述案例中，每名女工每月向B公司交纳200元用工费属于B公司克扣劳动报酬的行为。

用工单位的主要义务有：

（1）向劳动者提供劳动条件和劳动保护。

（2）告知劳动者工作要求和劳动报酬。

（3）提供与工作岗位相关的福利待遇。

（4）用工单位不得将被派遣劳动者再次派遣到其他单位。在上述案例中，A公司将其中20人派遣到C公司的行为违反了该规定。

第四节　社会保险制度

一、社会保险制度的概念与形式

社会保险制度是指国家通过立法设立社会保险基金，使劳动者在暂时或永久丧失劳动能力以及失业时获得物质帮助和补偿的社会保障制度。这一制度对于保障社会的稳定，解除劳动者的后顾之忧，促进社会主义市场经济体制的发展有着极为重要的意义。我国实行基本社会保险、单位补充保险、个人储蓄保险的多层次社会保险制度。

（1）基本社会保险，是指国家立法强制实施的保证劳动者基本生活需要的保险制度。它的适用范围广，项目缴费标准和待遇标准都是统一的且强制程度高。

（2）单位补充保险，是指用人单位根据自己的经济条件为劳动者投保高于社会保险标准的补充保险。它是第二个层次的保险，以用人单位具有经济承受能力为前提条件，是自愿投保。

(3) 个人储蓄保险，是指劳动者根据个人的经济能力，以储蓄的形式参加社会保险。它是第三个层次的保险。由劳动者根据自己的意愿决定是否投保。

二、社会保险与商业保险的区别

社会保险虽然与商业保险在形式上有某些相似之处，但社会保险有着根本不同于商业保险的特点：

(1) 保险性质不同。社会保险属于政策性保险，商业保险则是等价交换的买卖行为。

(2) 保险对象不同。社会保险的对象是与用人单位建立劳动关系的薪金劳动者；而商业保险的对象是一切自愿投保的社会成员。

(3) 实施方式不同。社会保险属于国家强制性保险制度，其保险当事人不得自行确定是否参加保险、选择保险项目以及选择缴费标准；而商业保险是任意性保险制度，其保险当事人可以根据自愿原则决定是否参加商业保险的投保。

(4) 缴费主体不同。社会保险费用的缴纳，一般由劳动者、用人单位和政府三方共同负担，并且相当部分是由国家负担；而商业保险费完全由被保险人缴纳。

(5) 保障水平不同。社会保险的保障水平是根据基本生活需要原则和物质帮助原则确立的，通常在一般水平以下；商业保险的保障水平一般比社会保险的保障水平高。

(6) 保险目的不同。社会保险旨在保障劳动者由于年老、患病、伤残、生育等原因丧失劳动能力或失业中断劳动时，从社会获得必要的帮助和补偿，它不以营利为目的；而商业保险是保险公司经营的一种金融活动，以营利为目的。

(7) 保险功能不同。社会保险的主要功能在于保障劳动者在丧失劳动能力和失业时，从国家和社会获得必要的物质帮助，通过国民收入的再分配，保障劳动者的基本生活，以维护社会安定；而商业保险的功能主要在于当被保险人遭受保险事故时，给予一定的经济补偿以减轻其损失，这种补偿只是意味着保险方与被保险方之间金融活动的结算，是一种纯粹的商业行为。

三、社会保险法

社会保险法是规范社会保险关系的法律规范的总称。《中华人民共和国社会保险法》(以下简称《社会保险法》) 是我国第一部调整社会保险关系的专门法律。该法于 2010 年 10 月 28 日由第十一届全国人民代表大会常务委员会第十七次会议通过，自 2011 年 7 月 1 日起正式施行。2018 年 12 月 29 日，第十三届全国人民代表大会常务委员会第七次会议修订并通过了《社会保险法》，新法自公布之日起施行。该法涵盖了基本养老保险、基本医疗保险、工伤保险、失业保险和生育保险五大社会保险。

社会保险制度对于保障社会的稳定、解除劳动者的后顾之忧、促进社会主义市场经济体制的发展有着极为重要的意义。我国的社会保险制度实行基本社会保险、单位补充保险、个人储蓄保险的多层次社会保险制度。根据新法规定，除基本医疗保险基金与生育保险基金合并建账及核算外，其他各项社会保险基金按照社会保险险种分别建账，分账核算，执行国家统一的会计制度。

四、基本养老保险制度

（一）养老保险概述

所谓养老保险，是指劳动者在因年老或病残而丧失劳动能力的情况下，从国家和社会获得物质帮助，以满足其老年生活需要的一项社会保险制度。

《社会保险法》规定的基本养老保险制度涵盖了职工基本养老保险制度、城镇居民社会养老保险制度和新型农村社会养老保险制度。公务员养老保险不属于《社会保险法》的调整范围，由国务院另行规定。

（二）职工基本养老保险制度

1. 覆盖范围

职工基本养老保险覆盖的范围包括：（1）企业职工；（2）无雇工的个体工商户、未在用人单位参加基本养老保险的非全日制从业人员和灵活就业人员。

2. 费用的缴纳

基本养老保险实行社会统筹与个人账户相结合。基本养老保险基金由用人单位和个人缴费以及政府补贴等组成。

企业职工应当参加基本养老保险，由用人单位和职工共同缴纳基本养老保险费。用人单位应当按照国家规定的本单位职工工资总额的比例缴纳基本养老保险费，记入基本养老保险统筹基金。职工应当按照国家规定的本人工资的比例缴纳基本养老保险费，记入个人账户。

无雇工的个体工商户、未在用人单位参加基本养老保险的非全日制从业人员以及其他灵活就业人员可以参加基本养老保险，按照国家规定由个人缴纳基本养老保险费，分别记入基本养老保险统筹基金和个人账户。

3. 基本养老金的领取

基本养老金根据个人累计缴费年限、缴费工资、当地职工平均工资、个人账户金额、城镇人口平均预期寿命等因素确定。国家将适时调整养老保险待遇水平。

参加基本养老保险的个人，达到法定退休年龄时累计缴费满十五年的，按月领取基本养老金。参加基本养老保险的个人，达到法定退休年龄时累计缴费不足十五年的，可以缴费至满十五年，按月领取基本养老金；也可以转入新型农村社会养老保险或者城镇居民社会养老保险，按照国务院规定享受相应的养老保险待遇。

参加基本养老保险的个人，因病或者非因工死亡的，其遗属可以领取丧葬补助金和抚恤金；在未达到法定退休年龄时因病或者非因工致残完全丧失劳动能力的，可以领取病残津贴。

4. 个人跨区域就业的特殊情况

个人跨统筹地区就业的，其基本养老保险关系随本人转移，缴费年限累计计算。个人达到法定退休年龄时，基本养老金分段计算、统一支付。

（三）新型农村社会养老保险制度

新型农村社会养老保险之所以被称为新农保，是相对于以前各地开展的农村养老保险而言的。《社会保险法》明确了新型农村社会养老保险实行个人缴费、集体补助和政府补贴相结合，是对旧的农村养老保险制度的最大变革。

（四）城镇居民社会养老保险制度

《社会保险法》对城镇居民社会养老保险没有作出具体规定，仅提出要建立和完善城镇居民社会养老保险制度。国务院于 2014 年 2 月 21 日发布《国务院关于建立统一的城乡居民基本养老保险制度的意见》，该意见是在总结新型农村社会养老保险和城镇居民社会养老保险试点经验的基础上，将新农保和城居保两项制度合并实施，在全国范围内建立统一的城乡居民基本养老保险制度。该意见指出，城乡居民养老保险基金由个人缴费、集体补助、政府补贴构成。并且国家为每个参保人员建立终身记录的养老保险个人账户，个人缴费、地方人民政府对参保人的缴费补贴、集体补助及其他社会经济组织、公益慈善组织、个人对参保人的缴费资助，全部记入个人账户。个人账户储存额按国家规定计息。参保范围是年满 16 周岁（不含在校学生）、非国家机关和事业单位工作人员及不属于职工基本养老保险制度覆盖范围的城乡居民。

（五）《基本养老保险基金投资管理办法》

国务院于 2015 年 8 月 17 日发布《国务院关于印发基本养老保险基金投资管理办法的通知》，自印发之日起实施《基本养老保险基金投资管理办法》。该办法明确：养老基金实行中央集中运营、市场化投资运作，由省级政府将各地可投资的养老基金归集到省级社会保障专户，统一委托给国务院授权的养老基金管理机构进行投资运营。基金投资运营采取多元化方式，通过组合方案多元配置资产，保持合理投资结构。目前只在境内投资；严格控制投资产品种类，主要是比较成熟的投资品种；合理确定各类投资品种的投资比例，股票等权益类产品合计不得超过资产净值的 30%；国家对养老基金投资运营给予专门政策扶持，通过参建国家重大工程和重大项目、参股国有重点企业改制、上市等方式，保证养老基金投资获取长期稳定的收益。

该办法不仅有利于增强制度的吸引力，调动参保积极性，扩大覆盖面；更有利于拓宽基金来源，增强养老基金的支撑能力，促进制度可持续发展。

五、基本医疗保险制度

（一）概念

医疗保险，是保障劳动者及其供养亲属因工病伤后从国家和社会获得医疗帮助的一项社会保险制度。

《社会保险法》规定的基本医疗保险制度包括城镇职工基本医疗保险制度、城镇居民基本医疗保险制度、新型农村合作医疗保险制度。

（二）城镇职工基本医疗保险制度

1. 覆盖范围

城镇职工基本医疗保险制度覆盖的范围包括：（1）企业职工；（2）无雇工的个体工商户、未在用人单位参加职工基本医疗保险的非全日制从业人员和灵活就业人员。

2. 费用缴纳

城镇职工基本医疗保险由用人单位和职工按照国家的规定共同缴纳基本医疗保险费，建立医疗保险基金。

参加职工基本医疗保险的个人，达到法定退休年龄时累计缴费达到国家规定年限的，退休后不再缴纳基本医疗保险费，按照国家的规定享受基本医疗保险待遇；未达到国家规定年限的，可以缴费至国家规定年限。

3. 费用的支付和结算

符合基本医疗保险药品目录、诊疗项目、医疗服务设施标准以及急诊、抢救的医疗费用，按照国家规定从基本医疗保险基金中支付，由社会保险经办机构与医疗机构、药品经营单位直接结算。

下列医疗费用不纳入基本医疗保险基金支付范围：

（1）应当从工伤保险基金中支付的；

（2）应当由第三人负担的；

（3）应当由公共卫生负担的；

（4）在境外就医的。

医疗费用依法应当由第三人负担，第三人不支付或者无法确定第三人的，由基本医疗保险基金先行支付。基本医疗保险基金先行支付后，有权向第三人追偿。

（三）城镇居民基本医疗保险制度

《社会保险法》规定，国家建立和完善城镇居民基本医疗保险制度。城镇居民基本医疗保险实行个人缴费和政府补贴相结合。享受最低生活保障的人、丧失劳动能力的残疾人、低收入家庭60周岁以上的老年人和未成年人等所需个人缴费部分，由政府给予补贴。

2007年国务院发布的《国务院关于开展城镇居民基本医疗保险试点的指导意见》中的规定更为具体。

城镇居民基本医疗保险制度试点的参保范围是：不属于城镇职工基本医疗保险制度覆盖范围的中小学阶段的学生（包括职业高中、中专、技校学生）、少年儿童和其他非从业城镇居民都可自愿参加城镇居民基本医疗保险。

城镇居民基本医疗保险以家庭缴费为主，政府给予适当补助。参保居民按规定缴纳基本医疗保险费，享受相应的医疗保险待遇，有条件的用人单位可以对职工家属参保缴费给予补助。国家对个人缴费和单位补助资金制定税收鼓励政策。

城镇居民基本医疗保险基金重点用于参保居民的住院和门诊大病医疗支出，有条件的地区可以逐步试行门诊医疗费用统筹。

2016年1月3日国务院发布《国务院关于整合城乡居民基本医疗保险制度的意见》，本着“统筹规划、协调发展”“立足基本、保障公平”“因地制宜、有序推进”“创新机制、提升效能”的基本原则，其核心是做到医疗保险管理与实施的统一与合理。

(四) 新型农村合作医疗保险制度

新型农村合作医疗保险制度是由政府组织、引导、支持，农民自愿参加，个人、集体和政府多方筹资，以大病统筹为主的农民医疗互助共济制度。

建立新型农村合作医疗保险制度要遵循以下原则：

(1) 自愿参加，多方筹资。农民以家庭为单位自愿参加新型农村合作医疗，遵守有关规章制度，按时足额缴纳合作医疗经费；乡（镇）、村集体要给予资金扶持；中央和地方各级财政每年要安排一定专项资金予以支持。

(2) 以收定支，保障适度。新型农村合作医疗保险制度要坚持以收定支、收支平衡的原则，既保证这项制度持续有效运行，又使农民能够享有最基本的医疗服务。

(3) 先行试点，逐步推广。建立新型农村合作医疗保险制度必须从实际出发，通过试点总结经验，不断完善，稳步发展。要随着农村社会经济的发展和农民收入的增加，逐步提高新型农村合作医疗保险制度的社会化程度和抗风险能力。

《关于做好 2017 年新型农村合作医疗工作的通知》规定：2017 年，各级财政对新农合的人均补助标准在 2016 年的基础上提高 30 元，达到 450 元。其中：中央财政对新增部分按照西部地区 80%、中部地区 60%的比例进行补助，对东部地区各省份分别按一定比例补助。农民个人缴费标准在 2016 年的基础上提高 30 元，原则上全国平均达到 180 元左右。巩固提高新农合保障水平，将政策范围内门诊和住院费用报销比例分别稳定在 50%和 75%左右，逐步缩小政策报销比和实际报销比之间的差距。

农村合作医疗基金是由农民自愿缴纳、集体扶持、政府资助的民办公助社会性资金，要按照以收定支、收支平衡和公开、公平、公正的原则进行管理，必须专款专用，专户储存，不得挤占挪用。

六、工伤保险制度

(一) 概述

1. 概念

工伤保险，是指对在工作中或者特殊情况下遭受意外伤害或患职业病导致暂时或永久丧失劳动能力甚至死亡的劳动者或其遗属给予经济赔偿和物质帮助的一项社会保险制度。

2. 覆盖范围

根据《工伤保险条例》的规定，工伤保险的适用范围包括中华人民共和国境内的企业、事业单位、社会团体、民办非企业单位、基金会、律师事务所、会计师事务所等组织和有雇工的个体工商户。

公务员和参照公务员法管理的事业单位、社会团体的工作人员因工作遭受事故伤害或者患职业病的，由所在单位支付费用。具体办法由国务院社会保险行政部门会同国务院财政部门规定。

（二）费用的缴纳

1. 缴费主体

职工应当参加工伤保险，由用人单位缴纳工伤保险费，职工不缴纳工伤保险费。

2. 费率的确定

工伤保险的费率涉及行业的差别费率、行业内费率、用人单位缴费费率三个层次。国家根据不同行业的工伤风险程度确定行业的差别费率，并根据使用工伤保险基金、工伤发生率等情况在每个行业内确定费率档次。行业差别费率和行业内费率档次由国务院社会保险行政部门制定，报国务院批准后公布施行。社会保险经办机构根据用人单位使用工伤保险基金、工伤发生率和所属行业费率档次等情况，确定用人单位缴费费率。

3. 费用的确定

用人单位应当按照本单位职工工资总额，根据社会保险经办机构确定的费率缴纳工伤保险费。

（三）工伤保险待遇

职工因工作原因受到事故伤害或者患职业病，且经工伤认定的，享受工伤保险待遇；其中，经劳动能力鉴定丧失劳动能力的，享受伤残待遇。

1. 工伤认定与劳动能力鉴定

职工有下列情形之一的，应当认定为工伤：在工作时间和工作场所内，因工作原因受到事故伤害的；工作时间前后在工作场所内，从事与工作有关的预备性或者收尾性工作受到事故伤害的；在工作时间和工作场所内，因履行工作职责受到暴力等意外伤害的；患职业病的；因工外出期间，由于工作原因受到伤害或者发生事故下落不明的；在上下班途中，受到非本人主要责任的交通事故或者城市轨道交通、客运轮渡、火车事故伤害的；法律、行政法规规定应当认定为工伤的其他情形。

职工有下列情形之一的，视同工伤：在工作时间和工作岗位，突发疾病死亡或者在48小时之内经抢救无效死亡的；在抢险救灾等维护国家利益、公共利益活动中受到伤害的；职工原在军队服役，因战、因公负伤致残，已取得革命伤残军人证，到用人单位后旧伤复发的。

职工因下列情形之一导致本人在工作中伤亡的，不认定为工伤：故意犯罪；醉酒或者吸毒；自残或者自杀；法律、行政法规规定的其他情形。

劳动能力鉴定是指劳动功能障碍程度和生活自理障碍程度的等级鉴定。劳动功能障碍分为十个伤残等级，最重的为一级，最轻的为十级。生活自理障碍分为三个等级：生活完全不能自理、生活大部分不能自理和生活部分不能自理。劳动能力鉴定标准由国务院社会保险行政部门会同国务院卫生行政部门等部门制定。

2. 费用的支付

因工伤发生的下列费用，按照国家规定从工伤保险基金中支付：治疗工伤的医疗费用和康复费用；住院伙食补助费；到统筹地区以外就医的交通食宿费；安装配置伤残辅助器具所需费用；生活不能自理的，经劳动能力鉴定委员会确认的生活护理费；一次性伤残补助金和一至四级伤残职工按月领取的伤残津贴；终止或者解除劳动合同时，应当享受的一次性医疗补助金；因工死亡的，其遗属领取的丧葬补助金、供养亲属抚恤金和因工死亡补助金；劳动能力鉴定费。

因工伤发生的下列费用，按照国家规定由用人单位支付：治疗工伤期间的工资福利；五级、六级伤残职工按月领取的伤残津贴；终止或者解除劳动合同时，应当享受的一次性伤残就业补助金。

工伤职工符合领取基本养老金条件的，停发伤残津贴，享受基本养老保险待遇。基本养老保险待遇低于伤残津贴的，从工伤保险基金中补足差额。

工伤职工有下列情形之一的，停止享受工伤保险待遇：丧失享受待遇条件的；拒不接受劳动能力鉴定的；拒绝治疗的。

3. 垫付与追偿

职工所在用人单位未依法缴纳工伤保险费，发生工伤事故的，由用人单位支付工伤保险待遇。用人单位不支付的，从工伤保险基金中先行支付，该费用由用人单位偿还。用人单位不偿还的，社会保险经办机构可以向用人单位追偿。

由于第三人的原因造成工伤，第三人不支付工伤医疗费用或者无法确定第三人的，由工伤保险基金先行支付。工伤保险基金先行支付后，有权向第三人追偿。

七、失业保险制度

（一）概述

1. 概念

失业保险，指劳动者在失业期间，由国家和社会给予一定的物质帮助，以保障其基本生活并促进其再就业的一项社会保险制度。

2. 覆盖范围

失业保险保障的是在劳动年龄，具有劳动能力，可以工作，并且正在采取各种方式寻找工作，但又暂时没有工作的劳动者。

失业保险覆盖的范围包括城镇事业单位、国有企业、城镇集体企业、外商投资企业、城镇私营企业以及其他城镇企业职工。

（二）费用的缴纳

职工应当参加失业保险，由用人单位和职工按照国家的规定共同缴纳失业保险费。

（三）失业保险待遇

失业人员符合下列条件的，从失业保险基金中领取失业保险金：失业前用人单位和本人已经缴纳失业保险费满一年的；非因本人意愿中断就业的；已经进行失业登记，并有求职要求的。

失业人员失业前用人单位和本人累计缴费满 1 年不足 5 年的，领取失业保险金的期限最长为 12 个月；累计缴费满 5 年不足 10 年的，领取失业保险金的期限最长为 18 个月；累计缴费 10 年以上的，领取失业保险金的期限最长为 24 个月。重新就业后，再次失业的，缴费时间重新计算，领取失业保险金的期限与前次失业应当领取而尚未领取的失业保险金的期限合并计算，最长不超过 24 个月。

失业人员在领取失业保险金期间死亡的，参照当地对在职职工死亡的规定，向其遗属发给一次性丧葬补助金和抚恤金。所需资金从失业保险基金中支付。个人死亡同时符合领取基本养老保险丧葬补助金、工伤保险丧葬补助金和失业保险丧葬补助金条件的，其遗属只能选择领取其中的一项。

八、生育保险制度

（一）生育保险的概念

生育保险，是指对生育女职工给予医疗、休息等方面物质帮助和补偿的一项社会保险制度。

生育保险具有以下特点：

（1）享受生育保险的对象主要是女职工，已参保的男职工也可按规定享受看护假期。

（2）无论女职工的妊娠结果如何，均可以按照规定得到补偿。

（3）生育期间的医疗服务主要以保健、咨询、检查为主，与医疗保险提供的医疗服务以治疗为主有所不同。

（4）产假有固定要求。产假要根据生育期安排，分产前和产后。产前假期不能提前或推迟使用。产假也必须在生育期间享受，不能积攒到其他时间享用。各国规定的产假期限不同。

（5）有一定的福利色彩。生育期间的经济补偿高于养老、医疗等保险。生育保险提供的生育津贴，一般为生育女职工的原工资水平，也高于其他保险项目。另外，在我国职工个人不缴纳生育保险费，而是由参保单位按照其工资总额的一定比例缴纳。

（二）生育保险待遇

生育保险费用由用人单位缴纳。

生育保险待遇包括生育医疗费用和生育津贴。用人单位已经缴纳生育保险费的，其职工享受生育保险待遇；职工未就业配偶按照国家规定享受生育医疗费用待遇。所需资金从生育保险基金中支付。

生育医疗费用包括下列各项：生育的医疗费用；计划生育的医疗费用；法律、法规规定的其他项目费用。

职工有下列情形之一的，可以按照国家规定享受生育津贴：女职工生育享受产假；享受计划生育手术休假；法律、法规规定的其他情形。（津贴的数额＝职工所在用人单位上年度职工月平均工资/30 天×假期天数。）

第五节 劳动争议的处理方法

一、劳动争议的概念

劳动争议亦称劳动纠纷，是指劳动者与用人单位之间因劳动问题而发生的纠纷。

劳动争议按照不同的标准，可以有以下三种分类：

（1）个人劳动争议和集体劳动争议。这是根据劳动者人数进行的分类。个人劳动争议是指单个劳动者与用人单位之间发生的劳动争议。集体劳动争议是指与用人单位发生劳动争议的劳动者一方为 3 人以上，并有共同理由的劳动争议。

（2）劳动合同争议和集体合同争议。这是根据合同类型所作的分类。劳动合同争议是指确认劳动合同效力和履行劳动合同发生的争议。集体合同争议是指因订立、履行集体合同所发生的争议。

（3）从争议的内容角度，劳动争议可以分为因履行劳动合同发生的争议、因履行集体合同发生的争议、因工作时间和休息休假发生的争议、因工资发生的争议、因职业培训发生的争议、因社会保险和福利发生的争议、因企业处分职工发生的争议、因职工辞职发生的争议等。

二、劳动争议处理方式

《劳动法》第 77 条规定：用人单位与劳动者发生劳动争议，当事人可以依法申请调解、仲裁、提起诉讼，也可以协商解决。按此规定，劳动争议的处理方式有四种：

一是协商。这是指劳动者与用人单位发生劳动争议后，首先要由双方当事人直接进行协商。但是，协商不是处理劳动争议的必经程序。

二是调解。这是指劳动者与用人单位发生劳动争议后，向本单位的调解委员会或者法律规定的其他调解组织申请调解。若当事人没有提出调解，本单位的调解委员会也可以在征得双方当事人同意后主动调解。但调解不是处理劳动争议的必经程序。调解程序由当事人自愿选择，且调解协议不具有强制执行力，如果一方反悔，可向仲裁机构申请仲裁。

三是仲裁。仲裁是处理劳动争议的必经程序。不经仲裁的劳动争议，人民法院不予受理。当事人在调解未达成协议时，可以向劳动争议仲裁委员会申请仲裁。其基本步骤分为：当事人申请；劳动争议仲裁委员会受理；案件审理。

四是诉讼。这是指劳动争议当事人对仲裁裁决不服的，可以自收到仲裁裁决书之日起 15 日内向人民法院提起诉讼，由人民法院按照司法程序对劳动者与用人单位之间的劳动争议进行审理并作出判决。一方当事人在法定期限内不起诉，又不履行仲裁裁决的，另一方当事人可以申请人民法院强制执行。

三、劳动争议处理机构

（一）劳动争议调解委员会

《劳动法》规定：在用人单位内，可以设立劳动争议调解委员会。《企业劳动争议协商调解规定》（人力资源和社会保障部令第 17 号，自 2012 年 1 月 1 日起施行）规定：大中型企业应当依法设立调解委员会；小微型企业既可以设立调解委员会，也可以由劳动者和企业共同推举人员，开展调解工作。调解委员会由劳动者代表和企业代表组成，人数由双方协商确定，双方人数应当对等。劳动者代表由工会委员会成员担任或者由全体劳动者推举产生，企业代表由企业负责人指定。调解委员会主任由工会委员会成员或者双方推举的人员担任。调解员由调解委员会聘任的本企业工作人员担任。调解委员会根据案件情况指定调解员或者调解小组进行调解，在征得当事人同意后，也可以邀请有关单位和个人协助调解。

（二）劳动争议仲裁委员会

《劳动法》规定：劳动争议仲裁委员会由劳动行政部门代表、同级工会代表、用人单位方面的代表组成。仲裁委员会的组成人数必须是单数。仲裁委员会主任由劳动行政部门代表担任。仲裁委员会处理劳动争议，实行仲裁员、仲裁庭制度。仲裁员资格经过省级以上的劳动行政主管部门考核认定，包括专职和兼职仲裁员。仲裁庭由 1 名首席仲裁员、2 名仲裁员组成。仲裁庭在仲裁委员会的领导下处理劳动争议案件，实行一案一庭制。

（三）人民法院

人民法院是行使审判权的审判机关。劳动争议案件由人民法院的民事审判庭审理。

复习与思考

1. 劳动法的基本原则。
2. 劳动者的主要权利有哪些？
3. 劳动合同应当具备哪些条款？
4. 劳动合同的试用期制度。
5. 劳动合同无效的情形。
6. 劳动争议处理方式有哪些？

第十五章 税法与价格法

本章要点

1. 税法的概念及构成要素
2. 增值税的概念及内容
3. 企业所得税的概念及内容
4. 个人所得税的概念及内容
5. 政府指导价和政府定价的商品和服务范围
6. 政府指导价和政府定价的依据

导入案例

依法纳税是每个公民应尽的义务，纳税是每个人生活中必然遇到的问题。以房屋为例，就涉及房产税、空房税、房产增值税等，房屋出租，又可能涉及个人所得税、房屋租赁税等，具体需要缴纳的税种根据各个省市的规定又有所不同。据悉，在广东省，个人出租房屋取得收入，涉及八种税（费）的缴纳，分别是营业税（营改增之前）、城建税、教育费附加、地方教育附加（自 2011 年 11 月 1 日起全省征收）、房产税、个人所得税、印花税、城镇土地使用税。近日，广东省对这几种税（费）的征收做了调整，其中，因前六类税种均以月租金收入作为计税依据，所以税务部门将这六类税的税率叠加合并为“综合征收率”。而印花税、城镇土地使用税因计税标准不同未被纳入“综合征收率”。

第一节 税 法

一、税法概述

（一）税收的概念及其特征

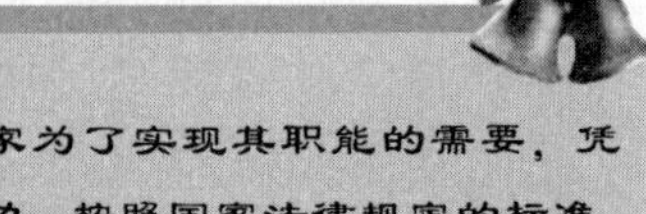

税收是国家为了实现其职能的需要，凭借政治权力，按照国家法律规定的标准，强制地、无偿地取得财政收入的一种分配关系。

税收的基本特征是：

（1）强制性。即国家依据法律强制地征收税赋。任何单位和个人，只要是税法规定应该纳税的主体，都必须无条件地按时足额地缴纳税款，履行纳税义务，否则就要受到法律的制裁。税收的强制性是国家无偿取得财政收入的可靠保证。

（2）无偿性。税收是将征收的税款归国家所有，不再偿还给各纳税人，也无任何代价进行交换，是一种无偿取得。

（3）固定性。税收的固定性是强制性和无偿性的必然要求。税收的固定性是指国家运用法律的形式，将每种税的征税对象、纳税主体、税率、纳税期限等预先确定下来，在一定时期内要求国家税务机关及纳税人共同遵守，以确保国家财政收入的稳定。

（二）税法的概念与构成要素

1. 税法的概念

税法是调整国家与纳税人之间征收与缴纳税款的权利义务关系的法律规范的总称。

我国现行的税法由调整不同税种的法律法规组成，主要有《中华人民共和国增值税暂行条例》（以下简称《增值税暂行条例》）、《中华人民共和国企业所得税法》（以下简称《企业所得税法》）、《中华人民共和国个人所得税法》（以下简称《个人所得税法》）以及外资企业所得税法等。

2. 税法的构成要素

（1）纳税主体。又称纳税人或纳税义务人，是指税法规定的直接负有纳税义务的社会组织和个人。

（2）纳税客体。又称征税对象，具体确定对什么征税，是指纳税主体所指向的对象，也是征税的直接依据。如流转税的征税对象是商品销售额或服务性行业的业务额。

（3）税种、税目。税种即税收的种类，是指征收什么税；税目是指各种税中具体规定的应纳税的项目，是征税对象的具体化，反映征税的范围和广度。

（4）税率。是指纳税额与征税对象数额的比例。它是计算应纳税额的主要尺度，是税法中的核心要素。税率的高低直接体现出税收的经济杠杆作用。我国现行税法分别采用比例税率、累进税率和定额税率三种。

比例税率，即对同一征税对象或同一税目，不论其数额大小，都实行同一比例的税率。

比例税率，通常适用于流转税。

累进税率，即按照征税对象数额的大小规定不同等级的税率，征税对象数额越大，税率越高。

累进税率又可分为全额累进税率、超额累进税率和超率累进税率。全额累进税率是把征税对象的数额分为若干等级并确定不同等级的税率，征税对象的等级达到哪一级，就按哪一级的税率征税的税率。超额累进税率是对征税对象的不同等级部分同时适用相应的税率，每一次计算仅以征税对象数额超过前级的部分作为计算基数，然后将计算结果相加得出应纳税款数额的税率。超率累进税率是对纳税人的全部利润，按不同的销售利润率划分为若干等级，分别适用不同的税率计算征收的一种累进税率。现行的土地增值税就采用超率累进税率计算征收税款。

定额税率，也称固定税率，是按照征税对象的计量单位直接规定应纳税额的税率形式。

采用定额税率征税的最大优点是计算简便，适用于从量计征的税种。

（5）纳税环节。指应税商品在整个流转过程中，税法规定应当缴纳税款的环节。一般商品从生产到消费往往需要经过许多环节，在税收上只选择其中一个环节，规定为其缴纳税款的环节，如工业商品应在工业销售环节和商品批发、零售环节缴纳增值税。

（6）纳税期限。指税法规定缴纳税款的具体期限。纳税期限大致分为按期纳税和按次纳税两种。

（7）减税和免税。减税就是减征部分税额；免税就是免征全部应税税额。减免税是对特定的纳税人或征税对象给予鼓励和照顾，减轻或免除其税收负担的一种优惠措施。减免税的内容涉及起征点和免征额。起征点就是征税对象达到征税数额开始征税的界限，没有达到起征点的，就其全部数额免征税。免征额就是在征税对象总额中免于征税的数额。

（8）法律责任。指纳税人违反税法的行为应当受到的惩罚。违反税法的法律责任，主要有责令纳税人限期缴纳税款、加收滞纳金、处以罚款、税收保全措施和税收强制执行等行政责任，情节严重构成犯罪的，依法追究刑事责任。

二、我国现行的主要税种

（一）增值税

1. 增值税的概念

所谓新增价值是指工业企业在一定时期内的销售收入额，扣除同期已经消耗的外购原材料、燃料、动力以及计入产品销售价格的包装物金额后的数额。

2. 增值税的内容

增值税是以商品生产和流通中各环节的新增价值或商品附加值为征税对象的一种流转税。

根据2017年新修订的《增值税暂行条例》的规定，增值税的主要内容包括：

（1）纳税主体。在中国境内销售货物或者加工、修理修配劳务，销售服务、无形资产、不动产以及进口货物的单位和个人，通常为增值税的一般纳税人。年应征税销售额小于规定标准且会计核算制度不健全的纳税人，称为小规模纳税人。2018年4月4日发布的《财政部 税务总局关于统一增值税小规模纳税人标准的通知》（财税［2018］33号）规定：增值税小规模纳税人标准为年应征增值税销售额500万元及以下。

（2）税率。我国增值税实行的是等级比例税率。自2019年4月1日起，我国实行以下四档增值税税率：

1）税率13%，适用于绝大多数货物、应税劳务、有形动产租赁服务或者进口货物。

2）税率9%，适用于销售交通运输、邮政、基础电信、建筑、不动产租赁服务，销售不动产，转让土地使用权，销售或者进口下列货物，其中进口货物分为三大类货物：一是粮食、食用植物油、食用盐、自来水、暖气、冷气等人民生活必需品；二是图书、报纸、杂志、音像制品电子出版物；三是饲料、化肥、农药等农业生产资料。

3）税率6%，适用于销售服务、无形资产，另有规定的除外。

4）零税率，适用于纳税人出口货物，但是国务院另有规定的除外，以及境内单位和个人跨境销售国务院规定范围内的服务、无形资产。

此外，由于小规模纳税人经营规模小，且会计核算不健全，《增值税暂行条例》规定其按照以销售额和征收率计算应纳税额的简易办法，即按3%的征收率计算应纳税额，并不得抵扣进项税额。

（二）营业税

营业税属于流转税的一种，是指“营改增”前在我国境内提供应税劳务、转让无形资产和销售不动产的单位和个人需要依法按税率交纳的税。营业税按照行业规定了固定税率，比如交通运输业为3%，金融保险业为5%，娱乐休闲业为20%等。营业税应纳税额=营业额×税率。

随着服务业日益发达，由于增值税、营业税并行的税制一方面存在重复征税情况，另一方面也由于服务和产品往往被捆绑销售，无法明确区分增值税、营业税征收范围而造成征收困难，为了解决上述矛盾，2011年，经国务院批准，财政部、国家税务总局开始在部分省市、部分行业联合下发营业税改征增值税试点方案。营业税改增值税（以下简称“营改增”）是指以前缴纳营业税的应税项目改成缴纳增值税，增值税只对产品或者服务的增值部分纳税，减少重复纳税的环节，完善税收体制。此后，试点范围进一步扩大：自2012年1月1日起，在上海交通运输业和部分现代服务业开展营业税改征增值税试点；自2012年8月1日起，国务院将营改增试点扩大至8省市；2013年8月1日，营改增范围已推广到全国试行，将广播影视服务业纳入试点范围；自2014年1月1日起，将铁路运输和邮政服务业纳入营改增试点，至此，交通运输业已全部纳入营改增范围；2016 年 3 月 18 日召开的国务院常务会议决定，自 2016 年 5 月 1 日起，中国将全面推开营改增试点，将建筑业、房地产业、金融业、生活服务业全部纳入营改增试点。2016 年 3 月 23 日，财政部、国家税务总局向社会公布了《营业税改征增值税试点实施办法》《营业税改征增值税试点有关事项的规定》《营业税改征增值税试点过渡政策的规定》《跨境应税行为适用增值税零税率和免税政策的规定》。至此，缴纳营业税全部改为缴纳增值税，营业税退出历史舞台，增值税制度将更加规范。

（三）所得税

1. 企业所得税

根据 2007 年 3 月 16 日发布、2018 年 12 月 29 日新修订的《企业所得税法》的规定，我国内资企业和外商投资企业、外国企业统一适用《企业所得税法》。

企业所得税是指对境内企业的生产经营所得和其他所得征收的一种税。

（1）纳税主体。在中国境内，企业和其他取得收入的组织（以下统称“企业”）为企业所得税的纳税人，依照《企业所得税法》的规定缴纳企业所得税。个人独资企业、合伙企业不适用《企业所得税法》。企业分为居民企业和非居民企业。居民企业是指依法在中国境内成立，或者依照外国（地区）法律成立但实际管理机构在中国境内的企业。非居民企业是指依照外国（地区）法律成立且实际管理机构不在中国境内，但在中国境内设立机构、场所的，或者在中国境内未设立机构、场所，但有来源于中国境内的所得的企业。

（2）征税对象。企业所得税的征税对象也根据居民企业和非居民企业而有所不同。居民企业应当就其来源于中国境内、境外的所得缴纳企业所得税。非居民企业的征税对象还根据该企业在中国境内是否设立机构、场所进行区分：在中国境内设立机构、场所的，应当就其所设机构、场所取得的来源于中国境内的所得，以及发生在中国境外但与其所设机构、场所有实际联系的所得，缴纳企业所得税；在中国境内未设立机构、场所的，或者虽设立机构、场所但取得的所得与其所设机构、场所没有实际联系的，应当就其来源于中国境内的所得缴纳企业所得税。

（3）税率。企业所得税的税率统一为 25%。非居民企业在中国境内未设立机构、场所的，或者虽设立机构、场所但取得的所得与其所设机构、场所没有实际联系的，对其来源于中国境内的所得，适用税率为 20%。

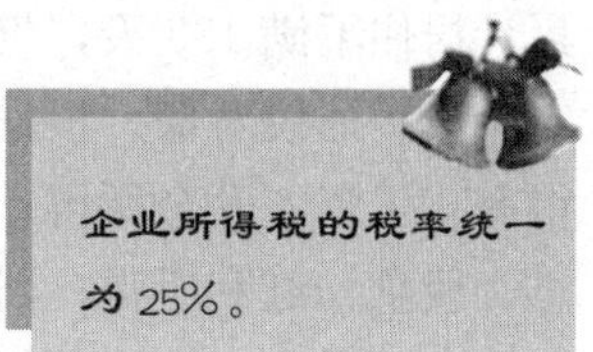

企业所得税的税率统一为 25%。

（4）税收抵免。企业取得的下列所得已在境外缴纳的所得税税额，可以从其当期应纳税额中抵免，抵免限额为该项所得依照《企业所得税法》的规定计算的应纳税额；超过抵免限额的部分，可以在以后五个年度内，用每年度抵免限额抵免当年应抵税额后的余额进行抵补：

①居民企业来源于中国境外的应税所得；

②非居民企业在中国境内设立机构、场所，取得发生在中国境外但与该机构、场所有实际联系的应税所得。

居民企业从其直接或者间接控制的外国企业分得的来源于中国境外的股息、红利等权益性投资收益，外国企业在境外实际缴纳的所得税税额中属于该项所得负担的部分，可以作为该居民企业的可抵免境外所得税税额，在《企业所得税法》第23条规定的抵免限额内抵免。

2. 个人所得税

> **案例：**美国人杰克于2018年2月来华居住并在2019年5月回国，其间在某高校担任英语教师并取得收入。杰克应该如何纳税？

个人所得税是对个人应税所得征收的一种税。它不分纳税人的国籍，适用于在中国境内的中外国籍的个人。根据《个人所得税法》及其实施条例，个人所得税的内容主要包括：

（1）纳税主体。个人所得税以所得人为纳税义务人，以支付所得的单位和个人为扣缴义务人。

（2）征税范围。在中国境内有住所，或者无住所而一个纳税年度内在中国境内居住累计满183天的个人，为居民个人。居民个人从中国境内和境外取得的所得，依照《个人所得税法》规定缴纳个人所得税。“在中国境内有住所”是指因户籍、家庭、经济利益关系而在中国境内习惯性居住。“从中国境内和境外取得的所得”，分别是指来源于中国境内的所得和来源于中国境外的所得。“在境内居住累计满183天”是指在一个纳税年度（即公历每年1月1日—12月31日）中在中国境内居住满183日。

在中国境内无住所又不居住，或者无住所而一个纳税年度内在中国境内居住累计不满183天的个人，为非居民个人。非居民个人从中国境内取得的所得，依照本法规定缴纳个人所得税。

在中国境内无住所的个人，在中国境内居住累计满183天的年度连续不满6年的，经向主管税务机关备案，其来源于中国境外且由境外单位或者个人支付的所得，免予缴纳个人所得税；在中国境内居住累计满183天的任一年度中有一次离境超过30天的，其在中国境内居住累计满183天的年度的连续年限重新起算。

杰克在2018年1月1日至2018年12月31日之间一个纳税年度内在中国境内累计居住满183天，因此，杰克需依照法律规定对其从中国境内和境外取得的所得缴纳个人所得税。杰克在2019年1月1日至2019年12月31日之间一个纳税年度内在中国境内累计居住不满183天，仅从中国境内取得的所得缴纳个人所得税。

（3）征税对象。根据《个人所得税法》第2条的规定，应缴纳个人所得税的个人所得有：工资、薪金所得；劳务报酬所得；稿酬所得；特许权使用费所得；经营所得；利息、股息、红利所得；财产租赁所得；财产转让所得；偶然所得。

（4）税率。个人所得税实行超额累进税率与比例税率相结合的税率体系。

①综合所得，适用3%至45%的超额累进税率；

②经营所得，适用5%至35%的超额累进税率；

③利息、股息、红利所得，财产租赁所得，财产转让所得和偶然所得，适用比例税率，税率为20%。

（5）应纳税所得额的计算。

①居民个人的综合所得，以每一纳税年度的收入额减除费用6万元以及专项扣除、

专项附加扣除和依法确定的其他扣除后的余额，为应纳税所得额。

②非居民个人的工资、薪金所得，以每月收入额减除费用 5 000 元后的余额为应纳税所得额；劳务报酬所得、稿酬所得、特许权使用费所得，以每次收入额为应纳税所得额。

③经营所得，以每一纳税年度的收入总额减除成本、费用以及损失后的余额，为应纳税所得额。

④财产租赁所得，每次收入不超过 4 000 元的，减除费用 800 元；4 000 元以上的，减除 20%的费用，其余额为应纳税所得额。

⑤财产转让所得，以转让财产的收入额减除财产原值和合理费用后的余额，为应纳税所得额。

⑥利息、股息、红利所得和偶然所得，以每次收入额为应纳税所得额。

劳务报酬所得、稿酬所得、特许权使用费所得以收入减除 20%的费用后的余额为收入额。稿酬所得的收入额减按 70%计算。

个人将其所得对教育、扶贫、济困等公益慈善事业进行捐赠，捐赠额未超过纳税人申报的应纳税所得额 30%的部分，可以从其应纳税所得额中扣除；国务院规定对公益慈善事业捐赠实行全额税前扣除的，从其规定。

（6）减税免税。根据《个人所得税法》第 4 条的规定，免征个人所得税的情形有：①省级人民政府、国务院部委和中国人民解放军军以上单位，以及外国组织、国际组织颁发的科学、教育、技术、文化、卫生、体育、环境保护等方面的奖金；②国债和国家发行的金融债券利息；③按照国家统一规定发给的补贴、津贴；④福利费、抚恤金、救济金；⑤保险赔款；⑥军人的转业费、复员费、退役金；⑦按照国家统一规定发给干部、职工的安家费、退职费、基本养老金或者退休费、离休费、离休生活补助费；⑧依照我国有关法律规定应予免税的各国驻华使馆、领事馆的外交代表、领事官员和其他人员的所得；⑨中国政府参加的国际公约、签订的协议中规定免税的所得；⑩国务院规定的其他免税所得，并由国务院报全国人民代表大会常务委员会备案。

根据《个人所得税法》第 5 条的规定，由省、自治区、直辖市人民政府规定具体幅度和期限，并报同级人民代表大会常务委员会备案，对于以下情形之一，可以减征个人所得税：①残疾、孤老人员和烈属的所得；②因自然灾害遭受重大损失的。国务院可以规定其他减税情形，报全国人民代表大会常务委员会备案。

第二节 价格法

一、价格法概述

价格法的调整对象是指与价格的制定、执行和监督有关的各种价格关系。目前我国价格管理的主要法律是自 1998 年 5 月 1 日起施行的《中华人民共和国价格法》（以下简称《价格法》）。价格法对于规范价格行为，发挥价格合理配置资源的作用，稳定市场价格总水平，保护消费者和经营者的合法权益，促进社会主义市场经济健康发展有重要意义。

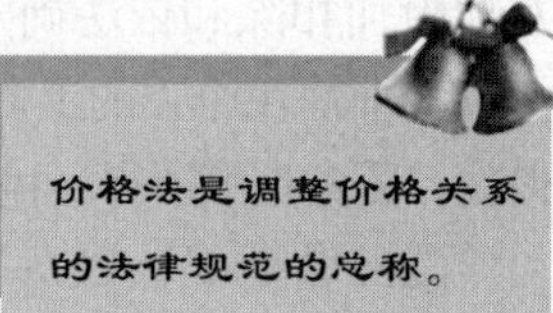

价格法是调整价格关系的法律规范的总称。

二、价格

（一）价格的范围与构成

价格有广义和狭义之分。狭义的价格指商品价格和服务价格。广义的价格还包括生产要素的价格，如劳动力的价格为工资，资金的价格为利率，外汇的价格为汇率等。价格法规定的价格仅指狭义的价格。《价格法》第 2 条明确规定：“本法所称价格包括商品价格和服务价格。商品价格是指各类有形产品和无形资产的价格。服务价格是指各类有偿服务的收费。”

（二）价格的基本形式

《价格法》第 3 条根据不同的定价主体和价格形成的途径，将价格划分为市场调节价、政府指导价和政府定价三种基本价格形式。

市场调节价，是指由经营者自主制定，通过市场竞争形成的价格。

1. 市场调节价

经营者作为定价主体，是指从事生产、经营商品或提供有偿服务的法人、其他组织和个人。市场调节价是我国现行价格的主要形式。

2. 政府指导价

政府指导价有三种形式：一种是由政府规定基准价和浮动幅度，只允许价格在一定幅度内浮动；另一种是最高限价，这种形式只规定上浮幅度，是在市场不太稳定时用以保护消费者利益的价格形式；第三种是最低保护价，只规定下浮幅度，下浮不得超过一定界限，这是在供过于求时用以保护生产者利益的价格形式。

政府指导价，是指由政府价格主管部门或者其他有关部门，按照定价权限和范围规定基础价及其浮动幅度，指导经营者制定的价格。

3. 政府定价

这种价格形式用于极少数商品和服务。

政府定价是由政府价格主管部门或其他有关部门，依照定价权限和范围制定的价格。

政府指导价和政府定价的范围由《价格法》第 18 条进行了限定，定价权限和具体适用范围则以中央和地方定价目录为依据。市场经济的健康发展，需要有一个稳定的宏观经济环境，因此，对少数重要商品和服务规定政府指导价和政府定价是十分有必要的。

(三) 价格管理体制

我国的价格管理机构是政府各级价格主管部门和其他有关部门。

为了适应社会主义市场经济的发展,《价格法》对价格管理办法进行了调整。《价格法》第3条规定:国家实行并逐步完善宏观经济调控下主要由市场形成价格的机制。价格的制定应当符合价值规律,大多数商品和服务价格实行市场调节价,极少数商品和服务价格实行政府指导价或者政府定价。也就是说,除极少数不适宜由市场调节价格的商品外,大多数商品的价格放开,由经营者在国家政策指导下自主制定价格,国家只对其价格行为通过法律、法规进行规范。对极少数商品和服务的价格,用政府的定价目录规定其范围,由政府价格主管部门和其他部门进行管理。

三、经营者的权利与义务

《价格法》第二章"经营者的价格行为"中明确规定了经营者的权利和义务。

(一) 经营者的权利

《价格法》第11条规定了经营者享有下列权利:

(1) 自主制定属于市场调节的价格。

(2) 在政府指导价规定的幅度内制定价格。

(3) 制定属于政府指导价、政府定价产品范围内的新产品的试销价格,特定产品除外。

(4) 检举、控告侵犯其依法自主定价权利的行为。

(二) 经营者的义务

《价格法》对经营者规定了下列义务:

(1) 经营者应当努力改进生产经营管理,降低生产经营成本,为消费者提供价格合理的商品和服务,并在市场竞争中获取合法利润。

(2) 经营者应当根据其经营条件建立、健全内部价格管理制度,准确记录与核定商品和服务的生产经营成本,不得弄虚作假。

(3) 经营者的定价活动,应当遵守法律、法规,执行依法制定的政府指导价、政府定价和法定的价格干预措施、紧急措施。

(4) 经营者销售、收购商品和提供服务,应当按照政府价格主管部门的规定明码标价,注明商品的品名、产地、规格、等级、计价单位、价格或者服务的项目、收费标准等有关情况。经营者不得在标价之外加价出售商品,不得收取任何未予标明的费用。

四、政府指导价与政府定价

（一）适用政府指导价与政府定价的商品和服务的范围

（1）与国民经济发展和人民生活关系重大的极少数商品价格。
（2）资源稀缺的少数商品价格。
（3）自然垄断经营的商品价格。
（4）重要的公用事业价格。
（5）重要的公益性服务价格。

（二）政府指导价与政府定价权限具体适用范围的依据

以中央和地方的定价目录为依据。中央定价目录由国务院价格主管部门规定、修订，报国务院批准后公布。地方定价目录由省、自治区、直辖市人民政府价格主管部门按照中央定价目录规定的定价权限和具体适用范围制定，经本级人民政府审核同意，报国务院价格主管部门审定后公布。省、自治区、直辖市人民政府以下各级地方人民政府不得制定定价目录。

（三）各级政府价格权限划分

国务院价格主管部门和其他有关部门，按照中央定价目录规定的定价权限和具体适用范围，制定政府指导价、政府定价；其中重要商品和服务的价格的政府指导价和政府定价，应当按照规定由国务院批准。省、自治区、直辖市人民政府价格主管部门和其他有关部门，应当按照地方定价目录规定的定价权限和具体适用范围制定在本地区执行的政府指导价、政府定价。市、县人民政府可以根据省、自治区、直辖市人民政府的授权，按照地方定价目录规定的定价权限和具体适用范围，制定在本地区执行的政府指导价、政府定价。

（四）政府指导价与政府定价的依据

制定政府指导价、政府定价，应当根据有关商品或者服务的社会平均成本和市场供求状况、国民经济和社会发展要求及社会的承受能力，实行合理的购销差价、批零差价、地区差价和季节差价。

五、价格监督检查

（一）政府价格主管部门的监督

根据《价格法》第 33 条的规定："县级以上各级人民政府价格主管部门，依法对价格活动进行监督检查，并依照本法的规定对价格违法行为实施行政处罚。"

政府价格主管部门进行价格监督检查时，可以行使下列职权：

（1）询问当事人或者有关人员，并要求其提供证明材料和与价格违法行为有关的其他资料。

(2) 查询、复制与价格违法行为有关的账簿、单据、凭证、文件及其他资料，核对与价格违法行为有关的银行资料。

(3) 检查与价格违法行为有关的财物，必要时可以责令当事人暂停相关营业。

(4) 在证据可能灭失或者以后难以取得的情况下，可以依法先行登记保存，当事人或者有关人员不得转移、隐匿或者销毁。

政府价格主管部门在对价格实施监督检查的同时，也应该承担相应的义务：政府部门价格工作人员不得将依法取得的资料或者了解的情况用于依法进行价格管理以外的任何其他目的，不得泄露当事人的商业秘密。

(二) 其他形式的监督

消费者组织、职工价格监督组织、居民委员会、村民委员会等组织以及消费者，有权对价格行为进行社会监督，政府价格主管部门应当充分发挥群众的价格监督作用。新闻单位也有权进行价格舆论监督。

六、法律责任

违反《价格法》的法律责任主要是接受行政处罚。情节严重构成犯罪的，依法追究刑事责任。

(一) 经营者的法律责任

《价格法》对经营者的法律责任主要规定如下：

(1) 经营者不执行政府指导价、政府定价以及法定干预措施、紧急措施的，责令改正，没收违法所得，可以并处违法所得 5 倍以下罚款；没有违法所得的，可以处以罚款；情节严重的，责令停业整顿。

(2) 经营者有《价格法》所列的不正当价格行为之一的，责令改正，没收违法所得，可以并处违法所得 5 倍以下罚款；没有违法所得的，予以警告，可以并处罚款；情节严重的，责令停业整顿，或者由工商行政管理机关吊销营业执照。

(3) 经营者因价格违法行为致使消费者或其他经营者多付价款的，应当退还多付部分；造成损害的，应当依法承担赔偿责任。

(4) 经营者违反明码标价规定的，责令改正，没收违法所得，可以并处 5 000 元以下罚款。

(5) 经营者被责令暂停相关营业而不停止的，或者转移、隐匿、销毁依法登记保存的财物的，处相关营业所得或者转移、隐匿、销毁的财物价值 1 倍以上 3 倍以下的罚款。

(6) 拒绝按照规定提供监督检查所需资料或者提供虚假资料的，责令改正，予以警告；逾期不改正的，可以处以罚款。

(二) 地方政府及其有关部门与价格工作人员的法律责任

地方各级人民政府或者各级人民政府有关部门违反价格法的规定，超越定价权限和范围擅自制定、调整价格或者不执行价格干预措施、紧急措施的，责令改正，并可以通报批评；对直接负责的主管人员和其他责任人员，依法给予行政处分。

价格工作人员泄露国家秘密、商业秘密以及滥用职权、徇私舞弊、玩忽职守、索贿受贿，构成犯罪的，依法追究刑事责任；尚不构成犯罪的，依法给予处分。

复习与思考

1. 劳动法的基本原则。
2. 劳动者的主要权利有哪些？
3. 劳动合同应当具备哪些条款？
4. 劳动合同的试用期制度。
5. 劳动合同无效的情形。
6. 劳动争议处理方式有哪些？

第十六章

环境法与自然资源法

本章要点

1. 环境法的概念与基本原则
2. 环境监督管理制度
3. 环境污染防治制度
4. 自然资源法的立法原则

导入案例

2011年6月4日，国家海洋局北海分局接到康菲石油中国有限公司（以下简称“康菲”）的报告，称蓬莱19-3油田B平台东北方向海面发现不明来源少量油膜。6月8日，康菲再次报告，在B平台东北方向附近的一个天然断层发现海底渗油。康菲后来对漏油事故原因给出的解释是：在其进行注水作业时，对油藏层施压激活了天然断层，导致原油从断层裂缝中溢出来。之后，国家海洋局要求康菲停止相关生产活动并限期清污，但实际上，在很长一段时间内，康菲并没有停止作业并有效地封堵溢油点。8月31日，据央视报道，当时蓬莱19-3油田附近海域依旧有油花。同时，海监部门现场调查显示，16个新溢油点的产生，与康菲公司在渤海湾5个钻井平台的继续作业有关。

此次康菲漏油事故受污染的海域面积为5 500多平方千米，不仅使附近海域的渔业资源遭受了严重损失，也对整个海洋环境造成了严重污染。

第一节　环境法

一、环境与环境法概述

“环境”是个相对的概念，一般是对周围情况和条件的统称。从法律的角度来讲，“环境”一词因各国环境状况和经济社会发展阶段的不同在立法上有不同的含义。根据《中华人民共和国环境保护法》（以下简称《环境保护法》）第2条的规定，环境是指影响人类生存和发展的各种天然的和经过人工改造的自然因素的总体，包括大气、水、海洋、土地、矿藏、森林、草原、湿地、野生生物、自然遗迹、人文遗迹、自然保护区、风景名胜区、城市和乡村等。

环境法是指由国家制定或认可并由国家强制力保证实施的，以保护和改善环境为目的，调整人们在环境资源的开发和利用过程中所形成的社会关系的法律规范的总称。

由于人类活动或自然原因使得环境条件发生不利于人类的变化，以致影响人类的生产和生活，因此，环境法所要达到的目的，就是着眼于环境的保护和改善，通过对权利义务的配置，构建起一套有利于环境的法律框架，维护人类赖以生存的环境。

我国的环境法体系是以宪法关于环境保护的规定为基础，以环境保护基本法、保护自然环境防治污染的一系列单行法律为主干，以及以数量庞大的各种行政法规和具有规范性的环境标准为支干所组成的完整体系。

本章导入案例中的康菲漏油事故可能涉及《中华人民共和国海洋环境保护法》《防治海洋工程建设项目污染损害海洋环境管理条例》等法律法规，《海洋溢油生态损害评估技术导则》《渔业污染事故经济损失计算方法》等行业标准也具有一定的指导意义。据悉，“生态补偿条例”已列入国务院立法计划，一旦出台，也将成为重要的规范性文件。

二、环境法的基本原则

环境法的基本原则是指为环境法所确认，具有普遍指导意义并构成环境法基础的原则。

（1）可持续发展原则。可持续发展原则是指在满足当代人发展需求的同时又不危及后代人满足他们自身需求能力的发展，是环境法中首要的基本原则。

（2）预防为主、防治结合、综合治理原则。预防为主、防治结合、综合治理原则是指环境保护工作的重点放在采取各种预防措施、事先防止环境问题的产生与恶化上，同

时积极治理已产生的环境污染与破坏，以维持生态平衡，保护人体健康与社会物质财富，实现经济与社会的可持续发展。该原则是实现可持续发展目标所必需的手段与措施。

(3) 国家干预、公民参与原则。国家干预、公民参与原则是指国家在成立专门的环境保护机构，采取各种行政、经济及法律措施监督和管理环境保护工作的同时，鼓励广大群众积极参与环境保护事业，保护其对污染和破坏环境的行为依法进行监督的权利。

(4) 开发者养护、污染者治理原则。开发者养护、污染者治理原则，也称环境责任原则，是指对在自然资源或能源的开发和利用过程中所造成的资源减损和环境污染，开发利用者和污染者应分别承担养护和治理的法律责任。

三、环境法的基本法律制度

(一) 环境监督管理制度

监督和管理环境资源的开发与利用活动，是宪法赋予国家的一项基本职责。国家有义务采取行政、经济、法律、科学技术、教育等手段，对影响环境的行为进行管理、监督，以实现经济与社会的可持续发展。根据《环境保护法》的规定，国家监督管理环境的法律制度有以下几种：

(1) 环境影响评价制度。环境影响评价制度是指对规划和建设项目实施后可能造成的环境影响进行分析、预测和评估，编制环境影响报告表、环境影响报告书，提出预防或者减轻不良环境影响的对策和措施，进行跟踪监测的方法与法律制度，是环境法的一项基本制度。2002 年 10 月 28 日《中华人民共和国环境影响评价法》(以下简称《环境影响评价法》) 获得第九届全国人大常委会第三十次会议通过，并于 2003 年 9 月 1 日起正式施行。该法分别于 2016 年 7 月 2 日、2018 年 12 月 29 日进行了修正。

(2) 环境监测制度。环境监测，是指依法从事环境监测的机构及其工作人员，按照有关法律法规规定的程序和方法，运用物理、化学或生物等方法，对环境中各项要素及其指标或变化进行经常性监测或长期跟踪测定的科学活动。相应地，环境监测制度则是指包括环境监测计划、组织、操作和管理等活动的一整套规则。

(3) 现场检查制度。现场检查，是指依法行使监督管理权的机关及其工作人员，按照法定程序进入相关区域内排污单位的现场，对污染物排放状况进行监督检查的环境行政监督行为。目前，我国实施现场检查制度的主要是县级以上环境保护主管部门及其委托的环境监察机构和其他负有环境保护监督管理职责的部门。

(4) 环境保护规划制度。环境保护规划是指由国家或地方人民政府及其行政管理部门按照法定程序编制的有关城市环境质量控制、污染物排放控制和污染治理、自然生态保护以及其他与环境保护有关的计划。环境保护规划的内容应当包括生态保护和污染防治的目标、任务、保障措施等，并与主体功能区规划、土地利用总体规划和城乡规划等相衔接。

(5) 环境保护目标责任制和考核评价制度。当前，环境污染问题已经成为非常重要的民生问题，政府也适时将环境保护作为自身工作重要的评价因素。县级以上人民政府应当将环境保护目标完成情况纳入对本级人民政府负有环境保护监督管理职责的部门及其负责人和下级人民政府及其负责人的考核内容，作为对其考核评价的重要依据。考核结果应当向社会公开。

（二）特殊区域环境保护制度

特殊区域环境是指对科学、文化、教育、历史、美学、旅游、经济和环境保护等方面有着特殊价值的区域环境，如自然保护区、风景名胜区、人文遗迹、国家公园、城市环境、乡村环境等。特殊区域环境保护是指国家和社会为使特殊区域环境免遭人类活动的不利影响而采取的维护、保留、恢复等措施的总称。

由于特殊区域环境具有特定的自然和社会历史特征，加强对特殊区域环境的保护有利于科学文化的发展、整体环境的改善和经济的可持续发展，因此，我国自 1949 年以来就开始了这一方面的立法。目前我国特殊区域环境保护的立法主要有《中华人民共和国自然保护区条例》（以下简称《自然保护区条例》）、《风景名胜区条例》、《国家级森林公园管理办法》等。特殊区域制度主要有：

1. 自然保护区制度

自然保护区是指对有代表性的自然环境和生态系统、珍稀濒危野生动植物物种的天然集中分布区、有特殊意义的自然遗迹等保护对象所在的陆地、陆地水体或者海域，依法划定一定面积予以特殊保护和管理的区域。按照《自然保护区条例》的规定，建立自然保护区必须具备下列条件之一：（1）典型的自然地理区域、有代表性的自然生态系统区域以及已经遭受破坏但经保护能恢复的同类自然生态系统区域；（2）珍稀、濒危野生动植物物种的天然集中分布区域；（3）具有特殊保护价值的海域、海岸、岛屿、湿地、内陆水域、森林、草原和荒漠；（4）具有重大科学文化价值的地质构造、著名溶洞、化石分布区、冰川、火山、温泉等自然遗迹；（5）经国务院或省、自治区、直辖市人民政府批准，需要予以特殊保护的其他自然区域。

自然保护区制度主要体现在：

（1）自然保护区规划和管理体制。国家要采取有利于发展自然保护区的经济、技术政策和措施，将自然保护区的发展规划纳入国民经济和社会发展计划。

（2）自然保护区的分级管理制度。根据保护区的重要程度和影响大小，自然保护区分国家级自然保护区和地方级自然保护区。

（3）自然保护区的分区管理及保护制度。将自然保护区分为不同的功能区，如自然保护区内部可以分为核心区、缓冲区和实验区，实行不同的管理制度，既有利于实现保护自然环境和自然资源的基本目的，又能对其加以适当利用，取得一定的经济效益，有利于解决当地群众的生产生活问题。

2. 风景名胜区保护制度

风景名胜区是指依法划定并加以特殊保护的，具有观赏、文化或科学价值，自然景观、人文景物比较集中，环境优美，可供人们游览、休息或进行科学、文化活动的区域。国家对风景名胜区实行科学规划、统一管理、严格保护、永续利用的原则。风景名胜区保护制度主要有：

（1）风景名胜区所在地县级以上地方人民政府设置的风景名胜区管理机构，负责风景名胜区的保护、利用和统一管理工作。国务院建设主管部门负责全国风景名胜区的监督管理工作。国务院其他有关部门按照国务院规定的职责分工，负责风景名胜区的有关监督管理工作。省、自治区人民政府建设主管部门和直辖市人民政府风景名胜区主管部门，负责本行政区域内风景名胜区的监督管理工作。省、自治区、直辖市人民政府其他有关部门按照规定的职责分工，负责风景名胜区的有关监督管理工作。

（2）风景名胜区分级制度。按景物的观赏、文化、科学价值和环境质量、规模大小、游览条件等，风景名胜区分为两级：省级风景名胜区和国家级风景名胜区。

（3）风景名胜区的保护和建设制度。包括禁止侵占风景名胜区的土地和破坏景观的建设、风景名胜区的动植物保护、风景名胜区内旅游活动的管理等，并引入刑事责任。

（三）环境污染防治制度

1. “三同时”制度

“三同时”制度是指一切可能对环境造成影响的基本建设项目、技术改造项目或资源开发项目等，其防治污染的设施必须与主体工程同时设计、同时施工、同时投产使用的制度。

该制度为我国首创，《环境保护法》第41条对此作出了明确规定。另外，其他环境立法单行法规也都体现了这一制度的基本要求。如1998年发布、2017年7月16日修订的《建设项目环境保护管理条例》规定，“三同时”制度适用于以下开发建设项目：新建、扩建、改建项目；技术改造项目；一切可能对环境造成污染和破坏的工程建设项目；确有经济效益的综合利用项目。

2. 排污许可管理制度

排污许可管理制度是国家掌握排污状况，并据此对排污总量进行有效控制的重要途径和手段。

排污许可管理制度是指排放污染物的企业、事业单位，必须事先向有关管理机关提出申请，经审查批准发给许可证后方可排污的制度。

3. 重点污染物排放总量控制制度

重点污染物排放总量控制指标由国务院下达，省、自治区、直辖市人民政府分解落实。企业事业单位在执行国家和地方污染物排放标准的同时，应当遵守分解落实到本单位的重点污染物排放总量控制指标。对超过国家重点污染物排放总量控制指标或者未完成国家确定的环境质量目标的地区，省级以上人民政府环境保护主管部门应当暂停审批其新增重点污染物排放总量的建设项目环境影响评价文件。

4. 环境污染公共监测预警机制

近年来，多次发生牛奶河等重大事件，因此，对环境进行监测预警就显得尤其重要。该项制度由县级以上人民政府负责建立，制定预警方案；当环境受到污染，可能影响公众健康和环境安全时，依法及时公布预警信息，启动应急措施。突发环境事件应急处置工作结束后，有关人民政府应当立即组织评估事件造成的环境影响和损失，并及时将评估结果向社会公布。

5. 征收污染费制度

排放污染物的企业事业单位和其他生产经营者，应当按照国家有关规定缴纳排污费。排污费应当全部专项用于环境污染防治，任何单位和个人都不得截留、挤占或者挪作他用。依照法律规定征收环境保护税的，不再征收排污费。

6. 征收污染税制度

2016年12月25日，第十二届全国人民代表大会常务委员会第二十五次会议通过《中华人民共和国环境保护税法》，该法于2018年10月26日历经第一次修改。《环境保护税法》规定：在中华人民共和国领域和中华人民共和国管辖的其他海域，直接向环境排放应税污染物的企业事业单位和其他生产经营者为环境保护税的纳税人，应当依照法律规定缴纳环境保护税。对应税污染物采用从量定额的方法征收，环境保护税按月计算，按季申报缴纳。该法的施行对于促进产业结构的优化、激励企业创新、提高竞争实力也有着积极的促进作用。

第二节　自然资源法

一、自然资源与自然资源法的概念

自然资源，是指存在于自然界中的、在一定经济技术条件下对人类有用的、可以被用来改善生产和生活状态的物质与能量，如土地、水、大气、森林、草原、野生动植物等。自然资源按资源用途可以划分为生产资源、风景资源、科学资源等。自然资源按资源的属性可以划分为土地资源、水资源、生物资源、气候资源、矿物资源等。自然资源按资源的现实可利用性可分为现实资源和潜在资源。自然资源按资源可被人类利用时间的长短可以分为有限资源（耗竭性资源）和无限资源（非耗竭性资源）。

自然资源法是国家管理自然资源的法律工具，属于经济法范畴中一个专门性法律部门。它调整的社会关系主要包括资源权属关系、资源流转关系、资源管理关系和涉及自然资源的其他经济关系。

自然资源法，又被称为自然资源保护法，是调整人们在自然资源开发、利用和保护过程中所产生的各种社会关系的法律规范的总称。

自然资源法根据调整对象的范围，可以划分为土地管理法、森林法、草原法、水法、渔业法、野生动植物保护法、自然保护区法、矿产资源法等。

二、自然资源法的立法原则

制定自然资源法，必须遵循以下原则：

（一）坚持重要资源国有原则

这是我国宪法确立的原则。社会主义经济制度的基础是生产资料的社会主义公有

制，国家保护国有经济在国民经济中作为主导力量的法律地位，并保障它的巩固与发展。集体和个人只有使用权，并无所有权。

（二）维持自然生态平衡的原则

该原则要求在进行自然资源立法时，要从生态平衡的角度去衡量开发利用自然资源的经济效果，反对以破坏自然环境和生态平衡为代价追求所谓经济效益。

（三）遵循客观规律原则

对于自然资源立法来说，不仅要遵循客观经济规律，还要遵循客观自然规律。自然资源法所保护对象的特殊性，决定了它必须从自然资源自身发展的客观规律出发，来制定有关自然资源保护的规则。

（四）开源与节流相结合的原则

这一原则是资源开发使用过程中要遵守的基本原则之一。开源就是要鼓励再生和寻找新资源，充分利用贫资源，挖掘旧资源，开发潜在资源及人造代用资源。节流就是同时要提高利用自然资源的技术水平，使自然资源开采和利用的非正常损失减少到最低限度。开源与节流相结合才能达到充分开发和利用自然资源的目的。

三、土地管理法

（一）土地资源与土地立法现状

土地是地球陆地的表层，通常指由地形、土壤、植被以及水文、气候等自然要素组成的自然综合体。《中华人民共和国土地管理法》（以下简称《土地管理法》）所称的土地，是指全国各行政区域管辖范围内的全部土地，包括耕地、林场、草地、荒地、河流、湖泊、滩涂、城镇及农村居民用地、工矿用地、交通用地、旅游及国防等特殊用地以及暂时还不能利用的其他用地等。

我国土地资源的基本情况是：幅员辽阔，但土地类型多样、山地面积大、农用土地资源较小、后备耕地资源不足。《2018 中国生态环境状况公报》显示：截至 2017 年年底，全国共有农用地 64 486.4 万公顷，其中耕地 13 488.1 万公顷，园地 1 421.4 万公顷，林地 25 280.2 万公顷，牧草地 21 932.0 万公顷；建设用地 3 957.4 万公顷，其中城镇村及工矿用地 3 213.1 万公顷。

土地管理法是指调整在土地的管理、保护、开发、利用过程中所发生的经济关系的法律规范的总称。目前，我国关于土地资源保护的立法主要有《土地管理法》及其实施条例、《中华人民共和国水土保持法》及其实施条例、《土地复垦条例》、《中华人民共和国农村土地承包法》、《中华人民共和国城镇国有土地使用权出让和转让暂行条例》、《基本农田保护条例》、《中华人民共和国防沙治沙法》等。另外，在《中华人民共和国农业法》、《中华人民共和国矿产资源法》（以下简称《矿产资源法》）、《环境保护法》等法律中也有一些保护土地资源的规定。

（二）土地管理法的主要内容

1. 土地管理体制

国务院土地行政主管部门统一负责全国土地的管理和监督工作。县级以上地方人民政府土地行政主管部门的设置及其职责，由省、自治区、直辖市人民政府根据有关规定确定。乡级人民政府负责本行政区域内的土地管理工作。

2. 土地权属制度

为保护土地资源，首先必须明确土地的权属。我国宪法规定，中华人民共和国实行土地的社会主义公有制，即全民所有制和劳动群众集体所有制。全民所有，即国家所有土地的所有权由国务院代表国家行使。

为保护土地的所有权，法律规定任何单位和个人不得侵占、买卖或者以其他形式非法转让土地。土地使用权可以依法转让。

3. 土地规划及用途管制制度

为合理使用土地，发挥土地的最佳环境效能，《土地管理法》规定，各级人民政府应当根据国民经济和社会发展规划、国土整治和资源环境保护的要求、土地供给能力以及各项建设对土地的需求，组织编制土地利用总体规划。下级土地利用总体规划应当依据上一级土地利用总体规划编制。另外，国家实行土地用途管制制度。国家编制土地利用总体规划，规定土地用途，将土地分为农用地、建设用地和未利用地：严格限制农用地转为建设用地，控制建设用地总量，对耕地实行特殊保护。

4. 土地资源保护制度

（1）实行耕地占用补偿制度，确保耕地总量不减少。非农业建设经批准占用耕地的，按照“占多少，垦多少”的原则，由占用耕地的单位负责开垦与所占用耕地的数量和质量相当的耕地；没有条件开垦或者开垦的耕地不符合要求的，应当按照省、自治区、直辖市的规定缴纳耕地开垦费，专款用于开垦新的耕地。省、自治区、直辖市人民政府应当严格执行土地利用总体规划和土地利用年度计划。

（2）土地复垦，是指对生产建设活动和自然灾害损毁的土地，采取整治措施，使其达到可供利用状态的活动。生产建设活动损毁的土地，按照“谁损毁，谁复垦”的原则，由生产建设单位或者个人（土地复垦义务人）负责复垦。但是，由于历史原因无法确定土地复垦义务人的生产建设活动损毁的土地（历史遗留损毁土地），由县级以上人民政府负责组织复垦。自然灾害损毁的土地，由县级以上人民政府负责组织复垦。

（3）节约使用土地，禁止闲置、荒芜耕地。非农业建设必须节约使用土地，可以利用荒地的，不得占用耕地；可以占用劣地的，不得占用好地。禁止占用耕地建窑、建坟或者擅自在耕地上建房、挖沙、采石、采矿、取土等。禁止占用基本农田发展林果业和挖塘养鱼。禁止任何单位和个人闲置、荒芜耕地。

（4）鼓励合理开发未开发利用的土地。国家鼓励单位和个人按照土地利用总体规划，在保护和改善生态环境、防止水土流失和土地荒漠化的前提下，开发未利用的土地；适宜开发为农用地的，应当优先开发成农用地。国家依法保护开发者的合法权益。

（5）实行基本农田保护制度。按照规定，国务院有关主管部门和县级以上地方人民政府批准确定的粮、棉、油和名、优、特、新农产品生产基地，高产、稳产田和有良好的水利与水土保持设施的耕地以及经过治理、改造和正在实施改造计划的中低产田，蔬菜生产基地，农业科研、教学试验田，以及国务院规定应当划入基本农田保护区的其他耕地，应当划入基本农田保护区。基本农田保护区一经划定，任何单位和个人不得擅自改变或者占用。因国家能源、交通、水利等重点建设项目选址确实无法避开基本农田保护区，需要占用基本农田保护区内耕地的必须按法定程序报批。

四、森林法

（一）森林法概述

1. 森林的概念与森林资源概况

森林是以树木和其他木本植物为主的，由乔木、灌木和花草等组成的绿色植物群体。根据《中华人民共和国森林法实施条例》，森林，包括乔木林和竹林。林木，包括树木和竹子。林地，包括郁闭度 0.2 以上的乔木林地以及竹林地、灌木林地、疏林地、采伐迹地、火烧迹地、未成林造林地、苗圃地和县级以上人民政府规划的宜林地。

2018 年，我国全国森林面积达到 2.08 亿公顷，森林覆盖率达到 21.66%，森林蓄积量达到 151.37 亿立方米，成为全球森林资源增长最快的国家。但从国际的角度来看，全世界的森林覆盖率平均水平大约为 32%，中国仍低于世界平均水平。尽管如此，乱砍滥伐现象仍屡禁不止，导致森林资源锐减，引起水土流失，旱涝灾害频发。总体来说，我国森林资源状况不容乐观。

2. 森林法的概念与立法状况

森林法是调整在森林、林木的管理、保护、采伐、森林资源的利用和植树造林过程中发生的经济关系的法律规范的总称。

我国目前森林保护方面的立法主要有：《森林法》及其实施条例、《森林采伐更新管理办法》、《年森林采伐限额暂行规定》、《违反森林法行政处罚暂行办法》、《森林和野生动物类型自然保护区管理办法》、《森林防火条例》、《森林病虫害防治条例》等。

（二）森林法的主要内容

1. 林业建设方针与林业管理体制

《森林法》规定，我国林业建设实行以营林为基础，普遍护林，大力造林，采育结合，永续利用的方针。这几个方面相辅相成，共同构成我国林业建设的指导性原则。

2. 森林权属制度

《森林法》规定，森林资源属于国家所有，由法律规定属于集体所有的除外。全民所有制单位营造的林木，由营造单位经营并按照国家规定支配林木收益；集体所有制单位营造的林木，归该单位所有；农村居民在房前屋后、自留地、自留山种植的林木，归个人所有，城镇居民和职工在自有房屋的庭院内种植的林木，归个人所有；集体或者个人承包的林木，归承包的集体或者个人所有。

3. 森林资源保护制度

（1）建立护林组织，实行群众护林。地方各级人民政府应当组织有关部门建立群众性护林组织，负责护林工作，增加护林设施，订立护林公约，划定护林责任区并配备兼职或专职护林员。

(2) 合理采伐森林，防止森林和林地被破坏。国家根据用材林的消耗量低于生长量的原则，确定每年国家森林采伐量，各地各部门根据情况制定采伐限额，凡采伐森林和林木必须申请采伐许可证，严格按照许可证的规定进行采伐。此外，《森林法》还规定了禁止毁林、森林防火和防治森林病虫害的制度。

(3) 建立自然保护区。按照《森林法》的规定，国务院林业主管部门和省、自治区、直辖市人民政府应当在不同自然地带的典型森林生态地区、珍贵动物和植物生长繁殖的林区、天然热带雨林区和具有特殊保护价值的其他天然林区，划定自然保护区，制定自然保护区的管理办法，加强保护管理。

4. 植树造林、改善生态环境

植树造林、改善生态环境是各级人民政府的重要职责。因此，《森林法》对植树造林工作作出了专门规定：宜林荒山荒地，属于国家所有的，由林业主管部门和其他主管部门组织造林；属于集体所有的，由集体经济组织组织造林。

五、草原法

(一) 草原法概述

1. 草原的概念与草原资源概况

草原是指中纬度地带大陆性半湿润和半干旱气候条件下，多年生耐旱、耐低温的禾草占优势的植物群落的总称。根据《中华人民共和国草原法》(以下简称《草原法》) 第2条的规定，草原是指天然草原和人工草地。

2017年，我国有各类天然草原39 283万公顷，约占国土面积41.7%，约占全球草原面积的12%，居世界第一位。但人均占有草地仅0.33公顷，为世界人均面积的一半。由于不合理的利用，草原生态系统遭到了严重破坏，草地退化面积不断扩大。据统计，我国90%的可利用天然草原均有不同程度的退化。其中“三化”(退化、沙化、碱化) 草原面积已达13 500万公顷，约占草地总面积的1/3，并且每年还以200万公顷的速度增加。

2. 草原法的概念与立法状况

草原法是调整在管理、保护、建设和利用草原过程中所发生的经济关系的法律规范的总称。

为了保护、建设和合理利用草原，改善生态环境，维护生物多样性，发展现代畜牧业，促进经济和社会的可持续发展，我国1985年颁布了《草原法》，并分别于2002年、2009年和2013年进行了修订。此外，还有《草原防火条例》等行政法规。

(二) 草原法的主要内容

1. 草原建设方针与草原管理体制

国家对草原实行科学规划、全面保护、重点建设、合理利用的方针，促进草原的可持续利用和生态、经济、社会的协调发展。

我国草原保护监督管理体制的基本框架是：国务院草原行政主管部门主管全国草原监督管理工作；县级以上地方人民政府草原行政主管部门主管本行政区域内草原监督管理工作；乡（镇）人民政府应当加强对本行政区域内草原保护、建设和利用情况的监督检查，根据需要可以设专职或者兼职人员负责具体监督检查工作。

2. 草原权属制度

草原属于国家所有，由法律规定属于集体所有的除外。国家所有的草原，由国务院代表国家行使所有权。由国家所有的草原，可以依法确定给全民所有制单位、集体经济组织等使用。使用草原的单位，应当履行保护、建设和合理利用草原的义务。依法登记的草原所有权和使用权受法律保护，任何单位或者个人不得侵犯。

为了进一步完善草原家庭承包制，保证草原承包经营权的稳定，《草原法》规定：由集体所有的草原或者依法确定给集体经济组织使用的由国家所有的草原，可以由本集体经济组织内的家庭或者联户承包经营。草原承包经营权受法律保护，可以按照自愿、有偿的原则依法转让。

3. 草原规划制度

草原的开发利用必须与经济、社会发展相协调。因此，《草原法》确立了草原规划制度，对草原规划的原则、内容以及与其相配套的制度都作出了规定。

国务院草原行政主管部门会同国务院有关部门编制全国草原保护、建设、利用规划，报国务院批准后实施。县级以上地方人民政府草原行政主管部门会同同级有关部门依据上一级草原保护、建设、利用规划编制本行政区域的草原保护、建设、利用规划，报本级人民政府批准后实施。草原保护、建设、利用规划一经批准，必须严格执行。

4. 草原建设制度

鉴于对草原重利用轻建设以及草原基础设施和服务体系建设滞后等问题，《草原法》对草原建设专设一章，作了如下四个方面的规定：

（1）县级以上各级人民政府应当增加对草原建设的投入，并按照谁建设、谁使用、谁受益的原则，鼓励单位和个人投资建设草原。

（2）县级以上地方各级人民政府在支持草原水利设施建设、改善人畜用水条件、加强草种基地建设、做好防火准备工作、安排草原改良等方面负有相应的职责。

（3）国家鼓励与支持人工草地建设、天然草原改良和饲草饲料基地建设，县级以上地方各级人民政府支持、鼓励和引导农牧民开展草原围栏、饲草饲料储备、牲畜圈舍、牧民定居点等生产生活设施的建设。

（4）地方各级人民政府应当对退化、沙化、盐碱化、石漠化和水土流失的草原组织专项治理，并将大规模的草原综合治理规划列入国家国土整治计划。

5. 草原利用制度

使用草原时要求做到合理规划，统筹安排，以草定畜，适当选择优良的畜种，防止过量放牧。因过量放牧造成草原沙化、退化、水土流失的，草原使用者应当调整放牧强度，补种牧草，恢复植被。对已经建成的人工草场应当加强管理，合理经营，科学利用，防止退化。

6. 草原保护制度

包括为了强化对草原的保护，维护草原生物多样性，保护植物物种资源，国家划定符合一定条件的区域，设立基本草原和草原自然保护区，对这些地区实行更加严格的管理制度，实行基本草原保护制度；建立保护草原植被制度；各级人民政府应贯彻预防为主、防消结合的方针，建立草原防火责任制；县级以上地方人民政府应当做好草原鼠害、病虫害和毒害草防治的组织管理工作等。

六、水法

（一）水法概述

1. 水资源的概念与水资源概况

水资源是指可资利用或有可能被利用的水源，本书所讨论的水资源特指陆地水资源。陆地水资源由地表水、土壤水和地下水组成，其中与水资源保护有关的是地表水和地下水。《中华人民共和国水法》（以下简称《水法》）第 2 条规定：水资源是指地表水和地下水，包括江河、湖泊、渠道、水库等以及位于地壳上部岩石中的水。

我国是一个缺水的国家，虽然水资源总量较丰富，全部河川径流量达 2 800 亿立方米，居世界第六位，但人均占有量仅有 2 200 立方米，约占世界人均水资源量的 1/4，属于世界上的贫水国家。

2. 水法的概念与立法状况

水法是调整关于水的开发、利用、管理、保护、除害过程中所发生的经济关系的法律规范的总称。

我国陆地水资源的现状及存在的问题要求必须采取各种措施防止水资源的污染、破坏和浪费，提高水质，增加水量，以满足我国不断增长的需求。近年来，国家颁布了一系列用水、管水的法律法规。目前我国水资源保护法主要有《水法》《中华人民共和国河道管理条例》《国务院关于保护水库安全和水产资源的通令》《水库工程管理通则》《取水许可证制度实施办法》《城市供水条例》《城市节约用水管理规定》《中华人民共和国水污染防治法》等水污染防治的法律法规。此外，各地还制定了相当数量的地方性水资源保护和管理的法规、规章。

（二）水资源保护的法律规定

1. 水资源的立法原则与管理体制

《水法》对水资源的立法原则作出了明确规定，即开发、利用、节约、保护水资源和防治水害，应当全面规划、统筹兼顾、标本兼治、综合利用、讲求效益，发挥水资源的多种功能，协调好生活、生产经营和生态环境用水。

国家对水资源实行统一管理与分级、分部门管理相结合的制度。国务院水行政主管部门负责全国水资源的统一管理工作。国务院其他有关部门按照国务院的规定依职责分工，协同国务院水行政主管部门，负责有关的水资源管理工作。县级以上地方人民政府水行政主管部门和其他有关部门，按照同级人民政府规定的职责分工，负责有关的水资源管理工作。

2. 水资源权属制度

对水资源的所有权和使用权作出明确规定，可以促进水资源的合理开发和利用。根

据我国的水资源现状，《水法》规定：水资源属于国家所有。水资源的所有权由国务院代表国家行使。由农村集体经济组织所有的水塘和由农村集体经济组织修建管理的水库中的水，归各该农村集体经济组织使用。

对于水资源的使用权，《水法》规定：国家鼓励单位和个人依法开发、利用水资源，并保护其合法权益。即单位和个人可以依法开发利用由国家所有的水资源，水资源的使用权受到法律保护。

3. 水资源统一规划制度

为了对水资源进行合理开发，充分利用，发挥其综合效益，兼顾各部门、各地区的利益，并将开发利用与保护结合起来，开发利用水资源之前必须进行综合的科学考察和调查评价，并在此基础上进行统一规划。《水法》确立了水资源开发利用的规划制度：开发、利用、节约、保护水资源和防治水害，应当按照流域或者区域统一制定规划。规划分为综合规划和专业规划。

4. 水资源的开发利用制度

在开发利用水资源时，要兼顾生态环境的保护和其他相关资源的保护。

5. 水资源保护制度

包括保护水道，防止行洪、航运障碍；保护地下水资源，禁止侵占水域；保护水工程及堤防、护岸等有关设施，保护防汛设施、水文监测设施、水文地质监测设施和导航、助航设施，任何单位和个人不得侵占、毁坏等。

6. 节约用水，防止浪费

国家实行计划用水，厉行节约用水。这方面的主要制度有：(1) 计划用水制度。这是用行政手段节制用水，防止水源枯竭的措施。(2) 取水许可制度。国家对直接从地下或者江河、湖泊取水的，实行取水许可制度，相关的步骤、范围和办法，由国务院规定。为家庭生活、畜禽饮用取水和其他少量取水的，不需要申请取水许可。(3) 用水收费制度。使用供水工程供应的水，应当按照规定向供水单位缴纳水费。对城市中直接从地下取水的单位，征收水资源费；其他直接从地下或者江河、湖泊取水的，可以由省、自治区、直辖市人民政府决定征收水资源费。

七、渔业法

(一) 渔业法概述

1. 渔业的概念与渔业资源概况

渔业资源是指具有经济开发价值的可供渔业养殖和采捕的水生动植物及其适宜发展渔业的自然条件，如水面、滩涂等。按照所依水域的不同，渔业资源一般可以分为淡水渔业资源和海水渔业资源两大类。

我国海岸线长，拥有辽阔的海洋和广阔的陆地水域，发展渔业的条件良好，在这些水域中生长着品种繁多的水生生物。但由于不按自然规律办事，盲目发展捕捞能力，采用不利于鱼类繁殖的捕捞方法等原因，部分水域受到一定程度的污染，渔业水域生态环境遭到破坏，渔业资源的增殖与恢复能力受到影响。

2. 渔业法的概念与立法状况

渔业法是调整在渔业管理和渔业资源的增殖、保护以及发展养殖业、捕捞业过程中所发生的经济关系的法律规范的总称。

我国已制定了一系列渔业资源保护的法律、法规和规章，主要有《中华人民共和国渔业法》（以下简称《渔业法》）及其实施细则、《水产资源繁殖保护条例》、《中华人民共和国水生野生动物保护实施条例》、《海洋捕捞渔船管理暂行办法》、《渔港监督管理规则》等。此外，各地还根据本地区的实际制定了一些地方性的渔业资源保护的法规、规章。

（二）渔业法的主要内容

1. 渔业生产方针与管理体制的规定

《渔业法》规定：国家对渔业生产实行以养殖为主，养殖、捕捞、加工并举，因地制宜，各有侧重的方针。各级人民政府应当把渔业生产纳入国民经济发展计划，采取措施，加强水域的统一规划和综合利用。此规定确定了我国渔业生产及资源保护的总方针，为渔业资源的合理开发利用明确了指导原则。

国家对渔业的监督管理，实行统一领导、分级管理的体制。国务院渔业行政主管部门主管全国的渔业工作。县级以上地方人民政府渔业行政主管部门主管本行政区域内的渔业工作。

2. 关于养殖业管理与合理捕捞制度的规定

（1）国家鼓励全民所有制单位、集体所有制单位和个人充分利用适于养殖的水域、滩涂，发展养殖业。国家依法保护其对水面、滩涂的所有权和使用权。对于从事养殖业的单位，由县级以上地方人民政府核发养殖使用证，确认使用权，取得使用证的养殖业者在享有养殖权的同时负有保护水面的义务。

（2）实行捕捞限额制度。国家根据捕捞量低于渔业资源增长量的原则，确定渔业资源的总可捕捞量，实行捕捞限额制度。

（3）实行捕捞许可证制度。为保护渔业资源，加强渔业资源的统一规划和综合利用，国家规定了捕捞许可证制度。

3. 关于渔业资源的增殖与保护的规定

保护和管理自然资源是国家的一项基本职责，因此，《渔业法》规定：国家有关渔业行政主管部门应当对其管理的水域统一规划，采取措施，以增殖渔业资源，保护渔业生态环境的平衡。具体包括：实行征收渔业资源保护费制度；对渔业资源生存环境的保护；对破坏渔业资源捕捞方法的禁止性规定；等等。

八、野生动植物保护法

（一）野生动植物保护法概述

野生动植物的概念是相对人工养殖、种植的动植物而言的，泛指一切在自然状态下生存，非人工养殖、种植的动物和植物。

我国法律上所要保护的野生动物，是指珍贵、濒危的陆生、水生野生动物和有益的或者有重要经济、科学研究价值的野生动物和非重点保护野生动物。根据其保护程度的不同，国家重点保护的野生动物又可以分为一级保护野生动物和二级保护野生动物。我国法律上所要保护的野生植物，则是指原生地天然生长的珍贵植物和原生地天然生长并具有重要经济、科学研究、文化价值的濒危、稀有植物。根据其保护程度的不同，野生植物可分为国家重点保护野生植物和地方重点保护野生植物。

中国是世界生物多样性最为丰富的国家之一。据统计，我国的脊椎动物共有 6 347 种，占世界总数的 13.9%。其中兽类 500 种，占世界总数的 11.8%；鸟类 1 244 种，占世界总数的 13.7%，是世界上鸟类种数最多的国家；爬行类 376 种，两栖类 284 种；鱼类 3 862 种，占世界总数的 20.0%。拥有高等植物 30 000 余种，占世界总数的 10%，居第三位，其中全世界 12 科 71 属 750 种裸子植物中，中国就有 11 科 34 属 240 多种。

野生动植物保护法是调整在保护、开发和利用野生动植物过程中所发生的经济关系的法律规范的总称。

（二）野生动物保护法的主要内容

1. 开发利用野生动物的方针与保护管理机构的规定

《中华人民共和国野生动物保护法》（以下简称《野生动物保护法》）于 2018 年 10 月 26 日修订。该法第 4 条规定：国家对野生动物实行保护优先、规范利用、严格监管的原则，鼓励开展野生动物科学研究，培育公民保护野生动物的意识，促进人与自然和谐发展。

《野生动物保护法》第 7 条明确规定：国务院林业草原、渔业主管部门分别主管全国陆生、水生野生动物保护工作。县级以上地方人民政府林业草原、渔业主管部门分别主管本行政区域内陆生、水生野生动物保护工作。

2. 野生动物权属制度

《野生动物保护法》第 3 条明确规定：野生动物资源属于国家所有。这种国家所有权不因野生动物所依存的土地或水体的所有权而改变。国家保障依法从事野生动物科学研究、人工繁育等保护及相关活动的组织和个人的合法权益。

3. 野生动物管理制度

（1）野生动物资源档案制度。《野生动物保护法》第 11 条规定：县级以上人民政府野生动物保护主管部门，应当定期组织或者委托有关科学研究机构对野生动物及其栖息地状况进行调查、监测和评估，建立健全野生动物及其栖息地档案。

（2）野生动物猎捕管理制度，包括禁止猎捕、杀害国家重点保护野生动物；猎捕者应当按照特许猎捕证、狩猎证规定的种类、数量、地点和期限进行猎捕；持枪猎捕的，必须取得县、市公安机关核发的持枪证；禁止使用毒药、爆炸物、电击或者电子诱捕装置以及猎套、猎夹、地枪、排铳等工具进行猎捕，禁止使用夜间照明行猎、歼灭性围猎、捣毁巢穴、火攻、烟熏、网捕等方法进行猎捕，但因科学研究确需网捕、电子诱捕的除外；等等。

（3）野生动物驯养繁殖的有关规定，包括国家支持有关科学研究机构因物种保护目的人工繁育国家重点保护野生动物；前款规定以外的人工繁育国家重点保护野生动物实行许可制度；人工繁育国家重点保护野生动物的，应当经省、自治区、直辖市人民政府野生动物保护主管部门批准，取得人工繁育许可证，但国务院对批准机关另有规定的除外；人工繁育国家重点保护野生动物应当使用人工繁育子代种源，建立物种系谱、繁育档案和个体数据。

（4）野生动物经营利用管理的有关规定，包括禁止出售、购买、利用国家重点保护野生动物或者其产品；中华人民共和国缔结或者参加的国际公约禁止或者限制贸易的野生动物或者其制品名录，由国家濒危物种进出口管理机构制定、调整并公布，出口列入前款名录的野生动物或者其制品的，出口国家重点保护野生动物或者其制品的，应当经国务院野生动物保护主管部门或者国务院批准，并取得国家濒危物种进出口管理机构核发的允许进出口证明书；国家组织开展野生动物保护及相关执法活动的国际合作与交流；建立防范、打击野生动物及其制品的走私和非法贸易的部门协调机制，开展防范、打击走私和非法贸易行动；从境外引进野生动物物种的，应当经国务院野生动物保护主管部门批准；从境外引进列入《野生动物保护法》第 35 条第一款名录的野生动物，还应当依法取得允许进出口证明书等。

4. 野生动物保护制度

国家在保护野生动物资源以及维护和改善其生存环境方面采取以下措施：（1）对珍稀、濒危野生动物实行重点保护。（2）划定自然保护区，加强保护管理。（3）监视、监测环境对野生动物的影响。县级以上人民政府野生动物保护主管部门，应当定期组织或者委托有关科学研究机构对野生动物及其栖息地状况进行调查、监测和评估，建立健全野生动物及其栖息地档案。（4）建设项目对国家和地方重点保护野生动物的生存环境产生不利影响的，建设单位应当提交环境影响报告书，报环境保护行政主管部门依法审批。（5）因保护国家和地方重点保护野生动物，造成农作物或者其他财产损失的，由当地政府给予补偿。

（三）野生植物保护法的主要内容

1. 野生植物资源保护管理体制的规定

根据《野生植物保护条例》的规定，国务院林业行政主管部门主管全国林业野生植物和林区外珍贵野生树木的监督管理工作。国务院农业行政主管部门主管全国其他野生植物的监督管理工作；国务院建设行政部门负责城市园林、风景名胜区内野生植物的监督管理工作；国务院环境保护部门负责对全国野生植物环境保护工作的协调和监督；国务院其他有关部门依照职责分工负责有关的野生植物保护工作。

2. 野生植物的分类分级保护与名录制度

（1）根据《野生植物保护条例》的规定，野生植物分为国家重点保护野生植物和地方重点保护野生植物。国家重点保护野生植物名录及其调整，由国务院林业主管部门、农业行政主管部门和国务院环境保护、建设等有关部门制定，报国务院批准。地方重点保护野生植物名录，由省、自治区、直辖市制定并公布，报国务院备案。

（2）在《中国珍稀濒危保护植物名录》中的野生植物，被分为濒危植物、渐危植物、稀有植物三大类，并分别确定了保护级别。

3. 野生植物资源管理的规定

（1）野生植物资源档案制度。要求野生植物行政主管部门定期组织国家重点保护野生植物和地方重点保护野生植物的调查，建立野生植物数据文件。

（2）野生植物采集管理制度。包括禁止采集国家一、二级重点保护野生植物，但因科学研究、人工培育、文化交流等特殊原因需要采集的，必须经相应人民政府野生植物行政主管部门签署意见、颁发采集证后才有权采集；采集珍贵野生树木或者林区内、草原上野生植物的，依照《森林法》和《草原法》的规定申请采集证和许可证；取得采集证的单位和个人，必须按照采集证规定的种类、数量、地点、期限和方法采集野生植物。

（3）野生植物经营管理制度。包括禁止出售、收购国家一级保护野生植物；出售、收购国家二级保护野生植物的，必须经省级人民政府野生植物行政主管部门或者授权的机构批准；外国人不得在中国境内采集或者收购国家重点保护的野生植物；外国人在中国境内对中国重点保护野生植物进行野外考察的，必须按有关法律规定的程序报经有关部门批准；进出口国家重点保护野生植物或者进出口中国参加的国际公约限制进出口的野生植物的，必须经进出口者所在地的省级人民政府野生植物行政主管部门审核，报国务院野生植物行政主管部门批准，并取得国家濒危物种进出口管理机构核发的允许进出口的证明书或者标签。

4. 野生植物资源保护的规定

国家保护野生植物的生长环境，禁止任何单位和个人破坏其生长环境。主要的法律规定如下：

（1）在国家重点保护野生植物物种和地方重点保护野生植物物种的天然分布区，依法建立自然保护区；而其他区域，县级以上地方人民政府行政主管部门和其他有关部门可根据实际情况，建立重点保护野生植物的保护点或者设立保护标志。

（2）要求野生植物行政主管部门及其他有关环境部门监视、监测环境对重点保护野生植物产生的影响，采取有效措施维护和改善野生植物的生产生存条件。

（3）建设项目对重点保护野生植物产生不利影响的，建设单位提交的环境影响报告书中必须对此作出评价；环境保护行政主管部门在审批报告书时，应当征求野生植物行政主管部门的意见，以维护和改善野生植物的生存环境。

九、矿产资源法

（一）矿产资源法概述

1. 矿产资源的概念与矿产资源概况

所谓矿物，是在各种地质作用下形成的，具有相对固定的化学组成和物理性质的天然单质或化合物。矿产资源，则指贮存于地壳内部或表面由地质作用产生的可供人类利用的有经济价值的天然矿物。依照我国国务院制定的《中华人民共和国矿产资源法实施细则》的解释，矿产资源是指由地质作用形成的，具有利用价值的，呈固态、液态、气态的自然资源。

目前，全国已发现矿产173种，有探明储量的矿产共159种，其中，能源矿产8种，金属矿产54种，非金属矿产90种，水气矿产3种。不少矿种如煤、铜、银、铁、铝、稀土等的探明储量居世界前列。总体来说，我国是世界上矿产资源总量丰富、储量规模可观、矿种比较齐全、配套程度较高的少数几个国家之一。但我国矿产的丰缺差异较大，人均占有量明显不足，勘探难度大，后继矿山提供不足，开发利用矿产资源过程中浪费现象明显。

2. 矿产资源法的概念与立法状况

矿产资源法是调整在管理、保护、勘察、开采矿产资源的过程中所发生的经济关系的法律规范的总称。

我国政府十分重视矿产资源的法律保护。到目前为止，矿产资源方面的法律、法规主要有：《矿产资源法》及其实施细则、《矿产资源开采登记管理办法》、《矿产资源规划管理暂行办法》、《放射性矿山企业采矿登记发证实施细则》、《中外合作开采陆上石油资源缴纳矿区使用费暂行规定》、《矿产资源补偿费征收管理规定》、《中华人民共和国煤炭法》、《煤炭生产许可证管理办法》、《乡镇煤矿管理条例》等。

（二）矿产资源法的主要内容

1. 矿产资源管理的方针与管理体制的规定

国家对矿产资源的勘查、开发实行统一规划、合理布局、综合勘查、合理开采和综合利用的方针，在此方针的指导下，开发利用矿产资源。

管理体制是实现矿产资源保护和管理的关键环节，其健全、完善与否，直接关系到矿产资源保护和管理的效率。根据《矿产资源法》的规定，国务院地质矿产主管部门主管全国矿产资源勘查、开采的监督管理工作。

2. 矿产资源权属制度

（1）所有权。《矿产资源法》规定：矿产资源属于国家所有，由国务院行使国家对矿产资源的所有权。地表或者地下的矿产资源的国家所有权，不因其所依附的土地的所有权或者使用权的不同而改变。根据这一规定，我国矿产资源实行单一的国家所有权制度。

（2）探矿权和采矿权。探矿权是指在依法取得的勘查许可证规定的范围内勘查矿产资源的权利。采矿权是指在依法取得的采矿许可证规定的范围内开采矿产资源和获得开采矿产品的权利。

（3）矿产资源勘查登记制度。国家对矿产资源勘查实行统一登记的制度。矿产资源勘查登记由国务院地质矿产主管部门负责；特定矿种的矿产资源勘查登记工作，可以由国务院授权有关主管部门负责。

（4）矿产资源开采的制度。包括矿山企业设立审批制度；对特定矿区和矿种实行计划开采的制度；科学地开采矿产资源，建设项目不得压覆重要矿床的制度；矿区规划制度；等等。

（5）开采矿产资源必须保护环境的规定。《矿产资源法》规定：开采矿产资源，必须遵守有关环境保护的法律规定，防止污染环境。对此的具体规定为：开采矿产资源，应当节约用地；开采矿产资源给他人的生产、生活造成损失的，应当负责赔偿，并采取必要的补救措施；对自然保护区、重要风景区、国家重点保护的不能移动的历史文物和名胜古迹所在地，未经国务院授权的有关主管部门同意，不得开采矿产资源；在勘查、开采矿产资源时，若发现有重大科学文化价值的罕见地质现象以及文化古迹，应当加以保护并及时报告有关部门；等等。

复习与思考

1. 可持续发展原则。
2. 环境影响评价制度。
3. “三同时”制度。
4. 污染税的征收对象及征收要件。
5. 征收环境保护税和征收排污费能否同时适用？

第十七章

诉讼法与仲裁法

本章要点

1. 民事诉讼法的基本原则
2. 地域管辖、专属管辖与协议管辖
3. 第一审程序、第二审程序与审判监督程序
4. 行政诉讼法的概念与基本原则
5. 行政诉讼的受案范围
6. 行政赔偿的概念与范围
7. 仲裁的概念与基本原则
8. 仲裁协议的独立性
9. 不予执行仲裁裁决与申请撤销仲裁裁决的情形

导入案例

张先生有一套闲置房要出售，杨先生通过中介联系到了张先生。在中介的促成下，杨先生和张先生签订了房屋买卖合同并且交纳了定金。杨先生在筹划装修事宜时发现暖气管道破裂，遂以房屋存在质量问题为由要求解除合同，在遭到拒绝的情况下诉至法院。

法官发现，房屋买卖合同中约定了纠纷发生时由仲裁机构进行仲裁的条款，于是驳回起诉。

随着社会主义市场经济体制的确立和不断完善，经济交往与市场活动日益活跃，各类经济纠纷亦大量增加。除协商等一般方法外，人们越来越多地将争议诉诸法律解决。作为最重要的两种法律解决方式，诉讼和仲裁在经济生活中扮演了越来越重要的角色。以下将介绍我国民事诉讼、行政诉讼和仲裁的基本法律制度。

第一节　民事诉讼法

一、民事诉讼法概述

（一）民事诉讼与民事诉讼法的概念

民事诉讼是为解决民事纠纷，保护当事人的合法权益，由人民法院、诉讼当事人及其他诉讼参与人参与，依据法律进行的全部活动，以及由此而产生的各种关系的总和。

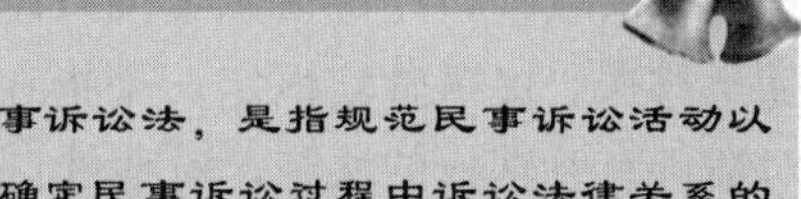

民事诉讼法，是指规范民事诉讼活动以及确定民事诉讼过程中诉讼法律关系的各类法律规范的总称。

民事诉讼法有狭义与广义之分。狭义的民事诉讼法指民事诉讼法典，在我国即为 1991 年 4 月 9 日公布施行，并于 2007 年 10 月 28 日、2012 年 8 月 31 日以及 2017 年 6 月 27 日三次修正的《中华人民共和国民事诉讼法》（以下简称《民事诉讼法》），是我国最重要的民事诉讼法律规范。广义的民事诉讼法是指包括民事诉讼法典在内的所有规定了民事诉讼程序、制度和原则的法律规范。比如最高人民法院于 2015 年 1 月 30 日发布、自 2 月 4 日起施行的《最高人民法院关于适用〈中华人民共和国民事诉讼法〉的解释》，或散见于其他法律中的规定，如《民法总则》第九章关于“诉讼时效”的规定，以及涉及民事诉讼程序的各类司法解释，也属于广义的民事诉讼法。

（二）民事诉讼法的基本原则

民事诉讼法的基本原则，指用于指导人民法院和诉讼参与人进行民事诉讼活动的基本准则。《民事诉讼法》第一章包括我国民事诉讼活动应遵循的原则，除了适用于各种诉讼关系的一般原则外，还有民事诉讼特有的基本原则，反映了民事诉讼的指导思想和精神实质。以下逐一介绍民事诉讼特有的基本原则：

（1）诉讼权利平等原则。民事诉讼当事人有平等的诉讼权利。人民法院审理民事案件，应当保障和便利当事人行使诉讼权利，对当事人在适用法律上一律平等。

（2）自愿合法调解原则。人民法院审理民事案件，应当根据自愿和合法的原则进行调解；调解不成的，应当及时判决。法院调解是我国民事审判工作的优良传统和成功经验，但既要防止忽视调解作用的倾向，又要反对滥用调解的做法。调解既要符合法律，又要以当事人自愿为前提。

（3）当事人辩论原则。人民法院审理民事案件时，当事人有权进行辩论。辩论可最大限度地澄清疑点，揭示真相，有利于维护当事人的合法权益。辩论既包括口头形式，又包括书面形式；既可针对实体问题，又可针对程序问题；既体现为法庭辩论，又体现为起诉状和答辩状等一般辩论。

（4）权利处分原则。当事人有权在法律规定的范围内处分自己的民事实体权利和诉讼权利。对实体权利的处分体现在诸如权利主体在起诉时可自由选择请求法院保护的方法与自行和解的方法等方面；诉讼权利的处分体现在自愿决定是否起诉、是否撤诉或是否上诉等方面。

二、民事案件的管辖

（一）管辖概述

确定了一项民事经济争议或纠纷可由法院受理之后，管辖制度将明确究竟由哪一级哪一个法院受理和审判该民事案件。科学合理地处理管辖问题，有利于当事人及时行使诉权，维护其合法权益，还可恒定案件管辖，避免案件随意移送。民事管辖恒定，是指在受理起诉时对案件有管辖权的法院，对案件自始至终都有管辖权，不因当事人住所地或法院辖区变化等丧失其管辖权。

民事案件的管辖，是指各级人民法院之间以及同级人民法院之间受理第一审民事案件的分工和权限。

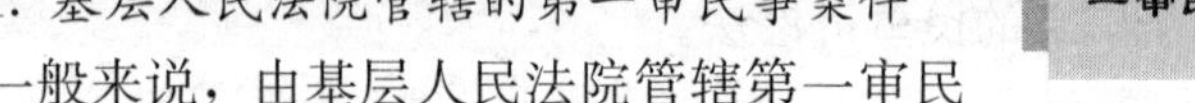

（二）级别管辖

在确定级别管辖时，应综合考虑诉讼金额的大小、案件的性质、案件审理的难易程度和案件的社会影响范围。

级别管辖，是指上下级人民法院受理第一审民事案件的分工和权限。

1. 基层人民法院管辖的第一审民事案件

一般来说，由基层人民法院管辖第一审民事案件，但民事诉讼法另有规定的除外。这样安排是因为基层人民法院一般与案件联系最密切，由其管辖有利于提高诉讼效率。

2. 中级人民法院管辖的第一审民事案件

中级人民法院管辖的第一审民事案件有以下三类：（1）重大涉外案件。（2）在本辖区有重大影响的案件。（3）最高人民法院确定由中级人民法院管辖的案件。具体有：①专利纠纷案件。《最高人民法院关于适用〈中华人民共和国民事诉讼法〉的解释》规定：专利纠纷案件由知识产权法院、最高人民法院确定的中级人民法院和基层人民法院管辖。②海事、海商案件。③重大的涉港、澳、台案件。《最高人民法院关于适用〈中华人民共和国民事诉讼法〉的解释》指出：重大涉外案件包括争议标的额大的案件、案情复杂的案件，或者一方当事人人数众多等具有重大影响的案件。

3. 高级人民法院管辖的第一审民事案件

高级人民法院管辖在本辖区有重大影响的第一审民事案件。所谓有重大影响的案件，是指重大、复杂、涉及面广、争议标的数额巨大、社会影响大以及审判难度大的民事案件。

4. 最高人民法院管辖的第一审民事案件

最高人民法院管辖以下两类一审案件：（1）在全国有重大影响的案件。（2）认为应当由本院审理的案件。此类案件，不管法律是否对其管辖进行规定，只要最高人民法院认为应当由自己审理，即享有对该类案件的管辖权。

（三）地域管辖

级别管辖确定了一个民事案件由哪级法院管辖后，地域管辖再确定该案件由哪一个法院管辖。

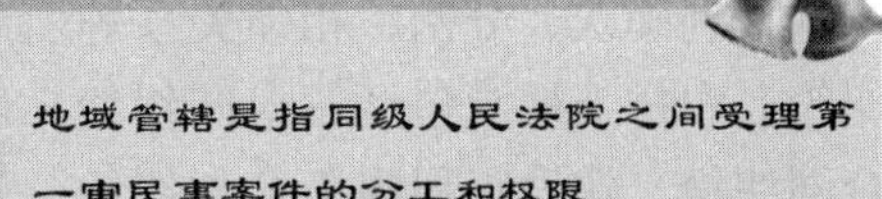
地域管辖是指同级人民法院之间受理第一审民事案件的分工和权限。

1. 普通地域管辖

普通地域管辖是指依当事人住所地与法院辖区的关系来确定管辖法院，即当事人在哪个辖区，案件就由哪个法院管辖。原告就被告是普通地域管辖的一般原则，即依被告住所地确定管辖法院。普通地域管辖有两种情形：（1）对公民提起的民事诉讼，由被告住所地人民法院管辖；被告住所地与经常居住地不一致的，由经常居住地人民法院管辖。公民的住所地是指公民的户籍所在地。（2）对法人或者其他组织提起的民事诉讼，由被告住所地人民法院管辖。法人或者其他组织的住所地是指法人或者其他组织的主要办事机构所在地。法人或者其他组织的主要办事机构所在地不能确定的，法人或者其他组织的注册地或者登记地为住所地。

2. 特殊地域管辖

特殊地域管辖指除了以被告住所地为标准外，还以引起法律关系发生、变更、消灭的法律事实所在地为标准，确定案件管辖法院。《民事诉讼法》规定了十种特殊地域管辖：

（1）因合同纠纷提起的诉讼，由被告住所地或者合同履行地人民法院管辖；

（2）因保险合同纠纷提起的诉讼，由被告住所地或者保险标的物所在地人民法院管辖；

（3）因票据纠纷提起的诉讼，由票据支付地或者被告住所地人民法院管辖；

（4）因公司设立、确认股东资格、分配利润、解散等纠纷提起的诉讼，由公司住所地人民法院管辖；

（5）因铁路、公路、水上、航空运输和联合运输合同纠纷提起的诉讼，由运输始发地、目的地或者被告住所地人民法院管辖；

（6）因侵权行为提起的诉讼，由侵权行为地或者被告住所地人民法院管辖；

（7）因铁路、公路、水上和航空事故请求损害赔偿提起的诉讼，由事故发生地或者车辆、船舶最先到达地、航空器最先降落地或者被告住所地人民法院管辖；

（8）因船舶碰撞或者其他海事损害事故请求损害赔偿提起的诉讼，由碰撞发生地、碰撞船舶最先到达地、加害船舶被扣留地或者被告住所地人民法院管辖；

（9）因海难救助费用提起的诉讼，由救助地或者被救助船舶最先到达地人民法院管辖；

（10）因共同海损提起的诉讼，由船舶最先到达地、共同海损理算地或者航程终止地的人民法院管辖。

（四）专属管辖与协议管辖

下列案件为专属管辖：

（1）因不动产纠纷提起的诉讼，由不动产所在地人民法院管辖。不动产纠纷是指因不动产的权利确认、分割、相邻关系等引起的物权纠纷。农村土地承包经营合同纠纷、房屋租赁合同纠纷、建设工程施工合同纠纷、政策性房屋买卖合同纠纷，按照不动产纠纷确定管辖。不动产已登记的，以不动产登记簿记载的所在地为不动产所在地；不动产未登记的，以不动产实际所在地为不动产所在地。

专属管辖指法律明确规定某类案件只可由特定的人民法院管辖，其他人民法院无管辖权，当事人也不能协议变更管辖法院。

（2）因港口作业中发生纠纷提起的诉讼，由港口所在地人民法院管辖。

（3）因继承遗产纠纷提起的诉讼，由被继承人死亡时住所地或者主要遗产所在地人民法院管辖。

《民事诉讼法》第 34 条规定："合同或者其他财产权益纠纷的当事人可以书面协议选择被告住所地、合同履行地、合同签订地、原告住所地、标的物所在地等与争议有实际联系的地点的人民法院管辖，但不得违反本法对级别管辖和专属管辖的规定。"这表明双方可以就财产权益纠纷以书面形式在一定范围的法院中对管辖法院进行约定。这其中的书面协议，包括书面合同中的协议管辖条款或者诉讼前以书面形式达成的选择管辖的协议。

协议管辖指当事人双方在纠纷发生前或者纠纷发生后，相互约定审理该纠纷的管辖法院。

案例：位于南京的甲公司从广州购进一批电子产品，由住所地位于深圳的乙公司负责承运。当货物到达南京后，甲公司清点发现有一包产品包装破损，其中的产品在运输中散落损坏，另有一包产品因被水浸湿完全损坏。甲公司准备起诉乙公司。

问题：（1）甲公司能向哪些法院提起诉讼？（2）如果甲公司和乙公司的运输合同中约定了由广州法院管辖，甲公司能否在南京法院起诉？（3）如果该运输最后一段由位于上海的丙公司承担从宁波到南京的水上运输，且在丙公司到达南京港口卸货时操作失误引起产品损失，甲公司应当向何地法院起诉丙公司？

分析：（1）因运输合同纠纷提起的诉讼，由运输始发地、目的地或被告住所地法院管辖。所以在本案中，运输始发地广州、目的地南京以及乙公司住所地深圳的法院都有管辖权。（2）根据合同纠纷协议管辖优先的原则，甲公司应到广州起诉。（3）港口作业中引发纠纷提起的诉讼应当由港口所在地法院专属管辖，即由南京法院管辖。

（五）应诉管辖

2017年修改后的《民事诉讼法》设立了应诉管辖制度，即在不违反级别管辖和专属管辖的情况下，即使存在受诉法院审理案件不符合《民事诉讼法》规定的情形，若被告在答辩期内没有提出管辖异议，同时向该法院应诉并答辩的，视为受诉法院有管辖权。这是当事人处分权的充分体现，也使我国的管辖制度更加灵活。在上述案例中，如果甲公司向南京法院起诉，乙公司在答辩期内应诉并进行答辩，南京法院也可以审理该案。

三、审判组织和诉讼参与人

人民法院审理第一审民事案件，由审判员、陪审员共同组成合议庭或者由审判员组成合议庭。

（一）审判组织

合议庭的人数必须是单数。符合一定条件的案件可适用简易程序审理，由审判员一人单独审理。

（二）当事人

1. 民事诉讼权利能力与民事诉讼行为能力

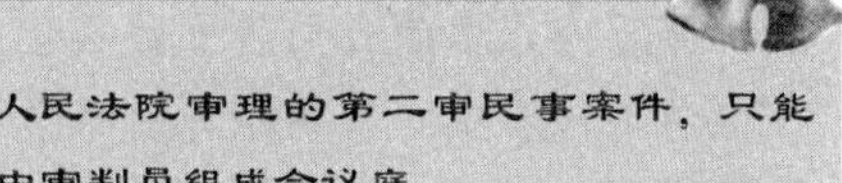
人民法院审理的第二审民事案件，只能由审判员组成合议庭。

这是自然人和组织成为民事诉讼当事人的基本条件。民事诉讼权利能力指自然人和组织享有民事诉讼权利能力和承担民事诉讼义务的能力。民事诉讼法规定自然人、法人和其他组织可以作为民事诉讼的当事人，表明这三类主体具备诉讼权利能力。民事诉讼行为能力指以自己的行为行使诉讼权利，履行诉讼义务的能力，即亲自参加诉讼的能力。年满18周岁或年满16周岁未满18周岁以自己的劳动收入为主要生活来源的公民，具有完全民事行为能力的，都具备民事诉讼行为能力。法人和其他组织的民事诉讼行为能力和民事诉讼权利能力一致，自成立时产生，于撤销、合并、宣告破产等情况下消灭。

2. 民事诉讼当事人的种类

（1）原告，指为维护本人或依法由其管理、保护的民事权益而以其自己的名义向人民法院起诉，启动民事诉讼程序的人。

（2）被告，指与原告利益对立，被原告起诉而由人民法院通知应诉的人。

（3）共同诉讼人。二人以上的一方或双方当事人统称为共同诉讼人。共同诉讼人包括共同原告及共同被告。

（4）第三人。指对他人之间的诉讼标的具有独立请求权或虽无独立请求权但与案件的处理结果有法律上的利害关系，而参加到已开始的诉讼中的诉讼参与人。有独立请求权的第三人，对当事人双方的诉讼标的有权提起诉讼。无独立请求权的第三人，可以申请参加诉讼，或者由人民法院通知其参加诉讼，人民法院判决承担民事责任的，有当事人的诉讼权利义务。

（5）诉讼代表人。指因当事人一方人数众多，而由当事人推选代表，代表当事人从事诉讼行为的人。诉讼代表人的诉讼行为对其所代表的当事人发生效力，但代表人变更、放弃诉讼请求或者承认对方当事人的诉讼请求，进行和解，必须经被代表的当事人同意。

（三）诉讼代理人

诉讼代理人是指根据法律规定或当事人授权，以被代理人名义，为保护被代理人合法的民事权益，而实施诉讼行为的人。基于法律规定而享有代理权的是法定代理人；基于当事人委托授权而享有代理权的是委托代理人。

无诉讼行为能力人由其监护人作为法定代理人代为诉讼。法定代理人之间互相推诿代理责任的，由人民法院指定其中一人代为诉讼。

当事人、法定代理人可以委托一至二人作为诉讼代理人。律师、基层法律服务工作者，当事人的近亲属或者工作人员，当事人所在社区、单位以及有关社会团体推荐的公民，都可以被委托为诉讼代理人。

案例：某小区使用的自来水被污染，致使该小区48户业主的未成年儿童生病住院。业主们找到自来水公司要求赔偿时，自来水公司称其提供的水是合格的，污染原因是提供自来水的水管。协商未果后小区业主将自来水公司诉至法院。

问题：(1) 原告是生病儿童还是他们的父母？(2) 法院为查清事实，追加水管公司为第三人，水管公司属于什么性质的第三人？(3) 为了便于诉讼，48户业主推选了王某作为代表出庭，并聘请了李律师出庭陈述法律问题。王某与李律师的身份是什么？

分析：(1) 对原告无民事行为能力的要求，本案中是儿童受到了人身伤害，所以提起诉讼的原告为48户业主的未成年儿童，他们的父母作为监护人，在诉讼中属于法定代理人。(2) 水管公司属于无独立请求权的第三人，如果法院判决其承担责任，其具备被告的地位。(3) 由于原告人数较多，王某是推选出的代表，属于诉讼代表人，但其行使放弃、变更诉讼请求、和解等实体性权利仍应得到被代表的当事人同意。李律师为诉讼代理人，接受原告委托出庭陈述法律意见。

四、第一审程序

《民事诉讼法》规定的第一审程序主要包括以下几个阶段：

（一）起诉与受理

起诉即民事法律关系主体因其民事权益受侵犯或与他人发生争议，而请求法院予以审判保护的诉讼行为。起诉必须符合下列条件：

(1) 原告是与本案有直接利害关系的公民、法人和其他组织。

(2) 有明确的被告。

(3) 有具体的诉讼请求和事实、理由。

(4) 属于人民法院受理民事诉讼的范围和受诉人民法院管辖。

人民法院收到起诉状或者口头起诉，经审查，认为符合以上起诉条件的，应当登记立案，对当场不能判定是否符合起诉条件的，应当接收起诉材料，并出具注明收到日期的书面凭证；需要补充必要相关材料的，人民法院应当及时告知当事人；在补齐相关材料后，应当在七日内决定是否立案。

（二）审理前的准备

为保证庭审活动的顺利进行，人民法院需要在受案后进行必要的准备工作。如向被告送达起诉状副本，向原告送达答辩状副本；确定合议庭组成人员；认真审核诉讼材料，调查收集必要的证据。

（三）开庭审理

开庭审理是指在审判人员的主持下，在当事人和其他诉讼参与人的参加下，按照法定形式和程序，在法庭上对案件进行实体审理并作出裁判的诉讼活动。

1. 开庭通知

人民法院审理民事案件，应当在开庭 3 日前通知当事人和其他诉讼参与人。

2. 审理形式

人民法院审理民事案件，除涉及国家秘密、个人隐私或者法律另有规定的以外，应当公开进行。离婚案件和涉及商业秘密的案件，当事人申请不公开审理的，可以不公开审理。

3. 开庭前及开庭时事项

在开庭审理前，书记员应当查明当事人和其他诉讼参与人是否到庭，宣布法庭纪律。在开庭审理时，由审判长核对当事人，宣布案由，宣布审判人员、书记员名单，告知当事人有关的诉讼权利义务，询问当事人是否提出回避申请。

4. 法庭调查

法庭调查按照下列顺序进行：

（1）当事人陈述；

（2）告知证人的权利义务，证人作证，宣读未到庭的证人证言；

（3）出示书证、物证和视听资料；

（4）宣读鉴定结论；

（5）宣读勘验笔录。

5. 法庭辩论

法庭辩论按照下列顺序进行：

（1）原告及其诉讼代理人发言；

（2）被告及其诉讼代理人答辩；

（3）第三人及其诉讼代理人发言或者答辩；

（4）互相辩论。

法庭辩论终结，由审判长按照原告、被告、第三人的先后顺序征询各方最后意见。

6. 评议与宣判

法庭辩论终结后，对不进行调解或调解不成的，由合议庭评议，确定案件事实和认定及法律适用，依法作出裁决。在宣告判决时，必须告知当事人上诉权利、上诉期限和上诉的法院。

7. 简易程序

简易程序是基层人民法院及其派出的法庭审理事实清楚、权利义务关系明确、争议不大的简单民事案件时适用的一种简便易行的程序。双方当事人也可以约定适用简易程序。人民法院在审理过程中发现不宜适用简易程序的，裁定转为普通程序。下列案件，不适用简易程序：（1）起诉时被告下落不明的；（2）发回重审的；（3）当事人一方人数众多的；（4）适用审判监督程序的；（5）涉及国家利益、社会公共利益的；（6）第三人起诉请求改变或者撤销生效判决、裁定、调解书的；（7）其他不宜适用简易程序的案件。在简易程序中，原告可口头起诉，可当即审理，可用简便方式传唤当事人、证人，并可由审判员一人独任审理。适用简易程序审理案件，应当在立案之日起 3 个月内审结。

8. 小额诉讼程序

2017 年修订的《民事诉讼法》设立的小额诉讼程序适用一审终审。满足小额诉讼案件的条件有两项：一是满足适用简易程序的条件，即为事实清楚、权利义务关系明确、争议不大的简单民事案件；二是标的额不高，为省级行政区上一年度就业人员年平均工资 30%以下的。各省、自治区、直辖市上年度就业人员年平均工资，是指已经公布的各省、自治区、直辖市上一年度就业人员年平均工资。在上一年度就业人员年平均工资公布前，以已经公布的最近年度就业人员年平均工资为准。

下列案件，不适用小额诉讼程序审理：（1）人身关系、财产确权纠纷；（2）涉外民事纠纷；（3）知识产权纠纷；（4）需要评估、鉴定或者对诉前评估、鉴定结果有异议的纠纷；（5）其他不宜适用一审终审的纠纷。

小额诉讼程序不仅为当事人缩短了争议解决周期，而且节约了司法审判资源，有效缓解了近年来日益加重的审判压力。

案例： 王某驾车不慎撞伤李某，经交警认定，王某承担 80%责任，李某自担 20%责任。李某住院花费了 1 万元，向王某讨要 8 000 元。王某以刚失业手头紧为由拖延付款。李某将王某诉至法院，经法院询问，双方愿意适用小额诉讼程序，后法院适用小额诉讼程序审理此案。开庭前，李某告诉法官，其近日被医院查出肋骨存在裂纹，应为王某撞伤所致，还需要再次治疗，要求增加赔偿请求。法官明确表示：由于双方已经书面同意适用小额诉讼程序，不能增加请求，新发生的损失可以另行索赔。

分析： 本案中，李某起诉王某索赔 8 000 元治疗费，由于事故责任清楚，索赔数额也符合法定要求，法院适用小额诉讼程序是正确的。开庭前，若发现因事故造成的损害有未主张而申请增加的，法院应当予以准许。若增加后超出了小额诉讼程序可适用的标的额条件，应当不再适用小额诉讼程序。法官不允许李某增加赔偿请求的做法是不正确的。

五、第二审程序

1．上诉的提起

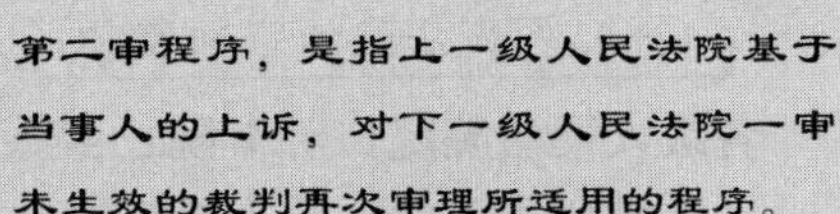

第二审程序，是指上一级人民法院基于当事人的上诉，对下一级人民法院一审未生效的裁判再次审理所适用的程序。

上诉是引起第二审程序发生的依据。当事人提起上诉的期限，判决为 15 天，裁定为 10 天，从判决书和裁定书送达之日起计算。

2．上诉的审理

第二审人民法院对上诉案件，应当组成合议庭，开庭审理，对上诉请求的有关事实和适用法律进行审查。经过阅卷和调查，询问当事人，对没有提出新的事实、证据或者理由，合议庭认为不需要开庭审理的，可以不开庭审理。

3．上诉的裁决

第二审人民法院对上诉案件经过审理，按照下列情形分别处理：

（1）原判决、裁定认定事实清楚，适用法律正确的，判决、裁定驳回上诉，维持原判决、裁定。

（2）原判决、裁定认定事实错误或者适用法律错误的，以判决、裁定方式依法改判、撤销或者变更。

（3）原判决认定基本事实不清，裁定撤销原判决，发回原审人民法院重审，或者查清事实后改判。

（4）原判决遗漏当事人或者违法缺席判决等严重违反法定程序的，裁定撤销原判决，发回原审人民法院重审。当事人对重审案件的判决、裁定，可以上诉，第二审人民法院不得再次发回重审。

第二审人民法院的判决、裁定，是终审的判决、裁定。

案例：张某因李某买了货物不付货款，将李某起诉到某人民法院。2019 年 3 月 28 日立案后，直到 7 月 2 日，张某才接到了次日开庭的通知。开庭时，由法官胡某独任审判，经过法庭调查，胡某认为事实清楚，就休庭让双方回去等待判决。7 月 10 日，一审人民法院判决驳回了张某的诉讼请求。张某不服，向上级法院上诉。问：（1）一审中有哪些程序违法的情况？（2）上级人民法院收到案件后，由于一审采用的是独任审判，故也采用一名法官独任审判。法官经审理后认为原判决违反法定程序，影响了对案件的正确判决，故进行了改判。该二审人民法院是否存在违法情况？

分析：（1）开庭通知应当至少提前 3 天送达当事人，一审人民法院仅提前一天通知当事人开庭；开庭时已经超过了立案后 3 个月，不应当由一名法官采用简易程序进行独任审判；庭审中，法庭调查后缺少必要的法庭辩论阶段。（2）二审人民法院审理上诉案件，必须组成合议庭开庭审理；由于原判决违反法定程序，影响了对案件的正确判决，应当裁定撤销原判决，发回原审人民法院重审。

六、审判监督程序

提起审判监督程序有下列情形：

（一）人民法院的审判监督

各级人民法院院长对本院已经发生法律效力的判决、裁定、调解书，发现确有错误，认为需要再审的，应当提交审判委员会讨论决定。

最高人民法院对地方各级人民法院已经发生法律效力的判决、裁定、调解书，上级人民法院对下级人民法院已经发生法律效力的判决、裁定、调解书，发现确有错误的，有权提审或者指令下级人民法院再审。

审判监督程序是指依法对人民法院作出的已生效判决、裁定和调解实施监督检查的一种诉讼程序。

（二）人民检察院的法律监督

最高人民检察院对各级人民法院已经发生法律效力的判决、裁定，上级人民检察院对下级人民法院已经发生法律效力的判决、裁定，发现有下列情形之一的，应当按照审判监督程序提出抗诉：

（1）原判决、裁定认定事实的主要证据不足的；

（2）原判决、裁定适用法律确有错误的；

（3）人民法院违反法定程序，可能影响对案件的正确判决、裁定的；

（4）审判人员在审理该案件时有贪污受贿、徇私舞弊、枉法裁判行为的。

地方各级人民检察院对同级人民法院已经发生法律效力的判决、裁定，发现有以上情形之一的，应当提请上级人民检察院按照审判监督程序提出抗诉。

（三）当事人的申诉

当事人对已经发生法律效力的判决、裁定，认为有错误的，可以向上一级人民法院申请再审，但不停止判决、裁定的执行。当事人一方人数众多或者当事人双方为公民的案件，也可以向原审人民法院申请再审。

当事人的申请符合下列情形之一的，人民法院应当再审：

（1）有新的证据，足以推翻原判决、裁定的；

（2）原判决、裁定认定的基本事实缺乏证据证明的；

（3）原判决、裁定认定事实的主要证据是伪造的；

（4）原判决、裁定认定事实的主要证据未经质证的；

（5）对审理案件需要的主要证据，当事人因客观原因不能自行收集，书面申请人民法院调查收集，人民法院未调查收集的；

（6）原判决、裁定适用法律确有错误的；

（7）审判组织的组成不合法或者依法应当回避的审判人员没有回避的；

（8）无诉讼行为能力人未经法定代理人代为诉讼或者应当参加诉讼的当事人，因不能归责于本人或者其诉讼代理人的事由，未参加诉讼的；

（9）违反法律规定，剥夺当事人辩论权利的；

（10）未经传票传唤，缺席判决的；

（11）原判决、裁定遗漏或者超出诉讼请求的；

（12）据以作出原判决、裁定的法律文书被撤销或者变更的；

（13）审判人员审理该案件时有贪污受贿、徇私舞弊、枉法裁判行为的。

人民法院应当自收到再审申请书之日起 3 个月内审查，符合上述规定情形之一的，裁定再审；不符合上述规定的，裁定驳回申请。

七、督促程序

督促程序是指对于以给付金钱或有价证券为标的的请求，人民法院根据债权人的申请，向债务人发出附有条件的支付令。如果债务人在法定期间内未履行义务又不提出书面异议，债务人就可根据支付令向人民法院申请强制执行。

督促程序是一种简单易行的保护债权人合法权益的程序。提起督促程序的条件是：

（1）债权人与债务人没有其他债务纠纷；

（2）支付令能够送达债务人。

八、公示催告程序

按照规定可以背书转让的票据持有人，因票据被盗、遗失或者灭失，可以向票据支付地的基层人民法院申请公示催告。人民法院决定受理申请，应当同时通知支付人停止支付，并在 3 日内发出公告，催促利害关系人申报权利。公示催告的期间，由人民法院根据情况决定，但不得少于 60 日。在公示催告期间，转让票据权利的行为无效。人民法院收到利害关系人的申报后，应当裁定终结公示催告程序，并通知申请人和支付人。申请人或者申报人可以向人民法院起诉。没有人申报的，人民法院应当根据申请人的申请作出判决，宣告票据无效。判决应当公告，并通知支付人。自判决公告之日起，申请人有权向支付人请求支付。

九、执行程序

执行程序是民事诉讼的最后一个程序，对确保人民法院判决、裁决的执行，维护法律尊严有重要意义。

发生法律效力的民事判决、裁定，以及刑事判决、裁定中的财产部分，由第一审人民法院或者与第一审人民法院同级的被执行的财产所在地人民法院执行。法律规定由人民法院执行的其他法律文书，由被执行人住所地或者被执行的财产所在地人民法院执行。

对生效判决和裁决，一方当事人拒绝履行的，对方当事人可在法定期限内向享有管辖权的人民法院申请强制执行。

人民法院可采取的强制执行措施有：查询、冻结、划拨被执行人的存款；扣留、提取被执行人应当履行义务部分的收入；查封、扣押、冻结、拍卖、变卖被执行人应当履行义务部分的财产；限制出境，在征信系统记录、通过媒体公布不履行义务信息以及法律规定的其他措施。

第二节　行政诉讼法

一、行政诉讼与行政诉讼法概述

（一）行政诉讼的概念

行政诉讼以解决行政纠纷为目的；其标的是特定的，只包括行政机关的行政行为；其原告和被告也是恒定的，原告是认为自己的合法权益受到行政行为侵害的公民、法人或其他组织，被告是被指控行政行为违法的主管行政机关。

（二）行政诉讼法的概念与基本原则

> 行政诉讼指公民、法人或其他组织以行政机关和行政机关工作人员的行政行为侵犯其利益为由，向人民法院提起诉讼，请求人民法院对该行政行为的合法性进行审查，并作出裁判的活动。

行政诉讼法有广义和狭义之分。狭义的行政诉讼法单指《中华人民共和国行政诉讼法》（以下简称《行政诉讼法》），即行政诉讼法典，曾分别于2014年11月1日和2017年6月27日历经两次修订。广义的行政诉讼法包括一切有关行政诉讼的法律规范，除了行政诉讼法典以外，还有宪法和人民法院组织法中有关行政诉讼的规定，民事诉讼法中适用于行政诉讼的规定，各种单行法律法规中有关行政诉讼的规定以及有关行政诉讼的司法解释和批复等。最高人民法院于2018年2月6日发布《最高人民法院关于适用〈中华人民共和国行政诉讼法〉的解释》，并自2018年2月8日起施行。

> 行政诉讼法是调整人民法院和诉讼参与人在行政诉讼过程中形成的各种诉讼关系的法律规范的总称。

我国的行政诉讼法有以下四项特有原则：

（1）仅对行政行为是否合法进行审查。人民法院只对行政行为进行审查，不能对抽象行政行为进行审查；对行政行为原则上只能进行合法性审查，不作适当性审查。

（2）由被告承担举证责任。行政机关应对其行政行为提供事实和法律、法规等规范性文件作为依据，否则要承担败诉的责任。

（3）起诉不停止执行。起诉一般不带来停止行政行为执行的法律后果，除非有以下特殊情况：

①被告认为需要停止执行的；

②原告申请停止执行，人民法院认为该行政行为的执行会造成难以弥补的损失，并且停止执行不损害社会公共利益，裁定停止执行的；

③法律、法规规定停止执行的。

(4) 不适用调解。人民法院应当在查清事实、分清是非的基础上以判决方式解决纠纷。但是，行政赔偿、补偿以及行政机关行使法律、法规规定的自由裁量权的案件可以调解。

二、行政诉讼的受案范围

(一) 人民法院受理的行政案件

根据《行政诉讼法》的规定，人民法院受理公民、法人或者其他组织提起的下列诉讼：

(1) 对行政拘留、暂扣或者吊销许可证和执照、责令停产停业、没收违法所得、没收非法财物、罚款、警告等行政处罚不服的；

(2) 对限制人身自由或者对财产的查封、扣押、冻结等行政强制措施和行政强制执行不服的；

(3) 申请行政许可，行政机关拒绝或者在法定期限内不予答复，或者对行政机关作出的有关行政许可的其他决定不服的；

(4) 对行政机关作出的关于确认土地、矿藏、水流、森林、山岭、草原、荒地、滩涂、海域等自然资源的所有权或者使用权的决定不服的；

(5) 对征收、征用决定及其补偿决定不服的；

(6) 申请行政机关履行保护人身权、财产权等合法权益的法定职责，行政机关拒绝履行或者不予答复的；

(7) 认为行政机关侵犯其经营自主权或者农村土地承包经营权、农村土地经营权的；

(8) 认为行政机关滥用行政权力排除或者限制竞争的；

(9) 认为行政机关违法集资、摊派费用或者违法要求履行其他义务的；

(10) 认为行政机关没有依法支付抚恤金、最低生活保障待遇或者社会保险待遇的；

(11) 认为行政机关不依法履行、未按照约定履行或者违法变更、解除政府特许经营协议、土地房屋征收补偿协议等协议的；

(12) 认为行政机关侵犯其他人身权、财产权等合法权益的。

(二) 人民法院不受理的行政案件

人民法院不受理公民、法人或者其他组织对下列事项提起的诉讼：

(1) 国防、外交等国家行为；

(2) 行政法规、规章或者行政机关制定、发布的具有普遍约束力的决定、命令；

(3) 行政机关对行政机关工作人员的奖惩、任免等决定；

(4) 法律规定由行政机关最终裁决的行政行为。

三、行政诉讼的管辖

行政诉讼的管辖指人民法院内部受理第一审行政案件的分工和权限。

（一）级别管辖

级别管辖，是指各级人民法院之间受理第一审行政案件的分工和权限。

1. 基层人民法院

基层人民法院管辖一般的第一审行政案件。行政案件由基层人民法院管辖便于当事人诉讼，也便于人民法院审理，其判决裁定也易于执行。

2. 中级人民法院

中级人民法院管辖下列第一审行政案件：

（1）对国务院部门或者县级以上地方人民政府所作的行政行为提起诉讼的案件；

（2）海关处理的案件；

（3）本辖区内重大、复杂的案件；

（4）其他法律规定由中级人民法院管辖的案件。

这类案件的审理往往对审判技术与水平要求较高，专业性和政策性较强，由基层人民法院审理有一定困难。

3. 高级人民法院

高级人民法院管辖本辖区内重大、复杂的第一审行政案件。

4. 最高人民法院

最高人民法院一般不审理第一审行政案件，特殊情况下管辖的第一审行政案件必须是全国范围内重大、复杂的行政案件。

（二）地域管辖

地域管辖指同级人民法院之间受理第一审行政案件的分工和权限。

1. 一般地域管辖

一般地域管辖是指行政案件由作为被告的行政机关所在地的人民法院管辖。《行政诉讼法》第18条规定：行政案件由最初作出行政行为的行政机关所在地人民法院管辖。经复议的案件，也可以由复议机关所在地人民法院管辖。经最高人民法院批准，高级人民法院可以根据审判工作的实际情况，确定若干人民法院跨行政区域管辖行政案件。此规定可方便当事人起诉和行政机关应诉，方便人民法院调查取证和最后的判决执行。另外，行政机关使用的法律带有地域性，这样也便于人民法院适用地方性法规。

2. 特殊地域管辖

特殊地域管辖是指按照法律的特别规定确定的地域管辖。主要有以下三种情况：

（1）经复议的案件，复议机关改变原行政行为的，由复议机关所在地人民法院管辖。但这类案件也可由最初作出行政行为的行政机关所在地人民法院管辖。

（2）对限制人身自由的行政强制措施不服提起的诉讼，由被告所在地或者原告所在

地人民法院管辖。其中限制人身自由的行政措施，主要指劳动教养和收容教养。原告可据此根据情况选择管辖的法院。

（3）因不动产提起的行政诉讼，由不动产所在地人民法院管辖。涉及不动产的案件由不动产所在地法院专属管辖。

3. 裁定管辖

裁定管辖是指在某些特殊情况下，人民法院按照行政诉讼法的规定自由裁定的管辖。主要有以下三种：

（1）移送管辖。人民法院发现受理的案件不属于自己管辖时，应当移送有管辖权的人民法院。受移送的人民法院应当受理。受移送的人民法院认为受移送的案件按照规定不属于本院管辖的，应当报请上级人民法院指定管辖。受移送的人民法院不得自行移送。

（2）移转管辖。又称为管辖权转移，指基于上级法院的裁定，下级法院将自己管辖的行政案件转交上级法院审理，或上级法院将自己有管辖权的行政案件交由下级法院审理。移送管辖与移转管辖的根本区别在于：前者是在先受理的法院没有管辖权，要将案件移送给有管辖权的法院；后者是本来有管辖权的法院基于某种考虑依法将案件移转给下级或上级法院审理。

（3）指定管辖。指定管辖发生在出现特殊原因或管辖权出现争议的场合。有管辖权的人民法院由于特殊原因不能行使管辖权的，由上级人民法院指定管辖。人民法院对管辖权发生争议，由争议双方协商解决；协商不成的，报其共同上级人民法院指定管辖。

四、行政诉讼参与人

（一）原告与被告

行政诉讼的原告指认为行政机关的行政行为侵害了自己的合法权益，依法提起诉讼的公民、法人和其他组织。《行政诉讼法》第 25 条规定：行政行为的相对人以及其他与行政行为有利害关系的公民、法人或者其他组织，有权提起诉讼。有权提起诉讼的公民死亡，其近亲属可以提起诉讼。有权提起诉讼的法人或者其他组织终止，承受其权利的法人或者其他组织可以提起诉讼。

行政诉讼的被告指公民、法人或者其他组织直接向人民法院提起诉讼的，作出行政行为的行政机关。经复议的案件，复议机关决定维持原行政行为的，作出原行政行为的行政机关和复议机关是共同被告；复议机关改变原行政行为的，复议机关是被告。复议机关在法定期限内未作出复议决定，公民、法人或者其他组织起诉原行政行为的，作出原行政行为的行政机关是被告；起诉复议机关不作为的，复议机关是被告。由法律、法规授权的组织所作的行政行为，该组织是被告。由行政机关委托的组织所作的行政行为，委托的行政机关是被告。

两个以上行政机关作出同一行政行为的，共同作出行政行为的行政机关是共同被告。行政机关被撤销的，继续行使其职权的行政机关是被告。

案例：薛某经营一家书店。一日，区工商局人员对其书店进行检查，并拿走了几本书。几日后，薛某收到了行政处罚通知书，称其销售黄色书刊，要求其停业整顿半个月并处罚款2 000元。薛某不服。

问题：(1) 薛某能否直接起诉？起诉谁？(2) 如果薛某提起行政复议，可向哪个机关提起？(3) 如果复议机关将行政处罚改变为停业10日，罚款1 500元，薛某仍然不服，薛某应起诉哪个机关？

分析：(1) 本案情形不属于行政复议前置的情况，薛某可以直接起诉，被告为作出行政行为的机关，即区工商局。(2) 薛某可以向作出行政行为机关的上级机关，即市工商局，或向本级人民政府提起行政复议。(3) 复议机关改变了行政行为后，若薛某仍然不服，应当起诉复议机关。

（二）第三人

第三人指与提起诉讼的行政行为有利害关系的其他公民、法人或者其他组织，可以自行申请参加诉讼，也可由人民法院通知参加诉讼。《行政诉讼法》第29条规定：公民、法人或者其他组织同被诉行政行为有利害关系但没有提起诉讼，或者同案件处理结果有利害关系的，可以作为第三人申请参加诉讼，或者由人民法院通知参加诉讼。人民法院判决第三人承担义务或者减损第三人权益的，第三人有权依法提起上诉。利害关系是指关于行政行为争议的处理结果将对第三人享有的权利和承担的义务产生直接影响。

（三）诉讼代理人

行政诉讼代理人是指在行政诉讼中以被代理人名义，在代理权限内代理被代理人进行诉讼的人。当事人、法定代理人，可以委托一至二人作为诉讼代理人。下列人员可以被委托为诉讼代理人：(1) 律师、基层法律服务工作者；(2) 当事人的近亲属或者工作人员；(3) 当事人所在社区、单位以及有关社会团体推荐的公民。

五、第一审程序

根据《行政诉讼法》的规定，第一审程序主要包括以下几个阶段：

（一）起诉与受理

起诉，指公民、法人或者其他组织认为行政机关的行政行为侵犯其合法权益，依法请求人民法院对其进行保护的诉讼行为。

对属于人民法院受案范围的行政案件，公民、法人或者其他组织可以先向行政机关申请复议，对复议不服的，再向人民法院提起诉讼；也可以直接向人民法院提起诉讼。法律、法规规定应当先向行政机关申请复议，对复议不服再向人民法院提起诉讼的，依照法律、法规的规定。

起诉的时限是公民、法人或者其他组织知道或应当知道作出行政行为之日起6个月内，法律另有规定的除外。公民、法人或者其他组织因不可抗力或者其他特殊情况耽误法定期限的，在障碍消除后的10日内，可以申请延长期限，由人民法院决定。

提起诉讼应当符合以下条件：

（1）原告是认为行政行为侵犯其合法权益的公民、法人或者其他组织。

（2）有明确的被告。

（3）有具体的诉讼请求和事实根据。

（4）属于人民法院受案范围和受诉人民法院管辖。

受理，指人民法院对公民、法人或者其他组织的起诉进行审查，对符合法定条件的起诉决定立案审理，从而引起诉讼程序开始的职权行为。人民法院接到起诉状，对符合《行政诉讼法》规定的起诉条件的，应当登记立案。经审查，应当在7日内立案或者作出裁定不予受理。原告对裁定不服的，可以提起上诉。起诉状内容欠缺或者有其他错误的，应当给予指导和释明，并一次性告知当事人需要补正的内容。不得未经指导和释明即以起诉不符合条件为由不接收起诉状。

人民法院既不立案，又不作出不予立案裁定的，当事人可以向上一级人民法院起诉。上一级人民法院认为符合起诉条件的，应当立案、审理，也可以指定其他下级人民法院立案、审理。

（二）审理与判决

《行政诉讼法》规定了行政诉讼中的主要审判程序，未涉及的其他审判程序参照民事诉讼法。

1. 有争议的行政行为的执行

在诉讼期间，不停止行政行为的执行。但有下列情形之一的，停止行政行为的执行：

（1）被告认为需要停止执行的；

（2）原告申请停止执行，人民法院认为该行政行为的执行会造成难以弥补的损失，并且停止执行不损害社会公共利益，裁定停止执行的；

（3）法律、法规规定停止执行的。

2. 审判方式

行政案件应公开审理，但涉及国家秘密、个人隐私和法律另有规定的除外。

人民法院审理行政案件，由审判员组成合议庭，或者由审判员、陪审员组成合议庭。合议庭的成员，应当是3人以上的单数。

3. 当事人缺席的后果

经人民法院两次合法传唤，原告无正当理由拒不到庭的，视为申请撤诉；被告无正当理由拒不到庭的，可以缺席判决。

4. 申请撤诉

在人民法院对行政案件宣告判决或者裁定前，原告申请撤诉的，或者被告改变其所作的行政行为，原告同意并申请撤诉的，是否准许由人民法院裁定。

5. 法律依据

人民法院审理行政案件，以法律、行政法规和地方性法规为依据。地方性法规适用

于本行政区域内发生的行政案件。人民法院审理民族自治地方的行政案件，应以该民族自治地方的自治条例和单行条例为依据。

人民法院审理行政案件，参照国务院部委根据法律和国务院的行政法规、决定、命令制定、发布的规章以及省、自治区、直辖市和省、自治区的人民政府所在地的市以及经国务院批准的较大的市的人民政府根据法律和国务院的行政法规制定、发布的规章。

人民法院认为地方人民政府制定、发布的规章与国务院部委制定、发布的规章不一致的，以及国务院部委制定、发布的规章之间不一致的，由最高人民法院送请国务院作出解释或者裁决。

6. 判决

人民法院应当在立案之日起 6 个月内作出第一审判决。有特殊情况需要延长的，由高级人民法院批准；高级人民法院审理第一审案件需要延长的，由最高人民法院批准。人民法院经过审理，根据不同情况，分别作出以下判决：

（1）行政行为证据确凿，适用法律、法规正确，符合法定程序的，维持判决。

（2）行政行为有下列情形之一的，判决撤销或者部分撤销，并可以判决被告重新作出行政行为：1）主要证据不足的；2）适用法律、法规错误的；3）违反法定程序的；4）超越职权的；5）滥用职权的。

人民法院判决被告重新作出行政行为的，被告不得以同一事实和理由作出与原行政行为基本相同的行政行为，以确保法院判决的权威和真正维护原告的利益。

（3）被告不履行或者拖延履行法定职责的，判决其在一定期限内履行。

（4）行政处罚显失公正的，可以判决变更。

六、第二审程序与审判监督程序

（一）上诉

当事人（包括第三人）不服人民法院第一审判决的，有权在判决书送达之日起 15 日内向上一级人民法院提起上诉。当事人不服人民法院第一审裁定的，有权在裁定书送达之日起 10 日内向上一级人民法院提起上诉。逾期不提起上诉的，人民法院的第一审判决或者裁定发生法律效力。

（二）上诉案件的审理

人民法院审理上诉案件，应当对原审人民法院的判决、裁定和被诉行政行为进行全面审查。对上诉案件，人民法院可开庭审理；认为事实清楚的，也可以实行书面审理，即第二审法院只对当事人提出的上诉状、答辩状、一审卷宗及其他书面材料和证据进行审查，不开庭而直接作出判决的审判方式。

人民法院审理上诉案件，应当在收到上诉状之日起 2 个月内作出终审判决。有特殊情况需要延长的，由高级人民法院批准，高级人民法院审理上诉案件需要延长的，由最高人民法院批准。

（三）上诉案件的判决

人民法院审理上诉案件，按照下列情形分别处理：

（1）原判决、裁定认定事实清楚，适用法律、法规正确的，判决或者裁定驳回上诉，维持原判决、裁定；

（2）原判决、裁定认定事实错误或者适用法律、法规错误的，依法改判、撤销或者变更；

（3）原判决认定基本事实不清、证据不足的，发回原审人民法院重审，或者查清事实后改判；

（4）原判决遗漏当事人或者违法缺席判决等严重违反法定程序的，裁定撤销原判决，发回原审人民法院重审。

原审人民法院对发回重审的案件作出判决后，当事人提起上诉的，第二审人民法院不得再次发回重审。人民法院审理上诉案件，需要改变原审判决的，应当同时对被诉行政行为作出判决。

（四）审判监督程序

审判监督程序是指人民法院对已生效行政案件的判决和裁定，认为确有错误而再次进行审理的程序。提起审判监督程序有下列情形：

（1）人民法院的审判监督。人民法院院长对本院已经发生法律效力的判决、裁定，发现违反法律、法规规定认为需要再审的，应当提交审判委员会决定是否再审。

上级人民法院对下级人民法院已经发生法律效力的判决、裁定，发现违反法律、法规规定的，有权提审或者指令下级人民法院再审。

（2）人民检察院的法律监督。人民检察院对人民法院已经发生法律效力的判决、裁定，发现违反法律、法规规定的，有权按照审判监督程序提出抗诉。

（3）当事人的申诉。当事人对已经发生法律效力的判决、裁定，认为确有错误的，可以向原审人民法院或者上一级人民法院提出申诉，但判决、裁定不停止执行。

七、执行程序

当事人必须履行人民法院发生法律效力的判决、裁定。

公民、法人或者其他组织拒绝履行判决、裁定的，行政机关可以向第一审人民法院申请强制执行，或者依法强制执行。

行政机关拒绝履行判决、裁定的，第一审人民法院可以采取以下措施：

（1）对应当归还的罚款或者应当给付的赔偿金，通知银行从该行政机关的账户内划拨。

（2）在规定期限内不执行的，从期满之日起，对该行政机关按日处以50元至100元的罚款。

（3）向该行政机关的上一级行政机关或者监察、人事机关提出司法建议。接受司法建议的机关，根据有关规定进行处理，并将处理情况告知人民法院。

（4）拒不执行判决、裁定，情节严重构成犯罪的，依法追究主管人员和直接责任人员的刑事责任。

八、行政赔偿

1. 概述

行政赔偿是指行政主体违法行使行政职权的行为造成公民、法人或其他组织的合法权益受到损害而引起的赔偿责任。2012 年 10 月 26 日，第十一届全国人民代表大会常务委员会第二十九次会议通过了对 1994 年《中华人民共和国国家赔偿法》的第二次修订，并自 2013 年 1 月 1 日起施行。

2. 行政赔偿的范围

行政主体违法行使行政职权造成公民、法人或其他组织的人身自由权、生命权、健康权、财产权受到损害的情况属于行政赔偿的范围，但是行政机关工作人员与行使职权无关的个人行为以及因公民、法人和其他组织自己的行为致使损害发生等情形不属于行政赔偿的范围。

3. 赔偿义务机关

一般情况下行政机关及其工作人员行使行政职权侵犯公民、法人和其他组织的合法权益造成损害的，该行政机关为赔偿义务机关。另外还需注意几种特殊情况：

（1）共同行政侵权。两个以上行政机关共同行使行政职权时侵犯公民、法人和其他组织的合法权益造成损害的，共同行使行政职权的行政机关为共同赔偿义务机关。

（2）被授权组织行政侵权。法律、法规授权的组织在行使被授予的行政权力时侵犯公民、法人和其他组织的合法权益造成损害的，被授权的组织为赔偿义务机关。

（3）受委托组织或个人侵权。受行政机关委托的组织或者个人在行使受委托的行政权力时侵犯公民、法人和其他组织的合法权益造成损害的，委托的行政机关为赔偿义务机关。

（4）经复议的行政行为侵权。经复议机关复议的，最初造成侵权行为的行政机关为赔偿义务机关，但复议机关的复议决定加重损害的，复议机关对加重的部分履行赔偿义务。

（5）赔偿义务机关被撤销。赔偿义务机关被撤销的，继续行使其职权的行政机关为赔偿义务机关；没有继续行使其职权的行政机关的，撤销该赔偿义务机关的行政机关为赔偿义务机关。

4. 行政赔偿的程序

公民、法人或者其他组织单独就损害赔偿提出请求，应当先由行政机关解决。对行政机关的处理不服，可以向人民法院提起诉讼。需要特别指出的是，与一般行政诉讼不同的是，赔偿诉讼可以适用调解。

公民、法人或者其他组织也可以在对行政违法行为提起行政复议或行政诉讼的同时一并提出行政赔偿的请求。

第三节 仲裁法

一、仲裁的概念与特点

仲裁，从字面上看，是“居中公断”的意思，是指纠纷当事人根据争议发生前或争议产生后达成的协议，自愿将争议提交非司法机构的第三者居中评判，并作出裁决，从而解决争议的法律制度。原始的仲裁早在古罗马时代就已出现，随着社会的进步和商品经济的发展，现代仲裁制度日趋完善，逐渐发达，已成为与诉讼并称的解决民事经济法律争议的重要方式。

现在，越来越多的人选择以仲裁方式来解决相互之间的民事经济纠纷，原因在于仲裁具有以下特点：

（1）在仲裁的主体方面，由中立的第三者以民间组织的形式裁决当事人的争议。仲裁机构或仲裁员不具有官方性质，不行使国家职权，也不代表任何一方当事人，以民间组织的形式居中裁决当事人的争议。

（2）在仲裁的前提方面，由当事人自愿申请仲裁。仲裁机构没有司法强制权，它对争议的管辖完全来自当事人的授权。

（3）在仲裁的范围方面，仲裁的只是当事人之间发生的一定范围的争议。仲裁范围的确定，首先要符合强制性的法律规定，其次取决于当事人的约定。

（4）在仲裁的效力方面，仲裁裁决具有终局的强制性法律效力。仲裁采取“一裁终局”制，依法作出的仲裁裁决即具有终局法律效力。一方当事人如不履行仲裁裁决，另一方当事人可根据裁决向法院申请强制执行。

二、我国仲裁法律制度概况

我国仲裁制度始建于20世纪50年代，但后来发展缓慢，直至改革开放后才重新焕发生机，无论在立法上，还是在仲裁机构的建设上都有了很大的完善。1994年8月31日颁布并于2017年9月1日修订的《中华人民共和国仲裁法》（以下简称《仲裁法》）确立了我国仲裁制度的基本框架，这是狭义的仲裁法。广义的仲裁法还包括：其他法律法规如《民法总则》和《合同法》中有关仲裁的法律规范；我国缔结与参加的有关仲裁的国际条约，如1986年12月我国加入的《承认和执行外国仲裁裁决公约》；以及相关的大量司法解释。此外，一些著名仲裁机构颁布的仲裁程序规则，如《中国国际经济贸易仲裁委员会仲裁规则》和《北京仲裁委员会仲裁规则》，一经当事人选用也将成为调整仲裁活动的规范性文件。

三、仲裁的基本原则与制度

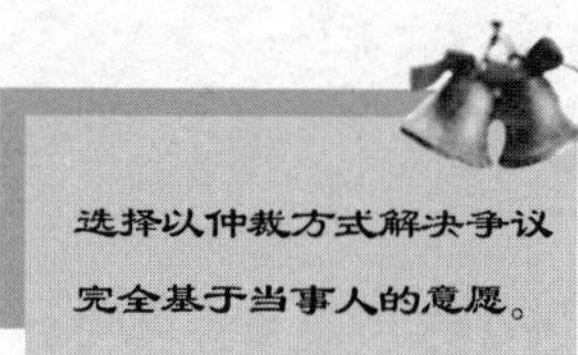

作为争议解决的两种重要制度，仲裁和诉讼有许多共同的原则和制度。如公平合理原则、符合法律规定原则和回避制度等。以下介绍仲裁特有的原则和制度。

(一) 自愿原则

自愿原则指是否把争议提交仲裁、提交争议事项的范围、争议提交哪个仲裁机构仲裁、仲裁适用何种程序等都是由当事人自己决定。

(二) 独立仲裁原则

首先，仲裁机构独立于行政机关，双方不存在隶属关系；其次，仲裁机构之间相互独立，不存在行政上的上下级关系；最后，仲裁机构和仲裁庭、仲裁员之间也相互独立，仲裁庭和仲裁员审理案件不受仲裁机构干涉。

(三) 不公开审理原则

除仲裁员、当事人、代理人及证人等相关人员外，仲裁审理不允许其他人旁听，不对外公开，仲裁员也有义务保守仲裁秘密。

这是仲裁与诉讼的重大区别之一。法院诉讼公开审理是为了让公众对公权力的行使进行监督，而仲裁权来自当事人的授予，本质上具有契约性，是私人裁判，因而不必向外界公开。当然，仲裁当事人要求公开进行的也可公开审理。

(四) 协议仲裁制度

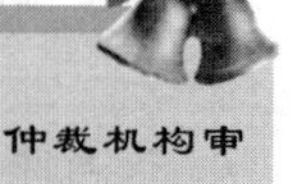

当事人约定的仲裁协议，是仲裁机构审理仲裁案件并作出对当事人有约束力的仲裁裁决的法律依据。

所谓协议仲裁制度，是指经济纠纷当事人协议将有关依法可以仲裁解决的争议提交协议所指定的仲裁机构进行裁决的一种制度。协议仲裁制度的核心内容，就是仲裁协议。对当事人而言，仲裁协议使他们只能通过仲裁解决争议，而不得再寻求诉讼途径；对仲裁庭而言，仲裁协议赋予其对争议的管辖权；对法院而言，仲裁协议则排除了其对案件的管辖权。

在本章导入案例中，由于张先生和杨先生之间的买卖合同中存在仲裁条款，因而法院不再对该案有管辖权。

(五) 一裁终局制度

一方当事人对裁决不予履行的，另一方当事人可向人民法院申请强制执行。

但是裁决被人民法院依法裁定撤销或者不予执行的，当事人就该纠纷既可以根据双方重新达成的仲裁协议申请仲裁，也可以向人民法院起诉。

仲裁机构仲裁后作出的裁决立即发生法律效力，当事人不得就同一争议再次申请仲裁或向法院起诉。

四、仲裁委员会

(一) 仲裁委员会的设立

《仲裁法》第10条规定：仲裁委员会可以在直辖市和省、自治区人民政府所在地的市设立，也可以根据需要在其他设区的市设立，不按行政区划层层设立。仲裁委员会应当具备下列条件：

(1) 有自己的名称、住所和章程。

(2) 有必要的财产。

(3) 有该委员会的组成人员。

(4) 有聘任的仲裁员。

仲裁委员会的章程应当依照《仲裁法》制定。仲裁委员会的主任、副主任和委员由法律、经济贸易专家和有实际工作经验的人员担任。仲裁委员会的组成人员中，法律、经济贸易专家不得少于2/3。

(二) 仲裁员

仲裁委员会应当从公道正派的人员中聘任仲裁员，并按照不同专业设仲裁员名册。

仲裁员应当符合下列条件之一：

(1) 从事仲裁工作满八年；

(2) 从事律师工作满八年；

(3) 曾任审判员满八年；

(4) 从事法律研究、教学工作并具有高级职称；

(5) 具有法律知识、从事经济贸易等专业工作并具有高级职称或者具有同等专业水平。

五、仲裁协议

仲裁协议是双方当事人于纠纷发生前或纠纷发生后，以书面形式作出的提交仲裁解决纠纷的真实意思表示。

(一) 仲裁协议的要件

作为当事人将争议提交仲裁的法律依据，一份有效的仲裁协议应符合以下要求：

(1) 必须是书面形式。仲裁协议包括合同中订立的仲裁条款和以其他书面形式在纠纷发生前或者纠纷发生后达成的请求仲裁的协议。

（2）仲裁协议应当具有下列内容：

①请求仲裁的意思表示；

②仲裁事项；

③选定的仲裁委员会。

（3）约定的仲裁事项不得超出法律规定的仲裁范围，否则将失去可仲裁性。

（4）当事人必须具备完全行为能力。无民事行为能力人或者限制民事行为能力人订立的仲裁协议无效。

（5）当事人的意思表示没有瑕疵。一方采取胁迫手段，迫使对方订立仲裁协议的，协议无效。仲裁协议对仲裁事项或者仲裁委员会没有约定或者约定不明确的，当事人可以协议补充；达不成补充协议的，仲裁协议无效。

（二）仲裁协议的独立性

规定仲裁协议的独立性主要是为了让决定争议解决方式的条款继续生效，使该仲裁的规定不至于因为主合同的问题而归于流产。仲裁协议独立性的理论依据主要有：

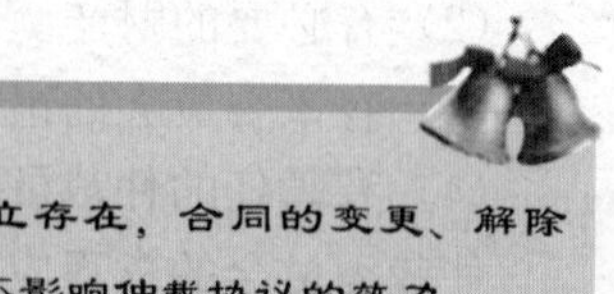

仲裁协议独立存在，合同的变更、解除或者无效，不影响仲裁协议的效力。

（1）合同中的仲裁条款与其他条款性质不同，前者属程序性内容，后者属实体性内容。

（2）符合当事人希望以仲裁而非诉讼解决争议的初衷。

（3）有利于当事人迅速高效地解决其争议，避免先由法院确定主合同有效再确认仲裁条款有效从而在此基础上决定仲裁庭是否有管辖权这一烦琐程序，而直接进入仲裁程序。

（三）对仲裁协议的异议

当事人对仲裁协议的效力有异议的，可以请求仲裁委员会作出决定或者请求人民法院作出裁定。一方请求仲裁委员会作出决定，另一方请求人民法院作出裁定的，由人民法院裁定。

当事人对仲裁协议的效力有异议的，应当在仲裁庭首次开庭前提出。

六、仲裁程序

（一）申请与受理

当事人申请仲裁的条件有：

（1）有仲裁协议。

（2）有具体的仲裁请求和事实、理由。

（3）属于仲裁委员会的受理范围。

当事人申请仲裁，应当向仲裁委员会递交仲裁协议、仲裁申请书及副本。仲裁委员会收到仲裁申请书之日起5日内，认为符合受理条件的，应当受理，并通知当事人；认为不符合受理条件的，应当书面通知当事人不予受理，并说明理由。

仲裁委员会受理仲裁申请后，应当在仲裁规则规定的期限内将仲裁规则和仲裁员名册送达申请人，并将仲裁申请书副本和仲裁规则、仲裁员名册送达被申请人。

当事人达成仲裁协议，一方向人民法院起诉未声明有仲裁协议，人民法院受理后，另一方在首次开庭前提交仲裁协议的，人民法院应当驳回起诉，但仲裁协议无效的除外；另一方在首次开庭前未对人民法院受理该案提出异议的，视为放弃仲裁协议，人民法院应当继续审理。

案例： 甲贸易公司与乙商场签订了购销合同，由乙商场代销甲公司的货物，并在合同中约定了如发生争议由北京仲裁委员会仲裁。后由于市场原因，双方对合同履行期限和货物价格进行了调整。合同履行期满后，甲公司尚有多笔货款未能收回，故甲公司向乙商场所在地的法院提起诉讼，要求乙商场偿还货款。乙商场提出，双方存在仲裁协议，不应当由法院审理此案。甲公司称签订有仲裁条款的合同已经变更了，双方实际履行的合同中没有仲裁条款。

问题： (1) 本案中，仲裁条款是否有效？(2) 如果乙商场在法院第一次开庭后提出双方有仲裁条款，法院是否还应继续审理？

分析： (1) 这涉及仲裁条款的独立性，合同的变更、解除、终止或无效，都不影响仲裁条款的效力，所以本案应当由仲裁程序解决。(2) 乙商场对法院审理此案的异议应当在法院首次开庭前提出，开庭后再提出的，视为放弃仲裁协议，法院应当继续审理。

（二）仲裁庭的组成

仲裁庭可以由三名仲裁员或者一名仲裁员组成。由三名仲裁员组成的，设首席仲裁员。当事人约定由三名仲裁员组成仲裁庭的，应当各自选定或者各自委托仲裁委员会主任指定一名仲裁员，第三名仲裁员由当事人共同选定或者共同委托仲裁委员会主任指定。第三名仲裁员是首席仲裁员。当事人约定由一名仲裁员成立仲裁庭的，应当由当事人共同选定或者共同委托仲裁委员会主任指定仲裁员。当事人没有在仲裁规则规定的期限内约定仲裁庭的组成方式或者选定仲裁员的，由仲裁委员会主任指定。仲裁庭组成后，仲裁委员会应当将仲裁庭的组成情况书面通知当事人。

仲裁员有下列情形之一的，必须回避，当事人也有权提出回避申请：

(1) 是本案当事人或者当事人、代理人的近亲属；

(2) 与本案有利害关系；

(3) 与本案当事人、代理人有其他关系，可能影响公正仲裁的；

(4) 私自会见当事人、代理人，或者接受当事人、代理人的请客送礼的。

当事人提出回避申请，应当说明理由，在首次开庭前提出。回避事由在首次开庭后知道的，可以在最后一次开庭终结前提出。仲裁员是否回避，由仲裁委员会主任决定；仲裁委员会主任担任仲裁员时，由仲裁委员会集体决定。仲裁员因回避或者其他原因不能履行职责的，应当依照仲裁法的规定重新选定或者指定仲裁员。因回避而重新选定或者指定仲裁员后，当事人可以请求已进行的仲裁程序重新进行，是否准许由仲裁庭决定；仲裁庭也可以自行决定已进行的仲裁程序是否重新进行。

（三）开庭与裁决

一般而言，仲裁应当开庭但不公开进行。当事人协议不开庭的，仲裁庭可以根据仲裁申请书、答辩书以及其他材料作出裁决。当事人协议公开的，可以公开进行，但涉及国家秘密的除外。

申请人经书面通知，无正当理由不到庭或者未经仲裁庭许可中途退庭的，可以视为撤回仲裁申请。被申请人经书面通知，无正当理由不到庭或者未经仲裁庭许可中途退庭的，可以缺席裁决。

当事人对自己的主张应自行举证。仲裁庭认为有必要收集的证据，可以自行收集；对专门性问题，仲裁庭认为需要鉴定的，可进行鉴定。

开庭时，当事人可以进行陈述和辩论，出示相关证据并相互质证。在证据可能灭失或者以后难以取得的情况下，当事人可以申请证据保全。当事人申请证据保全的，仲裁委员会应当将当事人的申请提交证据所在地的基层人民法院。辩论终结时，首席仲裁员或者独任仲裁员应当征询当事人的最后意见。

仲裁庭在作出裁决前，可以先行调解。当事人自愿调解的，仲裁庭应当调解。调解不成的，应当及时作出裁决。调解达成协议的，仲裁庭应当制作调解书或者根据协议的结果制作裁决书。调解书与裁决书具有同等法律效力。

在作出裁决时，应当按照多数仲裁员的意见，少数仲裁员的不同意见可以记入笔录。仲裁庭不能形成多数意见时，裁决应当按照首席仲裁员的意见作出。仲裁裁决书自作出之日起发生法律效力。

（四）执行

裁决依法生效后，当事人应当自觉履行。一方当事人不履行的，另一方可以依照《民事诉讼法》的有关规定向人民法院申请执行。接受申请的人民法院应当执行。但被申请人提出证据证明仲裁裁决有下列情形之一的，经人民法院组成合议庭审查核实，应裁定不予执行：

（1）当事人在合同中没有订有仲裁条款或者事后没有达成书面仲裁协议的；

（2）裁决的事项不属于仲裁协议的范围或者仲裁机构无权仲裁的；

（3）仲裁庭的组成或者仲裁的程序违反法定程序的；

（4）认定事实的主要证据不足的；

（5）适用法律确有错误的；

（6）仲裁员在仲裁该案时有贪污受贿、徇私舞弊、枉法裁决行为的。

人民法院认定执行该裁决违背社会公共利益的，也应裁定不予执行。

七、申请撤销裁决

当事人提出证据证明裁决有下列情形之一的，可以在自收到裁决书之日起6个月内向仲裁委员会所在地的中级人民法院申请撤销裁决：

(1) 没有仲裁协议的；

(2) 裁决的事项不属于仲裁协议的范围或者仲裁委员会无权仲裁的；

(3) 仲裁庭的组成或者仲裁的程序违反法定程序的；

(4) 裁决所根据的证据是伪造的；

(5) 对方当事人隐瞒了足以影响公正裁决的证据的；

(6) 仲裁员在仲裁该案时有索贿受贿、徇私舞弊、枉法裁决行为的。

人民法院经组成合议庭审查核实裁决有前述规定情形之一的，应当裁定撤销。

另外，人民法院认定该裁决违背社会公共利益的，应当裁定撤销。

复习与思考

1. 专属管辖的适用情形。
2. 当事人的分类。
3. 无独立请求权第三人和有独立请求权第三人的区别。
4. 什么是小额诉讼程序?
5. 仲裁的基本原则和特征。
6. 当事人申请仲裁的条件有哪些?

图书在版编目（CIP）数据

经济法/赵威主编.—7版.—北京：中国人民大学出版社，2019.7
教育部经济管理类核心课程教材
ISBN 978-7-300-27121-7

Ⅰ.①经… Ⅱ.①赵… Ⅲ.①经济法-中国-高等学校-教材 Ⅳ.①D922.29

中国版本图书馆CIP数据核字（2019）第138490号

普通高等教育“十一五”国家级规划教材
教育部经济管理类核心课程教材
经济法（第七版）
赵 威 主 编
曹丽萍 刘 雯 赵 冰 副主编
Jingjifa

出版发行	中国人民大学出版社		
社 址	北京中关村大街31号	邮政编码	100080
电 话	010－62511242（总编室）		010－62511770（质管部）
	010－82501766（邮购部）		010－62514148（门市部）
	010－62515195（发行公司）		010－62515275（盗版举报）
网 址	http://www.crup.com.cn		
经 销	新华书店		
印 刷	北京密兴印刷有限公司	版 次	2003年12月第1版
规 格	185 mm×260 mm 16开本		2019年7月第7版
印 张	21.5	印 次	2019年8月第2次印刷
字 数	490 000	定 价	45.00元